# アニメ大国建国紀 1963-1973

テレビアニメを築いた先駆者たち

中川右介
Nakagawa Yusuke

イースト・プレス

# アニメ大国　建国紀　1963-1973

# はじめに

テレビアニメの歴史が、間もなく六〇年になろうとしている。

最初の国産連続テレビアニメは、一九六三年一月一日放映開始の『鉄腕アトム』であり、この年が「テレビアニメ元年」となる。『アトム』が大ヒットすると、早くもその年の一〇月に『鉄人28号』、一一月に『エイトマン』と『狼少年ケン』が始まった。

『鉄腕アトム』は手塚治虫のマンガを原作とし、手塚治虫が創立した虫プロダクションが制作したテレビアニメである。手塚治虫は戦後のストーリーマンガの始祖であると同時に、日本のテレビアニメの創始者でもあった。

テレビアニメ『鉄腕アトム』放映開始四年前の一九五九年春、小学館の「週刊少年サンデー」と講談社の「週刊少年マガジン」が同時に創刊された。「サンデー」「マガジン」創刊により、「少年雑誌」は週刊誌時代を迎えた。この二誌の創刊号の発売は一九五九年三月一七日で、四月一〇日に「皇太子（平成時代の天皇）ご成婚」があり、そのパレードを見るために、多くの人がテレビを買った。

一九五九年の「ご成婚」から六四年の東京オリンピックまでの五年で、ほとんどの家庭がテレビを持つようになった。テレビの普及は人びとの生活を、「月」単位から「週」単位へと変え、出版社はそれに合わせて週刊誌を次々と創刊した。

そのテレビ・週刊誌時代に勃興した新しい文藝ジャンルが、週刊誌の連載マンガであり、テレビアニメだった。

日本のテレビアニメは、創始者である手塚治虫がマンガ家だったこともあり、マンガと密接な関係を持ちながら発展していく。テレビアニメの大半はマンガを原作にしており、オリジナル作品であっても、マンガ家によるコミカライズが雑誌に連載されるケースが多く、最初期からメディアミックスがなされていた。

この本はそのテレビアニメの黎明期を歴史として描くものである。

約六〇年の歴史を持つテレビアニメの「黎明期」とはいつまでなのか。本書では、虫プロダクション倒産の一九七三年を黎明期の終わりと定義する。そして、直接の後日譚として、『宇宙戦艦ヤマト』までを描き、黎明期から拡大期への移行を確認して終える。

黎明期のさらに前、敗戦直前の映画館から物語は始まる。群像劇となるので主人公はいないが、しいて挙げれば、手塚治虫が中心になる。

『鉄腕アトム』から『宇宙戦艦ヤマト』までの一二年間には、三〇分番組だけでも一五〇作以上のテレビアニメが制作された。本書は「テレビアニメ」という新たな文化産業が、どのような人びとによって、どのようにして興り、どのように発展していったかを記すもので、作品論でも作家論でもない。また個人の想い出や感動を語るものでもない。原作となったマンガとマンガ家についての記述が多く、マンガ史の側面も持つ。その一方で、声優やアニソンについてはほとんど言及していないことを、おことわりしておく。

# 主要プロダクション　放映年表

※七社が制作した、三〇分のシリーズもののみを表にした。

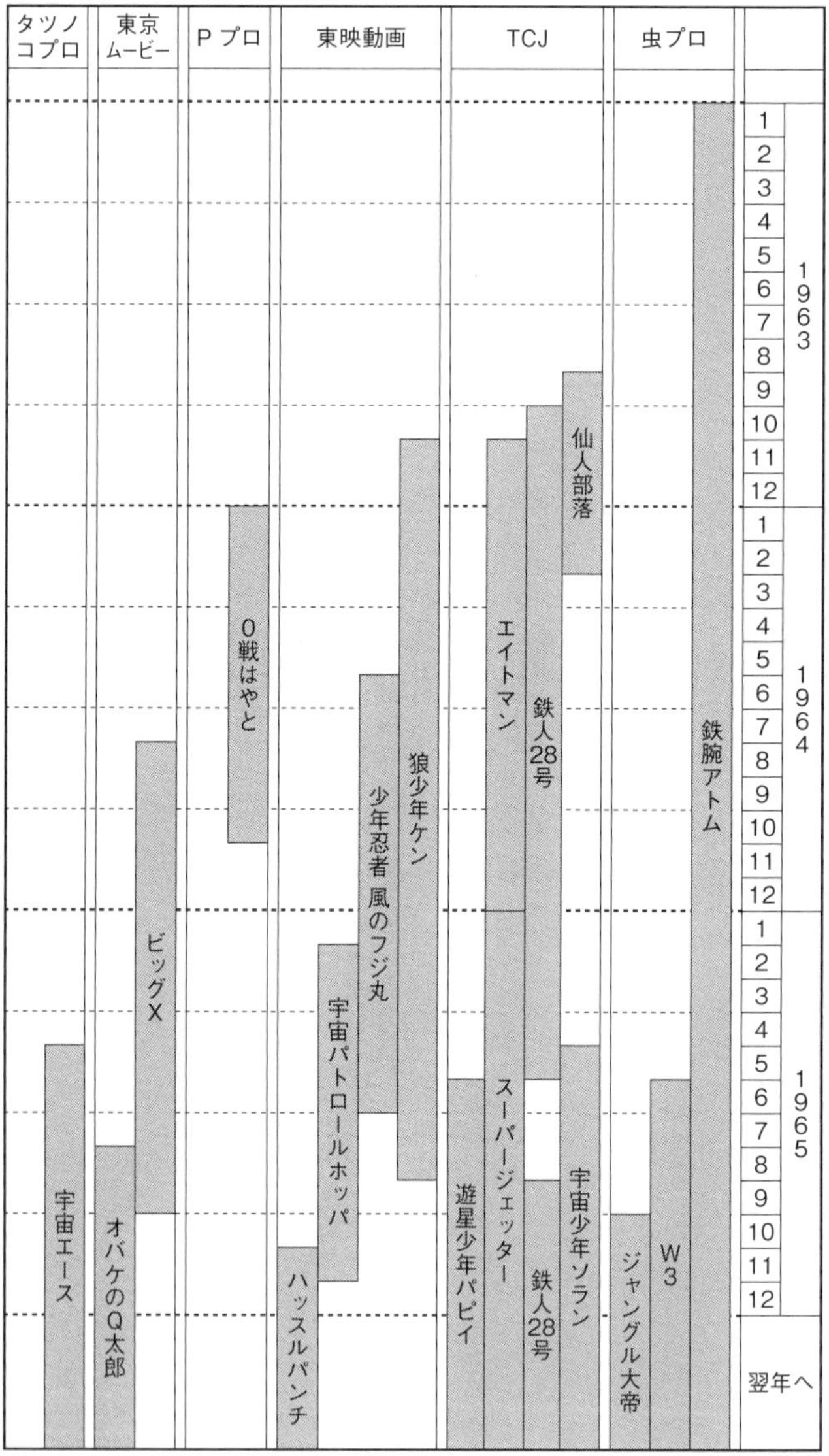

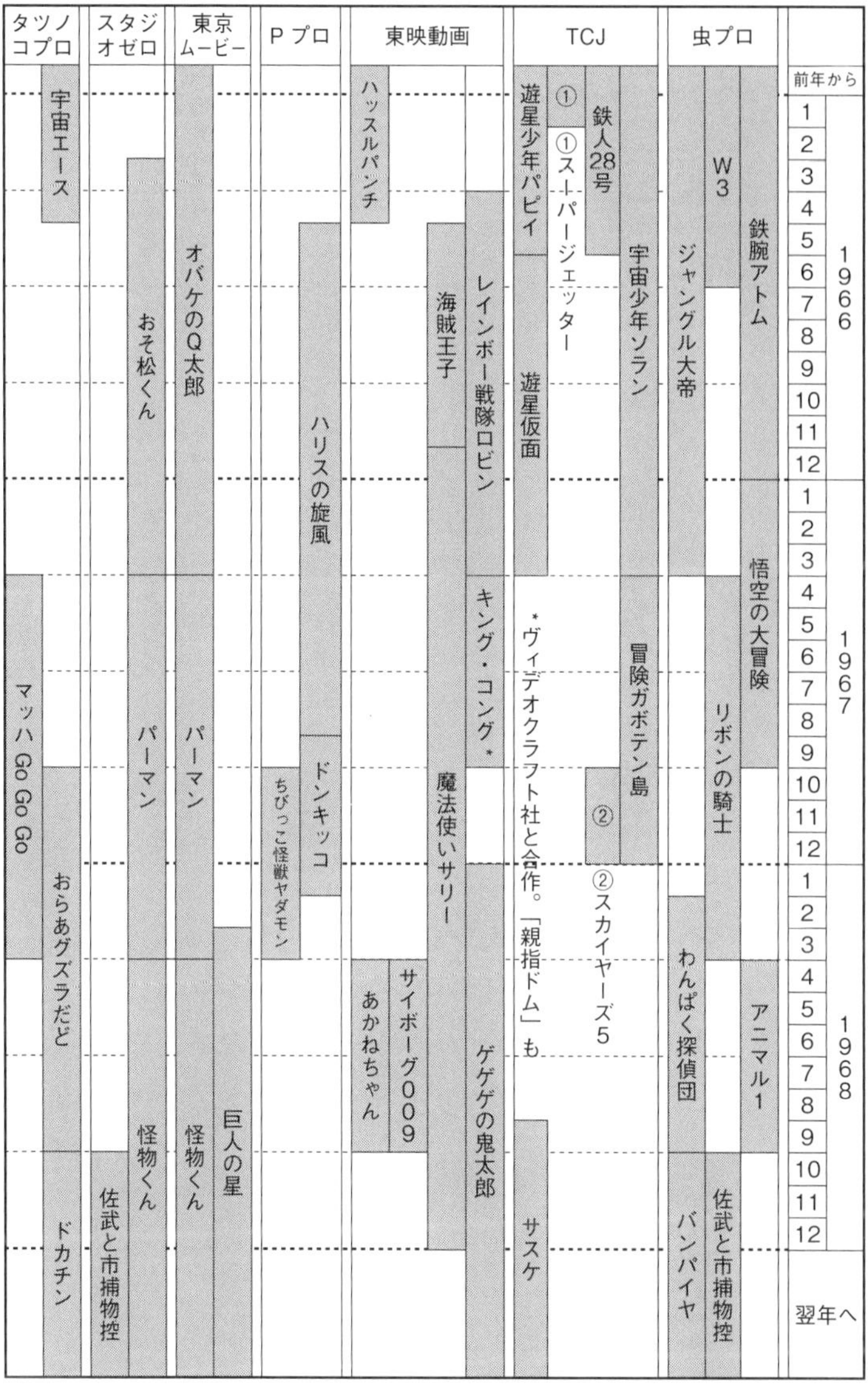
タツノコプロ
スタジオゼロ
東京ムービー
Pプロ
東映動画
TCJ
虫プロ
前年から
1966
1967
1968
1 2 3 4 5 6 7 8 9 10 11 12
翌年へ
宇宙エース
マッハGoGoGo
おらあグズラだど
ドカチン
おそ松くん
パーマン
怪物くん
佐武と市捕物控
オバケのQ太郎
パーマン
怪物くん
巨人の星
ハリスの旋風
ドンキッコ
ちびっこ怪獣ヤダモン
ハッスルパンチ
海賊王子
レインボー戦隊ロビン
キング・コング＊
魔法使いサリー
ゲゲゲの鬼太郎
サイボーグ009
あかねちゃん
遊星少年パピイ
①
①スーパージェッター
鉄人28号
宇宙少年ソラン
遊星仮面
＊ヴィデオクラフト社と合作。「親指ドム」も
冒険ガボテン島
②
②スカイヤーズ5
サスケ
ジャングル大帝
W3
鉄腕アトム
悟空の大冒険
リボンの騎士
わんぱく探偵団
アニマル1
バンパイヤ
佐武と市捕物控

※スタジオゼロは東京ムービーなどと交替で制作

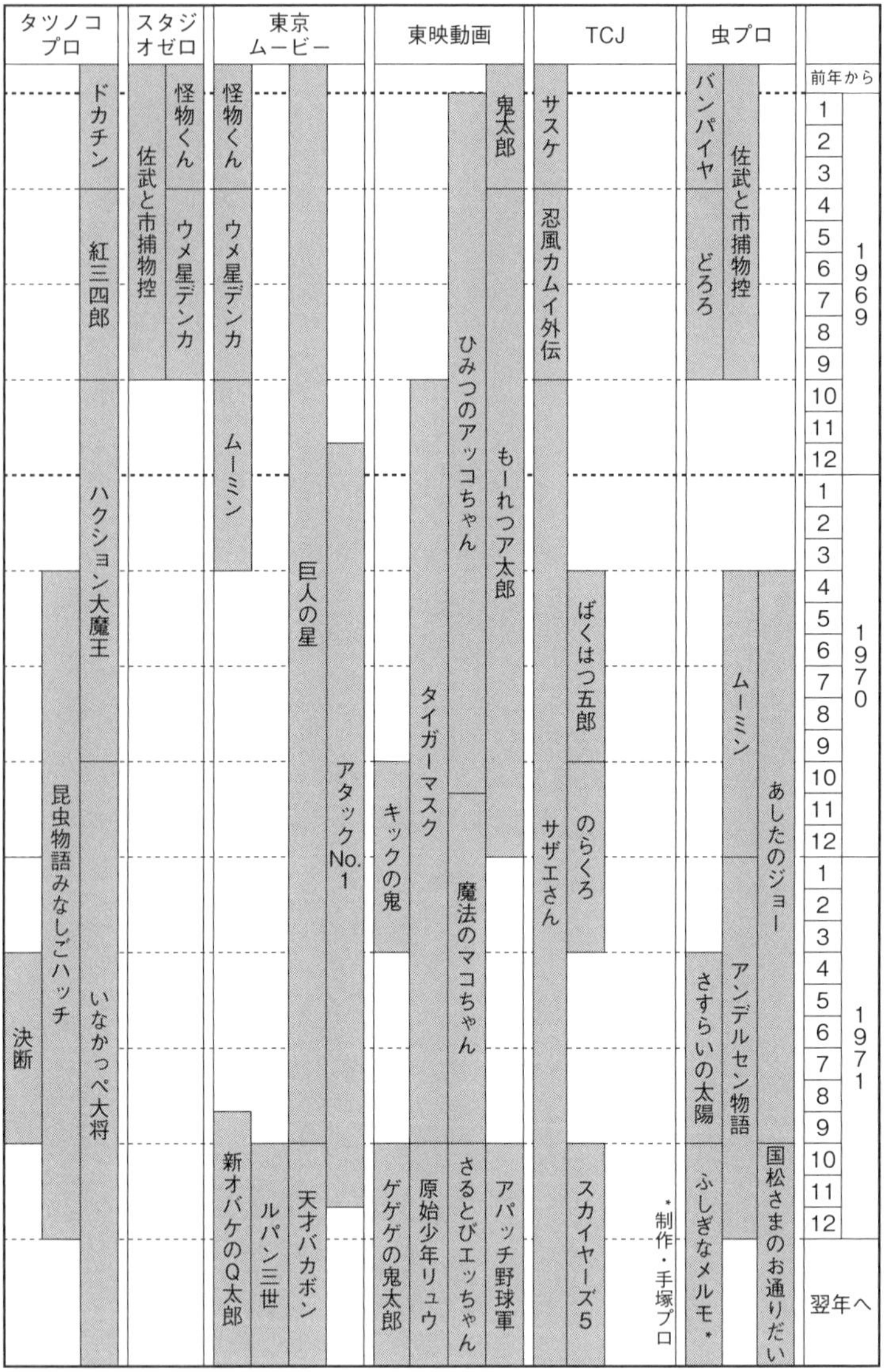

タツノコプロ
スタジオゼロ
東京ムービー
東映動画
TCJ
虫プロ
前年から
ドカチン
紅三四郎
ハクション大魔王
昆虫物語みなしごハッチ
いなかっぺ大将
決断
怪物くん
佐武と市捕物控
ウメ星デンカ
怪物くん
ウメ星デンカ
ムーミン
巨人の星
アタックNo.1
新オバケのQ太郎
ルパン三世
天才バカボン
鬼太郎
ひみつのアッコちゃん
もーれつア太郎
タイガーマスク
キックの鬼
魔法のマコちゃん
ゲゲゲの鬼太郎
原始少年リュウ
さるとびエッちゃん
アパッチ野球軍
サスケ
忍風カムイ外伝
サザエさん
ばくはつ五郎
のらくろ
スカイヤーズ5
バンパイヤ
佐武と市捕物控
どろろ
ムーミン
あしたのジョー
さすらいの太陽
アンデルセン物語
国松さまのお通りだい
ふしぎなメルモ*
*制作・手塚プロ
1969
1970
1971
1 2 3 4 5 6 7 8 9 10 11 12
翌年へ

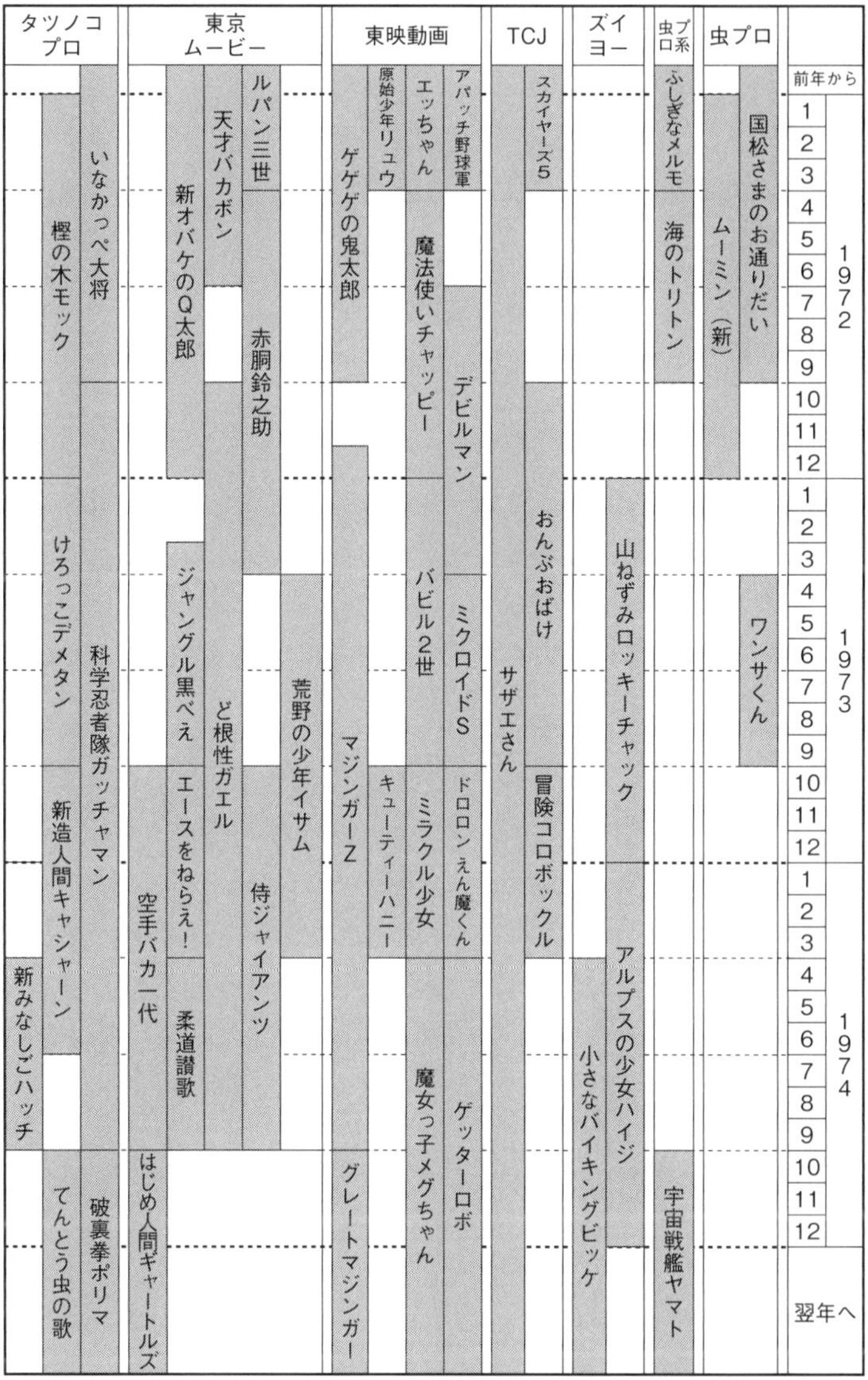

タツノコプロ
東京ムービー
東映動画
TCJ
ズイヨー
虫プロ系
虫プロ
前年から
翌年へ
1972
1973
1974
1
2
3
4
5
6
7
8
9
10
11
12
樫の木モック
いなかっぺ大将
けろっこデメタン
科学忍者隊ガッチャマン
新造人間キャシャーン
新みなしごハッチ
てんとう虫の歌
破裏拳ポリマ
新オバケのQ太郎
天才バカボン
ルパン三世
赤胴鈴之助
ジャングル黒べえ
ど根性ガエル
荒野の少年イサム
エースをねらえ!
侍ジャイアンツ
空手バカ一代
柔道讃歌
はじめ人間ギャートルズ
ゲゲゲの鬼太郎
原始少年リュウ
エッちゃん
アパッチ野球軍
魔法使いチャッピー
デビルマン
マジンガーZ
バビル2世
ミクロイドS
キューティーハニー
ミラクル少女
ドロロンえん魔くん
魔女っ子メグちゃん
ゲッターロボ
グレートマジンガー
サザエさん
スカイヤーズ5
おんぶおばけ
冒険コロボックル
山ねずみロッキーチャック
アルプスの少女ハイジ
小さなバイキングビッケ
ふしぎなメルモ
海のトリトン
宇宙戦艦ヤマト
国松さまのお通りだい
ムーミン(新)
ワンサくん

アニメ大国 建国紀 1963-1973 目次



# 第一部 神話時代

# 第二部 建国期

# 第三部 開拓時代

## 第四部 過渡期

**◆本書の記述について**

引用は〈 〉でくくった。引用内の「／」は原文での改行を示す。

登場人物や企業名は、複数の名がある場合は、その時点での名で記すことを原則とするが、例外もある。

映画・テレビ番組の「制作」「製作」は「制作」に統一した。

放映日・放映枠は、特に記載のない限り東京でのものとする。

週刊誌・月刊誌は「発行日」で記す。一般に月刊誌はその一か月前、週刊誌は一週か二週前に発売される。

本書は当事者の自伝、回想録、インタビュー記事などをもとにするが、アニメーション、テレビ、マンガの世界の人びとはサービス精神旺盛で話を面白おかしくする傾向がある。裏付けを取って記したが確認できないものもある。引用はその旨を明記してあるので、留意されたい。

# 第一部

# 神話時代

# 第一章　手塚治虫が見たアニメ史――一九四五～一九五三年

## 手塚治虫のアニメーションとの出会い

一九四五年（昭和二〇）四月一二日――敗戦を伝える昭和天皇の玉音放送の四か月前――長編アニメーション映画『桃太郎 海の神兵』が松竹の配給で封切られた。上映時間七四分という、当時のアニメーション映画としては長編だった（当時は「漫画映画」と呼ばれていた）。

封切り日、大阪・道頓堀の大阪松竹座の客席に、三月に旧制の大阪府立北野中学を卒業したばかりの一六歳の青年がいた。手塚治虫（本名・治）である。一九二八年（昭和三）一一月三日生まれなので、四月はまだ一六歳だった。

手塚治虫の父・粲《ゆたか》（一九〇〇～八六）は、住友金属で事務の仕事をしていたサラリーマンだった。アマチュア写真家としても有名で、当時「家一軒」と同じ値段だったと言われるドイツの銘機ライカを持っていた。母・文子はピアノを弾き、演劇や文学も好きな女性だった。手塚家は裕福で文化的な家庭だったのだ。治は大阪府豊中市に生まれたが、五歳の年にいまの兵庫県宝塚市に引っ越した。司法官（裁判官）だった祖父・太郎が住んでいた家で、その没後、息子一家が暮らすことになったのだ。

太郎の父（治の曾祖父）が、手塚の『陽だまりの樹』の主人公のひとり、蘭方医の手塚良仙《りょうせん》である。母・文子の父は軍人で、マンガとは縁がなさそうだが、兄（治の伯父）は日本画家だった。

宝塚の地に少女歌劇が誕生したのは一九一四年（大正三）で、手塚家の隣には宝塚スターの天津乙女《あまつおとめ》が住んでおり、親しくしていた。母が演劇好きだったので、手塚も少年時代から宝塚歌劇に通っていた。そして映画も好きだった。

手塚治虫の自伝『ぼくはマンガ家』（一九六九）には〈大阪の朝日会館で、毎年正月に漫画映画大会をやる。それを母に連れられて正月三日に観にいくのが、わが家の恒例であった。〉とある。このころに見たのは、ポパイ、ベティ・ブープ、ディズニーのカラー作品など、アメリカ製の短編アニメーション映画だった。〈そのうちの二、三本はおもしろかったことをかすかに覚えている。〉と自伝にある。

また、一九七三年のエッセイ『ウォルト・ディズニー――マンガ映画の王者』では、小学生時代に父が家庭用映写機とフィルムを買ってきて、そのなかに『ミッキーの突進列車』があり、〈子ども心に、ディズニーはぼく達の味方だと思った。〉と記している。

手塚治虫は幼少期からアニメーション映画を見ていた。アニメーションに興味を持ちその原理を知ると、自分で一〇〇枚ほど描いてみて、たしかに動いて見えたが、五秒ほどで終わってしまったので、何十分ものアニメーションを作るのは変わった人がやることだと思うこともあれば、〈一生に一本でもいい、ぼくの絵をぼく自身が映画にできたらなぁ……夢はぼくの頭から消えることはなかった。〉と、エッセイ『アニメーションは〝動き〟を描く』に書いている。

## 戦意高揚映画としての国産アニメ

手塚治虫が敗戦直前に見た『桃太郎 海の神兵』にいたるアニメーション映画の歴史を簡単に記しておく。

一九四一年（昭和一六）一二月にアメリカとの戦争が始まると、敵国のハリウッド映画は日本では上映されなくなった。その一方で国産のアニメーション映画は、国策として積極的に作られた。

松竹は一九四一年六月に、アニメーション映画の第一人者、後に「日本アニメの父」と称される政《まさ》岡憲三《おかけんぞう》（一八九八～一九八八）を招聘《しょうへい》して、松竹動画課を設けていた。最初に作られたのが、人気漫画家・横山隆一《よこやまりゅういち》（一九〇九～二〇〇一）の『フクちゃん』シリーズをアニメーションにした『フクちゃん奇襲』で、四二年三月に公開された。これは真珠湾攻撃を題材にしたものだった。続いて『フクチヤンの増産部隊』（一九四三年七月）、『フクチヤンの潜水艦』（一九四四年一一月）の三作が作られたが、政岡は『増産部隊』では撮影のみで、『潜水艦』には関わっていない。

横山は戦後の一九五六年、アニメーション・スタジオ「おとぎプロダクション」を設立し、アニメーション制作を本格的に始める。政岡の松竹での『フクちゃん奇襲』に続く第二作は、一九四三年四月公開の『くもとちゅうりっぷ』である。

手塚は自伝で、戦時中のアニメーション映画について、〈「フクチャンの潜水艦」だとか、「くもとちゅうりっぷ」とか、中編の国産動画が次々に封切られたけれども、ほとんどがお座なりの米英撃滅ものであるし、さほどの感銘もうけずじまいだった。〉と記している。たしかに『フクチャンの潜水艦』は米英撃滅ものだが、『くもとちゅうりっぷ』はどうだろうか。

『くもとちゅうりっぷ』について松竹の社史は、〈テントウ虫が楽しく遊んでいると、悪魔のようなクモがやってきてチューリップの花に逃げるが、銀の糸でグルグル巻の目にあう。折よくひどい嵐がきて、そのためクモはどこかへ吹きとばされ、嵐の晴れたあとに、平和が訪れるというもので、画調といい、画面とセリフの調和といい、評判が良く〉と自画自賛している。

メルヘン映画なので、この非常時に不謹慎だと軍部に批判されたという説がある一方、クモが米英軍でそれを神風が吹いて蹴散らしてくれるという戦意高揚映画だったとの説もある。そういう解釈が可能なストーリーでなければ検閲を通らないために、あえてそうしたのかもしれない。手塚が『くもとちゅうりっぷ』を本当に「米英撃滅もの」と認識していたのなら、深読みしていたことになる。

『くもとちゅうりっぷ』を、手塚は明石の映画館で見ており、後に分かるのだが、その同じ日、当時、五歳の松本零士（一九三八〜）も同じ映画館で見ていた。松本は福岡県久留米市の生まれだが、父が帝国陸軍少佐で、陸軍航空部隊の古参パイロットでもあった関係から、四歳から六歳までは兵庫県明石市の川崎航空機の社宅で暮らしていた。その時期に『くもとちゅうりっぷ』を見たのである。

現在とは異なり、七五年前は、マンガもアニメーション映画も子どものためのものであり、その「子ども」は小学生までを指した。手塚は自伝ではアニメーションにそれほど関心がなかったように書いているが、わざわざ明石にまで行って『くもとちゅうりっぷ』を見ているのだから、本当は関心を抱いていたとみていい。中学生の手塚治虫は映画に夢中になっていたので、アニメーションであろうが、とにかく映画を見たかったのかもしれない。その一方で、すでに自分でマンガも描いている。

戦前の大ヒット漫画、田河水泡《たがわすいほう》の『のらくろ』が講談社の「少年倶楽部」で連載開始となるのは、一九三一年（昭和六）一月号（前年一二月発売）なので、手塚治虫が二歳になったころだ。手塚がもの心ついたころには、『のらくろ』は大人気漫画だった。他に、島田啓三《しまだけいぞう》『冒険ダン吉』、阪本牙城《がじょう》『タンク・タンクロー』などの漫画も人気があった。

漫画の出版社としては明治半ばに創業された中村書店があり、一九三三年（昭和八）から描き下ろしの漫画を「ナカムラ・マンガ・ライブラリー」として一九四三年までに一〇〇点刊行し、手塚家にはこれが揃《そろ》っていた。父が漫画に理解があったのだ。

当時の少年雑誌は漫画よりも小説などが誌面の大半を占めていた。時代小説や冒険小説、江戸川乱歩「少年探偵団シリーズ」などの探偵小説に人気があったが、後に「日本SFの父」と称される海野《うんの》十三《じゅうざ》も、『浮かぶ飛行島』が「少年倶楽部」一九三八年一月号から連載されると人気を博し、以後も作品を書き続け、手塚にも影響を与える。

戦時下の中学生である手塚治虫は、漫画、映画、そして昆虫に夢中だった。

## 『桃太郎 海の神兵』へ

『くもとちゅうりっぷ』はその気になって見れば戦意高揚映画だが、見かけはメルヘン的なアニメーションだ。しかし、その一か月前の一九四三年三月、誰の目にも明らかな戦意高揚アニメーション映画『桃太郎の海鷲《うみわし》』が公開された。演出は瀬尾光世《せおみつよ》（一九一一～二〇一〇）、制作は藝術映画社で、企画・海軍省、後援・海軍省報道部という、まさに国策として作られたアニメーション映画だ。瀬尾は「日本アニメの父」政岡憲三の弟子で、一九三三年（昭和八）に独立して自分の会社を設立し、アニメーション映画版『のらくろ』の演出や作画も手掛けていた人だ。

『桃太郎の海鷲』は一九四一年一二月八日の日本海軍による真珠湾攻撃を子ども向けのアニメーション映画にしたもので、桃太郎隊長の機動部隊が鬼ヶ島へ鬼退治をするという物語だ。手塚は自伝で〈ハワイ奇襲作戦を、そっくりそのまま桃太郎の鬼退治にうつしかえたもので、「さすが国産漫画、『ポパイ』や『ミッキーマウス』とは月とスッポンの違いだ！」という空々しい宣伝文句が書いてあったのを覚えている。〉と記している。実際のポスターには、「迷利犬《メリケン》製漫画映画撃滅！」「アメリカやくざポパイや、ルーズベルトなんか他愛のないもんです。桃太郎部隊にかかってはザットこの通り！」とあり、ポスターには、溺れているポパイやベティ・ブープまでが描かれている。

真珠湾攻撃の映画と言えば、一九四二年一二月、開戦一周年記念に公開された東宝の『ハワイ・マレー沖海戦』が知られている。監督は山本嘉次郎《かじろう》で、藤田進、原節子、大河内傳次郎《でんじろう》ら大スターが出ているが、いまでは円谷英二によるミニチュアを駆使した特撮の古典作品として知られている。『桃太郎の海鷲』は『ハワイ・マレー沖海戦』の三か月後に公開されたもので、海軍は実写・特撮映画とアニメーション映画で戦意高揚を企て、成功した。大人は『ハワイ・マレー沖海戦』を見て、子どもは『桃太郎の海鷲』を見て、日本はすごい、アメリカなどすぐに倒せると思い込んだ。しかし、映画が公開された時点では、日本海軍はミッドウェー海戦で大敗しており、国民には知らされなかったが、すでに戦況は悪化していた。

一九四三年三月公開の『桃太郎の海鷲』を制作した後、藝術映画社は解散し、文化映画を制作していた七社と朝日映画製作が合併して朝日映画社に統合され、これを機に瀬尾はかつての師である政岡のいる松竹動画研究所へ移籍した。そして、『桃太郎 海の神兵』の制作に携わるのだ。

『桃太郎の海鷲』の続編『桃太郎 海の神兵』について、手塚は自伝で〈敗戦の年の春、意外な傑作が突如として現われた。〉と記し、〈製作費二十七万円、監督瀬尾光世、原画桑田良太郎、音楽古関裕《ゆう》而《じ》、作詞サトウ・ハチロー、美術黒崎義介というスタッフは堂々としたものであり、なによりも国産動画の総決算といった作品になった。〉と解説する。古関裕而とサトウ・ハチローが加わったのは、これがミュージカル仕立てのアニメーションだったからだ。

『桃太郎の海鷲』は三七分だったが、『海の神兵』は七四分と、倍になっている。物語は、南方戦線のセレベス島（スラウェシ島）マナドへの海軍陸戦隊落下傘部隊による奇襲作戦を描くものだ。実際の作戦は一九四二年一月に行なわれた。

『海の神兵』は、『桃太郎の海鷲』公開直後の一九四三年三月に企画が立てられ、二年ほど後の四四年一二月に完成し、四五年四月に封切られた。企画が立てられたときすでに日本海軍は劣勢だったが、海軍首脳部は挽回できると信じており、そのためにも戦意高揚映画が必要とされたのだ。しかし公開された一九四五年四月は、すでに戦況は絶望的であり、占領していた南洋の島々はおろか、本土まで空襲にあっていた。大阪も焼け野原に等しく、かろうじて残っていた映画館も、客席はまばらだった。『桃太郎 海の神兵』は遅れてきた戦意高揚映画となってしまった。

　手塚は一九六九年に刊行された自伝『ぼくはマンガ家』に以下のように書いている。

〈ぼくは焼け残った松竹座の、ひえびえとした客席でこれを観た。観ていて泣けてしようがなかった。感激のあまり涙が出てしまったのである。全編に溢れた叙情性と童心が、希望も夢も消えてミイラのようになってしまったぼくの心を、暖かい光で照らしてくれたのだ。／「おれは漫画映画をつくるぞ」／と、ぼくは誓った。／「一生に一本でもいい。どんなに苦労したって、おれの漫画映画をつくって、この感激を子供たちに伝えてやる」〉

これが手塚治虫がアニメーション作家になろうと決意した瞬間である――ということになるが、これについては異説もある。手塚の日記の一九四五年「四月一二日」には、『海の神兵』を見たとあるが、漫画映画を作ろうと決意したとは書かれていないのだ。

〈今日は工場を休んで松竹へ映画を見に行った。「桃太郎　海の神兵」がどうにも見たくてたまらなかったのである。（略）初日というのに余りそう大して混んでいない。〉このように、いかに初日を楽しみにしていたかが書かれている。

〈まず第一に感じたことは、この映画が文化映画的要素を多分に取り入れて、戦争物とは言いながら、実に平和な形式をとっている事である。熊が小鳥を籠から出して餌《えさ》をやり、或いはてるてる坊主や風鈴が風に揺られている所など、あくどい面白さの合間〳〵に挟まれて何か観衆をホッとさせるものがあった。／次に感じたことは、マンガが非常に芸術映画化されたことである。即ち、実写のように、物体をあらゆる角度から描いてある。〉

〈この映画が非常に長いのには舌を巻いた。始め、また二、三巻のしよーもないものであろうと思ってたかをくくっていたのであるが、見てみると、九巻一時間十五分、普通の映画よりも長い位である。これは現在までの最長篇のマンガであろう。松竹もえらいものをつくったものだ。〉

初日を待ちかね、工場を休んでまで見に行った割には、期待していないようでもある。このあと、いくつかのシーンの解説があり、絶賛し、〈映画中に見事な影絵を入れたのも面白いし、また私は天狗猿と手長猿と眼鏡猿が、三匹でコーラスをやるのがとても気に入った。〉と結ぶ。

映画を絶賛したあとは、〈難波のあたりは殆ど灰燼となり果て、昔の道頓堀の華やかな面影はどこへ行ったのであろうか。〉と続き、自分もアニメーション映画を作るぞと決意したという記述は、日記のどこにもない（この「日記」も原本がそのまま公になっているわけではないので、史料としての信頼性は一〇〇パーセントではない）。

## 「日本動画」設立

手塚の日記にある『海の神兵』の「見事な影絵」は、政岡が担当した部分だった。この作品では師である政岡が、弟子の瀬尾の作品を手伝ったことになる。

『海の神兵』公開から四か月後の八月一五日に昭和天皇はラジオを通して国民に敗戦を伝え、九月二日に日本は降伏文書に調印し、戦争は終わった。

松竹動画研究所は解散となり、瀬尾は松竹大船撮影所の演出部へ異動となった。政岡は松竹を退社し、一〇月には山本早苗《さなえ》（一八九八〜一九八一、善次郎《ぜんじろう》とも）とともに株式会社新日本動画社を設立、同社は一一月に日本漫画映画株式会社に改組し、東宝と提携することになった。

山本早苗は一九一七年（大正六）からアニメーションに携わっていた。日活の向島撮影所でアニメーションを作っていた北山清太郎に師事し、二五年（大正一四）に独立して山本漫画映画製作所を設立し、教育用のアニメーション映画を作っていた。

敗戦を迎えると、山本は早くも九月一〇日にＧＨＱ（連合国軍最高司令官総司令部）へ行き、民間情報教育局言語課長のロバート・キング・ホールに会い、これまでに制作した映画を見せて、新時代にふさわしいアニメーションを作りたいので援助してくれと申し出た。ホールは資金援助を承諾し、一〇月に株式会社新日本動画社が設立され、一一月に日本漫画映画に社名変更した。仮スタジオは江古田の武蔵野音楽学校（現・武蔵野音楽大学）内に設置され、百名近いスタッフが集められた。

この日本漫画映画について手塚治虫は自伝でこう説明している。

〈戦後、ちらばっていた漫画映画のプロ達が結集して発足した会社である。政岡憲三、村田安司、山本早苗といった大親分がずらりと並び、百人近いアニメーターが傘下に群らがった。〝群らがった〟という形容は、この場合、まったく当を得た表現なのである。つまり、ひとりひとりでは食えないから、とにかく集まろうという雰囲気だった。〉

文中にある村田安司は一八九六年（明治二九）生まれ、昭和初期から活躍していたアニメーターで、山本早苗の弟子だった。

日本漫画映画の第一作『桜（「春の幻想」とも）』は政岡が監督し、山本が制作にあたった。京の舞妓が桜吹雪とたわむれている叙情的な作品だったが、東宝は興行に向かないとして公開しなかった。

いわゆる「個性的な人びと」ばかりが集まった会社では、路線をめぐる対立が生じるものだが、日本漫画映画も例外ではなく、政岡と山本は一九四七年四月に日本漫画映画を退社した。二人は東宝の教育映画部と相談し、東宝系列の三和興行から資本提供を受けて、四八年一月に日本動画株式会社を設立した。通称「日動」という。

この分裂劇について手塚は、「漫画映画はワンマンシステムでないと作れない」としたうえで、こう解説している。〈統率者は徹底した独裁制をしかなければならないのである。ここに動画のもっている宿命がある。つまり、たったひとりでコツコツやるか、ワンマン体制の企業体にするかである。それまで一国一城のあるじだったかれらが、ただ個人資本では製作が不可能だという不安から結集したところで、うまくいくはずがない。それは烏合の衆的な大集団に過ぎぬ。たちまち内部分裂がおき

て、政岡憲三、山本早苗両氏はとび出してしまい、日本動画社をつくった。〉

日動では山本が社長、政岡が取締役で、藪下泰司《やぶしたたいじ》（一九〇三～八六）が制作技術担当となり、新宿区原町にあった成城中学校・高等学校の空き教室を借りてスタジオとした。

映画界は京都の撮影所で制作する時代劇と、東京の撮影所で制作する現代劇が主流だが、一方で文化映画、教育映画も制作されており、アニメーションは子ども向けという点で、劇映画よりも文化・教育映画に近かった。

さて――日動の第一作は政岡が演出したオペレッタ形式の子ども向けのアニメーション映画『すて猫トラちゃん』で、東宝教育映画との提携作品だった。ヒットして、以後「トラちゃん」はシリーズ化される。

一方、松竹に残っていた瀬尾は、大船撮影所にいてもアニメーションの仕事がないため退社し、一九四八年一月、村田安司の誘いで日本漫画映画社に入社した。同社では瀬尾を中心に三月にアンデルセンの「裸の王様」をもとにした『王様のしっぽ』の制作が始まった。しかし資金難で何度も中断し、翌一九四九年一〇月に完成したものの、配給するはずの東宝が、内容が左翼的だとして公開しなかった。東宝では労働争議が続いていたので経営陣は左翼的な内容を嫌ったのである。

『王様のしっぽ』には六〇〇万円の制作費がかかっていたが、公開できなかったために回収不能となり、日本漫画映画は倒産した。瀬尾はアニメーション映画から離れ、絵本作家に転向した。一九五〇年、瀬尾は三九歳だった。村田は村田製作所を設立し、ＣＭのためのアニメーションを作るようになる。

経営が厳しいのは日動も同じだった。一九五〇年に山本は全従業員の一時解雇を決断した。無理をしたため眼を悪くしていた政岡もこれを機に引退することになった。最後の作品は『トラちゃんのカンカン虫』で、この年、五二歳だった。

しかし日動は山本早苗の奮闘によりどうにか生き延びる。一九五二年には経営難になっていた東宝図解映画が解散したので、同社を吸収合併し、八月に「日動映画株式会社」と商号変更して再スタートを切った。

## 若きマンガ家・手塚治虫の快進撃

『桃太郎　海の神兵』に携わった二人のアニメーター、政岡憲三と瀬尾光世がアニメーションの世界から離れた一九五〇年、この映画の観客のひとりだった青年は、大きく飛躍しようとしていた。

手塚治虫は一九四五年三月に旧制の大阪府立北野中学校を卒業した。旧制中学は五年で卒業なので、本来なら翌年に卒業だったが、戦況が悪化し「教育ニ関スル戦時非常措置方策」により、一年早く四年で卒業となったのだ。最後の数か月は授業どころではなく、工場に動員されて働いていた。その合間にもマンガを描いていた。

戦前は大学へ進学する者は限られていたが、手塚は大阪帝国大学附属医学専門部に入学した。医学専門部は軍医養成のために、医学部とは別に帝国大学に創設された学部だ。四月に入学のはずだったが、戦況悪化で七月一日に延期され、工場への動員も延長されていた。手塚は戦場へは行かなかったが、戦争にふりまわされた世代だ。

『桃太郎　海の神兵』を見に行ったのは、手塚が中学を卒業し大学へ入るまでの間だった。

手塚治虫は医大生になったが、マンガ家になることも諦めず、新聞社への売り込みを始めた。紆余《うよ》曲折《きょくせつ》はあったが、一九四五年一二月、大阪毎日新聞社（現・毎日新聞社大阪本社）の「少国民新聞・大阪版」（後、「毎日小学生新聞」）に連載が決まった。

記念すべきデビュー作は、四六年一月四日付からの、四コママンガ『マアチャンの日記帳』だった（一月一日付に予告が載ったので、この日から連載としている史料もある）。以後、新聞に四コママンガを何作か連載し、夏になると関西漫画界の大物でアニメーターでもあった酒井七馬《しちま》（一九〇五～六九、本名・弥之助）と知り合った。酒井のプロデュースで『新宝島』を描き下ろし、一九四七年一月に育英出版から発行された。「原案構成　酒井七馬、作画　手塚治虫」と表紙には表記されている。

『新宝島』はたちまちベストセラーとなり、その発行部数は二〇万部とも四〇万部とも言われている。印税契約ではなかったので、手塚には正確な発行部数は報告されず、当時は著作権の概念もなかったので海賊版も出されたようで、正確な部数は誰も知らない。

七月には新聞連載した『マアチャンの日記帳』を描き替えて、『マアチャントンチャン』として有文堂から出した。主人公の「マアチャン」は関西圏では人気があり、手塚がたまたま地元・宝塚の土産物屋をのぞいたら、「マアチャン人形」が売られていた。手塚にはなんの許諾も得ずに作られたキャラクター商品だ。しかし、当時の手塚は怒るどころか日記に〈マアチャンも人形が出て本が発行されれば本望である。〉と書いている。キャラクターを使用したらロイヤリティが発生するなど、玩具メーカーもマンガ家も、誰も考えもしない時代だった。ともあれ、『鉄腕アトム』よりもはるか前から、手塚キャラクターは商品化されていたのである。

手塚は新聞連載の仕事と並行して、描き下ろしの単行本も次々と描いていった。それらは大阪の松屋町周辺にある零細出版社から出され、「赤本マンガ」と呼ばれていた。「赤本」は戦前から、通俗的・大衆的な読み物への蔑称《べっしょう》として使われていた。表紙やタイトル文字に赤などの扇情的な色が使われたので「赤本」と呼ばれたという説を含めて、その由来には諸説ある。

一九四七年八月までに手塚治虫は『新宝島』『タカラジマ』『キングコング』『バット博士とジム』『モモーン山の嵐』『マアチャントンチャン』の六点の単行本を出した。「本」と呼べる体裁なのは『新宝島』と『キングコング』の二冊だけで、あとの三冊はパンフレットのようなものだ。『モモーン山の嵐』は詳細が分からない（実在しないという説まである）。

手塚は夏休みを利用して、敗戦から二年目の東京へ売り込みに出かけた。母・文子の実家、服部家が東京・世田谷区の上北沢にあったのでそこに泊まり、昼間は出版社めぐりをしたのだ。講談社を訪ね、「少年クラブ」（戦後「少年倶楽部」から改称）の編集者と会い、作品を見てもらったが、採用されなかった。印刷用紙不足から雑誌のページは薄く、とても新人のマンガを載せる枠はなかったからでもあるが、関西では子どもたちに大人気の手塚治虫も、東京の出版界では無名だったのだ。

手塚が何社訪ねたのかは分からないが、営業活動が実ったのは、同盟出版社と新生閣の二社だった。いずれも小さな版元で、同盟出版社からは一〇月に『怪人コロンコ博士』を出し、新生閣では翌一九四八年に「少年少女漫画と讀物《よみもの》」誌に執筆するようになる。

出版社だけではなく、先輩漫画家たちも訪問した。自伝によれば、島田啓三（一九〇〇〜七三）、新《にい》関健之介《ぜきけんのすけ》（一八九八〜一九五三）らと会い、作品を見せたが、酷評されたという。大御所たちは手塚の「新しいマンガ」が理解できなかった。とくに絵について酷評され、デッサンがなっていないと指摘された。

たしかに、手塚は本格的な絵の勉強・訓練を経ないでマンガ家になった。戦前の漫画家の大半は画家から転じているので、手塚の絵は見るに堪えないものだったのだろう。しかし、デッサン云々は子どもたちには関係がなかった。手塚マンガは、キャラクターが親しみやすいのと、抜群のストーリーテーリングで、人気が出て、売れに売れた。

プロの漫画家が手塚の新しいマンガを理解できなかったように、テレビアニメ『鉄腕アトム』が放映開始となったときも、プロのアニメーターたちは「これはアニメーションではない」と批判する。こうした批判は、手塚治虫の革命性を示す。旧体制の人びとには理解されない。少年少女のみがその革命を支持できる。

滑稽画・風刺画を起源とする「漫画」は、戦後、手塚治虫によって「マンガ」という似て非なるものへと転換したのだ。その転換はアニメーションでも同じだった。最初期の手塚マンガが大御所漫画家たちに酷評されたのと同じように、手塚の虫プロダクションが制作したテレビアニメ『鉄腕アトム』も、プロのアニメーターたちには酷評されたが、子どもたちは大喜びし、アニメーションの概念すら変え、「アニメ」となる。

## 手塚が就職しそこなった「芦田漫画映画製作所」

一九四七年夏の上京時、手塚治虫は出版社へ売り込むだけでなく、アニメーション映画制作会社へ就職活動もした。これは偶然からで、たまたま電柱の貼り紙に「漫画映画製作者募集」とあったのを見て、三軒茶屋の芦田漫画映画製作所を訪ねたのだ。出版社への売り込みがうまくいかず、先輩漫画家には批判され、失意のなかにあったので、漫画映画会社を訪ねてみようと思ったのかもしれない。

芦田漫画映画製作所は芦田巖《いわお》が作ったアニメーション・スタジオだった。一九六〇年代半ばに同社は姿を消してしまい、芦田の消息も分からないため詳細は分からない。いまでは「手塚治虫が就職しそこなった会社」として有名だ。二〇一八年に出た『芦田漫画映画製作所の通史的な解明』(アニメ・マンガ評論刊行会、たつざわ著)が、いまのところ唯一のまとまった資料となる。芦田は「鈴木宏昌」という名でも仕事をしているが、同書によれば、もともと「鈴木巖」が本名で、「鈴木宏昌」の名で仕事をしていた時期もあったが、養子縁組して「芦田」姓となったらしい。芦田は一九一一年(明治四四)に生まれ、大石郁雄に師事してアニメーションを学んだ。

芦田は大石とともにPCLへ行ったが、独立して芦田漫画映画製作所を設立した。その設立年は一九三二年という説もあるが、前掲のたつざわの研究では、一九三六年ではないかとされている。

手塚治虫は自伝で、電柱の貼り紙での求人広告を見て、芦田漫画映画製作所をいきなり訪ねたように書いている。しかし実際は、決められた面接日時に行き、一説では二百人もいた希望者のひとりとして、芦田の面接を受けた。手塚によれば、当時の芦田漫画映画製作所は、「やせこけた人」が何やら撮影をしていて、その奥で「お年寄り」が絵を描いている、その二人しかいなかった。その「お年寄り」が芦田だった。

手塚は『新宝島』などを見せたうえで、アニメーションを作りたいと語ったが、断られた。その経緯は一九八八年の講演で詳しく語られている。

〈いったんこういう出版界とかマンガ界に足を突っ込んでプロフェッショナルな仕事を始めると、そこで自分のネームバリュー、それから収入、それから出版企画、こういったようなものに押しまくられて、そしてそのままずーっと行ってしまう人が非常に多い。そういうような人がアニメーションに飛び込むと、アニメーションが地味で、いかに縁の下の力持ちで、そしてたくさんの人の歯車の一端に過ぎないということをみじめに感じるかということを、あなたわからんでしょう。これは個人作業ではなく共同作業なんだから、いったんマンガなんかを出版したそういう単行本作家になってしまった人が来た場合、きっとすぐ飛び出してしまう、やめてしまうだろう。それだったらいっそのことあなたはマンガ作家になりなさい。アニメーションはここですっぱり諦めた方がいいです〉

経済的に割に合わないのもさることながら、共同作業だから、すでにマンガ家として独り立ちしている手塚には無理だろうと、芦田は見抜いたのである。

芦田の言うのはもっともだと、手塚はアニメーションの道を、このときは諦めた。だが、その思いが完全に消えたわけではなかった。

面接時、手塚の三人うしろに並び、芦田と手塚の会話を聞いていたのが、西島行雄という青年で、二百人の応募者のうち採用されたのは彼ひとりだった。西島は後にTCJに入る。

## 一九五〇年前後のアニメーション業界

何人ものアニメーターと何社もの制作会社が登場したので、ここで整理しておこう。

戦後の一九四五年一〇月、アニメーターたちが集まって設立されたのが、株式会社新日本動画社で、中心となったのが、山本早苗、政岡憲三、村田安司、大工原章《だいくはらあきら》、古沢日出夫らだった。同社は一か月後に日本漫画映画株式会社に改称された。

一九四七年に日本漫画映画は分裂し、出て行った山本、政岡、村田らは日本動画を設立、藪下泰司も加わった。日本漫画映画に残ったのが、大工原と古沢、遅れて入ったのが瀬尾光世である。

そして、芦田巌はひとりでコツコツと作っていた。

手塚治虫は宝塚の実家で暮らし、大阪の大学で学びながら、マンガの単行本を次々と描いていたが、一九五〇年になると、東京の新生閣の「漫画と讀物」で連載を始めた。そして、この年の秋に上京した折に学童社を訪ね、同社の「漫画少年」一一月号から『ジャングル大帝』を連載する。学童社は戦前に講談社の「少年倶楽部」の編集長だった加藤謙一が興した出版社だ。

日本動画も日本漫画映画も苦戦していたが、手塚治虫は順調で、「漫画少年」に続いて、光文社の「少年」で一九五一年四月号から『アトム大使』（『鉄腕アトム』シリーズ第一作となる）の連載も始めた。赤本マンガで多くの少年読者をつかんでいた手塚は、雑誌でも人気が出た。それを知り少年誌各誌が手塚に依頼した。

少年画報社の「少年画報」五一年四月号から『サボテン君』、秋田書店の「冒険王」五一年一二月号から『冒険狂時代』、「漫画王」五二年二月号から『ぼくのそんごくう』、講談社の「少年クラブ」五二年七月号から『ロック冒険記』の連載が始まり、その他を含め、瞬く間に月刊誌一〇誌に連載を持つようになった。このうちの三作、『ジャングル大帝』『鉄腕アトム』『ぼくのそんごくう』が、後に虫プロダクションでテレビアニメとなる。

『桃太郎　海の神兵』を見てアニメーションを作るぞと決意したものの、芦田に諭されて断念し、人気マンガ家として頂点へ向かっていた手塚治虫だったが、再びアニメーションの魅力に取り憑かれた。戦争中はアメリカが敵国だったために日本国内では上映されなかった、ウォルト・ディズニーの長編アニメーション映画を見たからだった。

戦後のディズニー映画の日本公開は、一九五〇年九月の『白雪姫』（アメリカ公開は一九三七年）に始まる。続いて五一年五月に『バンビ』（一九四二年）、五二年三月に『シンデレラ』（一九五〇年）、五二年五月に『ピノキオ』（一九四〇年）、五三年八月に『ふしぎの国のアリス』（一九五一年）、五四年三月に『ダンボ』（一九四一年）、五五年九月に『ファンタジア』（一九四〇年）が、大映の配給で公開されていった。

手塚は『白雪姫』と『バンビ』をそれぞれ数十回見たと語り、『バンビ』（一九五一年、鶴書房）と『ピノキオ』（一九五二年、東光堂）はマンガにしている。

ディズニー・アニメに夢中になった手塚は、自分でも作りたくなっていく。

## 「東映」誕生

戦時下の映画界は松竹、東宝、大映の三社に統合されていた。戦後になっても、この三社が中心になり、明治の終わり、一九一二年からの長い歴史を持つ日活は直営映画館を持つものの制作は再開できないでいた（制作再開は一九五四年）。

一九五一年四月、制作・配給・興行をする第四の映画会社として、東映株式会社が発足した。東急電鉄グループの東横映画と、太泉《おおいずみ》映画、そして配給会社の東京映画配給の三社が合併した形での創立である。

東横映画は一九三八年に東京横浜電鉄（現・東急電鉄）が映画館経営の興行会社として設立し、戦後は、大映の京都第二撮影所（旧・新興キネマ京都撮影所）を賃借して制作を始めていた。新興の東横映画が配給・興行面で三社の系列に食い込むのは困難だったので大映と提携していたが、不利な条件だったため経営は厳しい。

練馬区大泉に撮影所を持つ太泉映画は、戦前からの新興キネマ東京撮影所を前身とし、貸しスタジオとして一九四七年に創業した。やがて自社での制作にも乗り出したが、ここも経営難だった。

一九四九年一〇月、東横映画と太泉映画が提携すると、二社の映画を配給する新会社、東京映画配給株式会社が、東急の資金で設立された。東京映画配給も赤字となり、東急の総帥である五島慶太は専務の大川博にどうにかするよう指示した（五島は当時、公職追放の身で経営の陣頭に立てなかった）。

大川は一八九六年（明治二九）に新潟県の代々続く庄屋の家に生まれた。一九一六年（大正五）に岩倉鉄道学校を卒業し、鉄道会社への就職も考えたが、経営も学ぼうと中央大学法科へ入り、一九一九年に卒業して、鉄道院に入った。戦中の一九四二年に鉄道院の先輩でもある五島慶太に引き抜かれて東急に入り、五島の右腕として辣腕《らつわん》を振るう。大川は経理知識に長けていた、根っからの「経理マン」である。映画には関心もなく、ほとんど見たこともなかった。大川は経理マンの目で東横映画と東京映画配給の帳簿のチェックをし、指摘すべき点は指摘していたが、それくらいではどうにもならない。赤字は増えていくだけで、給料は遅配し、東急からの借入金が増える一方だった。

そんな状態が一年半ほど続き、ついに三社合わせた負債が一一億円を超えた。東急本体の資本金が四億円の時代である。東急からの借入金が半分以上だったが、東急の株主からすれば、なんでそんなボロ会社に資金をつぎ込むのかとなり、特別背任罪で大川を訴える株主まで出てきた。

大川は「三社をひとつに合併し三社外から新しい経営者を見つけて、任せるしかない」と五島に報告した。五島はその新会社の経営者を探したが、巨額の借金を背負う会社の経営を引き受ける者はいない。五島は大川を呼び、「君にも責任の一端があるのだから、社長になってくれ」と頼んだ。

たしかに映画界は義理と人情と貸し借りと恫喝《どうかつ》と懐柔が渦巻き、そこに女と酒がからむ世界だった。映画界になんの人脈もなく、過去のしがらみが何もない大川は、大鉈《おおなた》を振るうには適任だった。大川は最初は固辞したが、彼なりに映画会社の経営構造を調べ、東横映画と東京映画配給の財務状況も精査したうえで、経理さえしっかりしていれば、映画は利益の出る産業だと判断し、引き受けた。

大川は東急専務と兼任で、一九五一年二月に東京映画配給の社長となり、四月に、同社が東横映画と太泉映画を吸収合併する形で東映を設立した。資本金一億七〇〇〇万円に対し、負債は九億八〇〇〇万円という多難なスタートだった。しかし、大川は徹底した予算管理と原価管理を遂行した。さらに資金調達源を市中の高利貸しから銀行へ徐々に切り替えることで、財務状態は好転していった。

京都の撮影所では時代劇を撮っており、片岡千恵蔵、市川右太衛門という戦前からの二大スターが君臨、大泉では現代劇、他に戦争ものも東映は得意とし、一九五三年一月には大作『ひめゆりの塔』が大ヒット、直営映画館も増えていった。

東映の経営が安定してきたので、大川は一九五三年四月、アメリカ、ヨーロッパの視察に出かけた。アメリカではすでにテレビが普及しつつあり、映画界は危機に瀕《ひん》していた。対抗措置としてスクリーンの巨大化、あるいは立体映画に取り組んでいたが、その効果は限定的だ。

大川はテレビの力を知った。このままでは映画は負けるであろう。どうすればテレビと共存できるか。そのひとつがアニメーションということになる。

# 第二章　テレビ時代到来——一九五四〜一九五八年

## ベビーブーマーを狙った少年少女向け映画

一九四七年から四九年にかけて生まれたベビーブーム世代は、一九五〇年代半ばに小学生になっていた。東映は「東映娯楽版」と称する少年少女向け映画を積極的に作り、この新たな観客層をつかみ、急成長した。片岡千恵蔵、市川右太衛門の二大スターに続いて、中村錦之助、東千代之介、美空ひばりら若手スターを擁し、創立五年目の一九五六年に年間配給収入で松竹、東宝、大映、新東宝、日活を抜いて首位に立った。映画界全体の配給収入総額二三四億円のうち東映は二割以上の五〇億円を占めていた。

娯楽映画とは別に東映は教育映画にも進出した。東横映画内に、地方を巡回して教育映画を上映する16ミリ映写隊があり、実績があった。そこで一九五四年一〇月に東映16ミリ映画部を発足させ、五五年六月には東映教育映画部と改称し、教育映画の新作に乗り出した。教育映画のなかにはアニメーションもあり、日動映画に外注して五五年に『うかれバイオリン』を制作した。

日動が請け負《う》って作った『うかれバイオリン』は一三分だがカラーで、監督・脚本は藪下泰司、原画は大工原章《だいくはらあきら》、森康二（やすじ）、古沢日出夫が担った。大川は一九五六年の年頭挨拶で、「日本で初めてできた天然色の漫画映画」と紹介し、「非常に好評を博しておりますし、漫画映画こそ国際性がもっとも高い映画」だとの持論を述べている。ここで言う「国際性」とは、外国へ輸出できるという意味だ。東映が得意とする時代劇は、セリフを吹き替えたとしても、そもそもの人物設定や時代背景が日本人でなければ分からないので、輸出には向かない。その点、アニメーションならばセリフを吹き替えれば、国境を越えられるだろうと考えていたのだ。

日本ではアメリカのディズニー映画やソ連のアニメーション映画『せむしのこうま』などが公開され、ヒットしていた。ディズニー映画を日本で配給していたのは大映だった。社長の永田雅一《まさいち》は大川よりも早く一九四九年にアメリカを視察し、ウォルト・ディズニー・プロダクション作品の日本での配給権を得ていたのだ。最初に公開したのが、五〇年の『白雪姫』で、手塚治虫も夢中になったことはすでに記した通りだ。しかし、大映は自らアニメーションを作ろうとはしない。

大川は、大映のディズニーと自社の少年少女向け映画の成功、そして短編ながらも『うかれバイオリン』の完成度を見て、日本製長編アニメーション映画を作ろうと考え始めた。

## 横山隆一が設立した「おとぎプロダクション」

『うかれバイオリン』が作られた一九五五年、もう一本の短編アニメーションが作られていた。二三分の『おんぶおばけ』で、横山隆一のおとぎプロダクションが制作した。

横山隆一は戦前からのマンガ家で、短編アニメーションになった「フクちゃん」の生みの親だ。戦争中は陸軍報道班員のマンガ家としてジャワなどへ派遣された。戦後もマンガ家として活躍し、一九五一年八月、サンフランシスコ講和会議の取材でアメリカへ行った。ディズニー・プロダクションへも行って二日にわたりスタジオを見学し、ウォルト・ディズニーにも会えた。このことで、アニメーション熱が再燃し、帰国すると、16ミリカメラを中古で買って、マンガ執筆のかたわら、アニメーション映画作りを始めていたのだ。

横山は一九五五年一月に自分のプロダクションを設立し、コマーシャルフィルムを受注していたが、娯楽アニメ映画として、二三分の短編『おんぶおばけ』を制作して、一九五五年一二月、文藝春秋社の会議室で試写会が開かれた。

試写会には手塚治虫も招かれた。手塚は東京で暮らすようになった一九五一年に横山を訪ねており、親交があったので、試写会に呼ばれたのだ。その後の祝賀会にも参加した手塚は、横山から「君も、そろそろアニメーションを作ったらどうだい」と声をかけられた。手塚はその気になってくる。そのため『おんぶおばけ』は試写会では好評だったが、横山としては満足のいくものではなかった。そのため一般公開せず、上映されたのは試写会での一回だけだった。横山はより満足のいくアニメーション作りをするために、スタッフを拡充した。そのひとりがトキワ荘で暮らしていた鈴木伸一だった。

鈴木伸一（一九三三〜）は長崎県長崎市生まれで、父の仕事の関係で満州で暮らし、敗戦も同地で迎えた。引き揚げてからは山口県下関市で暮らし、中学を卒業すると印刷会社で働いていた。マンガが好きで「漫画少年」へ投稿していたが、アニメーションへも関心を持ち、『白雪姫』が日本で公開されると四〇回は見たという。

一九五五年、鈴木は勤めていた印刷会社が火事で廃業したのを機に、満州時代に知り合っていた漫画家の中村伊助を頼って上京した。当初は中村家に居候していたが、仕事を見つけると中村家を出て、「漫画少年」編集部に寺田ヒロオを紹介してもらい、トキワ荘で暮らすことになった。手塚治虫がトキワ荘に暮らしていたのは一九五三年一月から五四年一〇月までで、一九五五年には、マンガ家では寺田ヒロオと藤子不二雄の二人（藤本弘と安孫子素雄）の三人が暮らしていた。

「藤子不二雄」の藤本弘（一九三三〜九六）は富山県高岡市出生まれ、安孫子素雄（一九三四〜）は富山県氷見市生まれだ。敗戦前年の一九四四年に安孫子が藤本の学校へ転校して出会い、以後、ずっと親友であり続けた。二人ともマンガが好きで、手塚の『新宝島』に衝撃を受け、自分たちも描き始めた。高校時代の一九五一年に合作した四コママンガ『天使の玉ちゃん』が「毎日小学生新聞」に連載されてデビューし、高校を卒業した一九五二年春に宝塚にいた手塚を訪ねて激励された。

卒業後、藤本は製菓会社の工場に入るが三日で辞め、安孫子は新聞記者になった。二人の合作は続き、五三年に「冒険王」で初の連載が始まり、五四年に安孫子も新聞社を辞めて、二人で上京した。二人はすぐに何本もの連載を持った。「藤子不二雄」は共同ペンネームで、二人で合作することもあれば、それぞれ単独で描くこともあった。五四年秋に手塚がトキワ荘から出て雑司が谷に引っ越すと、藤子の二人がその部屋に住むことになった。

そこに鈴木が加わり、さらに田河水泡の弟子だった森安なおやも鈴木と同居し、一気にマンガアパートとなっていった。

鈴木はデザイン会社で働きながらマンガも描いていたが、そう目立った活躍はしていない。一九五六年五月、横山隆一がアニメーション作りを本格化させ、人手が足りなくなっていると聞いた中村伊助が、鈴木を紹介した。もともと鈴木はマンガよりもアニメーション作りをしたかったので、願ってもない話だった。

鈴木はおとぎプロダクションで住み込みで働くことになったので、六月一日にトキワ荘を退室する。当時のおとぎプロダクションには、鈴木の前に入っていた町山充弘《みつひろ》と、セルの色塗りや仕上げ担当の女性三人がいるだけだった。鈴木伸一著『アニメが世界をつなぐ』によれば、おとぎプロダクションは当初は「隆一プロダクション」だったが、鈴木が入ったころに改称したのだという。

おとぎプロは『ふくすけ』のアニメーションに取り掛かっていた。カラー、一八分の短編で一九五七年一〇月二九日に東宝系の映画館で公開される。東宝の社史には、短編ではあるが東映の『白蛇伝』よりも一年前だと誇らしげに記されている。

## 映画界に迫るテレビの脅威

一九五〇年代も半ばになると、映画界には新たなる脅威が迫っていた。テレビである。

日本でテレビの本放送が始まったのは一九五三年で、NHKと日本テレビの二局が開局した。この時点でのテレビはサラリーマンの月給の一〇倍以上したので、販売実績は一万数千台でしかなく、映画の敵になろうとは誰も思わなかった。だがこの年にアメリカを視察した東映の大川は、テレビが普及しているアメリカではすでに映画人口（年間の総観客数）が三割も減っていることを知った。

日本の一般家庭でテレビを買えるのはまだ先の話で、人びとは街頭テレビで大相撲やプロレスなどを楽しんでいた。映画人口の正確な記録が残っているのは一九五五年からで、八億六八九一万人、五六年は九億九三八七万人と一〇億に迫り、一九五七年には一〇億九八八八万人、五八年はさらに伸びて一一億二七四五万人となった。東宝、松竹、大映、東映、新東宝に次いで、一九五四年には日活が制作を再開して、五六年に石原裕次郎がデビューすると、たちまち大スターとなった。

しかし、一九五八年がピークだった。翌五九年からテレビがすさまじい勢いで普及したのだ。NHKの受信契約数は、一九五五年一〇月に一〇万件を突破すると、五七年六月に五〇万、五八年五月に一〇〇万を突破した。ラジオ放送局として一九五一年に設立された東京放送（TBS）は五五年からテレビ放送も始め、東京のテレビ局は三局となっていた。そして皇太子（平成の天皇、現・上皇）ご成婚が一九五九年四月と決まると、そのパレードを家で見ようという販売キャンペーンのおかげで、四月には受信契約は二〇〇万を突破した。一年ごとに、まさに倍になっていった。

大川はテレビを無視するのでも敵視するのでもなく、テレビ事業への進出を考えた。東映は国際テレビ放送株式会社を設立し、一九五六年六月に放送免許を申請した。同じようにテレビへの進出を考えていた出版社の旺文社と、日本短波放送（現・日経ラジオ社）とその親会社の日本経済新聞社と組み、教育専門のテレビ局、株式会社東京教育テレビを設立し、予備免許が下りると、一一月一日に株式会社日本教育テレビ（NET、現・テレビ朝日）と変更し、放送開始へ向けた準備に入った。

## 日動の東映への身売り

テレビ事業への進出と並行して、大川は一九五五年一一月、東映社内に漫画映画自主制作委員会を立ち上げ、アニメーション映画の調査研究を開始した。そのメンバーのひとりが赤川孝一（作家・赤川次郎の父）だった。委員会はアニメーション映画の制作における技術面と興行面、収益などを調査し、一からアニメーション・スタジオを立ち上げるよりも既存のスタジオを買収したほうがいいとの結論を出し、『うかれバイオリン』ですでに関係のできていた日動映画に白羽の矢を立てた。こうして東映は日動の全株式を従業員とスタジオごと買い取り、一九五六年八月に東映動画が設立された――というストーリーが、東映の社史などには記されている。

日動は新宿区にあった成城中学校・高等学校の教室を借りてスタジオとして、技術スタッフ二五名、役員など含め三〇名で、短編アニメーションを三か月に一本、一分のテレビコマーシャルを月に一〇本ほど作っていた。この規模でも、当時の日本では最大のアニメーション制作会社だった。そして三〇〇万円の負債を抱え、倒産寸前だった。

東映の営業課長だった今田智憲《ちあき》（後、東映動画社長）によると、一九五五年に日動の山本善次郎（早苗）と藪下泰司が今田を訪ね、「経営が厳しいので協力してくれないか」と頼んだのがきっかけだという。今田は『東映動画長編アニメ大全集 上巻』（一九七七年）巻頭にあるインタビューでこう語る。

〈私のところも映像の仕事―当時はおもに映画ですが―をやっておりまして、アニメに関してはかねがね、国際的な映像の仕事としての大きな可能性を感じておりましたから、これは非常にいいことだと思いまして、大川社長に、これはいい仕事だから、ひとつ東洋のウォルト・ディズニーになろうではないかというようにお願いして、東映動画という会社を藪下さんや山本さんと一緒につくったわけです。〉

山本たちの言う「協力」が何をイメージしていたのか。仕事をくれということだったのか、資金援助だったのか、そのあたりは分からない。日動からの申し出を受けて、今田が大川に提案し、そして大川が赤川たちによる調査委員会を作らせ、今田も委員会のメンバーとなった――というのが今田が振り返るストーリーだ。

山口且訓《かつのり》・渡辺泰著『日本アニメーション映画史』（一九七八年）には、〈最初、東映から短編の「うかれバイオリン」製作を依頼され、今度は長編「白蛇伝」を作ってくれとの話になり、それならついでに日動を買わないかという事になり、経営状態も悪かった事もあって、負債総額三百万円と社長含めスタッフ二十余名を東映が買い取る契約をしたそうだが、やはり経営の悪化で、スタッフの生活安定のために止むを得ず伝統ある日動を東映に譲り渡してしまったというのが実状らしい。〉とある。

『白蛇伝』の脚本・演出を担った藪下泰司は、日動が買収される前から東映社内で同作の企画が始まっていたと語っている（『東映動画長編アニメ大全集』）。

東映のなかで、誰がアニメーション映画制作を最初に考えたのか。東映動画創立からまだ二〇年くらいしか経っていない一九七〇年代後半でも、すでに諸説あったのだ。アニメーション映画に限ったことではないが、人びとの記憶は曖昧で、「関係者の証言」が必ずしも事実とは限らない。

ともあれ――一九五六年七月三一日に東映は日動映画の全株式を四〇〇万円で買い取り、スタッフ二三名と機材も引き取り、東映動画株式会社が設立された。山本、藪下の他、大工原章、森康二（やすじ）らも参加した。

東映動画の最初期の主な仕事は、テレビコマーシャルの制作だった。東映が受注した仕事を請け負ったのだ。八月にスタートして年末までの五か月で五六本のアニメーションによるテレビコマーシャルを制作した。

それと並行して練馬区大泉の東京撮影所に隣接して、鉄筋コンクリート三階建て、延べ面積三二三坪、建設費一億円のアニメーション・スタジオが建てられる。九月二六日に起工式が行なわれ、一九五七年一月九日に移転した。「白亜の殿堂」と称された現代的な建物だった。

スタジオができる前の一二月には採用試験があり、大塚康生《やすお》（一九三一～）、中村和子（一九三三～二〇一九）、紺野修司《こんのしゅうじ》（一九三三～二〇一三）、坂本雄作（一九三一～）らが採用された。第一期生である。

## 手塚治虫が気にする東映動画の動向

手塚治虫は日動が東映動画になる時期から知っていた。『東映動画長編アニメ大全集』のインタビューでこう振り返っている。

〈私がはじめて東映動画に接しましたのは、昭和31年ごろ、当時はまだ正式に東映動画になっていたのかどうかわかりませんが、若松町（東京都新宿区）にあった旧日動のスタジオを訪れたときです。／スタジオといっても、学校の校舎の一角を借りての仮住まいで、オンボロの木造バラックでした。アニメーション・スタンドもカメラもかなりの年代もので、どちらかというと貧相なものでした。／それからしばらくしまして練馬の大泉に新スタジオが建ったというので出かけてみますと、畑の中にこつ然として白亜の殿堂が建っておりましたのでびっくり仰天したのをおぼえています。〉

新スタジオができると、東映動画は人材獲得を進め、五七年四月に従業員の第一次正規採用を行ない、喜多真佐武（一九三四～）らが入った。八月には一般公募で約八〇〇名の応募者のなかから九名が入社した。そのひとりが楠部《くすべ》大吉郎（一九三四～）で、一一月には奥山玲子（一九三五～二〇〇七）も入社した。奥山はＮＨＫの朝ドラ『なつぞら』で広瀬すずが演じたヒロインのモデルとなる人だ。

大塚康生を含めたこの時期にアニメーションの世界に入った人びとについては、おいおい記していく。

五月一三日には、東映動画として最初のアニメーション映画となる短編『こねこのらくがき』が完成した。藪下泰司が演出、大工原章、森康二が作画した、モノクローム、一三分のフルアニメーションだった。

手塚が初めて大泉へ行ったときは新スタジオの一角で〈熊川正雄《くまかわまさお》さんが新人アニメーターの養成をやっていました〉というから、四月以降だろう。熊川正雄は一九一六年（大正五）生まれ。政岡憲三の片腕と呼ばれたアニメーターで、『くもとちゅうりっぷ』のスタッフのひとりでもある。戦後は日動映画におり、東映動画に五七年一一月に入社し、後進を育てた。

手塚は〈蕗谷虹児《ふきやこうじ》さんが来ておられて「夢見童子」というカラーの短編アニメの撮影をやっていました〉とも語っている。蕗谷虹児（一八九八〜一九七九）は挿絵画家、詩人としても知られる。竹久夢二の弟子と言ってもいい。蕗谷は若いころにパリへ留学したことがあり、その時期、同じようにパリにいた山本早苗と知り合った。二人は別の道へ進んでいたが、東映動画が設立された際に何人かの画家を招聘することになり、山本が蕗谷を誘ったようだ。六〇歳近くになってのアニメーション初挑戦である。

『夢見童子』の企画は赤川孝一と山本早苗、蕗谷は原画・構成・演出を担った。「動画」スタッフとして、大塚康生、中村和子、喜多真佐武ら入社したばかりの新人たちの名もある。『夢見童子』の完成は一九五八年四月五日だ。

手塚は『夢見童子』を〈日本調の単純な絵柄でとても一般受けしそうなものには見えませんでした。〉と振り返っている。さらに、〈その後も何本か短編の作品を作っておられたようですが、なかなか一般にアピールするようなものは出てこなかったようです。／われわれは、そのうちアニメーションのいままでの例から、大川さんもこりるのではないかなどと勝手なうわさをしていたものです。〉とも語る。

たしかに、それまでアニメーション映画の商業的成功例は少ない。だから、松竹も東宝も撤退した。大映はディズニー映画の配給で儲けていたが自社で制作しようとはしていない。この状況下、東映は劇場用の長編アニメーション映画の制作を決めたのだ。一九五七年末までに従業員は一〇九名になっており、スタジオの増築も始めた。

当時の手塚治虫は人気マンガ家として何本もの連載を抱えている。その合間に東映動画を少なくとも二回は訪問し、その動向を気にしている。かなり関心を持っているわけで、ライバル心を抱いていたと言ってもいいだろう。

東映がアニメーションに乗り出したのは、海外進出とテレビコマーシャルの受注、そして教育映画という三分野で将来性が見込めたからだった。東映が得意とする実写映画（当時は、こういう言葉はない。映画は「実写」が当たり前だった）は時代劇だったので、文化と言語の壁があり、海外への輸出はしにくい。その点、アニメーションであれば外国の観客にも理解しやすいと考えた。台湾の映画会社との提携の話も具体化していたので（中国との国交はまだ回復されていない）、第一作は中国の民間説話を題材にした『白蛇伝』が選ばれた。

## 『白蛇伝』の衝撃

東映動画第一期生のひとり坂本雄作は、最も早く東映動画を辞めた人になる。坂本は映画館主の家に生まれ、幼少期から映画に親しみ、ディズニー映画に夢中になった。東映動画に入社すると、同じ一期生の喜多真佐武とともに企画小委員会に配属された。二人は『鉄腕アトム』『ジャングル大帝』を劇場用アニメーションにする企画を提出した。

坂本が手塚マンガに出会ったのは少年時代ではなく、芸大に入ってからだった。友人の弟が面白いと薦めてくれ、『鉄腕アトム』を読んだのが最初だった。「マンガは中学生まで」が常識の世代で、それまでに出会っていないと、普通は読む機会のないまま大人になり生涯を終える。

坂本は『鉄腕アトム』を一読して、たちまち魅了された。そこで企画会議に『鉄腕アトム』『ジャングル大帝』を提案したのだ。企画小委員会の出席者は誰も「手塚治虫」を知らず、相手にされない。坂本はすぐに企画を取り下げた。議論したあげく却下され、「手塚マンガのアニメーション化はボツ」という実績になるよりはいいと判断したのだ。企画小委員会には若い社員のアイデアを取り入れようという目的があったようだが、結局、企画は東映本社から下りてくるものしか実現しない。

坂本は作画部へまわされ、『白蛇伝』に加わった。

『白蛇伝』は「日本初」の「カラー」「長編」「アニメーション」として歴史に刻まれている。上映時間七九分は、いまでは「長編」とは呼べないが、当時としては長い。原画一万六四七四枚、動画六万五二一三枚、総作画枚数二一万四一五四枚で、制作費四〇四七万円と記録にある。

新人を養成しながらの作画作業だったので制作が遅れた。その状況は手塚の耳にも入っており、

〈業をにやした大川社長が前半だけで公開してしまおうとしているという話を、岡部一彦さんから聞きました。〉と語っている。岡部はマンガ家岡部冬彦の兄で、『白蛇伝』のキャラクター原案と美術を担当していた。手塚と交流があったのだろう。しかし、スタッフが慣れてくるとペースも上がったようで、七月一六日に作画が終わり、八月三〇日に完成した。それを知った手塚治虫は驚いた。

九月二五日に新宿東映で『白蛇伝』の完成特別披露試写会があり、手塚も招かれた。試写会が終わると銀座で祝賀会が開かれ、手塚も参加した。試写を見て〈日本にもついに本格的なアニメーション映画の誕生をみた〉と興奮した手塚は、一緒に見に行った久里洋二《くりようじ》（一九二八〜）、うしおそうじ（一九二一〜二〇〇四）と喫茶店へ行き、「オレたちもやろう」と手を握り合ったと、自伝にある。

久里はマンガ家で、イラストレーター、絵本作家でもあった。この喫茶店での誓いの後、久里実験漫画工房を設立し、実験的な短編アニメーションを作っていく。

うしおは本名を鷺巣富雄《さぎすとみお》といい、一九二一年（大正一〇）に生まれ、三九年、一八歳の年に東宝に入り、特殊技術課課長だった円谷英二に師事した。線画室（アニメーション）では大石郁雄に師事した。四〇年から、うしおは海軍航空隊の教材映画制作のため海軍に出向し、『ハワイ・マレー沖海戦』では東宝と海軍の間で調整役を果たした。

戦後、うしおは東宝に戻ったが、大労働争議が起きると退社し、一九四九年四月に映画配給会社セントラル映画社に入り、外国映画に字幕を入れる仕事に就いた。だが五か月で辞めてしまい、探偵小説誌「宝石」に挿絵を描く仕事を得ると、その画家仲間の紹介で、秋田書店や明々社（後、少年画報社）の雑誌にマンガを連載するようになっていた。

手塚は同業者の動向を常に気にしており、少年雑誌各誌に載るマンガのすべてを読んでいた。一九五二年春、「漫画少年」の編集者から、新しいマンガ家で誰かいい人はいないかと相談されると、手塚はなんの面識もなかったがうしおの名を挙げ、編集者と二人でうしおを訪ねた。

こうして、「漫画少年」一九五二年八月号から、うしおの『チョウチョウ交響曲』の連載が始まった。うしおは手塚の盟友となり、編集者の目を盗んでカンヅメから抜け出して一緒に映画を見るなど、かなり親しくなった。

東映動画の創立メンバーは戦前から活躍していた世代で、新卒として採用した新人は一九三〇年代後半に生まれた世代なので、手塚たちはその中間になる。

一〇月二二日、『白蛇伝』が公開されると、当時の映画の上映期間は一週間が基本だったが、異例の二週間興行という大ヒットとなった。この年の芸術祭団体奨励賞、ブルーリボン特別賞、毎日映画コンクール特別賞、ベネチア国際児童映画祭児童部門特別賞、メキシコ政府名誉賞などを受賞、香港、台湾の他、アメリカでも公開された——と東映動画の社史には誇らしげに記されている。いくつもの賞を受賞しているが、見れば分かるように「特別賞」ばかりだ。これはアニメーション映画がまだ特別視されていたからで、実写映画と互角には評価されていない。

公開時の『白蛇伝』は、人気絶頂の中村錦之助主演「一心太助」シリーズ『天下の一大事』との二本立てでの公開で、錦之助目当てのお客さんも多かった。『白蛇伝』だけだったらどうだったかは分からない。それでも、『白蛇伝』が錦之助主演の痛快時代劇の足を引っ張ることはなかったわけで、相乗効果もあっての異例の二週間興行となったと言える。

八月三〇日に『白蛇伝』が完成すると、東映動画は九月一日から長編アニメ第二作の制作を開始した。『白蛇伝』の興行成績が出る前から取り組んでいたわけで、早い段階で年に一作のペースで長編を作ると決まっていたことが分かる。

第二作に選ばれたのは、『少年猿飛佐助』だった。立川《たつかわ》文庫の人気キャラクターで戦国時代に真田幸村に仕えたとされる忍者が主人公だ。讀賣新聞に連載されていた檀《だん》一雄の小説を原作としているが、ストーリーはだいぶ変わっている。

## テレビ局の相次ぐ開局、受像機の普及

一九五九年二月一日――東映動画の長編第二作『少年猿飛佐助』の制作が始まっていたころ――東映が大株主となったテレビ局、日本教育テレビ（NET）が放送を開始した。東京圏では、NHK、日本テレビ、TBSに続く、第四のテレビ局だった。五七年の創業時の社長は旺文社の赤尾好夫《よしお》で東映の大川博は会長となっていた。六〇年には大川が社長、赤尾が会長となり、二人にとってこのテレビ局の社長・会長職は名誉職ではなく、本腰を入れた本業だった。他の民放にも映画会社は出資しているが、経営にまでは関与しない。東映とNETの関係はかなり強く、テレビ朝日になったいまも続いている。

三月にはフジテレビも放送を開始し、一月に放送開始となっていたNHKの教育テレビ（現・Eテレ）を含め、東京では六つの局が生まれた。その他、五九年だけで二九の民放局が全国で開局した。

この時期に開局が相次いだのは、四月一〇日に皇太子明仁親王と正田美智子との「ご成婚」が予定され、そのパレードを放送するためだった。テレビは売れに売れて、NHKの受信契約数は二〇〇万を超えていた。以後も一九六四年の東京オリンピックまでの五年間に飛躍的に普及していく。

映画の危機は迫っていた。一九五八年に年間観客動員数は史上最高の一一億二七四五万人となったが、五九年は一〇億八八一一万人と四パーセント減となった。戦後、前年比マイナスになるのは初めてだった。だが、まだ多くの映画人はテレビを敵とみなしていない。

映画人のなかでは東映の大川はかなり先見の明があった。東映はテレビコマーシャルを受注し、東映動画の作るアニメーションを含めて一九五九年には年間で三三一本を制作した。

それだけではない。一九五八年七月には東映テレビ・プロダクションを設立し、テレビ映画の制作にも乗り出していた。映画会社大手六社は一九五八年九月にそれぞれの会社が持つ映画のテレビへの提供を禁止し、専属俳優のテレビ出演を許可制にする協定を結んでいた。東映は協定に従い既存の映画をテレビへ提供することはないが、テレビのための映画を制作する部署を作った。

大川は東映動画に、テレビのためにアニメーション映画を作れないかと打診したが、そんなのは不可能だと一蹴されると、それ以上は言わなかった。

## 「TCJ／エイケン」の始まり

映画界とは別のところからテレビに進出してきたのが、自動車輸入会社の梁瀬自動車（現・ヤナセ）だった。戦争中は自動車の輸入ができなかったが、戦後、輸入事業の再開と同時に創業者・梁瀬長太郎（一八七九〜一九五六）の息子・次郎（一九一六〜二〇〇八）が社長に就任した。二六歳の若社長である。

梁瀬次郎は一九五〇年から五一年に渡米し、そのときハワイでジョン田中と知り合った。田中は、

「これからはテレビの時代だ、テレビ番組の制作会社を作り、日本のディズニーを目指さないか、新しい文化を作ろう」と持ちかけた。梁瀬はこの話に乗った。荒廃した日本から渡米し、繁栄の絶頂にあるアメリカを見たばかりの青年社長としては、気宇壮大な話は魅力的だったのだ。日本でテレビ放送が始まるのが一九五三年なので、どこよりも先駆けることができるはずだった。

田中の計画は、アメリカ製のテレビを中古で安く仕入れて輸入し、それを売った利益で、アニメーションと実写のスタジオを作り、番組制作をするというものだった。梁瀬は帰国してその事業を始めようとしたが、創業者で会長である父は猛反対した。それでも、財閥解体で表には出られなくなっていた、三井、古河、安田、大倉などの旧財閥当主の支援を得て、一九五二年に「日本テレビジョン株式会社」を設立した。テレビ局の「日本テレビ」（日本テレビ放送網）と紛らわしいが、なんの関係もない。英語での社名は「Television Corporation of Japan Co., Ltd.」で、略称「ＴＣＪ」となり、後にこの略称を社名とするので、本書では以下「ＴＣＪ」とする（ＴＣＪのアニメ部門は後に独立して「エイケン」に改称）。

ＴＣＪはスタジオ用地として品川区の御殿山の土地を買い、撮影機材、照明機材なども購入、テレビも大量に輸入した。撮影機材とテレビを梁瀬に売ったのが、ジョン田中とその関係者で、彼らは儲かった。

ＴＣＪ設立の翌年、ＮＨＫと日本テレビが放送を開始した。日本テレビの最初のテレビコマーシャル、つまり日本最初のコマーシャルは、ＴＣＪが制作した精工舎（服部時計店）の、ニワトリがコケコッコーと時を告げるアニメーションだった。最初期のテレビＣＦ（コマーシャル・フィルム）は、スタジオでの生放送以外は、アニメーションが九割近くを占め、実写フィルムのものは少なかった。テレビの解像度が低かったので、実写よりもアニメーションのほうがメリハリのある画質となり見やすかったのだ。

テレビCF制作はうまくいきそうだったが、輸入したテレビは、関税が引き上げられたこともあり国内での販売価格が高く、まったく売れなかった。一九五三年の松下電器（現・パナソニック）のテレビは17インチで一七万円前後、当時の大卒初任給が八〇〇〇円から九〇〇〇円だったので年収ほぼ二年分だ。とても一般庶民には手が出ない。ＴＣＪが輸入したのはそれよりも高いはずで、まさに「外車」並みだった。外車を買うヤナセの顧客ならば買えると踏んだのだろうが、売れなかった。

開局した日本テレビもまた問題を抱えていた。スポンサーを獲得するには多くの人に見てもらわなければならないのに、テレビが高くて一般庶民には手が届かない。といって日本テレビは、メーカーに安くしろとか各企業に社員の給料を上げろと言える立場にはない。買えない人びとにテレビを見てもらうには、どうしたらいいか。

この両社が抱える問題を一挙に解決する手段として、ＴＣＪが抱える在庫を街頭に置けるように改造して、日本テレビが買って関東一円に設置することになった。

ＴＣＪはテレビをどうにかさばき、スタジオのために買った土地はソニーに売り、撮影機材は開局を準備していたＴＢＳに買ってもらい、それを原資として、どうにか倒産せずにすんだ。

ＴＣＪは自動車輸入会社の子会社として設立しているので、映画にもアニメーションにも詳しい者はいなかった。どこかから経験者を呼ぶしかない。テレビ放送が始まる一九五三年にはまだ東映動画はできていない。ＴＣＪが招いたのは、芦田漫画映画製作所の芦田巌だった。

芦田は自社のスタッフを引き連れてＴＣＪに通い、何も知らないスタッフに教えながら、アニメーションを制作していった。一九五四年には一〇分ほどの短編アニメーション『蜜蜂マーヤの冒険』を作った。ＴＣＪは、この際だから芦田漫画映画製作所を買収しようと考え打診した。しかし、話がまとまらず、芦田はＴＣＪと縁を切ったが、何人かの社員はＴＣＪに残った。

一九五六年にはヤナセの創業者・梁瀬長太郎が亡くなったが、このころにはＴＣＪも立ち直っていた。

うしおそうじの実弟の鷺巣政安《さぎすまさやす》（一九三二〜）がＴＣＪに入社したのは、本人の回想では二二歳というから、一九五四年か五五年になる。鷺巣は中学を卒業するとさまざまな仕事をした。アニメーション会社の芦田漫画研究所にも一年ほどいたことがある。そこを辞めると、うしおそうじがマンガ家になっていたので、そのアシスタントをするようになった。だが、それもなじめない。そんなある日、新聞の求人広告欄に「日本テレビジョン株式会社」とあるのが目に留まり、応募して入社した。

鷺巣が入社したときは、輸入したテレビが倉庫に積まれており、ボーナスの代わりに社員に一台ずつ配られたという。しかし映りが悪く叩いたり蹴飛ばしたりしなければ映らないような代物だった。これでは売れないはずである。

余談だが、安孫子素雄（藤子不二雄Ⓐ）も、「漫画少年」を出していた学童社が一九五五年秋に倒産したので、マンガ家としての将来に不安を感じ、新聞の求人欄を眺めて「日本テレビジョン株式会社」に目が留まり、受けてみようかと考えたという。

## テレビドラマの制作開始、週刊誌の創刊ラッシュ

テレビ局が増えれば、番組も増える。テレビ映画、テレビドラマという新たなジャンルが生まれた。オリジナルの脚本が作れればいいが、それも限界があり、映画がそうしたように既存の小説を原作としたドラマが作られていく。

テレビは子ども向きの番組も必要となり、手塚治虫のマンガはその原作として採用されるようになった。五九年三月七日のフジテレビ開局番組のひとつが実写版の『鉄腕アトム』だ。『鉄腕アトム』は一九五七年四月から九月まで、東京テレビ（現・TBS）で紙人形劇として制作・放映されたこともあり、フジテレビの実写版は二度目の映像化だった。

手塚は原作を提供しただけで制作には関与していない。大阪の毎日放送と松崎プロダクションが制作し、六〇年五月まで一年にわたり制作・放映された。松崎プロは戦前の東宝のプロデューサーだった松崎啓次（一九〇五〜七四）の会社だった。松崎は東宝時代から円谷英二と親しく、実写版アトムの特撮シーンは円谷プロダクションが手伝っている。実写版『鉄腕アトム』は少年ヒーローが活躍する活劇ものとして作られ、アトムは少年俳優がかつらをかぶって、演じていた。手塚としては出来が気に入ってなく、以後、マンガの実写化には慎重になる。

テレビの普及と競うように、出版界では週刊誌の創刊が相次いだ。世に言う「週刊誌ブーム」である。週刊誌そのものは戦前から新聞社が出していた「週刊朝日」「サンデー毎日」などがあった。取材網や印刷の点で新聞社以外が出すのは不可能とされていたが、一九五六年に新潮社が「週刊新潮」を創刊して成功すると、五七年に主婦と生活社が「週刊女性」、五八年に光文社が「週刊女性自身」、

集英社が「週刊明星」、五九年に文藝春秋が「週刊文春」、講談社が「週刊現代」を相次いで創刊し、「週刊誌ブーム」と呼ばれた。

一九五八年秋、小学館は初の少年向け週刊誌として「週刊少年サンデー」の創刊を決め、一九五九年春を発売日に予定した。五九年一月になってそれを察知した講談社は「週刊少年マガジン」の創刊を決めた。両社の間ですさまじい情報戦が展開され、創刊号の発売日は競うように前倒しされ、三月一七日に二誌が同時に発売される。

こうして――一九五八年から五九年にかけて、アニメーション、テレビ、少年週刊誌という、一九六〇年代に大爆発する三つのジャンルが始動し始めた。その三つのすべてに関わるのが、手塚治虫だった。

手塚治虫をはじめとするマンガ家たちは月刊誌を執筆の場としていたが、週刊誌へとシフトしていくのである。テレビと週刊誌が一気に普及していくことによって、人びとの生活リズムも月単位から週単位へと変容していく。

しかし、まだアニメーション映画は「年に一本」のペースが始まったばかりだった。

# 第三章　最初の手塚アニメ『西遊記』——一九五九～一九六〇年

## 手塚が参画する『西遊記』始動

東映動画長編第二作『少年猿飛佐助』の制作は一年二か月かかり、一九五九年一一月四日に完成し、一二月二五日に大川橋蔵主演『雪之丞変化』と二本立てで公開された。前作『白蛇伝』は「日本初の長編カラー・アニメーション映画」だったが、『少年猿飛佐助』は「日本初のシネマスコープ版長編アニメーション映画」だった。一作ごとに進化していくのだ。

この時点ではすでに第三作の制作が始まっていた。『西遊記』である。いや、『白蛇伝』の制作中から、『西遊記』の企画は動き出していた。東映動画から手塚治虫のもとに連載中の『ぼくのそんごくう』のアニメ化の打診があったのは一九五八年初夏だった。

表に示したように、手塚治虫が東映動画の長編アニメーションに参画するのは、『白蛇伝』制作中のことだ。アニメーターたちが必死で作画をしている間に、企画する立場の者が次の作品を考えるのは当然のことである。『白蛇伝』完成の翌々日の九月一日に、『少年猿飛佐助』『西遊記』の二作の制作が始まっている。

| 東映動画と手塚治虫 | | | |
|---|---|---|---|
| 年 | 月 | 東映動画 | 手塚治虫 |
| 1956 | 8月 | 東映動画設立 | |
| | 12月 | 練馬区大泉にスタジオ完成 | |
| 1957 | 1月 | 大泉へ移転 | |
| | 6月 | 『白蛇伝』制作発表 | |
| 1958 | 初夏 | 手塚治虫に東映動画から『ぼくの孫悟空』アニメ化打診 | |
| | 8月30日 | 『白蛇伝』完成 | |
| | 9月1日 | 『少年猿飛佐助』制作開始、『西遊記』制作開始 | |
| | 9月25日 | 『白蛇伝』完成特別披露試写会、手塚も見る | |
| | 10月22日 | 『白蛇伝』公開 | |
| 1959 | 2月1日 | NET放送開始 | |
| | 3月17日 | | 「少年サンデー」創刊号から連載 |
| | 4月頃 | 月岡貞夫、石森章太郎、東映動画へ | |
| | 11月4日 | 『少年猿飛佐助』完成 | |
| | 11月13日 | 『西遊記』作画開始 | |
| | 12月25日 | 『少年猿飛佐助』公開 | |
| 1960 | 6月30日 | 『西遊記』作画終了 | |
| | 8月5日 | 『西遊記』完成 | |
| | 8月14日 | 『西遊記』公開 | |
| | 8月 | | 練馬区富士見台に新居を建てる |
| | 8月頃 | | おとぎプロ訪問 |
| 1961 | 6月 | | 手塚動画プロ、活動開始<br>『ある街角の物語』制作開始 |
| | 7月 | 『安寿と厨子王丸』公開 | |
| | 12月 | | 動画プロを虫プロダクションと命名 |
| 1962 | 2月 | | 『鉄腕アトム』制作を決める |
| | 6月 | 『アラビアンナイト・シンドバッドの冒険』公開 | |
| | 11月 | | 『ある街角の物語』『鉄腕アトム』試写会 |
| 1963 | 1月 | | 『鉄腕アトム』放映開始 |

東映で手塚治虫の起用を思いついたのは、入社したばかりの白川大作（一九三五〜二〇一五）だった。白川は香川県生まれで、一九五八年に慶應義塾大学経済学部を卒業し、映画好きだったので、東映の入社試験を受けて入社した。映画制作部門への配属を希望したが、事務職としての採用だったので撮影所へは行けないと言われ、宣伝部を希望するとすでに満杯で、残ったのが動画部だった。日動を買収したのが前年夏で、大泉に新社屋を建てたばかりのころだ。

白川は成績優秀な幹部候補生だったので、動画部という将来どうなるか分からない部署ではなく、経理か文書課へ行けと言われた。しかし、それでは映画会社に入った意味がない。白川は強く希望し動画部企画課へ配属された。

当時は東映動画そのものには企画を立案する部署はなく、東映本社動画部で企画を立て、東映動画は作画・撮影を担うという構造だった。

白川が入社した時点ではすでに『白蛇伝』は制作中で、完成に近づいたころ、白川は「進行助手」として参加し、完成を見届けた。並行して第二作『少年猿飛佐助』の企画が動いており、さらに次の第三作について雑談レベルではあるが、企画課で話題にのぼっていた。

そんなころ、大物プロデューサー渾大防五郎《こんだいぼうごろう》が東映動画の顧問となり、白川と飯島敬《たかし》（一九三五〜九三）に「何かいいものはないか」と問いかけた。

白川は一九三五年生まれで、藤子不二雄の二人や赤塚不二夫たちと同じように、少年時代に手塚マンガの洗礼を受けた世代で、いつか手塚のマンガをアニメーション映画にしたいと考えていた。

飯島も白川と同年生まれで、この後プロデューサーとしてテレビアニメ、劇場用アニメの双方に関わる。作品によっては別名で脚本を書いたり主題歌の作詞もしたりする、実作者でもあった。

白川は、雑談のなかで手塚の『ぼくの孫悟空』を提案した。秋田書店の月刊誌「漫画王」に一九五二年二月号から連載されていたマンガだ（雑誌掲載時は「ぼくのそんごくう」）。毎号五ページだがすべてカラーで、五九年三月号まで八年にわたり続いた。

渾大防は「手塚治虫」を知らなかったが、『西遊記』のマンガだというので興味を示した。『西遊記』ならば悟空が雲に乗って空を飛ぶなど、アニメーションならではのシーンがたくさんあるし、中国の古典が原作であれば親や学校も安心するだろう、台湾にも輸出しやすい（中国とはまだ国交がない）と、すぐに思考がめぐる。渾大防は白川に『ぼくの孫悟空』を取り寄せるよう指示した。秋田書店が単行本を出していたので、白川は買い求めた。

白川によると、最初は自分ひとりで手塚に会い、二度目は渾大防と一緒だったというが、手塚は最初から二人が来たと語ることもあり、はっきりしない。時期は五八年初夏と思われるが、白川は寒い時期だったと語ることもあり、これもはっきりしない。ただ、五八年九月に制作開始と記録にあるので、夏に企画として決まったと思われる。冬だとしたら、五七年暮れか五八年初頭となり、早過ぎる。

一九五八年の手塚は初台に住居兼仕事場を借りていた。白川は電話帳で手塚の住所を調べて、訪ねた。その家の前が空き地になっていて、訪ねたときは二人の青年がボール遊びをしていた。手塚のアシスタントの月岡貞夫《つきおかさだお》（一九三九〜）と古谷三敏《ふるやみつとし》（一九三六〜）だった。

手塚は月刊誌一〇本の連載を抱えていた。それまでは締切間際になるとマンガ家の卵を呼んで手伝ってもらっていたが、「多忙」が「日常化」していたので、マネージャーを雇い、さらにアシスタントも臨時雇いではなく、常時雇用することにしたのだ。その最初期のアシスタントが月岡と古谷だった。

現在のマンガ界では新人でも連載を持つと同時にアシスタントを雇うが、アシスタント制を始めたのも手塚治虫だった。それまでのマンガ家にも「弟子」はいたが、昔からの徒弟制度によるもので雇用契約は結ばれていない。弟子は家事など先生の身のまわりの世話までさせられていた。それを手塚は近代的なアシスタント制に変革したのだ。

手塚が考案したマンガの分業制は、ストーリーやキャラクターを考え、ネームを切るのと人物のペン入れは自分でするが、ベタやアミ、背景や小道具などはアシスタントに描かせる方法だ。これは映画制作のシステムをもとにしている。手塚は映画でいう脚本家と監督と俳優であり、大道具、小道具などはそれぞれのスタッフに任せるのだ。このシステムの導入で、十数本の連載の掛け持ちが可能となった。多くのマンガ家がアシスタント制を取り入れるが、同時に十数本も描けるのは、手塚や石森章太郎など、ごく少数に過ぎない。

「マンガの執筆」にアシスタント制を導入した手塚治虫は、この方法でアニメーションも作れると勘違いする。この勘違いが「テレビアニメ」という独自のアニメーションを生み、手塚に栄光と苦悩と経済的破綻をもたらす。

## ディズニーにならった「ストーリー・ボード方式」

白川が『ぼくの孫悟空』をアニメーションにしたいと申し出ると、手塚は「やりましょう」とすぐに答えた。そこで改めて白川は渾大防とともに訪れ、正式に依頼した。手塚は原作を提供するだけでなく、アニメーション作りに参加したいと言い、「構成」「演出」も担うことになった。

これが一九五八年夏のことと思われる。『西遊記』は九月から具体的な制作に入った。

手塚治虫は一九五九年一月一日付の朝日新聞に寄せた新年の抱負のなかで、〈ことしはひとつ、マンガ映画をやってみようと思います、ことばが通じなくても世界じゅうの人にわかるし、だいいち、絵がうごくのはぼくの一生のねがいです。〉と書いている。

『西遊記』の企画が動き出していたので、そのことを言っている。手塚は東映動画の嘱託という形で、『西遊記』に関わることになった。

手塚は彼なりにアニメーションの勉強をしていた。とくに、ディズニーがどのように作っているかを学んでいた。従来のアニメーションは実写映画と同じように、まずシナリオを書き、それにしたがって絵コンテを描いて、原画ができ、動画にしていく。東映動画もそのようにして作っていた。だが、ディズニーはストーリー・ボード方式を採っていた。おおまかなストーリーから、思い浮かぶイメージを絵にしていき、それをボード（板）に貼り付けていき、そうやってできた絵をもとにしてシナリオを作り、原画、動画としていく方式だ。つまりシナリオよりも先に絵コンテを作る方法と言ってもいい。セリフなどは後から考える。

その場合、ストーリー・ボードは完成された絵になっていなければ意味がない。手塚はそれを自分で描きたいと申し出た。さらにキャラクター・デザインもしたい。

これと似たことをすでに始めていたのが横山隆一だった。鈴木伸一によれば、横山のおとぎプロダクションでは、シナリオも絵コンテもなく、横山がいきなり動画用紙にキャラクターを描き、それが「原画」となる。横山は鈴木に「これをこう動かして」と指示し、鈴木が動画を描く。『ふくすけ』はこの方法で作っていた。まさに家内制手工業といった感じだ。少人数で作る短編ならば、これでいいのかもしれない。横山隆一個人の作品を、アシスタントの鈴木たちが手伝うという構造だ。しかし、東映動画は大組織である。手塚治虫個人の作品を作るわけではない。

それでも――手塚に十分な時間があり、大泉の東映動画に日参できれば、ストーリー・ボード方式で、手塚がイメージするように作ることも可能だったかもしれない。しかし、このマンガ家は週刊誌を含め何本もの連載を抱え、毎日のように締切が来る。とても大泉まで毎日通うことはできない。会議にも定刻通りに来たためしがなく、東映動画内では手塚に対する不満が積もっていった。

そもそも東映動画は手塚に何を期待したのだろう。手塚の『ぼくの孫悟空』は、『西遊記』を手塚流にアレンジしたマンガである。それとアニメ映画『西遊記』は、まったく別の作品になっている。孫悟空をはじめとするキャラクターの絵柄もだいぶ異なる。東映は「原作・手塚治虫」という名前だけが欲しかったのか、『ぼくの孫悟空』のキャラクターとストーリーが欲しかったのか、アニメーターとしての手塚治虫を必要としたのか。それが曖昧なままスタートしたのが混乱の始まりだった。

## マンガとアニメを両立させる困難

手塚治虫は『東映動画長編アニメ大全集』という東映動画公認の本でのインタビューで、堂々と『西遊記』への不満をぶち上げる。

〈いざ企画に入ってみますと、会議の席での主導権はもっぱらオエラ方のほうにばかりあって私をはじめとする現場側、実際につくる側の意見などまるで無視されてしまうのです。／一応は原作者という立場で私は私なりに「西遊記」はこういう作品にしたいという意見を持っていたのですが、企画会議の席上でいとも簡単にひっくりかえされてしまうのです。／社内スタッフの大工原さんや森さんの意見もほとんど通らなかったようです。つくづく、集団製作の困難さみたいなものを感じました。／おまけに私自身、雑誌マンガをかきつづけておりましたから、どうしても会議への出席率も悪くなる、ときにはスッポかしてしまうというようなこともあって、ずいぶんとぐあいの悪いこともありました。〉

この時期は運悪く、「週刊少年サンデー」創刊の時期と重なった。前述のように前年（一九五八）秋、小学館は少年週刊誌の創刊を決定し、手塚に連載を依頼した。週刊誌は月に四回発行されるので、月刊誌四本分にあたる。とてもそんな余裕はないが、手塚は「日本初の少年週刊誌での連載」という仕事を断ることはできない。「日本初」「世界初」となるのが生きがいの人でもあるのだ。

月刊誌のいくつかの連載をやめることにして、手塚は「週刊少年サンデー」の連載を引き受けた。小学館は学年別学習雑誌を柱としており、娯楽雑誌は子会社の集英社に任せていたので、手塚は小学館とは縁が薄く、講談社のほうが子会社の光文社を含めて縁が深かったが、これをきっかけに小学館にも描くようになった。

一方、講談社も「週刊少年マガジン」創刊を決めると手塚に連載を依頼にきたが、さすがに週刊誌二本は無理だと断った。講談社はトキワ荘にいる藤子不二雄にも依頼に行ったが、二日前に小学館に引き受けると回答したばかりだった。藤子もそれまでは講談社のほうが縁が深かったが、「少年サンデー」をきっかけにして小学館との関係を深めていく。

その「週刊少年サンデー」創刊と『西遊記』のストーリー・ボード作成の締切とが重なったのだ。

いよいよ間に合わないとなったので、手塚は福島県の会津若松に籠もり、『西遊記』に集中することにした。その前までに雑誌の仕事は片付けるつもりだったが、結局、雑誌の原稿を抱えながら編集者と一緒に会津若松へ行くことになった。さらに思ったより寒く作業が進まず、帰りの列車でも描いている始末だった。

東映動画では手塚への不信感が増し、雑誌の編集者たちはこれまで以上に原稿の締切が遅れるので苛立っていた。両立は無理だった。手塚と編集者たちの間に立つマネージャーの今井は、「もう大泉（東映動画）へ行くのはやめてください」と言わざるを得ない。

手塚もさすがに両立の困難を痛感していた。「画を描く」点では同じだが、すべてを手塚ひとりでコントロールできるマンガと、何十人、何百人との共同作業であるアニメとは根本的に異なることをようやく理解した。手塚は病院でのインターン経験はあるが、会社勤めをしたことがなく、集団で何かをやることを知らないまま大人になった人だった。

手塚は東映動画の白川に、「ぼくが描いたラフなストーリー・ボードを、ぼくのアシスタントが清書するのはどうだろう」と提案した。その人件費は手塚が負担するとも言った。白川はこれを受け入れた。

## 月岡貞夫、石森章太郎、東映動画へ派遣される

手塚はアシスタントのなかでアニメ好きの月岡貞夫（一九三九〜）をこの仕事に抜擢した。月岡は新潟で映画館を経営する家に生まれ、幼少期から映画に親しんでいた。アニメも好きで、映写室でディズニー映画のフィルムを見て触り、一コマ一コマを研究するほどだった。手塚マンガにも小学生か

ら親しみファンレターを書いており、新潟県立新発田商工高等学校を卒業するとアシスタントになった。

月岡は喜んでこれを受け、大泉の東映動画へ通うようになった。しかし、月岡だけでは作業が追いつかない。といって、手塚のアシスタントからさらに東映動画へ派遣すると、マンガに支障をきたす。そこで手塚は自分と同じくらいディズニーが好きな石森章太郎に「自分の代わりに東映へ行ってくれないか」と頼んだ。

石森章太郎（一九三八〜九八）は宮城県登米郡石森町の代々は商家の家に生まれた。小学生時代に『新宝島』を読み衝撃を受け、中学になると手塚へファンレターを出し文通が始まった。マンガ家よりも、映画監督か小説家になりたいと思っていたが、マンガが先に芽が出た。高校時代にマンガの同人誌を作り、「漫画少年」にも何度も入選し、高校在学中の一九五五年に同誌に『二級天使』を連載してプロ・デビューした。

一九五六年四月に上京した石森は五月からトキワ荘に住み、「少女クラブ」などに少女マンガを描いていた。少年雑誌にも少しずつ描くようになり、マンガ家として順調なように見えたが、自分では行き詰まりも感じていた。自分がいいと思った作品は、読者からの反応がいまひとつだった。一九五九年はまだ二一歳で、本当に描きたいものを描いているのかと自問自答していた。

石森もまたディズニーに夢中になったひとりで、映画監督になりたいと考えた時期もあり、まだ諦めてもいなかった。マンガの連載を抱えていたが手塚ほど多くはないし、もともと筆が速いので、アニメーションとの両立が可能と思われた。

こうして四月か五月から、月岡貞夫と石森章太郎は手塚の代理として大泉の東映動画へ通うことになった。同時期に高畑勲《たかはたいさお》（一九三五～二〇一八）、小田部羊一《こたべよういち》（一九三六～）が入社している。

一方、白川は次の企画として、手塚に『鉄腕アトム』の映像化を提案し、東映の企画会議に出す承諾を得た。かつて坂本雄作が提案したときは手塚にはコンタクトを取らずに出しているが、このときの白川は承諾を得た。白川は「テレビ用」の「紙芝居」にしたいと言い、手塚は気軽に「いいですよ」と応じた。

この時点で東映動画には二七〇名の社員がいたが、九〇分前後の長編アニメーションを作るのに一年かけている。総制作費は約四〇〇〇万円だ。東映テレビ・プロダクションが受注している子ども向けの三〇分番組の制作費は多くても五〇万円前後でしかない。とてもテレビでアニメーションなど不可能だ。そこで白川は絵を動かさず、静止画に音声を付けて流す、テレビ用の紙芝居にしようと考えた。しかし企画会議では相手にされなかった。東映動画は、絵を動かすのが仕事なのだ。アトムがいいか悪いか以前の、動画を否定する「紙芝居」というコンセプトそのものが認められない。

一九五八年の坂本、一九五九年の白川と、東映動画では二度にわたり、『鉄腕アトム』は「幻の企画」となった。

## 『西遊記』における手塚のジレンマ

手塚のアシスタントとして月岡と石森が通い始めたころ、東映動画の原画・動画のスタッフたちは『少年猿飛佐助』に取り組んでいた。

一一月四日に『少年猿飛佐助』が完成し、一二月二五日に封切られた。作画・動画スタッフたちは

『少年猿飛佐助』が終わると、休む間もなく、『西遊記』に入った。翌六〇年夏休みに公開予定なので、七か月しか作画期間はなく、かなりハードなスケジュールだった。

作画が始まるのだからシナリオも絵コンテもその前に完成しており、手塚の仕事は実質的には終わっていた。手塚のストーリー・ボードがどれくらい反映されたのかは、分からない。脚本は黒澤映画『酔いどれ天使』で知られる脚本家の植草圭之助《うえくさけいのすけ》が書くことになった。

ストーリー作りの段階でも、手塚は挫折した。ラストシーンでは孫悟空の恋人が病死するようにしたかったが、東映動画サイドから猛反対された。手塚はアンハッピーエンドこそが自分の真骨頂だとの自負があった。これまでの手塚マンガでは多くの主人公やヒロインが物語のなかで亡くなっていた。それをアニメでもやろうとしたのだ。

手塚は、「世界初のアンハッピーエンドのアニメーション」を目指したが、手塚ファンの白川にも反対された。「子どもたちが泣きながら映画館を出てくるような映画はヒットしない」という興行的理由である。手塚は押し切られた。「世界初」など、興行にはなんの意味もないのだ。

キャラクターも手塚のデザインが採用されたのはわずかだった。人気マンガ家が描いたキャラクターに対して、東映動画のベテランのアニメーターたちは、デッサンがなってないなど辛辣に批判し、どんどん変えてしまった。

手塚は演出も自分でやりたかったが、彼にそんな時間がないことは誰の目にも明らかだったし、スタッフが言うことを聞く状況でもなかった。演出は藪下泰司が担う。この年五六歳のベテランである。完成した映画では、「演出」として手塚、藪下、そして白川大作の三名が記されているが、手塚は実際には「演出」はしていない。

## 石森章太郎にもありえたアニメーターの道

『西遊記』のストーリー・ボードが完成すれば、月岡と石森の仕事も終わりだった。しかし二人は数か月にわたる作業を通して、ますますアニメにのめり込んでしまい、東映動画に就職できないかと白川に頼んだ。白川が保証人となって、月岡は東映動画に入社した。しかし、石森は「マンガを続けたほうがいい」と白川に言われ、入社できなかった。

白川は石森の才能が集団作業には向かないと思ったのだろう。「マンガ家として成功したら、その作品をアニメにしよう」と激励の言葉を贈った。

こうして石森章太郎のアニメーターとしての仕事は半年ほどで終わり、この青年はマンガの最前線に復帰した。石森自身はマンガに戻ったことについてエッセイ『ことばの記憶』で〈途中でマンガの方の仕事が増えてきたこともあって、東映動画を休みがちになり、だんだんと行きづらくなって、とうとうやめてしまった。マンガそのもののおもしろさがわかってきた時期だった、ということもあるが、結局、ボク自身がサラリーマン生活に向いていなかったということもあったんだろうな。〉と書いている。

しかし、トキワ荘で暮らしていた赤塚不二夫は、〈ストーリー・ボードを描くために、毎日サラリーマンのように東映に出勤していく君（石森のこと）に、また驚いたもんだ。／自由業で不規則、生活はかなりワガママいっぱいに暮らしていた君が、あんなにキチンと通うことは不可能と思っていただけにね。〉と『石森章太郎への手紙』に書いている。どちらだったのだろう。

赤塚不二夫（一九三五〜二〇〇八）は中国の満州で生まれた。父は憲兵や警官、消防官などをしていた。敗戦翌年に引き揚げ、最初は奈良県の母の実家に身を寄せ、その後父の実家のある新潟へ移った。そのころに手塚マンガに出会う。中学時代に自分でもマンガを描いて、赤本マンガの出版社に母と売り込んだが相手にされなかった。経済的理由で高校へは進学できず、新潟の塗装店で働いていたが、一年後に上京し、化学薬品工場で働きながらマンガを描いて「漫画少年」へ投稿していた。その投稿欄で石森の同人誌を知り、参加した。一九五六年に貸本の少女マンガ『嵐をこえて』でデビューした直後だ。

赤塚は最初は石森と同居していたが、数か月後に別の部屋が空いたので、そこを借りた。少女マンガの仕事はあったが、メジャーの雑誌にはなかなか描けず、石森のアシスタントを無給でしていた時期もあったが、五八年にようやく少年誌「まんが王」で『ナマちゃん』の連載が始まった。そのギャグの才能が開花するのはもう少しあとだった。

東映動画に通ったことで石森が得たものは他にもあった。動画用紙やセルをたくさんもらったのである。実際のアニメ作りを経験し、石森は自分でも作りたくなった。トキワ荘二階の石森が暮らす部屋の隣が空いたので、そこも借りることにして、カメラも買い、木製三段のマルチプレーン式撮影台を、赤塚が設計して近所の大工に作らせて、据えた。

小さなスタジオができると、マンガの仕事の合間に、石森がイヌの原動画を描き、それを赤塚がセルにトレースし、マンガ仲間の長谷《ながたに》邦夫《くにお》が彩色した。彩色と言っても、カラーではなく、白と黒のポスターカラーで塗り分けるだけだった。三人は念願のアニメだと張り切ったものの、一秒を描くのに何日もかかり、二〇秒ほど作ったところでやめてしまった。個人でのアニメーション作りがいかに難しいかがうかがえる。

### 不本意な形で『西遊記』完成

『西遊記』で「手塚治虫」の名は「原案構成」「演出」「原画」として記された。東映動画の社員になった月岡貞夫は「動画」のスタッフのひとりとして名が記されているが、石森章太郎の名はどこにもない。手塚が個人的に雇ったスタッフだからだ。

手塚としては、初めてのアニメなので張り切って取り組んだだけに、自分の意のままにいかないことに苛立ち、不満だけが残った。〈「西遊記」に関しては私が考えていたものとはすっかり変形されたものになってしまいました。／結局、出来上った「西遊記」は私のイメージの50%くらいなものでしかありませんでした。〉と語っている（『東映動画長編アニメ大全集』）。

自分が作りたいように作るには、自分のスタジオを持たなければダメだ――手塚がこう考えるのはごく自然だった。普通は夢想するだけだが、手塚にはそれなりの資金があった。いつの日かアニメ映画を作ろうと思い、そのために彼はひたすらマンガで稼いでいたのだ。

手塚治虫のそんな苛立ちや不満は、観客には関係ない。『西遊記』は一時間二八分の長編アニメーションとして完成し、一九六〇年八月一四日に東映系の映画館で封切られた。二本立てのもう一本は東映オールスターが出演した『水戸黄門』で、興行的には成功した。

封切りの時点では次の作品が動き出していた。第四作は森鴎外の『山椒大夫』を原作とする『安寿と厨子王丸』だった。現場では、アニメーションにする題材ではないとの意見もあった。これに不満を抱いて東映動画を退社したアニメーターのひとりが坂本雄作で、虫プロの創立メンバーとなる。

『安寿と厨子王丸』は一九六一年七月に公開される。

## 日本SF第一世代の胎動

手塚治虫が『西遊記』に苦闘していた一九五九年は、日本SFが本格的に動き出した年でもあった。一二月に早川書房が「SFマガジン」を創刊したのだ（創刊号は一九六〇年二月号）。

世間全般ではいまでも、SFは一部のマニアが楽しんでいるもので、小説においてもベストセラーリストにランクインするのは稀《まれ》であり、大きな文学賞を受賞することもめったにない。だがテレビアニメにおいては、SFこそが主流だ。

その起源は、言うまでもなく『鉄腕アトム』にある。一九六三年放映開始の『鉄腕アトム』の成功により、多くのテレビアニメが作られるが、最初はロボットや宇宙から来た少年を主人公にした広義のSFが多かった。この路線が『マジンガーZ』を生み、さらに『宇宙戦艦ヤマト』を経て『機動戦士ガンダム』、さらには『新世紀エヴァンゲリオン』へと発展し、日本テレビアニメの王道となった。

それを主導したのは手塚治虫だったが、彼だけではこうも発展しない。初期のSFテレビアニメを支えたのは、若いSF作家だった。日本SFの「第一世代」と呼ばれている、星新一（一九二六～九七）、小松左京（一九三一～二〇一一）、筒井康隆（一九三四～）、平井和正（一九三八～二〇一五）、豊田《とよた》有恒《ありつね》（一九三八～）、光瀬龍《みつせりゅう》（一九二八～九九）、半村良（一九三三～二〇〇二）、眉村卓《まゆむらたく》（一九三四～二〇一九）たちだ。彼らは、手塚とほぼ同世代、昭和戦前生まれの作家たちだ。

そのなかで一九二八年生まれの手塚はずば抜けてデビューが早い。一九四六年、一七歳で四コママンガでデビューし、一九四八年には初期のSF三部作の第一作『ロストワールド』を刊行している。以後も『メトロポリス』（一九四九）、『来るべき世界』（一九五一）を描き下ろし、月刊誌連載へ移行しても『アトム大使』（一九五一〜五二）、『ロック冒険記』（一九五二〜五四）など、本格的なSFを描いていた。日本初のSF同人誌「宇宙塵《うちゅうじん》」創刊が一九五七年なので、手塚はその五年以上前からSF（まだそう銘打たれてはいなかった）を発表していたのである。

「宇宙塵」を主宰するのは柴野拓美《しばのたくみ》（一九二六〜二〇一〇、小隅黎《こずみれい》名義も）で、自身も何作か少年ものSFを書いているが、評論、翻訳、そして何よりも「宇宙塵」を編集・発行し、多くの作家を誕生させたことで知られる。第一世代の星新一、小松左京、筒井康隆、光瀬龍らは、「宇宙塵」から出た。彼らが商業出版の場で活躍するには、早川書房が一九五九年に創刊する「SFマガジン」まで待たねばならない。

早川書房は戦後すぐに早川清が創業した出版社だ。当初は演劇関係の本を出していたが、海外文学の翻訳出版を始める。紆余曲折の末、一九五三年に「ハヤカワ・ポケット・ミステリ」の刊行を始め、五六年には「エラリイ・クイーンズ・ミステリマガジン」（現・「ミステリマガジン」）を創刊、翻訳ミステリの専門出版社となった。それと並行して翻訳SFも出すようになり、五九年に「SFマガジン」を創刊したのだ。

「SFマガジン」の初代編集長は福島正実《ふくしままさみ》（一九二九〜七六）だった。「ミステリマガジン」が翻訳が大半だったのに対し、「SFマガジン」は日本人作家の育成にも力を入れ、その方針から新人賞を設け、デビューさせていった。

「宇宙塵」「SFマガジン」によって何人もの若いSF作家が誕生するが、当時はSFを載せてくれる大手の雑誌はなかった。そのため彼らは初期のテレビアニメのシナリオを書いたり、アドバイザーの仕事をする。シナリオライターはたくさんいたが、SFが分かる者は少なかったのだ。

たまたま最初のヒットアニメが『鉄腕アトム』だったために、以後、日本のテレビアニメはSFが主流となるが、最初期にそれが可能となったのは、これも偶然といえば偶然だが、その時期に若いSF作家が何人も生まれ、しかも仕事がなくて困っていたからだった。

しかし彼らとアニメーションは、一九五九年の時点ではまだ接点はない。ただひとり、手塚治虫だけが、アニメーションとSFの両方を手がけていた。

# 第四章 「虫プロ」への道——一九六〇〜一九六一年

## 先輩・横山隆一からの助言

『西遊記』が封切られた一九六〇年八月、手塚治虫は練馬区富士見台（当時は谷原町）の四〇〇坪の敷地に、住居兼仕事場を新築し、引っ越した。東京に出てきた最初は四ツ谷の八百屋の二階、次がトキワ荘、次が雑司が谷の並木ハウス、五七年四月からは初台に家を借りていたが、ようやく自分の城を持ったのだ。お披露目のパーティーには多くが招かれたが、そのなかにはうしおそうじと鷺巣政安もいた。

当時の練馬区富士見台は畑ばかりで、手塚邸の白くモダンな建物は目立った。前年に結婚した妻と、宝塚の両親も呼んで一緒に暮らすことになった。アシスタント数人のための部屋もあった。何しろ四〇〇坪もあるので、広大な庭というか空き地があった。手塚が広い敷地を求めたのは、近い将来にアニメーション・スタジオを併設するためだった。練馬のこの地を選んだのは、東映動画に近いからだ。近くに同業者がいるほうが便利だと考えたのだろう。手塚自身が今後も東映動画の仕事をするかもしれなかった。

その新居に東映動画の白川大作と古沢日出夫が訪ねてきた。『西遊記』に不満を持つ手塚が、自分のアニメーション・スタジオを作るらしいと聞いて止めに来たのだ。白川は「それは無理です」と止め、手塚は「できます」と言い争いになった。そこでマンガ家でアニメーションを作っている横山隆一の意見を聞いてみようとなり、数日後、手塚は白川と月岡貞夫を連れて横山のおとぎプロを訪問した。

津堅《つがた》信之『アニメ作家としての手塚治虫』にある白川の回想では、横山は「無謀だ。絶対やめなさい」と諭した。横山が反対したのは経済的な理由だった。儲からないのである。横山のもとには「お金はいらないから、アニメーションの仕事をしたい」と言って来る青年が何人もいた。無給とはいかないので、高くはないが給料を払い、さらに食事も出した。最初はそれでみんな喜んでいた。だが、結婚する者も出てくると、食事はなしでもいいから給料を上げてほしいとなる。人件費は嵩《かさ》んでいく。「君がアニメーションを作ると言えば、人は集まるだろう」と横山は言った。しかし、「続かんよ」と付け加えた。だから、やめたほうがいい――マンガ家にしてアニメーション・スタジオの経営者にもなった横山は、自らの経験と現状から助言した。手塚はその場ではおとなしく聞いていたが、その帰路、白川には「絶対できる」とその決意を語っていた。

『西遊記』でアニメーション作りに関わったことで、手塚のアニメーション熱は燃え上がった。しかし東映動画という組織のなかでは、自分の思うように作れない。であれば自分のアニメーション・スタジオを作るしかない。その思考は単純にして明快だ。そしてその夢を可能にするだけの資金を手塚は得ていた。高額納税者リスト、いわゆる長者番付の「画家部門」でトップになるだけの年収を、マンガで稼いでいたのだ。

おとぎプロは、東宝が配給した『ふくすけ』が好評だったものの、短編だったので他社の映画との二本立て、三本立てでの上映なので、東宝からの収入は少ない。それでも赤字にはならなかったようで、人員も二〇名ほどになり、五五分の『ひょうたんすずめ』が一九五九年二月に東宝系で封切られ、その次の『おとぎの世界旅行』の制作に入った。このころ、鈴木伸一の他、山本暎一《えいいち》（一九四〇〜）、斎藤博（一九三六〜）らもおとぎプロに入った。

当時のおとぎプロについて鈴木は『アニメが世界をつなぐ』で、『ふくすけ』以外は制作費が回収できなかったと明かし、〈先生はおとぎプロの社員に給料も払わなければならないし、どうされていたのでしょうか。もちろんご自分の漫画の原稿料などもつぎこんでいたことでしょう。／おとぎプロをディズニープロのように大きくしようという夢は持っておられたかもしれませんが、やっぱり横山先生は夢多き漫画家で、企業家ではないのです。どこか趣味で始めて、趣味で終わってしまった感じがします。「作家」なのでしょう。〉と横山を評している。

鈴木はこの点は手塚治虫も同じだと指摘する。横山は手塚に自分と同じものを感じたからこそ、やめたほうがいいと助言したのだろう。だが、手塚はその助言には従わない。自分には可能だと思い込んでいる。

一九六〇年八月の時点で、手塚治虫が抱えている連載は『鉄腕アトム』をはじめ、『魔神ガロン』『おれは猿飛だ！』『０マン』『エンゼルの丘』『夜明け城』など一〇本もあった。ＳＦ、時代もの、少女マンガと多岐にわたる。そのうえでアニメーションも作ろうというのだ。

## 手塚の情熱のもとに訪れる青年たち

手塚がおとぎプロを訪問してから二か月ほど過ぎた一九六〇年一〇月、ひとりの青年が、いきなり手塚のもとを訪ねてきた。おとぎプロの社員だった山本暎一である。

山本が虫プロ時代のことを書いた『虫プロ興亡記』は一九八九年、手塚が亡くなった直後に刊行された。副題に「安仁明太の青春」とあり、小説として書かれたものだ。あとがきによれば、仕事に関する部分は「ほとんどが事実」で、私生活についてはフィクションだとある。したがって資料としての信頼度は低くなるのだが、その前提で参照・引用する。

山本は一九四〇年に京都で生まれた。五歳の年に敗戦を迎えたことになる。ディズニー映画を見て中学時代からアニメーションに興味を持ち、高校を卒業すると、横山のおとぎプロに入った。『虫プロ興亡記』には、東京藝術大学を目指していたが、高校時代に絵を習いに通っていた洋画家が横山の知人だと分かり、紹介してもらい入社したとある。おとぎプロには二年ほどいたが、「藝術的」なものばかり作るので、自分が目指すものとは違うと思うようになり、辞めてしまった。そんなとき、手塚がアニメーション作りを始めるという雑誌の記事を見て、いきなり訪ねてみたのだ。

『虫プロ興亡記』には手塚と最初に会ったときの会話が小説風に記されている。三〇年近く後に書かれたものなので、どこまで正確かは判断できないが、こうある。山本(同書では「安仁明太」)は横山隆一のおとぎプロのアニメーションについて、手塚にこう語る。〈徹底したオリジナリティの追究、作家の姿勢として、すごく教えられるんですが、できた作品は、どれだけ自分が出せたかに値打ちがあるのであって、ひとが理解してくれようがくれまいが、共感しようがしなかろうが、かまわないわけです〉。だから批評家には褒められるがヒットしない。自分はそれでは寂しいのだ、と言う。〈できたものは大勢に見せたいんです。大勢のひとに見てもらうのに、芸術では大衆受けしないんなら、芸術でなくたっていいんです。〉

この考えに対し、手塚はこう答える。〈しかし、やはり、芸術的なアニメはつくるべきです。ぼくがアニメをやるのも、実験作品を作るためでしてね。そうでなかったら、われわれは作家じゃなくなりますよ。〉〈ただ、アニメはつくるのにお金がかかるし、実験作品はあまり売れないから、そればっかりでは制作活動が尻つぼみになっちゃいます。〉として、横山を尊敬しているが、そこだけは異なり、〈ぼくは、実験作品をつくる一方で、大衆娯楽作品もつくります。こちらは商品ですから、お客さんの気にいるように、絶対におもしろくして、うんとヒットさせ、お金が儲かるようにします。そのお金で、実験作品をつくるんです。〉

その言葉に山本は感動し「雇ってください」と頼んだ。手塚は快諾したが、まだアニメ作りのための態勢は何も整っていないので、準備ができたら呼ぶことになった。山本はテレビＣＦの制作会社でアルバイトをしながら、手塚からの呼び出しを待つ。

## 辻真先、ＮＨＫドラマの企画を持ち込む

新メディアであるテレビでは、前述のように手塚治虫原作の番組として、一九五七年四月から九月まで紙人形劇『鉄腕アトム』が、五九年三月から六〇年五月まで実写版『鉄腕アトム』が放映されて

いた。それに次ぐものが、NHKが制作したテレビドラマ『ふしぎな少年』で、一九六一年四月三日から六二年三月三一日まで一年にわたり放映された。

『鉄腕アトム』は原作のマンガが先にあり、それをもとにして映像化されたが、『ふしぎな少年』はテレビの企画が先に立てられた。この後、無数のマンガが、テレビとのタイアップで連載されていくが、その最初が手塚治虫作品だった。

『ふしぎな少年』をNHKで企画したのが、辻真先《つじまさき》（一九三二〜）だった。

辻は名古屋市で生まれ育ち、大学も名古屋大学に入った。父はおでん屋を経営していたと自分では語り、それは嘘ではないが、父・辻寛一は新聞記者から政治家に転じ、戦中から衆議院議員だった人でもある。辻は幼いころからマンガが好きで、学生時代は映画をよく見て、自分でシナリオも書いていた。卒論は黒澤明の『羅生門』と芥川龍之介の原作との比較論だったという。

映画関係の仕事に進みたかったが、名古屋には撮影所がなかったのでNHKに入った。名古屋でテレビ放送が始まったのは、東京に一年遅れて一九五四年からだった。採用は名古屋だったが、すぐに東京勤務となり、ドラマやミュージカルの制作進行として、大道具、小道具、美術、やがては演出も担うようになる。テレビ最初期なのでうるさい「先輩」はおらず、やりたいことができる時代だった。

一九六一年、新しいドラマの企画を考えることになり、辻は手塚治虫初期の作品『新世界ルルー』をドラマ化できないかと考えた。主人公の少年が時間を止める能力を持っている設定のマンガだ。手塚のもとにドラマ化したいと相談に行くと、話しているうちに「主人公が時間を止める」設定のもと、手塚が新たなマンガを描き、NHKのドラマと同時進行させることになった。

こうして『ふしぎな少年』の企画が始まり、手塚はマンガ版『ふしぎな少年』を講談社の「少年クラブ」五月号（四月発売）から連載、ＮＨＫのドラマ版『ふしぎな少年』は四月三日から放送が始まり、マンガは六二年一二月号まで、テレビは六二年三月まで放映された。いまでいうメディアミックスだが、当時はそんな言葉はない。

辻は『ふしぎな少年』ではシナリオもかなり書いた。しかし、ＮＨＫの規定で社員の名はクレジットされなかったので、どの回を書いたのかもはや分からない。

『ふしぎな少年』の主人公サブタンは四次元空間に紛れ込んだことから時間を止める能力を持つようになり、この力で事故にあいそうな人を助けたり、スパイ団と闘ったりする。サブタンが「時間よ、止まれ！」と叫ぶと俳優たちが、その瞬間の動作のまま止まるという演出で、ときにはふらつくこともあったという。

手塚作品のなかで『ふしぎな少年』はそれほど知名度は高くない。ドラマ版も生放送で当時は録画ができないので、リアルタイムで見た人しか知らない。

『ふしぎな少年』は、マンガとテレビが組んだ最初のメディアミックスであること、手塚治虫と辻真先の最初のコラボレーションであること、辻がテレビ・アニメーションの世界へ転身する間接的なきっかけとなったこと、そして何よりも、手塚治虫がテレビに本気で取り組んだ最初の作品として、歴史に刻まれる。

## 手塚の芦田への弟子入り志願

一九六一年になってすぐ、手塚治虫は「毎日グラフ」の取材を受けて、自分のプロダクションでのアニメーション第一作は『ジャングル大帝』にしたいと語っている。このときのアニメーションが、テレビ用なのか劇場用なのか、あるいは実験アニメなのか、そこまでは分からない。その場の思いつきかもしれない。分かるのは、手塚治虫が持つアニメーションへの思いは本物だということだ。

『ふしぎな少年』が始まった一九六一年春、手塚治虫は世田谷区三軒茶屋の芦田漫画映画製作所を訪れた。一九四七年夏、『新宝島』がベストセラーになっていた手塚が講談社などに売り込みに上京した際、求人募集の広告を見て飛び込んで、「君には向かない」と言われた、あの芦田漫画映画製作所である。

手塚の今回の訪問目的は就職活動ではなく、弟子入りだった。横山には強く「アニメーションは止めておけ」と言われたので、いまさら弟子入りできない。そこで芦田を思い出したのだ。

芦田漫画映画製作所は東映動画やＴＣＪの下請けで、経営は安定していた。小さな動画プロダクションは受注仕事をするだけなら、どうにかなる。「自分の作品」を作ろうとすると、おとぎプロの横山のように持ち出しになるのだ。

芦田と面談の約束を取り付けると、手塚は友人のうしおそうじに同行を頼んだ。

東宝を辞めた後、マンガ家として活躍していたうしおそうじもまた、アニメーションが忘れられない人だった。アニメーションの魅力を一度知ってしまうと、逃れられないのだ。アニメーションでは食べていけないので、マンガ家や絵本作家に転じた者は何人もいるが、その多くが、機会があればまたアニメーションの世界へ戻る。うしおもそのひとりで、人気マンガ家だったのに、一九五九年に教育文化映画を制作している日映科学映画製作所から頼まれてアニメーションを手伝うと、この世界に戻ってしまった。

一作だけのつもりだったが、翌一九六〇年に、うしおは五人の従業員を雇い、ピー・プロダクションを設立していた。ピープロは、東宝や大映の特撮映画のアニメーション部分を受注したり、劇場用CFを受注して、経営は順調だった。

そんなとき、うしおは手塚から芦田漫画映画製作所への同行を求められたのだ。うしおのアニメの師である大石郁雄は、芦田の師でもあり、うしおの弟の鷺巣政安は芦田のもとで働いたこともあったので、うしおと芦田は知らない仲ではない。

「芦田さんになんの用があるんだ」と手塚に訊《き》くと、「アニメーションを学びたい、弟子入りしたい」と真顔で言う。うしおは呆れたが、この親友が言い出したら聞き入れないことも分かっているので、付き合った。

手塚は丁寧に芦田に申し入れた。アニメーションのプロダクションを作り、本気で映画を作りたい。同族会社のシステムで成功しているのは芦田漫画映画製作所しかないので経営のコツを教えてほしい、そして、何よりもアニメーションの動きの勉強が足りないので弟子入りしたい——しかし芦田は「甘い」と言って、取り合わなかった。絵が描ければいいというわけではないこと、撮影が重要なのだということなどを一時間にわたり述べた。

手塚は芦田への弟子入りを諦めた。だが、アニメーションは諦めない。

## 手塚動画プロ、始動

手塚治虫が本気でアニメーション作りを始めるという噂はファンの耳にも入っていた。手塚のファンクラブのメンバー広川和行は高校を卒業すると、助手として雇ってくれと押しかけた。広川は絵は描けないが、アニメーション作りには作画以外の仕事もある。撮影を任せることにした。

作画スタッフとしては、おとぎプロにいた山本を呼ぶつもりだったので、残るのは彩色と仕上げのスタッフだった。教育文化映画を制作している都映画で働いていた渡辺千鶴子を雇った。

そんなころ、東映動画にいた坂本雄作が訪ねてきた。東映動画の第一期生のひとりだが、『安寿と厨子王丸』の制作が始まると、疑問を感じて辞めていた。この時期、東映動画では労働組合運動も盛んになり、それについていけない者もいた。

東映動画で最初に労働組合が結成されたのは一九五九年、『少年猿飛佐助』制作中のことだった。残業が毎日続き、その労働強化に不満を持つ者が多く、三月二五日に組合が結成された。しかし、会社はこれを認めなかった。組合の代表との面会拒否、幹部へのいやがらせ、組合員の切り崩しなど、あらゆる手を使って組合潰しを画策、強行した。結果として、労働者側は敗北し「労働組合」は解散して「社員懇親会」が作られ、会社への要求があれば、懇親会を通しなさいということになった。『安寿と厨子王丸』の作画が一九六〇年七月に始まると、内容に疑問を持つ者七人が退職し、坂本もそのひとりだったのだ。

坂本は絵本を描く仕事や、CFのためのアニメーションの動画を描く仕事などで生計を立てていた。テレビCF用のアニメーションの仕事は、東映動画やTCJなどの大手だけでなく、いくつもの制作会社が手がけていたので、フリーランスになっても仕事はあった。

手塚が『西遊記』のために東映動画に通っていたとき、坂本との接点はない。坂本は『西遊記』のスタッフ一覧にも名がない。坂本が『鉄腕アトム』と『ジャングル大帝』を企画したことも手塚は知らない。だが、会うなり、「一緒にやりましょう」と言った。

広川、渡辺、坂本が揃ったところで、手塚は山本暎一に電報を打った。山本はアルバイトを五月いっぱいでやめて、六月一日に富士見台の手塚邸にやってきた。

こうして――一九六一年六月、「虫プロダクション」の歴史が始まった。

東映動画（現・東映アニメーション）設立が一九五六年なので、虫プロがスタートしたのは五年後にあたる。東映が東急という大資本を背景にして誕生し、その完全子会社として東映動画が生まれたのに対し、虫プロダクションは手塚治虫というひとりのマンガ家が私財を投入して設立した個人会社だった。この個人プロダクションが最大手の東映動画と肩を並べる存在へと急成長し、日本の文化を変える。

東映動画は「東映アニメーション」と改称され、六〇年以上の歴史を持ち、これまでにオフィシャルな四〇年史、五〇年史が刊行されている。またタツノコプロ、サンライズなども、社史に準じる公式な資料集などが刊行されているが、虫プロには公式な社史は存在しない。一九七三年に倒産したからである。倒産後、労働組合が継承会社として設立したのが「虫プロダクション株式会社」（「新虫プロ」ともいう）で現在も存続している。

「虫プロ社史」はないが、倒産から四年後の一九七七年、一二月に新会社として再スタートする直前の八月、虫プロダクション資料集編集室が『虫プロダクション資料集 1962～1973』を刊行しており、これが、最初期についての社史と言える。

『虫プロ資料集』巻頭には、手塚治虫の「ぼくと虫プロ」と題されたインタビューも載っている。リードの末尾には「一九七七年八月四日」とあり、おそらくインタビューした日であろう（資料集の発行日は八月二七日〉。

手塚は〈昭和36年に虫プロの前身である手塚動画プロが発足しました。〉と語っている。しかし、雑誌「OUT」一九七九年七月号の「虫プロ特集」でのインタビューではこう語る。

〈初めはまだプロダクションというよりグループみたいなものだったんですね。虫プロという名前もなかった。手塚動画プロというのも誰かが後に言ったもので正式にはそういうものはありませんでした。〉

現在では一九六一年六月にできたのは「手塚治虫プロダクション動画部」とされているが、七〇年代後半は「手塚動画プロ」と呼ばれていたようだ。継承している現在の虫プロの公式サイトにある会社沿革では一九六一年に〈手塚動画プロダクションが発足〉とある。

一方、アニメ制作や手塚作品の著作権管理をしている「株式会社手塚プロダクション」が〈漫画制作のため設立〉されるのは一九六八年のことで、同社の「沿革」には、六一年に〈手塚治虫プロダクション動画部設立〉となっている。「手塚治虫プロダクション」があり、六一年六月に「動画部」ができたので、従来のマンガ制作部門を「マンガ部」としたと解説してある資料もある。

一九七七年と七九年の手塚のインタビューと、虫プロの沿革を正しいとすれば、六一年時点には正式名称はなく、後にも「手塚動画プロ」と呼ばれていたことになる。この時点では「手塚プロダクション」があったとしても法人格はなく、手塚治虫という個人事業主の屋号だったのだろう。

## 『シンドバッドの冒険』への脚本参加

「虫プロ資料集」のインタビューで手塚は、発足の経緯を〈学生時代から動画スタジオを作りたくて、そのために東映動画に参加してて、3本作り、システムを勉強したんです。〉と語っている。スタジオを作った一九六一年時点では、手塚が関わったのは『西遊記』しかないが、六二年七月公開の『アラビアンナイト シンドバッドの冒険』に「脚本」として、六三年一二月公開の『わんわん忠臣蔵』にも「原案・構成」として関わるので、時系列が混乱しているのだろう。

〈それから郊外に場所を選び、東映が大泉なので富士見台に自宅兼スタジオを作ってスタッフを集めたんです。アニメーションだけの撮影技師の人は東映以外にいなくて、こりゃ僕も覚えなきゃならんし大変だと思いましたね。収入は僕の原稿料だけだったのでそれでカメラを一台だけ買いました。〉と設立の経緯を語っている。「僕も覚えなきゃ」と思ったからこそ、芦田を訪ねたのだろう。

手塚動画プロがスタートした一か月後の一九六一年七月、東映動画の長編第四作『安寿と厨子王丸』が封切られた。手塚はこれには何も関与していないが、前作『西遊記』が好評だったので、東映はこのマンガ家を手放さなかった。前述したようにその次、六二年七月公開の『アラビアンナイト シンドバッドの冒険』に、今度は「脚本」として関わっていたのだ。

『シンドバッドの冒険』の脚本は、芥川賞を受賞したばかりの北杜夫《もりお》（一九二七〜二〇一一）との共作だった。北が『どくとるマンボウ航海記』を書いて評判になっていたので、海に詳しいだろうという理由で起用したらしい。『シンドバッドの冒険』が海洋ロマンだからだ。しかし、二人ともあまりにも個性的である。組んでもうまくいくはずがない。ミーティングでは奇想天外なアイデアが出るが、シナリオとしてはまとまらない。手塚が言うには〈絵コンテまでバッチリかいて持ち込んだのですが9割9分消されてしまって、まるでべつのものになってしまいました。〉

四人を雇ったものの、手塚動画プロにはなんの仕事もなかった。坂本が提示されたのは、一日おきに手塚邸へ来ること、勤務時間は午前一〇時から一五時まで、それなのに、月給は三万円という破格なものだった。この年の国家公務員の大卒初任給が一万四二〇〇円というから金額だけでも倍だし、一日おきに五時間の勤務時間なのだから、時給換算すれば五倍以上だろう。しかも、その五時間も、ほとんど何もすることがないのだ。

## 「動かない」アニメ『ある街角の物語』

坂本や山本たちは数日にわたり、何もすることがなかった。手塚はマンガの仕事で忙しい。編集者がつめかけており、具体的に何月何日の何時までという締切のある仕事が優先されるので、締切のないアニメーションにまで手がまわらない。

数日後、ようやく手塚から第一作のシノプシスが書かれた紙が渡された。『ある街角の物語』である。手塚は最初に作るものは短編で、実験的なものにしたいと考えていた。絵が描けるのは坂本と山本と、自分しかいない。この人数でできることをやろう。アニメーションは絵が生き物のように動くから、アニメーションである。この発想でいけば、東映動画のように大人数を必要とする。発想を逆転させ、最小限の動きで表現できるものにしよう。動かないものを主人公にするのだ。動かないものとは何か。ポスターは動かない。街角に貼られたポスターを主人公にしたらどうか――こんな発想で、

『ある街角の物語』は生まれた。

手塚治虫公式サイトでは、『ある街角の物語』をこう解説している。

〈街角に貼られたポスターと、クマのぬいぐるみを友達にしている女の子、さらに街灯やその光に誘われる一匹のイタズラな蛾。そんなひとつの街角に存在する生物、無生物のそれぞれのドラマを交錯させながら、そのすべてが戦火に巻き込まれて悲劇的なクライマックスを迎える、という「ストーリー」ではなく「感情」をこそ語るプライベート・アニメーションです。大手企業のための作品でフラストレーションのたまっていた手塚治虫が、自分の作りたいアニメを自分で確認するために作った、ひとつのエチュードといえるでしょう。壁に貼られたポスターにさえ、生き生きとしたドラマを演じさせる。それがアニメーションというものの魔法だと、この作品は改めて教えてくれます。〉

「大手企業のための作品」とは、もちろん、東映動画での『西遊記』『シンドバッドの冒険』のことだ。「虫プロ資料集」で手塚はこう語っている。

〈あの当時、日本ではまだアニメーションを作っているのは東映とおとぎプロの二つしかなくて、僕達が考えたのには、その二つの所で作っているものとは別の次元で、アニメにはまだほかにも可能性がいくらでもあるんではないかということだったんです。〉

ここで「僕達」と複数形になっているのに留意すべきだろう。手塚は、虫プロを自分のものというより、仲間と一緒にアニメーションを作るための場と考えていたようだ。山本は『虫プロ興亡記』で、手塚の仕事のやり方として、マンガでは構想段階でアシスタントに意見を求めることはなく、このようにスタッフの意見を聞いてから作品を作り始めるのは異例だったと指摘している。マンガは手塚個人の作品でアシスタントは手伝うという関係だが、『ある街角の物語』において手塚は、坂本や山本を仲間、同志として扱い、その意見を求める。手塚は原稿用紙にストーリーを書いて、坂本たちに見せた。

「戦中派手塚治虫のセンチメンタリズムを感じます」「ヒューマニズムもあるし反戦も謳《うた》っている」と好評で、これを第一作にすることに、みな異存はなかった。企画で合意すると、手塚が絵コンテ、坂本と山本がキャラクター・デザインをすることになった。

## 増える仲間たち

『ある街角の物語』の制作が始まると、短編とはいえ、四人ではどうしようもないことが分かってくる。四人のうちアニメーターは坂本と山本の二人だけだ。手塚もそれが分かり、増員しようとなった。未経験の新人を雇って養成する暇はないので、経験者を連れてきたい。人材がいるのは東映動画である。

東映動画を辞めていた紺野修司が七月に加わった。紺野は北海道出身で、武蔵野芸術学校西洋画科を卒業し、一九五七年に東映動画に入った。大塚康生らと同じ一期生で『白蛇伝』から動画スタッフとして関わってきた。坂本が誘い、虫プロに入った。

八月か九月には杉井ギサブロー（一九四〇〜）も加わった。静岡県出身で、マンガ好きな少年だったが、ディズニーの『バンビ』を見てアニメーションを作りたいと思う。中学在学中に、うしおそうじに弟子入りし、卒業後は高校へは進学せず、アルバイトをしながらうしおのもとで学んでいた。新聞の求人広告を見て、一九五八年に一七歳で東映動画の入社試験に応募して入社した。杉井も『白蛇伝』から動画スタッフとして関わった。

杉井は組合運動がいやになったのと、『安寿と厨子王丸』が目指しているものと異なることから、一九六一年春に東映動画を辞めていた。退職後はアニメーションの仕事そのものを辞めようとしていたが、月岡貞夫から「手塚先生がアニメーション作りを始めたから行ってみろ」と言われて、門を叩いた。

杉井ギサブローは東映動画にいたとき、手塚や月岡・石森たちが作業をしている部屋をのぞいて、ストーリー・ボードを見ていた。しかし『西遊記』が出来上がると、ほとんど生かされていなかった。そのときから、杉井は東映動画の伝統的なものよりも手塚にシンパシーを感じていたようだ。

手塚は杉井に会うなり、初対面なのに「ギッちゃん」と呼んだ。そして東映動画での給料を訊き、杉井が「一万三〇〇〇円から五〇〇〇円でした」と答えると、「その倍を出すから、入ってください」と言った。最大手で伝統ある東映動画よりも、個人経営で新興の虫プロのほうが給料はよかったのだ。

虫プロの給料やシナリオなどのギャラがよかったことは、当時の関係者の誰もが語っている。手塚治虫のせいでアニメーターが低賃金で劣悪な労働条件になったというのは、何の根拠もない、一種のフェイクなのだ。むしろ、給料が高かったので虫プロは倒産したとも言える。

坂本、紺野、杉井とも、東映動画にいたのでは自分の作りたいものが作れないとの思いがあり、新天地を求めて手塚のもとにきたのだ。

九月になると、手塚邸の敷地に隣接する一〇〇坪の土地に六〇坪・二階建てのスタジオの建設が総工費二五〇〇万円で始まった。スタッフも増えていく。坂本や山本が知り合いやその知り合いに声をかけて、アニメーションの経験がなくても絵が描ければ入れていった。

後に虫プロの社長となる川畑栄一が入ったのも、一九六一年秋だった。川畑は「青年プロ」というタレント養成会社にいた。アニメーターではないので、「制作進行」を担う。

仕上げのスタッフがもっと必要となると、東映動画の白川大作は、自分の妻・白川成子を入れた。白川自身は東映動画におり、手塚に新作での協力を依頼した。第六作にあたる『わんわん忠臣蔵』で、そのタイトルの通り、忠臣蔵の物語をイヌでやったらどうかという思いつきから始まった企画だった。公開は一九六三年一二月である。白川大作が初めて演出を担うことになったので、手塚に依頼したのだ。白川としては『西遊記』では手塚の思うように作れなかったので、今度こその思いもあっただろう。今度も手塚がストーリー・ボードを描く方式となったが、手塚が東映動画へ行って描くのではなく、白川が富士見台の手塚のスタジオに日参した。白川は東映動画の社員でありながら、手塚動画プロ時代から虫プロ初期の目撃者にもなり、ときに助言もする。

年末には手塚動画プロのスタッフは一五人前後になっていた。アニメーション・プロダクションとしての陣容が整い、『ある街角の物語』の制作が進む。しかし、どのように公開するのか、何も決まっていない。さらにいえば、この作品でどのように収益を上げるのかも何も考えられていない。

坂本以下のスタッフには毎月、他社と比べても高い給料が支払われている。スタジオ建設を始め、機材も購入している。それらの経費はすべて、手塚治虫がマンガで稼いだもので賄われていた。

### 利益の出るアニメを

一方――東映動画では七月に『安寿と厨子王丸』が公開され、その二か月後の九月、従業員二七〇名が参加して労働組合が改めて結成された。組合は一八日に結成大会を開き、映画演劇労働組合総連合（映演総連、現・映画演劇労働組合連合会）にも加盟した。一一月から年末手当の要求で団交が重ねられたが、組合要求の「基準月収の三・三か月分プラス一律八〇〇〇円、平均五万九九八六円」に対し、会社の回答は「三か月プラス一律三〇〇〇円、平均五万〇二五九円」と隔たりがあった。組合は一一月二七日に二時間の時限ストを決行し、以後も一二月四日まで六回、時限ストに突入した。

しかし、会社は四日にロックアウトを宣言し、同時にこれまでの回答を撤回、組合幹部四名に出勤停止の懲戒処分命令を出した。結局、組合は一二月九日に会社案で妥結するしかなくなった。だが、東映本社の社員と同等の年次有給休暇を勝ち取った。逆に言えば、有給休暇も本社と格差があったのだ。

年末手当をめぐる闘争が終わると、次の『シンドバッドの冒険』の制作が始まったが、嫌気がさした一〇名が退職した。その何人かが虫プロに入る。

年が明け一九六二年になると、手塚の動画プロダクションの名称が「虫プロダクション」と決まった。「手塚治虫」の「虫」を取ったのではなく、「アニメの虫」という意味だと手塚は説明し、坂本をはじめとする仲間たちも同意した。

『ある街角の物語』の制作が進むなか、山本と坂本はこのままでいいのかと話し合うようになった。手塚は『ある街角の物語』が利益を生むとは考えていない。三〇分前後の短編では単独での興行は難しい。ネット配信はおろかビデオもない時代だ。実験的アニメーションには収益構造はない。手塚の私財に頼っていたのでは長くは続かないだろう。

マンガ家のポケットマネーに頼って、利益の出ないアニメーションを作るのでは、横山隆一のおとぎプロと一緒で、山本としてはなんのために虫プロに入ったのか分からない。坂本もこのままでいいとは思っていなかった。

しかし、東映動画は三〇〇人近いスタッフで、九〇分前後の長編アニメーションを年に一本作っている。それくらい人手がかかる。さらに東映動画は、作りさえすれば東映が配給・興行してくれるが、虫プロに興行部門はない。アニメーション・スタジオが、なんでもいいから利益を出すのであれば、テレビCFの受注をするしかない。実際、大手のTCJだけでなく、ピープロもCFで経営を軌道に乗せていた。

だが、それではなんのための「アニメの虫」のプロダクションなのかという話になる。

坂本は、「テレビはどうだろう」と山本に言ってみた。山本もテレビを考えていた。最初に手塚に会った日にも、「テレビでのアニメは考えないのか」と訊いていた。そのとき、手塚は否定しなかった。日本には連続テレビアニメはまだないが、アメリカでは多数作られており、日本にも輸入されて放映されていた。当時は「テレビまんが」と呼ばれ、子どもたちは楽しんでいた。しかしその大半は、ドタバタの動きで楽しませるギャグ・アニメだった。手塚は「ああいうものを作る気はありません」と山本に答えた。ストーリー性のあるものをやりたいと言う。

山本からそういう話も聞いたうえで、坂本は「『鉄腕アトム』をテレビアニメにしたらいいと思う」と山本に提案した。坂本は東映動画に入社した直後の企画委員会で、『鉄腕アトム』と『ジャングル大帝』を提案したことがあった。あのときは劇場用アニメーションとしての提案で、東映動画上層部が「手塚治虫」を知らなかったので、あっさりと取り下げたが、アトムをアニメーションにするのは、坂本の夢だった。山本も同意した。

数日後、坂本は手塚に「『鉄腕アトム』をテレビ・アニメーションにしたい」と提案した。手塚治虫は、その提案を待っていたかのように、「やりましょう」と即答した。

一九六二年二月のことだった。

# 第二部

# 建国期

# 第五章　『鉄腕アトム』革命前夜――一九六二年

## 不可能な数字

『鉄腕アトム』をテレビ用アニメーションにしようという坂本雄作の思いつきは、手塚治虫の「やりましょう」の一言で、現実化していく。

とはいえ、まだ「やる」ということだけしか決まっていない。虫プロダクションは前例のないことをやろうとしているのだ。どういう規模でどういう内容のものをどういうサイクルで作るのか。そのためにはどれくらいの人員が必要なのか。

テレビ番組とするのであれば、週に一本のペースで作らなければならない。子ども向けのテレビ番組の一般的な単位は三〇分だ。アメリカ製のアニメーションで一〇分、一五分ものもあったが、それはギャグ・アニメで、『鉄腕アトム』はストーリーのあるアニメーションを目指す。となれば、三〇分だ。

東映動画は二〇〇人以上のスタッフで、九〇分前後の長編アニメを年に一本作るのがやっとだ。手塚も関係した『西遊記』は八八分で、原画一万二一九八枚、動画七万五七五八枚を必要とした。三〇分としたらその三分の一なので、単純に三で割れば、原画約四〇〇〇枚、動画約二万五〇〇〇枚を毎週描かなければならない。

別の観点から数字を見れば、映画は一秒二四コマなので、三〇分番組で実質二五分だとしても一五〇〇秒となり、動画は三万六〇〇〇枚が必要となる。もっとも、アニメーションの場合、同じ絵を二コマ撮ることもあるので、そうすれば半分ですむが、それでも一万八〇〇〇枚だ。

東映動画では一九六一年から、原画五人、第二原画一〇人、動画三〇人、トレース一五人、色彩三〇人、合計九〇人で年に九〇分前後の長編一作を作る体制を敷いていた。単純計算では、三〇分ものならば年に三本作れる。しかし毎週一本ということは年に五二本作らなければならないのだ。

「三〇分もののテレビアニメ」については、東映の大川博社長もNET開局時に、東映動画に指示したことがある。しかし、山本善次郎が「できるわけない」と一蹴し、この話はなくなった。一応、試算してみたところ、三〇〇〇人のスタッフがいなければ不可能という数字が出て、とてもそんなに雇えないので、以後は話題にも上らなかった。大きな組織によくあることだが、一度「できない」と結論が出たものは、よほどのことがないと再検討されることはない。東映動画では、そして東映でもNETでも、テレビ用アニメーションが企画されることはないまま、一九六二年を迎えていた。

かくして日本最大のアニメーション・スタジオでありながら、東映動画は出遅れる。

## 実はおとぎプロが持つ「初」の栄誉

『鉄腕アトム』は「日本初の連続テレビアニメ」と称されるが、正確には「日本初」ではない。内容も規模も異なるが、「日本初の連続テレビアニメ制作者」の栄誉は、横山隆一のおとぎプロダクションが持つ。

手塚治虫がアニメーション作りに乗り出したころ、一九六一年五月一日に始まった『インスタント・ヒストリー』こそが、「国産テレビアニメ第一作」だった。フジテレビで毎日一七時四七分から五〇分までの三分間の番組で、そのなかの一分間がアニメで、一日ごとにその日に起きた歴史的な出来事を紹介する内容だった。鈴木伸一はじめ七人のアニメーターがひとりで一週間に一本ずつ作り、六二年二月二四日まで一年半にわたり放映された（放映時間は、変動する）。その後、六二年六月二五日からTBSに移り、『おとぎマンガカレンダー』と改題して一年間作られ、二年目は再放送して、番組そのものは六四年六月二五日まで二年間続いた。演出・作画・美術として横山隆一の他に、鈴木伸一、町山充弘らの名も挙がっている。

並行して作っていたのが『プラス50000年』という九分の短編だ。アメーバーから爬虫類、猿から人間へ、そして人間はどこまで進化していくのか、進化論をアニメーションで描くもので、鈴木伸一が構成・演出・動画を担った。一九六一年一〇月に完成し、フランスのトゥール国際短編映画祭で上映され好評だったが、劇場公開の機会はない。日本での上映は六四年三月になる。

一九六二年八月二五日、「総天然色長編漫画」として『おとぎの世界旅行』が東宝系で封切られた。一九六〇年に完成していながら、公開の機会がなかったものだ。東宝の特撮怪獣映画『キングコング対ゴジラ』が一一日に封切られ、当初はザ・ピーナッツ主演『私と私』との二本立てだったがヒットしたのでロングランとなり、三週目の二五日から『おとぎの世界旅行』との二本立てになった。『おとぎの世界旅行』は「総天然色長編漫画」とあるようにカラーで七六分、東映動画の長編に匹敵する規模の作品で、横山隆一が制作・原作・監督を担った。長編となっているが、五編の短編で構成されるオムニバスだ（七編あったが上映時間が長くなるためカットされた）。ソーランとオケサの二人が手製の蒸気自動車に乗り、世界一周してそれぞれの地で漫画映画を上映するという設定で、劇中で五編が上映されるという入れ子構造のオムニバスだ。

制作順としては『おとぎの世界旅行』が先で、その後にテレビの『インスタント・ヒストリー』、短編『プラス50000年』となる。

さらに一九六三年、『鉄腕アトム』が放映開始になった年には、『宇宙少年トンダー』という五分もののテレビ用アニメを一三本作ったが、スポンサーが付かず、放映されなかった。

人気マンガ家で、私財を投じてアニメーション・スタジオを作った点で、横山隆一と手塚治虫は同じだった。横山隆一は手塚治虫にとってお手本であり、反面教師でもあった。

## 東映動画からの人材流出とフリーランス事情

手塚治虫はテレビアニメに乗り出すと決めてからも、虫プロのスタッフたちに、「どう思うか」と聞いていた。「いいですね」「やりたいですね」との答えを得ると、喜んだ。

「やりたい」思いがあれば、「やれる」。この天才はそう考える。これまでもそうやってきた。月刊誌一〇誌に連載を持つという、誰もやったことのないことを平然とこなしてきた。もちろん、締切を守れないので編集者たちは苦労したが、原稿を落とすことはなかった。

虫プロは映画部とテレビ部に分けられ、映画部は山本暎一がチーフで『ある街角の物語』を、テレビ部は坂本雄作がチーフで『鉄腕アトム』を作ることになった。
四月には新設のスタジオが完成し、人員も増えていく。
テレビ部に配属された杉井ギサブローは、東映動画の同僚だった林重行(一九四一〜)を勧誘して虫プロに入れた。のちに林は「りんたろう」と名乗る。林重行は映画監督志望だったが、すでに映画会社の助監督試験は大卒でなければ受験もできなかった。映像の仕事に関わりたく、テレビCFのアニメーション制作会社に入ったものの、その会社が倒産したのでTCJに入り、経験を積んだうえで一九五八年に東映動画に入った。大塚康生、楠部大吉郎らの一年あとになる。東映動画に入っても原画や動画の仕事には興味がなく、演出をしたかったのだが、演出部には大学を卒業していないと配属されない。やる気をなくしていたところ、杉井に誘われた。虫プロならば、大卒であるかどうかは関係なく、演出に就ける。

さらにスタッフを増やさなければならない。坂本と杉井は古巣の東映動画の知人に声をかけまくった。前後して、東映動画で原画を描いていた石井元明、中村和子らも入ってくる。みな、一期生で『白蛇伝』から関わっているメンバーだ。

中村和子は満州で生まれ、一二歳で敗戦となり、山口県に引き揚げた。画家を目指し、山口県立宇部高等学校から女子美術大学洋画科に進学した。アニメーションとの出会いは、フランスの長編アニメーション『やぶにらみの暴君』(ポール・グリモア監督、一九五二年)だった。画家になれないときのために教員免許を取っていたが、一九五七年に東映動画の募集広告を見て応募し、採用された。一期生のひとりで、『白蛇伝』では第二原画となり、ヒロインの白娘と小青というキャラクターを描き、以後も女性キャラクターを担当することが多かった。

中村は「和子」の名から「ワコ」と呼ばれていた。美人としても有名で、東映動画のアニメーターをモデルにしたＮＨＫの朝ドラ『なつぞら』で貫地谷《かんじや》しほりが演じた「大沢麻子（通称マコ）」のモデルとされる（同ドラマと実際のアニメ史及び実在の関係者との異同については、別に述べる）。

中村も『安寿と厨子王丸』制作中に、会社への不満から辞めていた。その後は実験アニメーションを作っていた久里洋二らの「アニメーション三人の会」の仕事を手伝っていたが、坂本に誘われて、五月に虫プロに入った。東映動画在職中に、中村は広告代理店の萬年社に勤務する穴見薫と結婚していたので、戸籍名は「穴見和子」となるが、クレジットなどにはその後も「中村和子」で出ているので、本書でも中村和子とする。中村は虫プロに入ると『ある街角の物語』の班に入った。

中村和子の夫、穴見薫（一九二四～六六）は、もう少し戦争が続いていたら特攻隊員として死んでいたという経歴を持つ。二一歳で敗戦を迎え、演劇青年だったので新劇の俳優座で制作の仕事をしていたこともあった。大阪の広告代理店萬年社に入り、東京支社企画部主任課長となっていた。

穴見は広告代理店の社員でありながら、アニメーションに藝術としての可能性を感じていた。そこで東映動画の白川と楠部大吉郎を食事に誘い、力を貸してくれと頼んだこともあった。どういう体制で作ろうとしていたのかはよく分からないが、白川たちに東映動画を辞めて萬年社に入らないかというような話だったらしい。白川と楠部は辞める気はないからと断った。それなら誰か他にいないかと訊かれたので、辞めたばかりの中村和子を楠部が紹介した。穴見は中村にアニメーションを作らないかと持ちかけ、それがきっかけで結婚した。

東映動画には『安寿と厨子王丸』に不満を抱いて退社した者がそれなりにいた。さらに労働組合が強くなり、それについていけないと思う者もいた。テレビＣＦでのアニメーションは増え続け、小さなスタジオがいくつも生まれていた。フリーランスになっても仕事があった。

かくして東映動画から人材が流出した。一般の業界では最大手の正社員が給料も一番高く、小さな企業や下請け、フリーランスになると収入が減るものだが、アニメーションの世界では最大手の東映動画にいるよりもフリーランスになったほうが収入が上がる現象が起きていた。

大塚康生には手塚治虫が自らアプローチした。大塚は後に『太陽の王子 ホルスの大冒険』や『ルパン三世』の作画監督として知られる。大塚は島根県で生まれ、八歳の年に山口県に転居し、山口県立山口工業学校土木科を卒業した。山口県庁の総務部統計課に就職したが、政治漫画家志望で、山口新聞に掲載されたこともある。漫画家になるには東京へ行かなければと、厚生省の採用試験を受けて合格し、一九五二年に上京した。厚生省では麻薬取締官事務所に配属されたが、麻薬取締官になったのではなく事務の仕事をしていた。働きながら絵の勉強をし、近藤日出造《ひでぞう》や清水崑《こん》が結成していた新漫画派集団の事務所に行き、弟子にしてくれと頼んだが相手にされなかった。

大塚のアニメーションとの出会いは、山口時代にソ連の『せむしのこうま』を見たときで、こういう仕事をしたいと漠然と思った。上京してから見たのが『やぶにらみの暴君』だった。中村和子、高畑勲、宮崎駿《はやお》らもこのフランスのアニメーション映画に感銘を受けている。ディズニーに心酔する手塚系のアニメーターとは、原点からして異なるのだ。大塚は図書館へ行き、アニメーションの技法の本を読んで独学していた。

一九五六年六月二七日、大塚は「東京タイムズ」芸能欄で「漫画映画『白蛇伝』東映で制作決定」の記事を見て、新宿区若松町時代の日本動画社を訪れた。東映に買収されると決まっていたが、正式にはまだ日動だった時期だ。山本早苗、藪下泰司が応対してくれ、大塚が二五歳を超えていたので、

「いまから学ぶのは苦労が多いから止めたほうがいい」とも助言してくれた。それでも試験として動画を描かせると、予想以上にうまかったので、ときどき練習に来るようにと言ってくれた。

一二月に東映動画としての採用試験があり、大塚は日動の推薦ということで、臨時採用された。初任給は六五〇〇円で厚生省時代の三分の一になった。長編第一作の『白蛇伝』から動画スタッフになり、制作中に第二原画、第一原画と昇格した。手塚の『西遊記』でも原画のひとりだった。一方、一九六二年には労働組合の書記長になった。労組の役員としてともに闘うのが、高畑勲や宮崎駿だ。

手塚治虫は大塚を虫プロにスカウトしようと、自宅に花束を持って頼みに行った。しかし大塚は断った。組合の書記長をしていたこともあるが、虫プロが標榜する「作家集団」という考え方になじめないのもその理由だった。

坂本たちが知り合いに声をかけて勧誘するだけでは間に合わないので、虫プロは三月に、新聞に求人広告を出した。三〇〇名近くが応募し、七名が採用された。

### 「萬年社」への依頼

中村和子は坂本から「穴見さんと仕事のことで話がしたい」と仲介を頼まれた。

穴見は坂本や山本と会い、虫プロが『鉄腕アトム』をテレビアニメにしたいと考えていることを知った。もともと自分もアニメーションを作りたくて、東映動画の白川や楠部をけしかけたくらいなので、すぐにこの話に乗った。

穴見は広告代理店にいるので、子ども向けの三〇分もののアニメーション番組という前代未聞の企画実現の困難さも分かっていた。テレビ局はスポンサーの付かない番組は作らない。スポンサーはテレビの放送枠が得られなければスポンサーとならない。たとえ手塚が自らテレビ局やスポンサーとなってくれそうな大企業をまわったとしても門前払いになるだろう。そこで広告代理店の出番となる。

広告代理店に勤務している夫がいる中村和子が虫プロに入社したのが、ひとつの幸運だった。そして、その夫である穴見がアニメーションに興味と情熱を持っていたことはさらに幸運だった。

おとぎプロの失敗は、いい作品を作れても売り方がうまくなかった点にある。虫プロは萬年社の穴見薫の協力を得て、テレビアニメの商業化に成功する。

これまでの広告代理店はテレビ局とスポンサー企業の間に入り、放送枠を確保し、手数料のマージンを稼ぐのが仕事だった。まさに「代理店」である。しかし、『月光仮面』を制作していた宣弘社《せんこうしゃ》のように、広告代理店として出発しながら、番組制作、テレビ映画の制作にまで乗り出している企業もある。広告代理店主導による番組制作が始まりつつあった。

穴見は坂本や山本たちと議論を重ね、手塚とも会った。手塚は萬年社に、『鉄腕アトム』のテレビアニメのスポンサー探しとテレビ局への売り込みを依頼すると決めた。これが一九六二年七月のことだった。穴見は会社を説得して、虫プロ制作のテレビアニメの企画を通した。あとはテレビ局とスポンサー探しである。

虫プロは八月に入ると、『ある街角の物語』が完成しつつあったので、萬年社からの要請もあり、スポンサーに見せるための『鉄腕アトム』のパイロット・フィルムの制作に入った。放映が決まった場合、そのまま第一回として使えるよう、前半の約一〇分を作ることにした。

## 「テレビアニメ」を生んだアニメーション革命

手塚治虫は、『鉄腕アトム』のパイロット・フィルムを自ら演出と原画を担当すると宣言した。これが混乱の始まりだった。『西遊記』のときも最初にシナリオを作るのではなく、ストーリー・ボードを描くと言い出し、結局、時間切れで月岡や石森に頼むことになった。しかし今回はマンガという原作があり、いわば、それがシナリオと絵コンテを兼ねるから楽なはずだった。

しかしそうはいかない。手塚が持ってきた「原画」は、これまで誰も見たことのないものだった。絵ではない。簡単な演技の指定と、カット番号と秒数が書かれたメモのようなものだった。たとえば「カット番号15　アトム驚く、三秒」というようなものだ。カット番号があるということは、最初から最後までのカット割りがなされているはずだが、それは手塚の頭のなかにしかない。全体が分かっているのは手塚だけだった。

その「原画」とも言えないものを渡し、口頭で詳細を説明する。そうやって本当の原画ができていく。このやり方は、手塚がアニメ・スタジオに常駐していれば可能かもしれない。だが彼には週刊誌・月刊誌に連載しているマンガの執筆という本業がある。編集者たちが待ち構えている。いずれ破綻するのは目に見えている。

それでも八月末には、一〇分の原画ができた。九月に入ると動画の作業である。

ここからアニメーションの革命が始まる。虫プロでは『ある街角の物語』を、「動きの少ないアニメーション」という本末転倒な方法で作ろうとしていた。動画の数を少なくするというのが、この実験的藝術アニメのコンセプトであったと言っても過言ではない。そのために動かないポスターが主人公のアニメーションとなった。とはいっても、女の子とネズミなど、動くキャラクターもあるので全体としては、「動かない」という印象はない。『鉄腕アトム』はさらに動きを少なくした。東映動画で「絵を動かすことがアニメーションだ」と教えられてきたスタッフにとっては、驚きの連続となった。

虫プロ流「リミテッドアニメ」として語られる技法が、この数か月で確立する。一秒間に撮影されるコマは二四コマなので単純計算で二四枚の動画が必要となるが、それを三分の一の八枚ですませる。一枚の動画を三コマ撮るのだ。東映動画でも、一枚ずつで一秒二四枚ではなく、一枚の動画を二コマ撮りにし一秒に一二枚だったが、それをさらに節約したのだ。その分、動きはぎこちなくなる。だがアトムはロボットなのだ。ぎこちない動きでもリアルに見えた。

止め絵も多用した。撮影を工夫し、レンズを動かすことで、「動く絵」にできる。次に、たとえばアトムが話しているカットでは、口だけを動かした。顔全体も身体全体も動かない。目も動かない。「口パク」と呼ばれる手法である。このように動かす部分を限定し、動画の手間を省く。

回を重ねるごとに効果が出てきたのがバンク・システムだ。いったん描いた動画は分類して保管し、使いまわしをすることにした。「アトム」に大分類し、次に「飛んでいる」「歩いている」「怒っている」「悲しんでいる」などに分類しておくのだ。「笑っている」シーンが別の話にも出てきたら、新たに描くのではなく、保管しておいたものを使う。これを手塚は「バンク・システム」と名付けた。長編アニメーションのような、その映画一回限りのキャラクターとは異なり、『鉄腕アトム』は連続ものなので、アトムやお茶の水博士は毎回出てくる。そのたびにすべて新たに描く必要はないという発想だった。

「口パク」に代表される最少の動きとバンク・システムは、虫プロが考案したアニメーションにおけながり、日本独自の「テレビアニメ」となった。

アニメーションは、本来は動かない絵を、連続してつなげることで動いているように錯覚させる表現だ。映画そのものがその原理で作られる。したがって、動きの面白さこそが見どころであり、アニメーターたちの腕の見せどころだった。それなのに手塚は、「極力、動かすな」と言う。動かなくても、キャラクターに魅力があり、ストーリーが面白ければ、視聴者は喜んでくれる――手塚はこう考えていた。マーケットリサーチをしたわけではない。十数年にわたり雑誌の上で過酷な競争をして勝ち抜いてきた過程で得た、子どもたちほど、「面白いストーリー」に夢中になるという経験からの確信だった。

アニメーション・スタジオの社長と、原作者、アニメーション演出家が同一人物であるからこそ思いつき、実行に移せた革命だった。

以後のテレビアニメは手塚治虫・虫プロを模倣する。模倣しなければ、三〇分のアニメーションを毎週作ることなどできないからでもあった。その模倣は、単に原画と動画の制作だけでなく、キャラクターとストーリーを人気マンガから借りてくるという、作品の構造にまで及ぶ。

テレビアニメは、その出発点が「人気のあるマンガ家のマンガを原作とする」だったことから、以後もマンガと密接な関係を持ちながら発展していくのだ。

## 『鉄腕アトム』制作費の真実

『鉄腕アトム』のパイロット・フィルムは色彩、仕上げの工程を終え、九月半ばには撮影まで完了した。音楽は手塚が持っていたレコードのクラシック音楽を使い、声優は穴見が俳優座時代のつてで集め録音した。

九月下旬に、『鉄腕アトム』のパイロット・フィルムは完成した。まず萬年社の社内に披露する。穴見は事前に上司である東京支局営業局次長の木村一郎に見せた。木村は「これは当たる」と思った。そして一本三〇万円という制作費を提示した。当時アメリカなどから輸入するテレビアニメが一分一万円という単価だったので、それにならった。しかし手塚は「この金額では難しい」と答えた。

金額の話が続くのでここで当時の物価を確認しておこう。物価のなかには何十年も変わらないものもあれば、変動幅の大きなものもある。アニメーションの場合、制作費の大半が人件費なので、一九六二年の大卒初任給を調べると、一万八〇〇〇円前後だ。二〇二〇年の大卒初任給は二一万円前後なので、単純計算では一一・六倍となる。大雑把だが、六二年当時の価格を一〇倍すればイメージはつかめるだろう。

外国製アニメはすでに本国で元を取っているので一分一万円でもいいが、虫プロはすべて新たに作るのだから、その値段では無理だ。東映動画が一九六三年に封切った『わんぱく王子の大蛇退治』は、八五分で制作費七〇〇〇万円とされている。一分あたり八二万円である。この計算でいくと、三〇分だと二四六〇万円かかり、三〇万円とは桁が二つ違う。

萬年社内で穴見が「いくらなんでも三〇万は安い」と説得し、一二〇万円を提示した。しかし今度は手塚が「五五万円でいいです」と言い出す。実写のテレビ映画の制作費が三〇分もので五〇から六〇万円だと知り、それと合わせると言うのだ。実写よりもアニメーションのほうが手間がかかるのでコストは高くなるはずだが、「それでいい」と言う。

手塚がダンピングしたのは他社が参入できないようにするためだった。いずれは参入してくるとしても、当分の間は独走したかったのだ。少なくとも、「日本初」の栄誉は得たい。

一本五五万円で話はまとまったが、手塚の知らないところで、穴見と手塚のマネージャーの今井とが話し合い、「いくらなんでも五五万円では無理だ」となった。そこで手塚には黙って一〇〇万円を上乗せすることになった。手塚が半ば自慢げに「五五万円」と言いふらすので、この価格が独り歩きしているが、実際は「一五五万円」だったのだ。それでも安いと言えば、安い。

手塚治虫公式サイトでは、アニメ『鉄腕アトム』についてこう書かれている。

〈日本最初の長編テレビ用連続アニメとして制作されたこの作品が、現在にまで至る、日本のアニメ文化隆盛の礎を築きました。また同時にこの『アトム』の成功によって、アニメは低予算で作っても儲かる、というテレビ局の認識を生んでしまい、現在にまで至る、アニメーターたちが低賃金で殺人的スケジュールに追われる、というマイナスの現実も産み落とすこととなったのですが、『アトム』当時は「安く作るから、とにかく作らせてくれ」という作品を世に送り出したい切実な気持ちがなければ、とてもじゃないけれど「連続アニメ」などに関心を持ってくれるスポンサーはいなかったのです。十万馬力の少年ロボットが七つの力で悪漢を退治して行く姿に、当時の子供たちは熱狂しました。〉

自ら「アニメは低予算でも儲かる、というテレビ局の認識を生んでしまい」と認めている。

手塚は「赤字はマンガの原稿料で埋める」と公言していた。前年の手塚の所得は九〇〇万円ほどで、高額所得者リストに載るほど稼いでいた。しかし、それだけでは赤字は埋まらない。手塚は版権ビジネスと海外へ売ることを考えていた。それこそが、横山隆一が考えもしなかった点だった。東映の大川博も、海外へ売ることは考え成功していたが、版権ビジネスまでは考えていない。東映動画の長編アニメーションは一作ごとに画風も異なり、商品化できるキャラクターもない。その点では、大川はディズニーを学んでいなかった。

## テレビ局・フジテレビ、スポンサー・明治製菓で決定

『鉄腕アトム』の予算が決まったところで、穴見はスポンサーを探した。子どもが見るのだから、子ども向けの商品を作っているメーカーがいいだろうと、菓子メーカーが候補に挙がった。当時の菓子業界で売上トップは森永製菓だ。萬年社は森永へ売り込みに行った。

パイロット・フィルムを見た森永製菓の担当者は乗り気になった。森永の宣伝予算は潤沢にあった。金額も問題ない。しかし前人未到の国産初の毎週三〇分の連続アニメーションが、東映動画のような大手ならともかく、マンガ家が始めた小さなプロダクションに可能なのかと不安視し、決断をためらった。放送開始となってから、「できません」となって中断したら森永の信用問題にもなると危惧したのだ。

森永の意向がはっきりしないので、萬年社は明治製菓に持って行った。役員会でパイロット・フィルムが披露されると感触がよく、その翌日にはスポンサーになると連絡してきた。これでスポンサー

が決まった。次はテレビ局だ。萬年社は最大手の日本テレビへ持って行った。こちらもいい感触で、話は上層部にまでいき決定寸前となった。

そのころ、東映動画の白川が虫プロに来て、手塚から『鉄腕アトム』のパイロット・フィルムを見せてもらった。白川は、これは当たると思った。そして手塚に「テレビ局は決まっているのか」と訊くと、「萬年社に任せてある」と言う。どこかの局に決まっていたのなら、そう言うだろうから、まだ決まっていないに違いない――白川はそう思った。

白川の弟・文造はフジテレビに勤務していた。白川はすぐに文造に電話をかけて、「手塚さんが作った『鉄腕アトム』を絶対に獲得しろ、萬年社が扱っている」と助言した。白川文造はさっそく萬年社にアプローチした。幸いにも日本テレビとはまだ契約にはいたっていなかった。日本テレビ側も、前代未聞のプロジェクトに不安を抱き、決めかねていたのだ。フジテレビは「話を持って来てくれれば即決する」と言う。

『鉄腕アトム』の放映権はフジテレビが得た。この過程では、日本テレビとフジテレビ、萬年社、さらには明治製菓とその子会社なども含み、オモテには出せないことがあったようで、いくつかの噂が活字になっている。成功した大きなプロジェクトほど「あれはオレが全部仕切った」「あれには裏があって」と言い出す人は多い。もはや真実は分からないので深入りはしない。

重要なのは、フジテレビが『鉄腕アトム』で得たのは放映権だけで、著作権関連はすべて虫プロが持つという契約だったことだ。虫プロはフジテレビの下請けではなく対等なパートナーだった。その後のアニメ制作会社の経営が厳しくなるのは、著作権を持てず、一本いくらで受注する下請けになってしまうからだ。契約は半年分二六本。放映は一九六三年一月一日からと決まった。毎週火曜日一八時一五分からだ。

## 週に一本上げるための「ローテーション」体制

『鉄腕アトム』が一九六三年一月に放映開始とほぼ決まった段階で、虫プロは二回目の社員の公募に踏み切った。今回は八名が入社し、『鉄腕アトム』に投入された。

手塚治虫は自分も動画を描くつもりでいる。実際、描かせたら、早い。しかし手塚にはマンガの仕事がある。アニメに専念できない。連載マンガの世界は競争が厳しい。手塚は別格扱いになってはいるが、いったん連載を降りるとその雑誌に復帰できない可能性が高く、枠を手放したくない。それに、虫プロの赤字を自分の原稿料や印税で埋めるつもりなので、マンガの仕事はひとつでも多いほうがいい。アニメのためにマンガが必要という構造はこの後も続く。

『鉄腕アトム』第一話は、前半はパイロット・フィルムをそのまま使うので、後半だけを作ればいいので楽なはずだった。一〇月に入ってから原画作業が始まり、二八日に終わった。第一話は総計四〇〇〇枚の原画を描き、二か月かかった。もしフルアニメーションで二五分作ったら、二コマ撮りにしても一万八〇〇〇枚を必要とする。それを四〇〇〇枚ですませた。しかし、それでも二か月もかかった。もっと減らす必要がある。

手塚と坂本や杉井は、現有の動画スタッフがフル稼働して一週間に何枚描けるのか計算し、一八〇〇枚とはじき出した。であれば、一話二五分の動画を一八〇〇枚ですむように、工夫していくしかない。撮影を工夫すれば、一枚の絵でも何秒も見せることができるはずだ。「省略」を手抜きではなく、

「新しい表現」と考えればいい。机上の計算ではあるが、計算だけはできた。

従来のアニメーションとは異なる、「虫プロアニメ」「手塚アニメ」とでも呼ぶしかない独自のアニメーションができていく。「動きで見せるもの」ではなく、「ストーリーを見せるもの」である。だが、その独自のアニメーションは、「手塚アニメ」「虫プロアニメ」という呼称が確立する前に、『鉄人28号』以降の後発組が真似したので、「テレビアニメ」という普遍的な名称になるのだ。

『鉄腕アトム』各話の脚本、演出リストを見ると、最初の四九話までの「脚本」は空白になっている。手塚のマンガをそのまま使うので脚本を作らなかったのだ。もっとも途中から、虫プロ社内でマンガからシナリオに起こす者はいたようだ。「演出」も最初の三話と第五話は手塚治虫となっている。マンガから手塚が原画のもととなるメモを描き、さらに口頭で指示して完璧な原画にしていくという方法だ。前述の通り、手塚はアニメに専念できないため作業が捗《はかど》らない。このままでは毎週一本などとても無理だ。

そこで坂本、杉井、山本、石井、紺野たちがひとり一本ずつ「演出」となり、ローテーション方式で制作していくことになった。手塚もその演出陣のひとりとして月に一本担当する。ひとりが月に一本、原画まで責任を持って描き、動画班は毎週一五〇〇枚から一八〇〇枚の動画を描き、撮影、現像、編集とまわしていく。こうすれば、週に一本も可能なはずだった。

## 『ある街角の物語』上映会にいた学生

一九六二年一一月三日、文化の日、手塚治虫は三四歳になった（当時は公称三六歳）。

『鉄腕アトム』の制作に追われる一方で、虫プロは一一月五日と六日、銀座の山葉ホール（現・ヤマハホール）で第一回作品発表会を開催した。

上映されたのは『ある街角の物語』と『鉄腕アトム』第一話、そして三分の短編『おす』の三本だった。『おす』は原案・演出が山本暎一、構成と原画が紺野修司で、手塚は加わっていない。作家集団であると示すために、手塚色のないものも必要だった。『鉄腕アトム』の上映が終わると、万雷の拍手となった。ヒットの手応えを感じた。

しかし、客席にいた学習院大学のある学生は、『鉄腕アトム』はともかく、『ある街角の物語』には違和感を抱いていた。後年、その学生はこう語っている。

〈『ある街角の物語』という、虫プロが最初に総力を挙げてつくったというアニメーションで、バレリーナとヴァイオリニストか何かの男女二人のポスターが、空襲の中で軍靴に踏みにじられ散りぢりになりながら蛾のように火の中でくるくると舞っていくという映像があって、それをみた時にぼくは背筋が寒くなって非常に嫌な感じを覚えました。／意識的に終末の美を描いて、それで感動させようという手塚治虫の〝神の手〟を感じました。〉

学生の名は「宮崎駿」という。

宮崎がどう思おうと、『ある街角の物語』は評価され、一九六三年度の第一七回毎日映画コンクールで、この年から創設されたアニメーションを対象にした大藤信郎賞を受賞し、さらに芸術祭奨励賞、ブルーリボン教育文化映画賞を得た。

## 殺人的スケジュール下での不眠不休の制作

『ある街角の物語』が完成したので、虫プロの映画部スタッフは、テレビ部を手伝うことになった。結局、映画部、テレビ部という二部体制は半年で終わった。

『鉄腕アトム』放映開始へ向けて殺人的スケジュールとなっていた一二月に入社したのが石津嵐《いしづあらし》だった（磐紀一郎《ばんきいちろう》の筆名も）。石津は一九三八年に福島県いわき市で生まれ、演劇を志していた。日本大学藝術学部に入るが中退、友人と劇団を立ち上げたが失敗し、経済的にも食い詰める。そんなときに虫プロの「アニメーション映画スタッフ募集」という広告を見て応募した。アニメーションの知識はなく、虫プロが手塚の会社だとも知らずに入った。入社と同時に『鉄腕アトム』の制作進行となり、徹夜の連続となる。後に演出と脚本を担う文芸演出課へ異動する。

一本作るのに一か月はかかるとしたら、一月の放映開始までには、少なくとも五本のストックが必要と見込まれた。だが一一月になっても、第一話しか完成していない。第二話も四〇〇〇枚の動画が必要となり、六週間かかっていた。

動画作業は慣れてくると効率も上がってくる。完璧なシナリオと完璧な絵コンテがあれば、原画もすぐに描けるのだが、『鉄腕アトム』ではシナリオも絵コンテもなく、手塚がマンガ執筆の合間に描くメモのような原画が散発的に届くだけだった。これでは進まない。スケジュール通り進まない最大の要因が手塚治虫だった。マンガが忙しく、原画が描けないのだ。

このまま手塚が毎回「演出」したのでは破綻する。ひとりで毎週は無理だった。坂本雄作は手塚と直談判し、手塚、坂本、杉井ギサブロー、紺野修司、山本暎一らで分担し、ひとりが毎月一本の責任を持つ体制に変えた。第四話までは手塚がそのまま演出し、第五話は坂本、第六話は杉井、第七話は山本と、決めていく。

一一月一五日、ようやく手塚による第三話の原画ができた。第一話と第二話は編集まで終わっても、音楽や効果音、そして声優によるセリフの録音作業が残っていた。音楽は『ある街角の物語』を頼んだ高井達雄に依頼され、テーマ曲ができていた。第一話と第二話のダビングは一二月半ばに終わった。放映開始までに五本は完成させるはずが、まだ二本しかできていない。

一二月一一日、虫プロダクションは株式会社となった。手塚は資本金二〇〇万円を全額出資し、代表取締役となった。マネージャーの今井が専務取締役だ。

一二月二〇日、出来上がった第一話『アトム誕生の巻』と第二話『フランケンの巻』を、宣伝のために日比谷公会堂で試写したが、その段階ではエンディングはまだできていなかった。

二八日が仕事納めのはずだった。第三話『火星探検の巻』は撮影、現像、ラッシュ編集までは終わっていたが、録音スタジオが年末年始は休みなので、年明けの五日に録音する予定になった。その次の第四話『スフィンクスの巻』は手塚の原画が遅れ、以後の作業が進んでいない。一方、坂本が演出する第五話『ゲルニカの巻』は原画ができているので、こちらの動画を先に進めることにし、すでに四分の三が終わっていた。一話完結ものなので、放映の順番を変えても大丈夫だ。

虫プロは、世間が仕事納めとなっても不眠不休が続く。その作業は、大晦日の夜になってもまだ続いていたと伝説になっている。

# 第六章　トキワ荘再結集「スタジオ・ゼロ」――一九六三年

## 「アトム・ショック」

一九六三年一月一日火曜日一八時一五分。フジテレビとその系列局にチャンネルを合わせた全国の家庭のテレビから、「空をこえて」で始まる、『鉄腕アトム』の主題歌が流れた――と書いてある本を見かけるが、それは間違いだ。この段階では主題歌はまだできていなかった。音楽だけが流れるオープニングだったのだ。谷川俊太郎が作詞した歌詞で主題歌が録音された日と、何月何日放映の回から歌詞付きのオープニングになったかは記録がなく、分からない。八月一〇日発売の「少年」九月号に歌詞が掲載されているので、逆算すると七月半ばには歌詞ができていたと思われる。七月三〇日放映の第三一話からではないかというのが有力な説だ。「全国」というのも虚偽である。六三年一月に『鉄腕アトム』を同時放映したのは、フジテレビ、関西テレビ、東海テレビ、仙台放送、広島テレビ、九州朝日放送の六局だけだった。

手塚治虫はアトムがテレビに出た日のことを自伝にこう書いている。

〈このときの感慨は、終生忘れられないだろう。わが子がテレビに出演しているのを、ハラハラと見守る親の気持ちだった、終ってエンドタイトルが出たとき、／「あァあ、もうこれで一本分終ってしまったなあ」／と、つくづく思った。〉

それはゴールではなく、この後延々と続く苦闘のスタートだった。次の一週間はすぐに過ぎてしまう。〈スタッフは、死にものぐるいで徹夜の奮闘をつづけた。作っても作っても、毎週一回放映というテレビの怪物は、作品を片っぱしから食っていった。〉

第一話『アトム誕生』の視聴率は二七・四パーセントと好スタートを切った。これで少しは苦労が報われた。だが、この数字が、テレビアニメを怪物にさせていく。

東映動画のアニメーターたちとしても、虫プロがどんなものを作ったのかは気になった。大塚康生はこう書いている（『作画汗まみれ』）。

〈私たちも早速かたずを呑んで見ましたが、一人として技術的に評価する人はいませんでした。極論すると「あれじゃ誰も見ない」と思うほどのぎこちない動かし方でした。それでもスタッフは死人が出るほどの重労働をせざるをえなかったようですが、それも痛いほどよくわかります。〉

大塚は「3コマ撮り」そのものは理解している。問題にしたのは〈記憶に残るようなキャラクターのおもしろい演技や必要な画面処理ができていなかった点〉だという。

だが、そういう見方をするのはプロだけだった。どんなものだろうと試しに第一話を見た子どもの多くが失望したのなら、第二話の視聴率は下がるだろう。ところが第二話『フランケンの巻』は二八・八パーセントと微増した。第三話『火星探検の巻』は二九・六パーセント、第四話『ゲルニカの巻』で三二・七パーセントと三〇を突破すると、以後、三〇パーセント台を維持していく。

絵が動かないので「電気紙芝居」との批判もあったが、子どもたちにとっては、アトムは動きま

**1963年のテレビアニメ**

| 曜日 | 時刻 | 局 | | 1 | 2 | 3 | 4 | 5 | 6 | 7 | 8 | 9 | 10 | 11 | 12 | |
|---|---|---|---|---|---|---|---|---|---|---|---|---|---|---|---|---|
| 月 | 18:15～ | N | | | | | | | | | | | | オオカミ少年ケン（東） | | |
| 火 | 18:15～ | フ | | 鉄腕アトム（虫） | | | | | | | | | | | | |
| 木 | 18:00～ | T | | | | | | | | | | | | エイトマン（T） | | |
| | 23:40～ | フ | | | | | | | | | | 仙人部落（T） | | | | |
| 日 | 20:00～ | フ | | | | | | | | | | | 鉄人28号（T） | | | |
| | 22:30～ | フ | | | | | | | | | | | | 仙人部落（T） | | |
| | | | | 1 | 2 | 3 | 4 | 5 | 6 | 7 | 8 | 9 | 10 | 11 | 12 | |

年ごとに、放映時間枠の推移を示す。
1月より左から始まっている場合は、前年から続いていることを示す。
12月より右で終わっている場合は、翌年へ続くことを示す。

30分の連続ものに限ったので、毎日放映される5分・10分のものはない。
テレビ局は東京のキー局、放映時間枠も東京のものである。
当時はTBSと朝日放送、NETと毎日放送が同じネットだった。

テレビ局、制作会社は以下のように略した。
制作会社は、コピーライトを所有している会社ではなく実際に制作した会社とした。
名称はその時点でのものを略した。

［テレビ局］ 日＝日本テレビ　T＝TBS　フ＝フジテレビ　N＝NET（現・テレビ朝日）
NH＝NHK

［プロダクション］　虫＝虫プロ　T＝TCJ　東＝東映動画　ム＝東京ムービー
P＝ピープロ　竜＝タツノコプロ　放＝放送動画　一＝第一動画
ゼ＝スタジオゼロ　国＝国際放映　大＝大広　サ＝サンライズ
チ＝チルドレンスタジオ　日＝日本テレビ動画（前身の日放映、東京テレビ動画を含む）
ズ＝ズイヨー映像　ナ＝ナック　手＝手塚プロダクション
テ＝テレビ動画

わっていた。空を飛ぶし、十万馬力でやっつける。何よりも、ストーリーが面白かったし、アトムやウラン、お茶の水博士といったキャラクターが親しみやすかった。ストーリーが面白ければ動きは犠牲にしてもいいという手塚の判断は正しかったのである。

フジテレビとの間で半年の延長が決まった。

## アトム、アメリカでも飛ぶ

四月から虫プロは『鉄腕アトム』に加え、手塚治虫原作のNHKのSF人形劇『銀河少年隊』のアニメ部分を担当した。竹田人形座の操り人形によるテレビ映画で、一回一五分だが、四月七日から六五年四月一日まで九二話が放映される。

五月には、『鉄腕アトム』の海外販売に成功した。萬年社の穴見薫が社の業務とは関係ないのに動いてくれたのだ。穴見はテレビ番組の制作や海外のテレビ映画を日本へ輸入していたビデオプロモーション（正式名称は長く「クリエイティブ・アドバタイジング・エージェンシー株式会社ビデオプロモーション」）に『鉄腕アトム』を預けた。同社は手塚とも親しかった久里洋二と柳原良平・真鍋博らによる「アニメーション三人の会」のマネージメントもしていた。

ビデオプロモーションはアメリカ三大ネットワークのひとつNBCに売り込みを始めた。一方、NBCの日本駐在員のひとりがテレビで『鉄腕アトム』を見て、最初はアメリカ製のアニメだと思っていたのが、日本製と知って驚き、「アメリカでの放映権を入手すべき」と本国へ知らせていた。

この二つの流れが合流し、『鉄腕アトム』はNBCの子会社NBCフィルムズが海外放映権を買うことになった。しかも四クール五二本をまとめてだ。日本の映画がアメリカに売れた場合、勝手に編集されるのが当たり前だったが、手塚はそうならない契約を求め、それが通った。アメリカ版はセリフは英語になるが、絵はそのままでカットされない。著作権者として手塚と虫プロの名もクレジットされる。ただ全作品が自動的に放映されるのではなく、アメリカに向かないと判断されたものは、まるごと返される。また、放映順は日本と同じではない。

手塚治虫が調印のために渡米したのは一九六三年五月だった。初めての海外旅行である。この訪米時に手塚はディズニープロも訪問したが、ウォルト・ディズニーには会えなかった。

契約は一本一万ドル、五二本なので五二万ドル——当時は一ドル三六〇円の固定レートだから、一億八七二〇万円、いまの一〇億円以上だ。一本あたり三六〇万円まるごと虫プロに入るわけではないにしろ、制作費が十分に賄える。「一本五五万円で受注しても、海外へ売れれば儲かる」という、手塚の夢みたいな話は半年で実現したのだ。アメリカでは『Astro Boy』として放映される。

手塚がアメリカに着くと、NBCフィルムズではすでに英語版を試験的に作っていた。手塚はそれを見て驚いた。オープニングの音楽にあわせて歌が付いていたのだ。前述のように『鉄腕アトム』は主題曲はあったが、歌はなかった。間に合わなかったとも言えるが、必要性を感じていなかったのだ。

手塚が帰国して虫プロで英語版を上映すると、社員たちからも主題歌を作ろうとの声が出た。手塚も同意見で、さっそく谷川俊太郎に作詞を依頼した。面識はなかったが、谷川の詩集『二十億光年の孤独』を読み、感銘を受けていたので、この人しかいないと直感したのだ。谷川は引き受けた。

史上初の「アニソン」が生まれた。最初の主題歌付きオープニングがいつかは諸説あるが、七月三〇日放映の第三一話からのようだ。

これまでのスタジオに隣接して、冷暖房完備の三階建ての第二スタジオも完成した。

八月に虫プロとフジテレビは『鉄腕アトム』に次ぐ第二のテレビアニメ・シリーズ『虫プロランド』の制作・放映で合意した。タイトルはウォルト・ディズニー・プロダクションのテレビ映画シリーズ『ディズニーランド』を真似したものだ。しかし『ディズニーランド』は実写の紀行映画だったが、『虫プロランド』はアニメーションだった。

手塚の構想では、自身の長編マンガをアニメ化して、六〇分枠で隔週、一年間、放映する。「隔週六〇分」は「毎週三〇分」と長さは同じだ。候補として『ジャングル大帝』『リボンの騎士』『0マン』『魔神ガロン』『オズマ隊長』などが挙がっていた。原作の長さや物語のスケールが異なるので、作品ごとに回数は異なるようにするという構想だった。

アトムの制作班とは別に虫プロランド班も作られ、第一作は『新宝島』と決まった。脚本・演出は手塚治虫、作画監督には杉井ギサブローが就いた。

## 予想を超えるマーチャンダイジングの成功

手塚が予言していたマーチャンダイジング収入も、想像以上の展開となった。日本の菓子産業のあり方までも変えてしまったのだ。

業界最大手の森永製菓と明治製菓とはチョコレートで熾烈な販売合戦を展開していた。一九六一年に明治製菓はチョコレートに色のついた糖衣をまぶした「マーブルチョコレート」を発売し、大ヒットさせていた。初年度は三億一〇〇〇万円の売上で、翌年からテレビコマーシャルを大展開して三四億六〇〇〇万円の売上となった。テレビコマーシャルの威力を見せつけるものでもあった。

ところが一九六二年一一月、森永製菓も「パレードチョコレート」いう糖衣チョコを発売し、「ビックリバッジ」というおまけを付けた。これが当たり、明治製菓は糖衣チョコで九割のシェアを占めていたのに三割になってしまった。

年が明けても明治製菓の劣勢は変わらない。そこで対抗策として目を付けたのが、自社が提供している『鉄腕アトム』だった。子どもたちの間での人気がすごいらしい、アトムをおまけに付けてはどうかとなり、試行錯誤の末、「アトムシール」が誕生した。

明治製菓は番組スポンサーではあるが、だからといって、キャラクターを自由に使えるわけではない。それとこれとは別の話だ。アトムシールの場合、マーブルチョコの定価が三〇円でその三パーセントがロイヤリティとして虫プロに入ることになった。九〇銭だが、アトムが始まる前の一九六二年の売上が三四億六〇〇〇万円なので、その三パーセントとしても、一億三八〇万円になる。

アトムシールはマーブルチョコレートのパッケージの中に入れられていたが、それとは別に、蓋にあるチップを送ると、大きなシールがもらえるというキャンペーンが夏に始まった。大きなシールは三種類あった。応募するともれなくもらえるのだが、どれが届くは分からない。子どもたちはチョコレートをいくつも買ってもらい、何回も応募した。その結果、明治製菓への応募総数は五〇〇万を超えた。それは四国全県の総郵便物とほぼ同数だったという。

大ヒットだった。これと前後してさまざまな業種、メーカーがアトムを使いたいと申し出てきた。虫プロは版権部を作り、これに対応した。一業種につき一社の原則で、文具、ラジオ、マフラー、帽子、子ども傘、シューズ、ノート、ソックス、タイツ、パジャマ、絵の具、シャツと、子ども用のあらゆる日用品にアトムのキャラクターが付くようになった。無許可の海賊版も出始めたので、正規品であることを証明するため、証紙シールを貼ることにした。商品化の許可を得た企業の団体として「アトム会」も結成される。こうして虫プロはマンガ・アニメの版権ビジネスの基本も作った。

『鉄腕アトム』のビジネスが拡大したころ、萬年社の穴見薫が退職して虫プロに入り、常務取締役に就任した。ビジネスに疎い手塚を支えるためだった。夫が役員になったので、他の社員もやりにくいだろうと、中村和子は退職した。しかし、のちに復職する。

虫プロと明治製菓の成功を見て、当然、他社もいきりたつ。とくに、最初に『鉄腕アトム』を提案されながら決断できず明治に取られた森永製菓としては、絶対にアトム以上のアニメを提供したい。

その思いは、広告代理店最大手の電通も同じだった。国産初のテレビアニメの扱いを大阪の萬年社に取られたのは、電通にとって屈辱だった。

## 「トキワ荘」グループ、再結集

一九六三年になり、『鉄腕アトム』の放映が始まると、鈴木伸一はおとぎプロダクションを退職した。その理由を鈴木は『アニメが世界をつなぐ』にこう書いている。

〈本当に、いろいろ勉強させていただいたのですが、ぼくはそろそろ、おとぎプロから離れて違う仕事もやってみたいな、と思い始めていました。横山先生は憧れの人でしたが、いつまでも同じところにいては、自分に甘くなってしまいそうだったからです。それで、横山先生に「辞めたい」と申し出ました。先生ご自身も、これからアニメで何をやればいいのか、趣味としては広げすぎたかな、とい

う反省もあったかもしれません。〉

鈴木が辞めたと聞いて、四月、トキワ荘時代の仲間、藤本弘（藤子・F・不二雄）、安孫子素雄（藤子不二雄Ⓐ）、石森章太郎（石ノ森章太郎）、つのだじろうが都内の喫茶店に集まり、鈴木を囲んだ。

石森や藤子とは異なり、つのだじろう（一九三六〜）はトキワ荘「通い組」である。成績優秀で東京都立青山高等学校に入学し、在学中に『冒険ダン吉』の作者・島田啓三に弟子入りした。「漫画少年」一九五五年三月号に『新・桃太郎』が載ってデビューしたが、同誌は同年秋に休刊となった。そのころから自宅が近かったのでトキワ荘に通っていた。石森や赤塚のように最初は少女マンガを描き、「なかよし」に五八年から『ルミちゃん教室』、六一年から『ばら色の海』を連載していた。六四年に「週刊少年サンデー」にギャグマンガ『ブラック団』を連載し、少年誌でも人気が出る。オカルトものを描くのはもっとあとだ。

みなまだ二〇代だったが、すでに何本もの連載を抱えている人気マンガ家だ。この場にはいなかった赤塚不二夫は前年から「週刊少年サンデー」に連載した『おそ松くん』が大ヒットしていた。トキワ荘グループのなかで赤塚はなかなか芽が出ず、石森のアシスタントをしていた時期もあったが、大ブレイクしたのだ。

集まった五人の話題は当然、「手塚先生のアトム」となった。自分たちもアニメーションを作りたいなと盛り上がった。彼らは手塚治虫に負けないくらい映画好きであり、アニメーションへの憧れもあった。すでにマンガ家として活躍していたが、手塚だってアニメと両立している。

五人はアニメーションをみんなで作ろうと盛り上がり、それならばまず会社を作ろうとなった。その場で、「何もないところから始まる」という意味で「スタジオ・ゼロ」と社名だけは決まった。

つのだじろうの実家が新宿で理髪店を営んでいたので、その会計事務所に登記の方法を教えてもらった。同時に、資本金は各自が一〇万円ずつ持ち寄ること、代表取締役は輪番制にしてあみだくじで決めることにし、最初は鈴木、次がつのだ、藤本、石森、安孫子の順と決まった。本店所在地は石森が借りていた豊島区椎名町のアパートで、登記したのは五月八日だった。

スタジオ・ゼロは登記しただけで実体がない、いわばユーレイ会社だった。鈴木を除く四人は連載を抱えているので、なかなか動けない。つのだの兄でカメラマンの角田喜代一に会社経営の実務を委ねることにした。角田喜代一は写真のＤＰＥ（現像・焼き付け・引き伸ばし）をする店の経営もしていたので、実務ができそうだった。

まず、事務所を借りることにした。藤子の二人は下北沢、石森は椎名町、つのだは西新宿にそれぞれの仕事場を持っていた。四人が集まりやすいところがいいとなり、丸ノ内線の新中野駅近くにある木造二階建ての八百屋の倉庫を一万二〇〇〇円の家賃で借りた。かなり古い建物だったので、「スタジオボロ」と後に呼ばれる。カメラも購入し、だんだんにスタジオとしての体裁が整ってくる。

事務所兼スタジオができたので、お披露目のパーティーを開いた。やって来た赤塚不二夫にも、加わらないかと声をかけた。赤塚としてはやりたかったが、『おそ松くん』が大ヒットしているはずなのに、資本金一〇万円が工面できそうもなく、辞退した。トキワ荘仲間の寺田ヒロオにも声をかけたが、アニメーションには興味がないと断られた。

スタジオ・ゼロは始動した。つのだじろうのアシスタントだった伊藤光雄がアニメーションに関心があるというので社員第一号とした。しかし、まだなんの仕事もない。藤子や石森たちはマンガで忙しい。当面、自分の仕事がないのは鈴木だけだった。

鈴木は手塚治虫を訪ねた。おとぎプロを辞めたこともまだ報告していなかったのだ。アポイントメントも取らずに虫プロを訪ねると、忙しいはずの手塚はすぐに会ってくれた。おとぎプロを辞めたと報告すると、「どうです、虫プロで一緒にアニメーションを作りませんか」と誘われた。

もし鈴木が藤子や石森たちと会う前に手塚を訪ねていたら、そのまま虫プロに入っていた可能性は高い。鈴木はトキワ荘の仲間とスタジオ・ゼロを作ったと伝え、誘いを断った。

## 『ミドロが沼の巻』事件

藤子不二雄の二人、石森章太郎、つのだじろうらは昼間はマンガを描き、夜になるとスタジオ・ゼロの事務所に集まり、企画会議を開いていた。自主映画、実験アニメを作るのか、『鉄腕アトム』のようなテレビアニメを作るのか。コマーシャルを請け負うのか。

答えは決まっていた。彼らは「手塚先生」のようなことをしたいのだ。冒険ＳＦ『ロケットロビン』を考え、企画書にした。これをテレビ局に売り込まなければならない。鈴木はおとぎプロ時代に知り合った、東宝のテレビ映画を制作するセクションにいる宇佐美仁に相談した。宇佐美からは、東宝はアニメーションを作る気はないと断られた。しかし『ゴジラ』など東宝の特撮怪獣映画八本を再編集してテレビシリーズにしたいので、企画を考えてくれと依頼された。そこで『怪獣島』全一三話の企画書を提出した。だが、著作権の関係でこの企画は実現できず、スタジオ・ゼロは企画・シノプシス作成料二万円をもらっただけだった。他に少年もののテレビ映画の企画も宇佐美に提出したが、採用されなかった。

た。料理番組のタイトル部分の制作、他のプロダクションの下請けでテレビCMの絵コンテを描くなど、細かい仕事はいくつか入ってきた。家賃と社員の給料は出せそうだが、これでいいのだろうか。下請け仕事をするためにアニメーション・スタジオを作ったのか。

そんな六月のある日、スタジオ・ゼロに虫プロの山本暎一から電話があった。山本もおとぎプロにいたので、鈴木の元同僚だ。山本は「手塚先生が、スタジオ・ゼロに『アトム』を一話、任せたいと言っている」と伝えた。すぐに鈴木と石森が虫プロへ出向いた。

手塚は鈴木と石森に、『鉄腕アトム』の『美土路沼事件の巻』を渡し、これをもとに絵コンテを作って、原画と動画を描いてくれないかと依頼した。「少年」一九五六年八月号から一一月号に掲載された作品だ。虫プロの社員は不眠不休で働いていた。ストックの余裕などない。このままでは夏休みもなくなりそうだった。といって東映動画に頼むわけにもいかず、スタジオ・ゼロに白羽の矢が立ったのだ。そこでどこかに一本丸投げしようとなった。

鈴木と石森が絵コンテを描くことになった。出来上がった絵コンテを、虫プロの進行担当の石津嵐がチェックしていく。何をチェックするかというと、動画のバンクで使える箇所、つまり新たに描かなくていい箇所を洗い出していた。すでに半年が過ぎており、三〇本近く作ってきたので、バンクにかなり貯まっており、作業の節約ができるようになっていた。

スタジオ・ゼロでアニメーションの経験があるのは鈴木と石森だけだった。石森も『西遊記』で手塚のストーリー・ボードの手伝いをしただけで、本格的には関わっていない。藤子の二人、石森、つのだ、そして社員の伊藤に、鈴木はアニメの初歩から教えた。鈴木と五人の素人が一か月で約二五〇〇枚の動画を描かなければならない。藤子の二人、石森、つのだたちはマンガの仕事は締切を延ばしてもらったり断ったりして、『鉄腕アトム』に専念した。

八月上旬、『ミドロが沼の巻』と改題された、『鉄腕アトム』第三四話の動画は、どうにかできた。虫プロで手塚立ち会いのラッシュ試写が行なわれた。鈴木は焦った。個性あるマンガ家たちが描いたため、アトムの顔が場面ごとにバラバラだった。ここは石森だ、ここは藤本だと、鈴木にはすぐに分かった。手塚も同じだ。だが手塚は鈴木に「これはダメです」とは言えなかった。あれだけ個性あるマンガ家たちが描いたのだ。バラバラになるのは仕方がない。頼んだ自分が悪かったと思ったのだろう。結局、虫プロのスタッフでキャラクターの顔を描き直すことになった。何人かの夏休みは吹っ飛んだ。

『ミドロが沼の巻』は八月二〇日に放映された。スタジオ・ゼロの面々はテレビで見て、自分たちの描いた絵が差し替えられていることを知った。

スタジオ・ゼロに虫プロから依頼が来ることは二度となかった。

それでも――この時点で連続ものテレビアニメは『鉄腕アトム』しかなかったのだから、スタジオ・ゼロはテレビアニメを制作した史上二番目のアニメーション・スタジオということになる。

## 「スタジオ・ゼロ」の新事業

一方――『鉄腕アトム』を追って、TCJでは『鉄人28号』『エイトマン』が動いていた。それを察知した東映動画もテレビアニメへの進出を決め、オリジナルの『狼少年ケン』の制作が始まっていた。東映でテレビを担当していたプロデューサーの飯島敬は第二作の企画も考えなければならず、白川大作の助言でスタジオ・ゼロに相談に来た。白川はかつて『西遊記』で一緒に苦労した石森が仲間とアニメ・スタジオを作ったことを知っていたのだ。

スタジオ・ゼロは『鉄腕アトム』の下請けをしたものの、以後注文は来ない。そこでロボットアニメ『ギックとシャック』を考え、石森章太郎がキャラクター・デザインをし、パイロット版を作って、売り込もうとなった。社員も増やした。

そんなとき飯島がやって来た。さっそく全員が集まり、宇宙を舞台にしたアクションものにしよう、主人公はチームで闘うのがいいなどのアイデアが出て、最終的に石森がプロット、キャラクターを作り、『レインボー戦隊』としてまとめた。飯島は気に入ってくれたが、この企画は通らなかった。

一方、小さい仕事だったが、『シスコン王子』という人形アニメのオープニングタイトルを受注した。コーンフレークのメーカーであるシスコ製菓が、「シスコン坊や」というキャラクターを作り、それをCFにしたところ人気が出た。そこでシスコン坊やを主人公にした人形アニメとマンガを作り、テレビ放映と同時に雑誌連載する企画だった。そのアニメのプロットとマンガを藤子不二雄が引き受けた。人形アニメはフジテレビで一二月から、マンガは「少年」一一月号から連載された。スタジオ・ゼロはオープニング部分のアニメーションを受注したが、一回作ればそれで終わりだった。このままではスタジオ・ゼロは一年も満たずに倒産だ。

そんなとき、小学館の「週刊少年サンデー」から藤子不二雄のもとへ新連載の依頼が来た。「おばけを主人公に」が編集部の希望だった。藤子不二雄は「少年サンデー」には、創刊号から『海の王子』を連載していたが、一九六一年夏に終わった後は、単発の読み切りを描いただけだった。久しぶりの連載である。「少年サンデー」は赤塚不二夫の『おそ松くん』の大ヒットで、マンガの割合をより多くすることに方針を決め、藤子へ依頼したのだ。

一九六三年秋の時点で藤子不二雄は二人合わせて七本の月刊誌連載を抱えていた。藤本（藤子F）は小学館の学年別学習雑誌に、安孫子（藤子Ⓐ）は「ぼくら」や「少年」に描いていた。どちらが描くにしても、週刊誌を加えるのは難しい。

安孫子は「無理だろう」と言った。しかし、藤本が「オレたちだけなら無理だが、ここには他に、石森、鈴木、つのだがいるじゃないか」と言った。トキワ荘時代、藤子の二人だけでなく、石森や赤塚たちも含め、締切が間に合わない仲間や手塚のために合作したことがあった。その方式でスタジオ・ゼロとして描けばいいのではないかと藤本は考えたのだ。そうすればスタジオ・ゼロへの収入にもなる。

スタジオ・ゼロは雑誌部を作り、マンガの共同制作を始めることにして、「少年サンデー」の依頼を受けた。

一九六四年一月発売の、「少年サンデー」六号から『オバケのQ太郎』の連載が始まる。藤本がQ太郎、安孫子が正太を描いて、その他の人物は石森や、つのだが描くという分担だ。クレジットは「藤子不二雄とスタジオ・ゼロ」となっていた。

このマンガが大ヒットするのは、しかし、しばらく後のことだ。

# 第七章 「TCJ」と若きSF作家たち——一九六三年

## 『鉄腕アトム』に追随するTCJ

『鉄腕アトム』は二つの点でテレビ界に衝撃を与えた。ひとつは、毎週三〇分のアニメーションが可能だったこと、もうひとつは視聴率三〇パーセントと大ヒットしたことだ。

ある作品がヒットすれば、それを模倣する者が現れるのは世の常である。真似だ、二番煎じだと批判されようが、模倣作はヒットする確率が高いのだから、安易に手が出る。

虫プロの『鉄腕アトム』の最初の模倣作は、TCJが作る。横山光輝原作の『鉄人28号』と、平井和正・桑田次郎原作の『エイトマン』だった。二作とも原作のマンガそのものが、『鉄腕アトム』のライバルである。

『鉄人28号』はアトムと同じ「少年」に連載され、人気を競っていた。『エイトマン』は「週刊少年マガジン」が打倒・手塚治虫のコンセプトを明確にして生まれたものだった。

TCJについてはすでに記した。自動車輸入会社ヤナセの子会社として、最初はアメリカからテレビを輸入するために設立された会社だったが、その事業は頓挫し、テレビCF制作部門が柱となっていた。この部門は「映画部」と呼ばれていたが、アニメーションの仕事が大半だった。当初のテレビコマーシャルは、実写が二割で八割がアニメーションだった。しかし、だんだん実写の比率が高くなる。テレビの普及で映画人口が減っていくと、映画会社の経営が悪化し、人材が放出され、テレビ局あるいはテレビコマーシャル業界へ流入してきたのだ。それにともない、コマーシャルでの実写比率が高くなった。そうなると、TCJのアニメーターの仕事が減ってくる。

そんなとき新興の虫プロが予想もしない連続テレビアニメを始め、成功した。

TCJ最初期のテレビアニメとして知られているのは『鉄人28号』と『エイトマン』だが、その前に忘れられたアニメがある。小島功《こじまこう》の大人向きの四コマ漫画『仙人部落』を原作とする同題のテレビアニメで、一九六三年九月四日から翌六四年二月二三日まで、フジテレビ系列で水曜二三時四〇分から二三時五五分まで放映された（途中から日曜日二二時三〇分から四五分に移動）。この放映時間が示すように、大人向きで、お色気を売り物としたアニメだった。

TCJの鷺巣政安によれば、『仙人部落』は『鉄腕アトム』よりも早く、一九六一年から、ほそぼそとCFの合間に作っていたのだという。

原作者の小島功（一九二八〜二〇一五）は手塚治虫とは同年になる。個人的にも親しく、手塚は後に虫プロで劇場用アニメ『クレオパトラ』を作る際に、小島にキャラクター・デザインを依頼している。手塚の初期の大人向きマンガは小島の絵の影響が大きい。

『仙人部落』は「週刊アサヒ芸能」に一九五六年から連載していたもので、テレビアニメは半年で終わったが、二〇一四年まで五七年一一か月にわたり連載される。タイトルが示すように、仙人たちが暮らす部落が舞台で、白いひげをはやし杖をつく老師の他、青年や若い女の仙人たちが登場する、コント集だった。

『仙人部落』が九月四日に始まると、一〇月二〇日には『鉄人28号』、一一月七日には『エイトマン』と、ＴＣＪは一気に週に三本のテレビアニメを制作する。

手塚治虫と虫プロによるアニメーション制作面での革命があったからこそ可能だった。東映動画が動画最大手としてのプライドから、虫プロの革命に追随するのをためらっているうちに、ＴＣＪは追い抜いた。この時点ではテレビアニメの最大手である。

放映では『鉄人28号』が先になったが、企画が動いたのは、『エイトマン』のほうが早い。

## 「週刊少年マガジン」の苦闘

『エイトマン』はＴＢＳが立てた企画を、ＴＣＪが下請けとして制作する構造だった。アニメの前に、原作のマンガ『８マン』がどのようにして生まれたかを記そう。背景には、小学館と講談社、「少年サンデー」と「少年マガジン」の熾烈な部数競争がある。

戦後の少年雑誌界の地図は、講談社の「少年クラブ」「ぼくら」、光文社の「少年」、集英社の「少年ブック」(「おもしろブック」を改題)、秋田書店の「冒険王」「まんが王」、少年画報社の「少年画報」が月刊誌として競い合っていた。そこに一九五九年に小学館の「週刊少年サンデー」と講談社の「週刊少年マガジン」が創刊され、週刊誌時代が到来すると、月刊誌の部数は下落した。講談社は「少年クラブ」を一九六二年一二月号で「週刊少年マガジン」に吸収させて、その四九年にわたる歴史を閉じた。最も長い歴史を持つ月刊誌が最初に姿を消したのだ。

一方、一九六三年七月、少年画報社は「週刊少年キング」を創刊し、少年週刊誌市場は三誌体制となった。さらに新たな月刊誌として小学館は四月に「ボーイズライフ」を創刊した。「ボーイズライフ」は中学生以上を対象とした読み物中心の雑誌だったが、マンガにも力を入れ、少年誌に物足りなくなっている層に向け、白土三平、さいとう・たかをなど「劇画」と呼ばれるマンガを載せていく。

この構図のなか、週刊誌では「サンデー」は、「サンデー」「マガジン」が競っていたわけだが、創刊時から「サンデー」の圧勝だった。「サンデー」は、「マガジン」が動き出したころには、手塚治虫、寺田ヒロオ、藤子不二雄など、人気マンガ家を確保していた。さらに大御所の横山隆一と、益子かつみも確保した。一方「マガジン」が獲得できたマンガ家は、高野よしてる、遠藤政治、忍一平、山田えいじ、鈴木みちをらで、人気があるのは高野だけだった。そのため一九五九年三月に発売された二誌の創刊号の実売部数は、「サンデー」が三〇万部に対し、「マガジン」二〇・五万部と差が出て、この差はなかなか縮まらなかった。

「サンデー」がさらに飛躍するのが一九六二年で、三月に赤塚不二夫『おそ松くん』の連載が始まると、爆発的な人気が出た。赤塚もトキワ荘グループなので、創刊当初のサンデーはトキワ荘グループが席巻していた。

「サンデー」「マガジン」とも、いまのように誌面の九割以上がマンガという体裁ではなく、読み物やグラビアのページもかなりあったが、売れ行きを決めるのは号ごとの特集ではなく連載マンガだった。そのマンガが、「マガジン」は弱かった。しかし、トキワ荘グループは「サンデー」で手一杯で、「マガジン」には連載してくれない。似た傾向の他のマンガ家を使っても、人気が出ない。

このまま同じ路線をいったのでは「マガジン」は「サンデー」に永遠に勝てない。そこで、「マガジン」編集部は手塚治虫とトキワ荘路線を追随するのではなく、「非・手塚治虫」系のマンガ家で勝負しようと決めた。一九五〇年代半ばには貸本屋向けのマンガのなかから、中学を卒業して働いている層に向けた青年マンガが生まれていた。「劇画」と呼ばれ、絵もストーリーもリアルさを追求し、手塚治虫的なマンガとは一線を画していた。だが貸本業界も一九六〇年代に入ると下り坂となり、店の数が減っていった。日本全体が豊かになってきたので、本や雑誌を借りないで買えるようになった人びとが増えてきたのだ。その層を狙って文庫や新書など廉価な本も増えてきた。

貸本屋が減っていけば貸本専門出版社の経営も傾く。多くのマンガ家が失業したが、そのなかで生き残った人びとが、大手出版社の雑誌へ流れようとしていた。「マガジン」が新しい描き手を求めていたとき、仕事の場を失おうとしていたマンガ家たちがたくさんいたのだ。

両者の利害が一致した。「マガジン」は貸本出身のマンガ家を積極的に起用していく。ちばてつや（一九三九〜）、白土三平（一九三二〜）、水木しげる（一九二二〜二〇一五）、楳図かずお（一九三六〜）、さいとう・たかを（一九三六〜）、横山まさみち（一九三〇〜二〇〇三）、影丸穣也（一九四〇〜二〇一二）、桑田次郎（後「二郎」、一九三五〜）らである。

## 「原作付きマンガ」の発明

週刊マンガ誌の登場は「原作」付きマンガという新たな分野を本格化させた。

手塚治虫が作り上げた戦後のストーリーマンガは、ひとりのマンガ家がストーリーを考え、キャラクターを生み出して画を描く。映画で言えば、脚本・監督・主演をひとりでやるようなものだ。手塚治虫という天才によってこの描き方が確立されたが、天才は何百人もいるわけではない。なかには絵はうまいがストーリー作りはうまくないマンガ家もいる。若いマンガ家の場合、人生経験も浅いし読んできた小説や見てきた映画も少ない。そこで別の作家に「原作」を書いてもらい、それをマンガにしようとなった。

「週刊少年サンデー」は創刊号から藤子不二雄の『海の王子』を連載したが、最初の九回分には「原案・高垣葵《たかがきまもる》」とクレジットされている。高垣葵（一九二八〜二〇一五）は民放開局時からラジオ、テレビに多くの脚本を書いた脚本家だ。まだ連載に慣れていない藤子に不安を感じた編集部が高垣に依頼したようだ。だが藤子不二雄の実力が確認できたので、一〇回目からは原作なしとなる。藤子や石森の最初期の連載作品のなかには、原作付きマンガがいくつもあるし、とくに少女マンガには多かった。「マガジン」は「サンデー」よりも「原作付き」に熱心だった。初代編集長の牧野武朗《まきのたけろう》（一九二三〜二〇一二）や、後に編集長となる内田勝《まさる》（一九三五〜二〇〇八）、宮原照夫（?〜二〇一八）たちが文学志向が強かったせいでもある。彼らはマンガで新しい文学を作ろうとしたのだ。

「マガジン」初期の原作付きマンガのひとつが、創刊から一年が過ぎた一九六〇年四月から連載された『快傑ハリマオ』だ。これはテレビとのタイアップという点でも最初期のものになる。『怪傑ハリマオ』は山田克郎《かつろう》の小説で、それがテレビ映画化されることになったので、マンガにして連載しないかと打診された。編集部の宮原照夫が手塚治虫に相談すると、自分は「サンデー」に連載しているので描けないからと石森章太郎を推薦した。石森が手塚の代役で東映動画に通った直後なので、その報酬の意味もあったのではないか。

編集部が石森の手腕に不安を感じていると察した手塚は、名前は出せないが、自分が構成すると言った。その言葉通り、『快傑ハリマオ』の初期は手塚がネームと簡単なラフまで描いて、それに基づいて石森が作画する師弟合作だった。小説『怪傑ハリマオ』を手塚が脚色し、石森が作画したとも言える。

『快傑ハリマオ』は『週刊少年マガジン』に、一九六〇年四月から六一年三月まで連載された。続いて六一年一月号（発売は六〇年一二月）から連載開始となり、ヒットしたのが『ちかいの魔球』だった。原作を書いたのは、産業スパイ小説で世に出ていた作家の福本和也だった。『ちかいの魔球』の「原作」は、『快傑ハリマオ』のように小説として先に書かれていたものではなく、このマンガのために書かれた原作だった。画はちばてつやで、それまで少女マンガばかり描いていたちばの、少年誌への本格デビューとなった。

一方、テレビアニメ『鉄腕アトム』が始まろうとしていた一九六二年一二月、手塚治虫と「週刊少年サンデー」の関係がいったん切れた。「サンデー」に手塚は一九五九年三月の創刊号から『スリル博士』を連載し、以後、途切れることなく、『0マン』『キャプテンKen』『白いパイロット』『勇者ダン』と連載してきた。『スリル博士』は少年探偵もの、『0マン』『キャプテンKen』は本格SF、『白いパイロット』は集団ヒーローもの、『勇者ダン』は動物ものと、異なるジャンルで描いていたが、どれも大ヒットとは言えなかった。伏線を張り巡らせたストーリー展開なため、連載の途中から読んだのでは、物語が分からないのも人気のない理由のひとつだった。

それまでは連載が終われば、すぐに次の連載が始まっていたが、一九六二年一二月二三日号で『勇者ダン』が終わると、次の連載は始まらなかった。

## 平井和正の抜擢と『8マン』連載開始

講談社では人事異動があり、「週刊少年マガジン」編集長の牧野武朗は一二月に創刊される「週刊少女フレンド」の創刊編集長になり、「マガジン」の二代目編集長にはデスクだった井岡芳次が就任した。

「少年マガジン」で、手塚治虫の『鉄腕アトム』を超えるようなロボットマンガを連載しようとなり、その担当となったのが内田勝だった。

内田は一九五九年に講談社に入り、「少年マガジン」編集部に創刊時から配属された。牧野編集長の方針で、原作者を立てることになると、その作家を探す仕事をしていた。活躍している小説家や脚本家は即戦力にはなるのだが、マンガならではの特性を生かしたものが書けない。そこで新人を発掘しようと、作家志望の青年をひとづてに聞いては会っていた。そんな時期に、内田は平井和正と出会う。

平井和正は一九三八年（昭和一三）に神奈川県横須賀市に生まれた。父は小学校の教員だった。高校時代から小説を書いて学校の同人誌に発表していたが、SFではない。一九五八年に中央大学法学部に入学し、中大ペンクラブに入り、小説を書き続けた。SFを書いたのは一九六〇年で、「SFマガジン」が公募したコンテストに応募すると、最終選考に残り、奨励賞を受賞した。前後して「宇宙塵」に参加し、一九六二年に『レオノーラ』『マイ・ロボット』『死を蒔く女』が掲載されると、『レオノーラ』は「SFマガジン」に転載され、これがデビュー作となる。しかし、SFでは生活できないので、同年春に卒業すると、アメリカのテレビ映画の版権代理店「日本マーチャンダイズ」でアルバイトをする。給料は安かったが、オフィスで小説を書いていても構わないので、続けていた。

内田のエッセイ『「8マン」と騎兵隊役』によれば、四谷駅前の喫茶店での最初の面談は、運命的な出会いだったという。このエッセイでは内田に平井を紹介したのは「宇宙塵」の柴野拓美となっているが、SF作家・翻訳家の矢野徹《てつ》（一九二三〜二〇〇四）が紹介したとの説もあれば、「SFマガジン」編集長の福島正実という説もある。順番は不明だが、おそらく三人とも平井を推薦したのだろう。「SFマガジン」編集長の福島正実は、このころ、「少年マガジン」にSFを紹介する記事を書いており、石森章太郎が一九六一年に連載したSFアクション『勇気くん』の原作を書いていた。石森にとって『快傑ハリマオ』に次ぐ、「マガジン」での連載だ。石森は「マガジン」では原作付きのものが多く、この後も平井和正の原作で『幻魔大戦』を描く。

内田は平井に「『鉄腕アトム』に対抗できるSFマンガを作りたい」と相談した。二人はすぐに打ち解けた。〈二人の心の中で新しい物語の主人公の像が着実にその実体をとりはじめていることを無言のうちに確かめあっていた。〉と内田はエッセイに記している。それが『8マン』の始まりだった。

平井は打ち合わせをもとにして、アイデアをまとめた。

編集部内のコンペで『8マン』が新連載マンガの原作に採用されると、次はマンガ家選びだった。「少年マガジン」は編集部サイドで企画を立ててから、原作者・マンガ家を決めるシステムで、編集者がプロデューサーとして作品に深く関与する。マンガ家選びでもコンペ方式が取られた。このとき、松本零士も打診されたが、コンペと聞いて断った。

コンペで選ばれたのは桑田次郎（後「二郎」）である。一九三五年に大阪で生まれ、一三歳になる一九四八年に青雅社に描き下ろした『奇怪星團』でデビューした。父が病に倒れて失業したので家計を助けるため、中学三年で横浜へ出て、東京の貸本向け出版社の単行本や「少年画報」などの雑誌にマンガを描いた。一九五七年に「少年画報」三月号から連載した少年探偵もの『まぼろし探偵』がヒットし、ラジオドラマ、テレビドラマにもなり、一躍、人気マンガ家となった。一九五八年にはテレビ映画『月光仮面』のコミカライズを「少年クラブ」に連載した。桑田はまだ若いとはいえ、十分なキャリアがあったが、コンペに応じてこの仕事を得た。

『8マン』は「週刊少年マガジン」一九六三年二〇号（五月一二日号）から連載が始まった。主人公の「8マン」は東八郎という警視庁捜査一課の刑事で、もともとはアメリカで秘密裏に開発された人間型ロボットだったが、開発した博士が軍事利用されるのを嫌い日本に隠し、殉職した刑事の記憶を電子頭脳に移植したという設定だ。連載が始まると、たちまち人気が出た。

TBSは後発のフジテレビが『鉄腕アトム』で当てているので、自社でもテレビアニメを作ることになり、人気のあるマンガは何かを調べ、『8マン』に白羽の矢を立てた。

TBSのプロデューサー三輪俊道は、「少年マガジン」編集部にアニメ化の許諾を求めた。しかし、「マガジン」は最初は断った。苦労して作家を見つけた企画を横取りされると思ったのだ。まだ雑誌連載のマンガをコミックスにして売るビジネスモデルは確立されていない。光文社が『鉄腕アトム』のコミックス（現在の新書判コミックスではなく、雑誌と同じB5判）を刊行するのも、アニメ放映開始から一年後の一九六四年一月からだ。雑誌にとって連載マンガがテレビ化されても、メリットがあるように思えない時代だったのだ。むしろテレビはタダで見ることができるので、客を奪われるという感覚だったかもしれない。

それでも三輪はねばり、『8マン』のアニメ化を講談社から承諾してもらった。三輪は原作者の平井和正と桑田次郎にも交渉する。

平井はまだ日本マーチャンダイズで働いていた。前述のようにオフィスでの副業が咎められなかったからだった。TBSから電話があり、『8マン』をテレビアニメにしたいと言われた。三輪と会うと、映像化の許可を得に来ただけではなかった。「シナリオも書いてくれ」と言う。

平井和正はテレビアニメにも関わることになった。

## SF作家によるシナリオ・チーム結成

雑誌連載のマンガは『8マン』だが、テレビアニメ版は『エイトマン』が正しい表記となる。TBSはチャンネルが「6」で、ライバル局のフジテレビが「8」だったので、8マンでは困るとなったのだ。そこでカタカナの『エイトマン』となった。

先行している『鉄腕アトム』には当初、「脚本」は存在しなかった。「少年」での連載は一二年も続いていたので、物語のストックが十分にあった。シナリオなしに、手塚が描いたマンガを絵コンテとして作られていた。だが、『エイトマン』はマンガ連載も始まったばかりだ。週刊誌連載なので週に一回である点はテレビアニメと同じだが、マンガは基本的に連載五回分で一話が完結する形式だった。テレビアニメは一話完結なので、すぐに足りなくなる。

ドラマのシナリオを書ける者はいても、アニメ専門のシナリオライターはまだ存在しない。SFが分かる者も少なかった。そこで三輪は原作者である平井和正にシナリオも依頼したのだ。『エイトマン』は、平井和正がマンガのために書いたストーリーも使うが、それ以外のアニメ・オリジナルストーリーも作っていく。

平井は自分ひとりでは毎週新しいストーリーを作るのは無理と判断し、親しくなったばかりのSF作家、豊田有恒や半村良にも声をかけた。さらに途中から辻真先が加わり「桂真佐喜」名義で書く。

豊田有恒は一九三八年に群馬県前橋市に耳鼻咽喉科の医師の子として生まれた。父は名医と評判だったという。しかし一七歳の年にその父が亡くなった。一九五七年、豊田は東京大学理科Ⅱ類と慶應義塾大学医学部に合格したが、慶應を選んで入学した。医者を目指していたのだ。だが入学すると遊びまくって三年生で放校処分となり、六〇年に武蔵大学経済学部に入学した。慶應在学中にSFに出会った。一九六一年に書いた短編『時間砲』を「SFマガジン」の第一回コンテストに応募すると佳作第三席となった。これがきっかけで同人誌「宇宙塵」に参加した。

豊田は『時間砲』が入選した直後に手塚治虫に連絡を取り、会いに行った。手塚は「SFマガジンのコンテストに残っていた人ですね」と、豊田の名を知っていた。二人は意気投合し、SF談義で盛り上がった。豊田は調子に乗って自作の『時間砲』を「マンガにしてください」と頼んでしまった。手塚は「いますぐマンガにはできないけど」と言いながら、「SFは有望なジャンルだから出版社を紹介しましょう」と言った。

それは社交辞令ではなかった。半月後、豊田のもとにマネージャーの今井から連絡があり、手塚が出版社まわりをするから同行するようにと指示された。その日、手塚は講談社、光文社、集英社、小学館とまわった。打ち合わせは編集者が富士見台へ出向いていたのに、わざわざ手塚が来社したので、みな驚いた。何事かと思うと、「この人は有望な新人作家です」と豊田を紹介するだけだった。これがきっかけで豊田は小さな仕事をいくつも得た。

翌六二年も豊田は「SFコンテスト」に応募し、『火星で最後の……』が佳作入選した（手塚訪問をこの六二年としている資料もある）。

半村良は東京都葛飾区に生まれ、東京都立両国高等学校を卒業後は三〇近い職業に就き、広告代理店に勤務していたこともある。一九六二年に第二回ハヤカワ・SFコンテストに応募した『収穫』が第三席に入選しデビューしたが、まだ専業作家ではない。

彼らはTBS内に設けられた専用の部屋に集まり、構想を練った。この部屋は「マンガルーム」と呼ばれる。『エイトマン』は書かなかったが、この「マンガルーム」には筒井康隆や眉村卓も加わった。TBSは平井和正をはじめ、小説では食べていけない作家たちを経済面で支え、同時にまだ社会的に認知されていないSFを書く機会も与え、少年少女たちを将来のSFの読者に育てたのだ。

シナリオ陣を揃える一方、アニメーション・スタジオを探さなければならない。プロデューサーの三輪は、子会社のTBS映画社にいた河島治之に相談した。河島は少しはアニメの経験があったが数分程度のものしか作ったことがない。そこでTCJ映画部長の村田英憲《ひでのり》（一九二八〜）のもとへ相談に行った。

村田は広島出身で、中央大学に進み、在学中に学生自動車連盟の初代委員長を務めたことで、自動車ディーラーの梁瀬次郎と知り合い、TCJに入社した。後にTCJのアニメ部門が独立する際に社長となり、現在のエイケンを創業する。

村田は『エイトマン』の制作を快諾した。しかし週一本のアニメを作る体制はない。まずは人集めだった。絵心があればアニメーションの経験は問わず約一〇〇人を採用した。素人同然の新人たちを養成するため、公民館を借り切った。

『エイトマン』の最初の四話は平井和正がシナリオを書いた。マンガの原作として書いたストーリーをシナリオにしたものだった。平井は合計して全話の約半分にあたる二五話を書く。半村良は第五話が最初で、合計三話、豊田有恒は第七話が最初で一一話、辻真先は桂真佐喜名義で第一六話から加わって七話書く。他にミステリ作家の加納一朗（一九二八〜二〇一九）、ドラマ『七人の刑事』などを書いたシナリオライター大貫哲義（一九二八〜二〇〇七）も書いており、豪華な顔ぶれだった。

TBSから河島がTCJへ出向しチーフ・ディレクターとして演出面を担った。TCJの大島清が、そういう肩書はまだなかったが、作画監督の役割となる。

TCJの新入社員たちがようやく使えそうになったころ、電通からもテレビアニメを作ってくれとの依頼が来た。『鉄人28号』である。『仙人部落』もあるので、三本も同時に作るのはとても無理だと断ったが、電通はTCJの最大の得意先だったので断れない。

## 横山光輝と『鉄人28号』

横山光輝の『鉄人28号』は「ロボットものマンガ」という点では、『鉄腕アトム』のライバルだが、「ロボット」と言っても、アトムが人間と同じ大きさの自律型ロボットで意思を持つのに対し、鉄人28号は巨大ロボットで、リモコンで操作されるという違いがあった。ストーリーも、『鉄腕アトム』はSFだが、『鉄人28号』は探偵・冒険ものに近い。

『鉄人28号』は日本のテレビアニメの一大潮流である「巨大ロボット」の系譜の起源で、このジャンルは永井豪の『マジンガーZ』で次の段階へ発展し、『機動戦士ガンダム』へとつながっていく。その間に横山原作の『ジャイアント・ロボ』があるが、これはアニメではなく特撮ものだった。

横山は巨大ロボットものだけでなく、少女もの『魔法使いサリー』、忍者もの『仮面の忍者 赤影』の原作者でもあり、初期テレビアニメにおける三つのジャンルの原作者になるが、アニメ作りには関わらなかった。

横山光輝は一九三四年（昭和九）に神戸市で生まれた。手塚の六歳下で藤子不二雄Ⓐと同年、トキワ荘グループと同世代になる。戦争中は鳥取県に疎開し、中学に入ったころからマンガを描いていた。一九四九年、一五歳で手塚の『メトロポリス』に出会い、本格的にマンガを描き始め、五一年からいくつもの雑誌に投稿し、十数本が掲載された。

一九五三年、横山は神戸市立須磨高校を卒業すると、神戸銀行（合併を繰り返し、現・三井住友銀行）に入ったがマンガを描く時間がないので、四か月で辞めた。大阪府堺市の自転車メーカーで働くがそこも長くは続かず、神戸の映画興行会社に入り、宣伝の仕事に就いた。その仕事の合間にマンガを描き、一九五五年に貸本マンガの版元、東光堂から『音無しの剣』でデビューした。

東光堂は手塚の初期の単行本を多く出していた版元だ。横山のデビューにあたり、東光堂は手塚に見せて判断を仰いでいる。手塚が「売れる」と評したので、デビューにつながった。さらに手塚は横山のために五作の原作を提供し、横山が作画してもいる。手塚が新人のデビューにここまで尽力するのは珍しいし、東光堂との関係の深さもうかがえる。

横山光輝は貸本マンガ・デビューすると雑誌連載の仕事も得て、光文社の「少女」一九五五年六月号に『白ゆり行進曲』を描いた。石森章太郎や赤塚不二夫、ちばてつや、松本零士と同じように、最初期は少女マンガの仕事が多かったのだ。

自伝マンガ『まんが浪人』によれば、「少女」の原稿を届けに光文社に行った際、隣の「少年」編集部から、「少年ものも描けないか」と声をかけられ、たまたま東光堂から単行本で出すつもりで描きかけていた原稿を見せると、連載しようとなった――となっている。当初は『鋼鉄人間28号』というタイトルだったが、『鉄人28号』となって、一九五六年七月号から「少年」に連載された。これを機に、横山は映画会社を辞めて上京した。

「少年」で『鉄人28号』が始まった一九五六年七月号の時点で、『鉄腕アトム』は前身の『アトム大使』から数えて連載六年目だった。

横山光輝は手塚治虫が後押ししてデビューしたが、この時点では手塚の最大のライバルとなっていた。手塚はフジテレビがアニメ版『鉄人28号』を放映すると知って、なんとか止めさせられないかと思い、「『鉄人』を放映するなら『アトム』を他局に移す」とまで言い出したが、さすがにそんなわがままは通らない。

## テレビアニメは儲からない？

『鉄人28号』は電通主導の企画で、スポンサーはグリコと決まっていた。ＴＣＪは制作を請け負うという立場だ。

ＴＣＪの後継会社であるエイケンのオフィシャルサイトを見ると、ＴＢＳが放映した『エイトマン』『スーパージェッター』『宇宙少年ソラン』『冒険ガボテン島』のコピーライトは「ＴＢＳ」となっている（『エイトマン』は平井和正と桑田次郎もコピーライトを持つ）。同じＴＣＪ制作でも、フジテレビが放映した『鉄人28号』はエイケンと横山光輝の光プロダクションが持ち、原作マンガのない『遊星少年パピイ』『遊星仮面』はエイケンが持っている。

契約の詳細は不明だが、TBSの作品は企画の主導権と決定権がTBSにあり、TCJは業務委託契約を結んでいた下請けだったと思われる。それでも、作品についてはTCJ側も提案し、議論をしていたので、仕様書に従って作るだけでもなかった。

TCJにいた鷺巣政安によれば、『鉄人28号』の制作費としてもらっていたのは一八〇万円前後で、これでは赤字になると分かっていたので、電通はTCJにもマーチャンダイジング収入が入る契約にしていたという。そのため、いまもコピーライトがエイケンにあるのだ。後の『遊星少年パピイ』と『遊星仮面』は、横山光輝のような大家の原作だと、マンガ家に取られてしまうので、オリジナル・アニメにしたものだった。

「原作者」をなくす方向へ行くのはTBSも同じだった。先にマンガの原作があるのは『エイトマン』だけで、『スーパージェッター』『宇宙少年ソラン』などは、原作のマンガはない（コミカライズはある）。

虫プロの『鉄腕アトム』は、制作プロダクションがすべての権利を持つ点で異質だった。

TCJにいた高橋茂人は小野耕世のインタビューで〈手塚さんは虫プロの「アトム」でTVアニメの道をつけたが、作品を安く売った。これが後のアニメ制作費に大きくひびき、彼の残した最大の罪だと私は考える。〉と語っている。高橋はTCJを辞めて瑞鷹《ずいよう》エンタープライズを創業して、『アルプスの少女ハイジ』を作る。

虫プロのせいでテレビアニメに対してテレビ局が払う制作費が安くなったのは事実だとしても、アニメ制作会社の経営が厳しく、アニメーターが劣悪な労働条件で働くことになったのは、手塚治虫のせいではない。虫プロは十分に利益を上げ、社員の給料もよくて駐車場には自家用車が並んでいた。高橋が分析しているように、関連商品のロイヤリティが入る仕組みを作れなかった、虫プロ以外の制作会社の経営者に責任がある。さらに、利益を独占しようとしたテレビ局や広告代理店にも責任があるだろう。皮肉にも、最も経営能力がないとされる手塚治虫が、最も従業員を優遇していたのだ。それが虫プロ倒産の遠因にもなる。

高橋は下請けとして受注しすべての権利をテレビ局に売り渡すのではなく、放映権契約にしなければならないと考え、間に立つ広告代理店やテレビ局と交渉するが、なかなか難しい。虫プロは手塚治虫が原作者であり、経営者でもあるので一体化しているが、他のマンガ家の作品を原作にする場合は、その原作者にも著作権があるので、さらに複雑になる。

三本の連続アニメを制作することになり、TCJ映画班は、一プロから三プロに編成された。一プロは電通・グリコの枠で『鉄人28号』と後に『遊星少年パピイ』、二プロは旭通信社・丸美屋食品の枠で『エイトマン』と後に『スーパージェッター』、三プロは『仙人部落』で、後に森永製菓の枠で『宇宙少年ソラン』『冒険ガボテン島』を作る。各プロ一〇〇名で三〇〇名、他にコマーシャル制作に三〇〇名という大所帯になった。

# 第八章　出遅れた「東映動画」──一九六三年

## 出遅れた王者・東映動画

日本最大のアニメーション・スタジオでありながら東映動画は、テレビアニメでは出遅れた。月岡貞夫は、当時をこう振り返っている（AREA JAPAN共同運営インタビュー「3DCGの夜明け　CGアニメとメディアリレーション」、二〇一六年）。

〈『アトム』が大成功して視聴率が30％くらい行っていたんです。それは当時としても異例で、テレビ局としては大騒ぎで、どこもアニメーション番組がほしくてほしくてしょうがなかった。東映の大川社長はNET（現・テレビ朝日）を持っていたから、NETにもアニメーションを出せと東映動画にすごいプレッシャーがかかってきたんです。

最初に森やすじ（康二）さんと大工原章さんに相談したそうなのですが断られてしまい、そこでお二人の推薦があって私の名前が挙がったようなのです。でも当時、会社が引けたあとは『アトム』をやっていたので、新しくテレビ作品をやるには手一杯だったんです。そもそも東映動画にいたのもカラーで劇場版をやれると思っていたからで、東映動画でテレビ作品をやる気なんて毛頭ありませんでした。

でも会社がしつこく要請するもので、「私が好きなものを勝手にやらせてくれるなら」とずいぶん横柄な口をきいたものでした。でも、会社にとっては渡りに船で、常務だったか専務だったか戸上さんは「やってくれるなら顔も立つ」ということをおっしゃいまして、私もそう言った手前、オリジナルをやらなくちゃいけないなと、『狼少年ケン』の企画案を出したんです。そのころはTBSも動いていましたし、CXテレビももう一本ほしいとかいいまして、当時のフジテレビの編成局長にも呼ばれたものです。（笑）。〉

TBSの動きは『エイトマン』となり、フジテレビのもう一本が『鉄人28号』だ。

一九六三年の東映動画は、劇場用長編アニメとしては『わんぱく王子の大蛇退治』が完成して三月に公開され、手塚治虫が原案と絵コンテを描いた『わんわん忠臣蔵』と『ガリバーの宇宙旅行』の制作も進めていた。

その状況下、東映動画はテレビアニメに参入する。

## 初のオリジナル・テレビアニメ

月岡貞夫が提出した企画『狼少年ケン』は、あっさりと採用された。

明治製菓が『鉄腕アトム』で成功し、グリコも『鉄人28号』を提供する。製菓メーカー最大手の森永製菓としても黙って見ているわけにはいかない。とくに『鉄腕アトム』の話が先に来たのに、迷っているうちに明治に取られたことは大失態だ。挽回するには最大手の東映動画と組むしかない。

『エイトマン』のスポンサーは丸美屋食品なので、菓子戦争には関係ないが、『鉄腕アトム』『鉄人28号』『狼少年ケン』は、明治、グリコ、森永の菓子メーカーの代理戦争を闘うことになる。さらにそれは新興・虫プロと大手TCJと伝統ある東映動画の三つ巴の、「三国志」的な闘いでもあった。

月岡は「大野寛夫」名義で『狼少年ケン』の原作を作り、キャラクター設計、演出、原画、動画の一部、さらに主題歌の作詞まで担った。

月岡としては、当然、すべてを自分で作りたい。だが、毎週一本というスケジュールでは、ひとりのアニメーターが全話の演出を担うのは無理だった。月岡が演出できたのは最初の五回で、それ以降は一話ごとにチームを組んで制作することになる。虫プロの『鉄腕アトム』と同じだった。各話で演出家が異なる体制のうえ、「作画監督」という概念がないため、回ごとに絵の統一が取れなくなってくる。

『狼少年ケン』の放映開始は一一月二五日だったが、月岡は年が変わり、六四年二月に東映動画を辞めてしまう。二月三日放映の第一一回が、月岡が脚本・演出の最後の回となった。

『狼少年ケン』には原作のマンガはないが、宣伝も兼ねて講談社の「ぼくら」に、アニメの設定をもとにしたマンガが、挿絵画家で貸本マンガ出身の伊東章夫（一九三七〜）によって連載された。

実写のテレビ映画でもテレビとマンガ雑誌とのタイアップがなされており、以後、原作のないオリジナルのテレビアニメでも、ほとんどすべての作品がコミカライズされていく。原作のあるものでも、それとは別のマンガ家がコミカライズするケースも出てくる。

## 高畑勲の演出家デビュー

月岡は去ったが、『狼少年ケン』のおかげで、初めて演出を担えるようになったのが、一九五九年入社の高畑勲と池田宏だった。もし東映動画が年に一本の長編アニメーション映画しか作っていなかったら、二人の演出家デビューはもっと遅れただろう。

高畑勲は一九三五年(昭和一〇)に、三重県で生まれた。父は教員で、妻との間に三人の女子がいたが、その妻は病死した。再婚して三人の男子と女子がひとり生まれ、勲はその三男だった。四三年に父が岡山第一中学校の校長になったため、一家は岡山県に引っ越した。九歳で空襲を経験し、家族とはぐれて猛火のなかをひとり逃げまわったのが、彼の原点のひとつとなる。高畑三兄弟は成績優秀で、みな東京大学に入学した。長兄・昭久はＮＨＫに、次兄・三夫は農林水産省に勤めた。勲は一九五四年に岡山県立朝日高校を卒業し、東京大学に入学、文学部仏文科に進んだ。同期には学生時代に作家デビューした大江健三郎がいる。

高畑とアニメーションとの出会いは学生時代の一九五五年、フランスのアニメーション映画『やぶにらみの暴君』が日本で公開されたときだった。大塚康生や中村和子、芝山努、宮崎駿らもこのアニメーションに感銘を受けたと明かしている。アンデルセンの『羊飼いの娘と煙突掃除人』を原作とするもので、ディズニーとは異なるタイプのアニメーションだ。

一九五九年春、高畑勲は東映動画に入社した。演出助手としての公募はこの年が初めてだった。当時はまだ映画会社が映画監督を社員として採用して育成する時代で、監督候補生となる助監督(演出助手)は別枠で募集しており、東映に限らず、助監督試験に合格するのは東大など一流大学を卒業している者が大半だった。高畑が入った一九五九年は東映動画が長編第二作『少年猿飛佐助』と第三作『西遊記』を制作していた時期にあたる。手塚が『西遊記』のストーリー・ボードを描きに東映動画に来ていたころだ。入ったばかりの高畑はこの二作には、関わっていない。

高畑が入社した直後、東映動画では新企画として内田吐夢《とむ》を招いて『竹取物語』を長編アニメーションにする計画があり、内田の意向で、社員全員からプロット案を公募した。

高畑はアイデアを練り、演出・企画志望の新人たちの事前審査のようなものに提出したがボツにされたので、応募しなかった。これが後の『かぐや姫の物語』へつながるらしい。結局、内田吐夢の『かぐや姫』は実現しなかった。

高畑の名が「演出助手」としてクレジットされるのは一九六三年公開の『わんぱく王子の大蛇退治』だが、その前の六一年公開の『安寿と厨子王丸』でもノンクレジットながら、演出助手の仕事をしていた。本人の意思というより、社内の人材配置によるのだろうが、高畑は手塚治虫が関わった『西遊記』『シンドバッドの冒険』『わんわん忠臣蔵』の三作には関わっていない。この二人は、そばにいながら、縁がない。

『安寿と厨子王丸』の演出はベテランの藪下泰司と、高畑と同期入社の芹川有吾《せりかわゆうご》（一九三一～二〇〇〇）の二人だった。芹川は一九五四年に早稲田大学第一文学部ドイツ文学科を卒業し新東宝に入り、助監督となったが辞めて、一九五九年に東映動画に入った。高畑と入社は同期だが四歳上だった。『安寿と厨子王丸』では芹川が絵コンテ、作画、ライブアクションといった主要な仕事を担い、高畑はそれを補佐しながら、アニメ作り、アニメの演出を学んだ。

月岡貞夫は東映動画の演出技法のカラーを作ったのは芹川有吾だと語っている。〈彼は新東宝で中川信夫さんの助監督をやっていた人で、僕の師匠でもあるし、パクさん（高畑勲）の師匠でもあります。つまり宮さん（宮崎駿）もその流れにあるわけです。芹川さんは『安寿と厨子王丸』（一九六一）の助監督で存在感を発揮して、『わんぱく王子の大蛇退治』（一九六三）で初監督。当時、最高潮に達していたんじゃないですかね。彼は考え方が実写的でリアリズムに基づいた動きをアニメーションに求めるんです。〉（AREA JAPAN共同運営インタビュー）。

戦前からアニメーションを作っていた日動映画出身者の次、東映動画でアニメーションを始めた最初の世代のトップが、芹川だった。月岡が語るように、芹川が初めて「演出」となったのが『わんぱく王子の大蛇退治』で、高畑と矢吹公郎が演出助手としてクレジットされている。高畑の名がスクリーンに映った最初の作品だ。

もうひとりの矢吹公郎（一九三四〜）は東京藝術大学美術部鋳金科卒業という経歴で、東映京都撮影所に入社した。芹川と同様、実写映画がキャリアの始まりで、マキノ雅弘や佐々木康らの下で助監督をしていたが、六二年に東映動画に転属された。東映から東映動画へ助監督が移ってくるのは、映画の観客動員に陰りがみえてきたからだろう。

『わんぱく王子の大蛇退治』の封切りは一九六三年三月二四日で、すでに『鉄腕アトム』が放映され、高視聴率を取り、テレビ界が動揺していた時期にあたる。東映動画では次の長編がすでに制作に入っていた。『わんわん忠臣蔵』と『ガリバーの宇宙旅行』で、前者は白川大作が演出し、手塚治虫が原案構成となっている。演出助手には高畑と同期入社の池田宏が就いた。『ガリバーの宇宙旅行』は黒田昌郎《よしお》（一九三六〜）が演出となった。

黒田は高畑、池田と同期の入社だ。この年は一〇人前後採用されたが、全員が演出部に残ったわけではなく、黒田、高畑、池田の三人が残った。黒田は早稲田大学第一文学を卒業して東映動画に入った。最初に関わったのは『西遊記』で、白川の助手になった。『シンドバッドの冒険』では藪下泰司と並び演出とクレジットされ、『ガリバーの宇宙旅行』で演出を担う。

一九五九年入社組のもうひとり、池田宏（一九三四〜）は日本大学藝術学部映画学科を卒業して、東映動画に入った。入社試験の日に高畑と知り合い、そのときから親交が始まった。白川が演出した『わんわん忠臣蔵』で、演出助手としてクレジットされた。

一九六三年春の時点で五九年入社組では、黒田昌郎が『ガリバーの宇宙旅行』で演出、高畑と矢吹は『わんぱく王子の大蛇退治』で演出助手、池田は『わんわん忠臣蔵』で演出助手という状況にある。

この一九六三年春に入社したのが、宮崎駿（一九四一〜）だった。

## 宮崎駿、東映動画入社

宮崎駿は一九四一年に東京で生まれた。高畑の六歳下になる。この年はアニメーション作家の当たり年で、富野由悠季《とみのよしゆき》、りんたろう、芝山努《しばやまつとむ》、鳥海永行《とりうみひさゆき》らも同年生まれだ。宮崎の父は数千人の従業員がいる宮崎航空興学を経営しており、駿は四人兄弟の次男だった。生まれた年の一二月に太平洋戦争が勃発し、宇都宮に疎開した。東京に戻るのは小学校四年生になる春だった。少年時代は手塚治虫や杉浦茂などのマンガや絵物語に親しんでいた。アニメーションとの出会いは、東京都立豊多摩高校三年生の年に見た東映動画の『白蛇伝』だった。高畑との六歳の年齢差が、ここにある。

宮崎は学習院大学に進学し、児童文学サークルに入って人形劇を企画していた。マンガも描いており、アニメーションとどちらに進むべきか悩んでいたが、ソ連の長編アニメーション『雪の女王』を見て、アニメーションの道に進もうと決意し、東映動画の入社試験を受けた。高畑もそうだが、宮崎もディズニーのアニメーションを見ていたはずだが、それに影響されたとは語らない。ディズニーは大衆娯楽に過ぎないが、フランスやソ連のアニメーションは高尚な藝術たりうるという、この世代独特の意識がある。

宮崎は一九六二年秋に開かれた虫プロの発表会で『ある街角の物語』を見て、〈ぼくは背筋が寒くなって非常に嫌な感じを覚えました。／意識的に終末の美を描いて、それで感動させようという手塚治虫の〝神の手〟を感じました。〉東映動画に入社してから、『西遊記』で孫悟空の恋人がラストで死ぬ終わり方を手塚が考えていたことを、先輩から知る。

〈けれど何故その猿が死ななくてはならないかという理由は、ないんです。ひと言「そのほうが感動するからだ」と手塚さんが言ったことを伝聞で知った時に、もうこれで手塚治虫にはお別れができると、はっきり思いました。〉

これは手塚が亡くなってからの発言なので、本当に当時そう思ったのかどうかは分からない。

東映動画は手塚治虫を原案や脚本で招聘していたので、最初期の社員たちは手塚と接する機会があった。宮崎が入社した時点でも、手塚の原案、白川の演出、池田の演出助手による『わんわん忠臣蔵』が動いていたが、宮崎はもうひとつの黒田の演出による『ガリバーの宇宙旅行』班に入ったので、出発時点から非手塚人脈に属したのだ。

『狼少年ケン』が決まると、『ガリバーの宇宙旅行』は中断することになり、宮崎もそちらにまわされる。『狼少年ケン』は五回までは月岡貞夫が演出できたが、以後は班を作って、それぞれ演出者を置くことになった。

第六話（一九六三年一二月三〇日放映）は高畑が演出した。これが高畑の初演出作品となり、以後もほぼ月に一本のペースで演出し、全八六話のうちの一二話を手がける。第七話は矢吹公郎の初演出となり、第八話は芹川有吾、第九話は池田宏の初演出、第一〇話は白川大作、二月三日放映の第一一話は月岡で、これが最後となる（退社後も六五年一月放映の回の脚本、演出を一回する）。一二話は黒田昌郎、さらに第一五話ではベテランの藪下泰司も演出し、東映動画は総力を挙げてこのテレビアニメ第一作に臨んでいた。

長編『わんわん忠臣蔵』は一二月二一日に封切られ、三一日まで上映された。同時上映は時代劇『柳生武芸帳　片目の忍者』（松村昌治監督、近衛十四郎主演）だったが、東京地区だけ、テレビアニメ『狼少年ケン』の第二話『白銀のライオン』と第三話『魔法使いタマタン』を二五分に再編集したものも付けて三本立てとした。これが予想以上のヒットとなり、三月には再び『狼少年ケン』が東映系映画館のスクリーンに登場する。


『鉄腕アトム』によって、テレビアニメという新ジャンルが生まれた一九六三年の一〇月、千代田区永田町のホテルニュージャパンの一室を事務所に、「オフィス・アカデミー」が開業した。代表者は西崎弘文《ひろふみ》という。後に「西崎義展《よしのぶ》」として手塚治虫と虫プロの前に現れ、アニメの歴史を変えてしまうこの男は、しかし、この時期はまだアニメとはなんの接点もない。一九三四年生まれというから、この年、二九歳だった。

# 第九章　「ピープロ」参入、「東京ムービー」設立――一九六四年

## 虫プロに集う者たち

一九六四年が明けた。秋に東京オリンピックが開催されるので、テレビはますます売れていた。

前年（一九六三）一月に放映されていたテレビアニメは『鉄腕アトム』だけだったが、六四年一月には『鉄腕アトム』『鉄人28号』『エイトマン』『狼少年ケン』『仙人部落』の五作が放映されていた。『仙人部落』は六四年二月で終わった。「大人向けのテレビアニメ」として先陣を切ったが、あとが続かなかった。アニメは「子どもが見るもの」としての歴史を歩む。

『鉄腕アトム』は火曜日一八時一五分からだったが、一月から土曜日一九時へ移り、その『アトム』が放映されていた枠で、『0戦はやと』が始まった。テレビアニメは六本になった。重なる枠はないので、見ようと思えばすべて見ることができた。子どもたちは忙しい。

一九六三年秋から虫プロは新たな危機に直面していた。『鉄腕アトム』は当初は半年二六回の予定だったが、好評だったので続行することになっていた。そこまではいい。だが、放映開始の時点で、連載一三年目で十分にストーリーのストックがあるはずだったが、月刊誌に数か月で一話というペー

スだったので、週に一本のテレビアニメは、原作を使い果たしてしまったのだ。

『鉄腕アトム』の作品リストを見ると、第一話から第四八話までは「脚本」が空欄になっている。最初の一年はシナリオなしで手塚のマンガから絵コンテを起こして制作していたのである。だがその原作のストックもなくなってきた。マンガの連載も続いているが、とても間に合わないので、テレビのためのオリジナルのストーリーが必要となり、虫プロ内に文芸課が設けられた。本間文幸、芝山達雄、高橋健一、片岡忠三、鈴木良武、能加平といった名が、この時期の脚本担当としてリストにはある。しかし手塚としては、いまひとつだった。SFマインドが感じられないのだ。こういうのは教えてどうにかなるものではない。手塚はある青年を思い出した。豊田有恒である。

豊田は一九六一年に手塚を訪ねて意気投合すると、手塚が出版社を紹介してくれたのでいくつかの仕事を得た。その後、武蔵大学在学中の六三年から、『エイトマン』のシナリオを書いていた。一九六四年三月が卒業だが、なんの就職活動もしていなかった。そこに手塚から「よかったら虫プロに入り、アトムのシナリオを書かないか」と声がかかった。豊田は平井和正に「虫プロへ行かせてくれないか」と頼んだ。『エイトマン』を続けてもいいという条件で、豊田は三月に虫プロに入った。

虫プロではライターがプロットを書いた段階で手塚が読んで、採用かどうかを決める。豊田は採用率が高かった。最初に放映された豊田のシナリオは、五月九日放映の第七〇話『ラフレシアの巻』だった。八月二九日放映の第八四話『イルカ文明の巻』は四〇・七パーセントと、『鉄腕アトム』の最高視聴率を記録した。六五年五月まで一四作が、豊田の脚本で作られる。

豊田と前後して、『鉄腕アトム』のシナリオ・チームに参加したのが辻真先だった。NHKを辞めてフリーになっていたのだ。手塚原作のドラマ『ふしぎな少年』ではクレジットには名前が出なかっ

**1964年のテレビアニメ**

<table>
<tr><th>曜日</th><th>時刻</th><th>局</th><th></th><th>1</th><th>2</th><th>3</th><th>4</th><th>5</th><th>6</th><th>7</th><th>8</th><th>9</th><th>10</th><th>11</th><th>12</th><th></th></tr>
<tr><td rowspan="2">月</td><td>18:15〜</td><td>N</td><td colspan="14">オオカミ少年ケン（東）</td></tr>
<tr><td>19:00〜</td><td>T</td><td colspan="8"></td><td colspan="6">ビッグX（ム）</td></tr>
<tr><td>火</td><td>18:15〜</td><td>フ</td><td></td><td colspan="10">0戦はやと（P）</td><td colspan="3"></td></tr>
<tr><td rowspan="2">木</td><td>18:00〜</td><td>T</td><td colspan="13">エイトマン（T）</td><td></td></tr>
<tr><td>19:00〜</td><td>フ</td><td colspan="3"></td><td colspan="11">鉄人28号（T）</td></tr>
<tr><td>土</td><td>19:00〜</td><td>フ</td><td colspan="14">鉄腕アトム（虫）</td></tr>
<tr><td rowspan="3">日</td><td>18:30〜</td><td>N</td><td colspan="6"></td><td colspan="8">少年忍者風のフジ丸（東）</td></tr>
<tr><td>20:00〜</td><td>フ</td><td colspan="3">鉄人28号（T）</td><td colspan="11"></td></tr>
<tr><td>22:30〜</td><td>フ</td><td colspan="2">仙人部落（T）</td><td colspan="12"></td></tr>
<tr><td colspan="3"></td><td></td><td>1</td><td>2</td><td>3</td><td>4</td><td>5</td><td>6</td><td>7</td><td>8</td><td>9</td><td>10</td><td>11</td><td>12</td><td></td></tr>
</table>

たが何本も脚本を書いていた。辻が書いたものも採用率が高く、七月一八日放映の第七九話『ドクター脳の巻』が最初で、六五年二月までに九作、書く。

出﨑統《でざきおさむ》（一九四三〜二〇一一）が虫プロに入社したのは前年の一九六三年だった。東京都目黒区で航空科学専門学校教授を父に生まれたが、その父は小学校一年の年に亡くなった。手塚マンガに憧れ、小学四年生から自分でも描いていたが、映画も好きになる。東京都立北園高等学校一年生在学中の一九五九年に、出﨑は貸本マンガ『街』（雑誌の形態の貸本）の新人コンクールに応募し、受賞した。以後、読み切りを何作か描いたが、貸本業界には将来性がないと判断し、マンガを断念して、高校卒業後は東芝の工場で働いていた。

『鉄腕アトム』放映開始後の一九六三年五月、出﨑は新聞広告で虫プロが社員を公募していると知って応募した。約五〇〇人の応募者があったが、合格者三名に入り、九月に入社した。杉井ギサブローが出﨑の貸本時代のマンガを覚えており、強く推してくれたのだ。それだけ印象に残るマンガだった。出﨑はすぐに動画スタッフの一員となり、一二月放映の第五一話『子象プーラの巻』から第二原画へと昇格、六四年四月四日放映の第六六話『スペース・バイキングの巻』で「原画」となった。初めて「演出」するのは、六五年三月二七日放映の第一一二話『サムソンの髪の毛の巻』で豊田の脚本だ。

富野由悠季（当時は「富野喜幸」）の虫プロ入社は一九六四年である。富野は一九四一年に神奈川県小田原市に生まれた。父は零戦の与圧服の開発スタッフだったという。宮崎駿とは生年も同じで、父が軍需の飛行機産業に関係していたという共通点を持つ。雑誌「少年」に掲載されていた『アトム大使』で、マンガと手塚作品に出会った。同作は一九五一年四月から連載されていたので、一〇歳の年となる。画家を目指していたが一四歳で見切りをつけ、映画に関心を持つようになり、一九六〇年に日本大学藝術学部映画科に入った。

富野が大学を卒業した一九六四年は、すでに映画界の斜陽化が始まっており、東宝、松竹、東映などの大映画会社は新卒者の採用を控えていた。といって、映画科卒業では映画界以外には就職できそうもない。映画に関係する会社で公募していたのは虫プロしかなく、入社試験を受けて合格し、一九六四年三月に入社した。同期で入社したひとりが高橋良輔、仕事を教えてくれたのが若尾博司だった。

富野が最初に演出したのが、六四年一一月二八日放映の「新田修介」名義の第九六話『ロボットヒューチャーの巻』で、同名で脚本、絵コンテも書いた。富野名義での最初は辻真先脚本、六五年一月二三日放映の第一〇四話『悪魔の風船の巻』だ。

こうして――テレビアニメの歴史を作っていく人材が虫プロに集い出していた。

アニメ制作以外で手塚を支える人材も必要だった。穴見に加えて、一九六四年二月には光文社の「少年」編集部で『鉄腕アトム』を担当していた桑田裕を常務取締役として迎えた。桑田は総務部と出版部を担当する。

桑田を入れたのは、「アトム」の版権を所有していたからとの説もある。テレビアニメになるにあたり、光文社は「アトム」の商標登録をした。その際によく知らずに、申請者名を光文社ではなく桑田個人にしてしまい、桑田が商標権者になってしまったというのだ。

## 『オバケのQ太郎』の静かなるスタート

『オバケのQ太郎』は「藤子不二雄とスタジオ・ゼロ」名義で「週刊少年サンデー」一九六四年六

号（二月二日号）から始まった。当初は七回の予定で、読者の反応がよければ続けるということだった。しかし連載中、読者からの反応はまったくなかった。二回多く、一四号（三月二九日号）の九回で終わった。とくに最終回らしい終わり方ではない。

このままではまたスタジオ・ゼロは収入ゼロになる。藤子不二雄は「週刊少年マガジン」に相談した。実は『オバケのQ太郎』が決まり、第一回を描いたときに、「少年マガジン」からもギャグマンガの依頼が来ていた。そこで連載は無理だが、風呂屋の息子を主人公にした時代劇ギャグマンガ『サンスケ』を、読み切りで一〇号（三月一日号）に描いた。『オバケのQ太郎』が終わったので、『サンスケ』を連載にできないかと、「マガジン」に持ちかけたのだ。快諾され、一四号から『サンスケ』の連載が始まり、人気が出て長期化する（一九六五年二号から『わかとの』に改題）。

藤子が「マガジン」に連載すると知らない石森章太郎は「週刊少年キング」に、藤子の連載を打診してくれ、「キング」からも依頼が来た。藤子は、『フータくん』の連載を一六号から始めた。『サンスケ』（『わかとの』）と『フータくん』は安孫子が描き、後に藤子不二雄Ⓐ名義となる。

こうして「マガジン」「キング」の二誌に藤子不二雄作品が連載された直後、「サンデー」の編集者が、大量のハガキを持ってやって来た。「連載が終わった翌週から電話とハガキで『オバケのQ太郎』をもっと読みたいとの読者の声が殺到している、再開してくれ」と言う。かくして、二四号から『オバケのQ太郎』が再開した。二人で分担しているとはいえ、藤子不二雄は「サンデー」「マガジン」「キング」の週刊誌三誌に同時連載するのだ。師・手塚治虫もなしえない快挙だった。

鈴木伸一が率いる動画部も、『ギックとシャック』のパイロット・フィルムの制作が進み、社員も増やしていた。しかし動画部の収入は乏しく、役員たちが会社に貸し付ける状態が続いていた。創立一周年の五月、赤塚不二夫も参加することになり、赤塚は中野のスタジオ・ゼロの事務所にスタッフを引き連れてやって来た。

七月からは「少年キング」で石森章太郎の『サイボーグ００９』の連載が始まった。「サイボーグ」という語が日本で定着するのはこのマンガのおかげだ。平井和正・桑田次郎の『８マン』もロボットと呼ばれているが、本来はサイボーグだ。なじみがないとロボットにされてしまったのだ。

赤塚不二夫の「少年サンデー」での『おそ松くん』の人気は衰えることがない。「サンデー」は『おそ松くん』と『オバケのＱ太郎』で部数をさらに増やしていった。「マガジン」も部数は伸びているのだが、「サンデー」を抜くことはできない。

藤子不二雄は絶好調だ。シスコ製菓とのタイアップの『シスコン王子』は、番組が終わったので、一〇月号で「少年」での連載も終わったが、一一月号から安孫子が描く『忍者ハットリくん』が始まる。この時期に連載されていたマンガの大半が、後にテレビアニメになる。

アニメーション・スタジオとしては業績が上げられないが、一九六四年、スタジオ・ゼロのマンガ家たちは上昇機運に乗っていた。このマンガの人気をアニメに連動できれば、虫プロと同じビジネスモデルになる。しかも虫プロにはマンガ家は手塚治虫ひとりしかいないが、スタジオ・ゼロには、藤子不二雄、赤塚不二夫、石森章太郎、つのだじろうと五人もいる。

## うしおそうじによる「ピープロ」設立

うしおそうじは人気マンガ家だったが、一九五九年に教育文化映画を制作している日映科学から頼まれてアニメーションを手伝ったのをきっかけに、マンガをきっぱりと止めて映画の世界に戻った。一五歳でデビューしたマンガ家がいるとの記事を見て、すでに四〇歳近くになっていたので、もう自分の出る幕ではないと思ったとも語っている。

一九六〇年に、うしおは五人の従業員を雇い、ピー・プロダクションを設立した。東宝や大映の特撮映画のアニメーション部分や、劇場用CFを受注し、経営は順調だった。東宝時代の上司で懇意にしていた円谷英二との交友も続き、二人でプロダクションを作る話もあった。

一九六二年、うしおはテレビ用の特撮番組を思い立ち、『STOP』というタイトルで企画書を作り、さらにシナリオを四本、作った。後に円谷プロが制作する『ウルトラQ』のような内容だったという。そのなかには巨大な亀が出てくる話もあった。うしおは映画会社各社に売り込みに行き、そのなかには大映もあった。大映の『大怪獣ガメラ』は一九六五年なので、自分のアイデアが流出した可能性があると、うしおは語っている。円谷英二に東宝テレビ部を紹介してもらい、『STOP』を見せると乗り気になり、フジテレビに持ち込んでくれたが、実現にはいたらなかった。

一九六三年に虫プロの『鉄腕アトム』が放映開始となり、高視聴率を上げて話題になっていたころ、うしおのもとに、大東広告の照井広と、脚本家の大海原健爾がやってきた。照井はかつて洋画の字幕の仕事をしていたときの同僚だった。二人は、「ビッグビジネスのチャンスだ」と言って、まずは『鉄腕アトム』の裏話を聞かせた。詳しくはうしおの『手塚治虫とボク』にあるが、他の資料との整合性が取れず、信頼性には欠ける。

それによると――萬年社がフジテレビの火曜一八時一五分からの枠が空くという情報を明治製菓に伝えると、子会社のキンケイカレーが広告代理店オリコミを通して、ドラマの企画をフジテレビに売り込んだ。それから紆余曲折《うよきょくせつ》があって、明治製菓とキンケイカレーの共同で『鉄腕アトム』を提供すると決まった。ところが、明治製菓が子会社を排除して単独で提供することになった。

キンケイカレーとしてはなんとしても明治製菓に一矢報いたい。それには『鉄腕アトム』に勝てるアニメ番組を作るしかない。キンケイカレーはオリコミに相談した。オリコミの制作陣は、かつて「少年画報」に一九五四年から六〇年まで連載された『赤胴鈴之助《あかどうすずのすけ》』（福井英一が第一話を描いて急死したので、武内つなよしが後を継いだ）をラジオドラマにした実績がある。そこでオリコミの担当者は、大海原と照井に声をかけ（この二人とキンケイカレーとの関係は不詳）、少年画報社へ行き、「いちばん人気のあるマンガをテレビアニメにしたい」と相談した。少年画報社から紹介されたのが、「週刊少年キング」連載の戦記もの『0戦はやと』だった。

敗戦後、占領軍によって軍国主義的なものは映画も演劇も禁止されていたが、独立してからは徐々に「軍」はタブーではなくなり、少年誌では戦記ものがブームになっていた。プラモデルも五〇年代末から、戦闘機などが人気商品になっていた。そうした背景のなかで、少年マンガの世界に戦記ものが生まれた。多くが第二次世界大戦を舞台に、少年兵・青年兵の活躍を描くもので、必ずしも戦争礼賛、愛国心を煽《あお》るものではなく、戦争の悲劇も描かれていた。

## 「週刊少年キング」と、辻なおき『0戦はやと』

「週刊少年キング」は少年画報社が一九六三年七月八日号で創刊した、「サンデー」「マガジン」に次ぐ、第三の少年週刊誌だ。部数は先行する二誌を抜けず、後発の「ジャンプ」「チャンピオン」にも抜かれ、常に最下位だった。それもあり、一九八二年五月七日号で週刊としては休刊し、八月一三日号から月二回刊の「少年KING」として再出発したが、これも八八年一一月四日号で休刊となった。

少年画報社は戦前の小学館にいた今井堅（一九〇八〜九七）が敗戦の年、一九四五年に創業した明々社を前身とする。紙芝居『黄金バット』を絵物語にして出版すると大ヒットし、絵物語中心の雑誌「冒険活劇文庫」を創刊し、この雑誌が一九五〇年に「少年画報」に改題され、五六年に社名も少年画報社とした。「少年画報」も当初は絵物語が中心だったが、五一年から手塚治虫が連載するようになり、マンガの比率を高めていった。他の絵物語中心の雑誌が姿を消していくなか、「少年画報」はマンガ雑誌に切り替えて生き残った。だが、「サンデー」「マガジン」の創刊で週刊誌時代になると、「少年画報」の部数にも陰りが見え始めたので、「キング」を創刊した。

こうして——テレビアニメ元年である一九六三年に少年週刊誌は三誌体制となった。週刊誌としては新参でも、少年画報社には「少年画報」があったので、そこに執筆していた吉田竜夫、辻なおき、望月三起也《みきや》らが、「週刊少年キング」にも描いていた。

吉田、辻、望月は、手塚治虫を中心とするトキワ荘グループとは別のグループを形成している。吉田竜夫を中心とする、タツノコプロ・グループである。

辻なおき（一九三五〜九七）は京都の生まれで、一〇歳で敗戦を迎えた。真向かいに住んでいたのが、タツノコプロを創業する吉田竜夫だった。吉田には弟が二人いて三人ともマンガ家になる。辻は次男の吉田健二と同年生まれだった。辻も吉田兄弟も絵が好きだったし、何よりも目の前に住んでいるので、四人は幼少期から親しかった。

雑誌デビューは辻が先で、一九五六年に雑誌「野球少年」に絵物語『魔王の目』を連載した。その前後には、手塚治虫の初期単行本を出していた東光堂から単行本を出しているとされるが、詳細は不明だ。辻は上京し、紙芝居や挿絵の仕事をしていたが、一九五八年に創刊されたばかりの秋田書店の「ひとみ」に少女マンガを描き、五九年から「少年画報」にもマンガを描く。「少年画報」一九六一年九月号から連載が始まったのが、『0戦太郎』で、六四年八月号まで続くヒット作となった。

『0戦太郎』と同じ設定で、「週刊少年キング」創刊号から連載していたのが『0戦はやと』だった。太平洋戦争が始まって二年目の一九四二年、日本海軍は各地の基地にいる優秀な戦闘機パイロットを集め、最強チーム「爆風隊」を結成した。そのひとりが主人公の東隼人で、ニューギニア戦線で六四機を撃墜した実績を持つ。隼人は伊賀忍者の末裔で、隊のなかでのライバルは甲賀忍者の末裔という設定だ。隼人の父は敵のエースパイロットに撃墜されており、その仇討ちの物語でもある。

照井たちは「少年キング」編集部で、『0戦はやと』がいかに人気があるか、ファンレターの束も見せてもらった。たしかに人気がありそうだ。しかし、オリコミもラジオドラマの実績はあるが、アニメ制作は初めてだ。作り方が分からない。照井はかつての同僚であるうしおを思い出した。

うしおは東宝時代の一九四〇年に陸軍へ出向し、教材映画を作ったこともあるし、一九四二年に東宝が海軍省の企画で『ハワイ・マレー沖海戦』を作った際には、特技監督の円谷から頼まれ、軍との折衝役を務めている。四三年に徴兵で陸軍に入ってからは特攻隊を見送った経験もある。照井はうしおのそういう経歴を思い出し、テレビアニメを作らないかと言ってきたのだ。

うしおがこの話を聞いたのは三月だった。当時のピープロは従業員一〇名に満たない。アニメの経験があるのは東映動画にいた二人と、ピープロに入ってから学んだ五人だけだ。絵コンテも演出も原画も動画も、撮影までもうしおが担って、一か月かけてオープニングを制作した。これをオリコミ、キンケイカレー、明治製菓の関係者に見せると、ゴーサインが出た。

それから第一話の制作に入り、一一月にようやく完成した。キンケイカレーは親会社の明治製菓とも相談し、フジテレビは『鉄腕アトム』を放映しているので、TBSに売り込み、一九六四年一月から放映といったん決まり、公開試写会まで行なった。ところが、TBSは断ってきた。社内の放送倫理委員会のような部署から、「戦争マンガは憲法違反だ」というクレームがついた。別の説ではPTAが聞きつけて反対だと押しかけてきたともいう。

オリコミの営業は、それではとNETへ持ち込んだが、「アニメは東映動画のものしかやらない」と門前払いで、日本テレビは「アニメはまだやっていないのでありがたい話です」と言いながら、「戦争ものは…」という反応だった。明治製菓も巻き込んで、再度TBSに交渉へ行くと、「戦争ものではなく、0戦部隊が世界密輸団をやっつける話に変えてくれればいい」と言い出した。そんなものは作れないと、うしおが断る。

意気消沈したキンケイカレーの担当者は、街で偶然、関西テレビ東京支社の営業マンと会った。事情を話すと、関西テレビがキー局になろうと言ってくれ、話は一気に進んだ。関西テレビはフジテレビの系列局だ。フジテレビも乗り気になり、「関テレをまわさないで、うちが引き受ける」と言ってきた。最初からフジテレビへ持って行けばよかったのだ。

## 幻となったピープロ版『ビッグX』

テレビアニメ『0戦はやと』は一九六四年一月二一日に放映開始となった。『鉄腕アトム』が放映されていた火曜一八時一五分からの枠だ。それまでのテレビアニメは、ロボットとジャングルで育った少年が主人公だったが、『0戦はやと』で、初めて普通の日本人少年が主人公となり、初めて「過去」（といっても、二〇年前だが）が舞台となった。うしおは東宝に頼み、『ハワイ・マレー沖海戦』の映像を借りて使うなど、リアルさも追求し、さまざまな技法も編み出した。脚本陣のなかには若き日の倉本聰もいた。

一本あたりの制作費について、うしおは〈手塚さんは『アトム』を制作費三五〇万円で引き受けてさんざん苦労したらしいけど、『0戦』は三〇〇万切ってたからね。〉と語っている。『アトム』の三五〇万円という数字は、どこから出てきたのだろう。手塚は五五万円と公言し、実際は二〇〇万円前後だったようだが、「三五〇万円」と書かれた資料は、うしお発言以外に見当たらない。

コスト削減のため、うしおも知恵を絞り、さまざまな技法が生まれた。たとえば、飛行機の上向きや下向きのカットを描いたセルを、可動式のスタンドを置いて、カメラを上下移動させることで、急降下や急上昇のシーンを撮っていく。うしおは特撮で培った技術をアニメへ応用していった。

放映が始まっても、「こんな戦争ものをなぜ放映するのか」という抗議は、手紙が一通来ただけだった。しかし、戦争を体験した中高年男性の間では人気があったようだが、子どもたちにはまだ早すぎたのか、視聴率はいまひとつだった。うしおは次の企画を相談しに、照井と大海原を訪ねたが、彼らは何もしてくれない。そうこうしているうちに春が過ぎると、『0戦はやと』は、六月で打ち切られそうになった。ピープロは『0戦はやと』のために社員を増やし、契約社員も含めれば五〇名を抱えていた。機材も整備した。それなのに半年で打ち切られたら経営は危うい。

困っていたうしおのもとに、救世主が現れた。五月になったころ、集英社の「おもしろブック」編集長の長野規（一九二六〜二〇〇二）が、TBSの岩崎嘉一とやって来て、「手塚さんの『ビッグX』をテレビアニメにすると決まったので制作してくれ」と依頼してきた。しかも、支度金として三〇〇万円出すという。

アニメ『鉄腕アトム』が始まった一九六三年一月に発売されていた雑誌で、手塚治虫が抱えていた連載は、「少年」の『鉄腕アトム』、産経新聞の『オズマ隊長』、「少年ブック」の『新選組』、「小学六年生」の『鉄の道』、「小学一年生」の『ロップくん』、「なかよし」の『リボンの騎士』、「SFマガジン」の『S.F.Fancy Free』だった。週刊誌はなかったが、月刊誌六本、新聞一本と多忙だ。

『新選組』はタイトルの通り、幕末に活躍した新選組を描いたもので、手塚には珍しい時代ものだった。いまでは「手塚治虫の隠れた名作」として名高いが、連載時は人気が出ず、明治維新まで描くつもりが池田屋騒動までで打ち切りとなった。その翌月から始まったのが、『ビッグX』だった。巨大ヒーローもので、たちまち人気が出た。一九六三年秋は、『鉄腕アトム』に続いて『鉄人28号』『エイトマン』が始まった時期だ。長野は「少年ブック」での新連載もテレビアニメにしやすいものをと考え、少年ヒーローものを頼み、その狙いは当たったのだ。

こんにち巨大ヒーローものといえばウルトラマンだが、手塚治虫のほうが先に生み出していた。巨大ロボットでは「冒険王」で一九五九年七月号から連載が始まった『魔神ガロン』があり、六二年七月号まで続いた。その次が『ビッグX』で「少年ブック」六三年一一月号から連載され、さらに「少年画報」六五年五月号から『マグマ大使』が連載開始となる。『ウルトラマン』の放映開始は六六年七月だ。

集英社の長野規は、後に「少年ジャンプ」創刊編集長として伝説の名編集者となる。一九五一年に小学館に入社したが、集英社の「おもしろブック」（後に「少年ブック」に改題）編集部へ配属された。当時の集英社は人事や経理が小学館と一体だったのだ。一九五六年、長野は手塚に、毎号SFを描かないかと依頼した。まだ「SF」という言葉が一般には知られていない時代だ。長野は「おもしろブック」に『ライオンブックス』と名付けた別冊付録を付け、そこに手塚が短編SF、うしおそうじが『少年忠臣蔵』を連載した。自由にSFが描けたことで手塚は長野を信頼し、以後も良好な関係が続いていた。

しかし、『ライオンブックス』が終わったことで、うしおの『少年忠臣蔵』は未完に終わった。長野としては、うしおにそのお詫びをしたいとの思いがあり、『ビッグX』のアニメ版の制作を持ちかけた。

手塚作品のアニメ化の権利は虫プロが持っていると思われていたので、『ビッグX』の人気があると知っていても、どの社も手を出そうとしなかった。しかし、手塚の了解が取れれば、他社でも可能だった。そして長野は手塚に信頼されていた。うしおが作るとなれば、手塚は断らないとの読みもあった。

うしおは社員に相談した。『0戦はやと』が一〇月まで続く。『ビッグX』は八月からなので、重なるのは三か月だ。その期間は大変だと思うが、やってくれないかと頼んだ。しかし、社員たちは「二本を同時に作るのは無理だ」と主張する。「やりたければ社長がひとりでやってください」とまで言われてしまった。うしおは諦めた。

ピープロが断ったことで、TBSは制作会社を探さなければならなくなった。

## 人形劇からアニメに参入した「東京ムービー」

TBSは『ビッグX』制作を、TCJに打診したが、『鉄人28号』と『エイトマン』に加えてもう一本は無理だと断られた。

そんなとき、人形劇団ひとみ座の藤岡豊がTBSへ営業に来た。

ひとみ座は敗戦後の一九四八年、鎌倉で演劇活動を始めた若者たちが、俳優による舞台劇だけでなく人形劇も取り入れるようになり、結成した人形劇団だった。代表は清水浩二で、子ども向きのものだけでなく、シェイクスピアや泉鏡花、安部公房などの戯曲も人形劇として上演する劇団だった。テレビ時代が本格的に始まると、テレビ人形劇というジャンルが生まれ、ひとみ座も多くを手がけた。最も有名なのがNHKが一九六四年四月から放映した『ひょっこりひょうたん島』だ。

藤岡豊（一九二七〜九六）は和歌山県出身で、年齢は手塚治虫の一歳下になる。兵役免除が目的で京都大学に入学したが、戦後すぐに中退し、大阪の大丸百貨店に勤めていた。一九五六年にひとみ座が大阪公演をした際に、入団を志願して加わった。本人としては人形を動かす演技部の仕事をしたかったが、その才能はあまりなかった。しかし藤岡には営業力があった。大阪テレビ放送（朝日放送の前身のひとつ）に売り込み、『カスパーの冒険』がテレビで放映されたのだ。

一九六〇年になると、ひとみ座は日本テレビで『冒険ダン吉』を制作した。戦前の「少年倶楽部」に連載された島田啓三のマンガの人形劇化である。『鉄腕アトム』も一九五七年にTBSで紙人形劇になっていたように、アニメの前は実写では表現しにくい設定のマンガは人形劇になっていた。ひとみ座は映画制作部門として「東京人形シネマ」を設立した。

一九六三年一一月五日から、TBSはひとみ座制作の人形劇『伊賀の影丸』を放映していた。横山光輝が「週刊少年サンデー」に一九六一年から連載していたマンガが原作である。一〇月からは『鉄人28号』のテレビアニメが放映開始となっているので、横山作品は二作同時にテレビで放映されていた。人形劇『伊賀の影丸』の演出のひとりが、後にテレビアニメ『巨人の星』を演出する長浜忠夫（一九三二〜八〇）だ。

『伊賀の影丸』は低予算のうえ、シナリオから人形のデザイン・操演・美術はもちろん、編集・録音からラッシュ試写の映写機とスクリーンの手配にいたるすべてをひとみ座が負担し、横山光輝との版権交渉までやらされたため、赤字になった。そこで劇団代表の清水は藤岡に「TBSに行って、制作費の高い仕事をもらってきてくれ」と頼んだ。

清水の回想では、こうして得たのが『こがね丸』で、それが軌道に乗ったころ、『ビッグX』の話がきたことになっている。しかし『こがね丸』は一九六六年一〇月から六七年二月の放映なので、これは記憶違いではないだろうか。

『伊賀の影丸』は一九六三年一一月から六四年一一月まで一年間にわたり続いた。その放映中、藤岡がTBS制作管理部長の井上に次の仕事の営業へ行くと、「人形映画ではなく、アニメーション映画は作れないか」と打診された。すでにピープロに断られたあとだった。ひとみ座にはアニメーションの経験もノウハウも、設備も人材もないと藤岡が言うと、井上は「人形を動かすのも絵を動かすのも一緒だろう」と無茶苦茶なことを言った。

ここで藤岡の営業センスが生きる。『鉄腕アトム』や『鉄人28号』の成功を目の当たりにしているし、横山とは『伊賀の影丸』を通して交流もあるので、いかにアニメが当たっているかも聞いていたのだろう。藤岡は断らず、「清水に相談する」と持ち帰った。ひとみ座でアニメーションを作るのは難しい。やるとしたら、自分がひとみ座を出なければならないだろうと覚悟したうえで、藤岡は清水に相談した。

清水は、「君はマンガ映画好きのようだったから、それもいいんじゃないか」と言った。藤岡が「なんだか清水さんを裏切るようで…」と言いながらも嬉しそうだったと、清水はブログに書いている。

藤岡はアニメーション業界を調べ、「こういうアニメーターに頼めば作れるかもしれない」というレポートを書いて、TBSに提出した。すると、何も読まずに「これでいい」と採用が決まった。それだけ急いでいたのだ。放映予定まで二か月しかなかったというから、五月の終わりか六月の初めのことだ。

藤岡は手塚のもとへ挨拶に行った。手塚治虫は『ビッグX』の講談社全集版の「あとがき」にこう書いている。

〈テレビの人形劇番組を手がけていた藤岡という人から、つぎの作品をアニメで作りたいので、「ビッグX」を貸してくれと依頼されました。飲み屋でかんたんなうちあわせのあと、たちまち「ビッグX」は製作にはいり、あっというまにテレビに出てしまいました。〉

藤岡は「アニメージュ」一九八一年一一月号の座談会で、「手塚さんのところへ挨拶に行ったら、おやめになったほうがいい、と言われた」と笑いながら語っている。手塚は原作者として反対したのではなく、アニメ制作会社の経営者になろうとしている藤岡に、同業者として大変だから止めたほうがいいと助言したのだろう。

藤岡は動揺した。『鉄腕アトム』で成功し栄華を誇っているように見える虫プロの社長が苦労している様子だ。他の人にも、「テレビアニメをやろうと思うがどうだろう」と相談すると、反対された。とても素人ができる仕事ではないようだった。藤岡がTBSへ断りに行くと、「そんなことを言うなら、人形劇映画を打ち切る」と半ば冗談で脅されたので、とにかくやることになった。TBSの出資で新会社を作ることになった。

何はさておき人材集めである。虫プロの美術部長だった半藤克己が入り、半藤が虫プロから村野守美《もりび》を連れて来た。虫プロ在職中の出﨑統も社に黙って絵コンテを切ってくれるという。虫プロは東映動画などから引き抜いて『鉄腕アトム』を作っていたが、二年目にして、早くも虫プロからの人材流出と社員のアルバイトが始まっている。

演出はひとみ座にいた長浜忠夫や、大隅（おおすみ）正秋が担い、彼らがアニメの演出家になるきっかけとなった。スタジオ・ゼロにも協力してもらうことになり、脚本を任せた。クレジットにはつのだじろうの名しかないが、藤子たちも書いており、代表としてつのだの名にしたという。広瀬正、山野浩一といったSF作家たちもシナリオを書いた。

虫プロもスタジオ・ゼロも、会社はできたが仕事がないところから出発したが、東京ムービーは先に『ビッグX』という仕事があり、その次に会社ができ、それから人材をかき集めた。当初はTBSの一角に事務所を間借りしていたが、八月に西新宿へ移り、杉並区成田東にスタジオも設けた。これが杉並区にアニメ・スタジオが多くできるきっかけとなった。

藤岡は清水とも絶縁したわけではなく、社名の相談をしている。清水によれば〈ある夜、寝静まった私（清水）の家に午前三時ごろ電話がきて、「清水さん、会社の名前、何かないですか?」と言うので、「藤岡さんは何も考えなかったの?」「東京シネマにしようと思ったら、既に登録されてあったので……」「ああ、そんなら、シネマがダメならムービーがあるさ。東京ムービーは、どう?」「なるほど!ありがとうございました。」/かくして東京ムービーは始動していったのである。〉

「東京ムービー」の命名者は清水浩二だったのである。これが六月ごろのことだった。

『ビッグX』は八月三日からTBSの月曜一九時〇〇分からの三〇分枠で放映され、六五年九月二七日まで五九話が放映された。萬年社の扱いで提供は花王石鹸《せっけん》だった。

手塚は『ビッグX』は〈テレビアニメ黎明期の歴史を飾りました。〉と評しているが、試写を見たときは、あまりのひどさに言葉がなかったらしい。アニメーターを育てながら作るという体制で、いまでいう「作画崩壊」の回もあった。

藤岡は素人だったので、『ビッグX』は赤字となった。脚本料や外注したアニメーターたちに言い値で払い、その後になって相場の倍以上をふっかけられたと知るのだ。アニメ業界では『ビッグX』のギャラはいいと話題になっていた。経営破綻を回避するため、新東宝のテレビ映画制作子会社である国際放映の傘下に入ることになり、藤岡は社長から取締役制作部長に降格となった(新社長は国際放映の阿部鹿三)。

手塚のマンガは六六年二月号まで続いた。『ビッグX』は原作もテレビアニメも当時は人気があったが、その後はあまり語られることがない作品である。

## 次はカラー・テレビアニメ『ジャングル大帝』を

東京オリンピックの開幕は、一〇月一〇日だった。一九五九年の「皇太子ご成婚」を機に一般家庭にもテレビが普及していたが、家電メーカーはカラー・テレビにも力を入れ始めていた。オリンピックはその最初の拡販のチャンスで、各メーカーとも「オリンピックをカラーで見よう」と宣伝に力を入れていた。テレビがカラーになったところで、放送局が流す番組はまだモノクロームが大半だったが、いずれはテレビ映画もスタジオドラマもカラーになるのは間違いない。それはテレビアニメも同じだった。

毎週三〇分の連続テレビアニメという、世界にも例のないことを実現した手塚治虫だったが、一年も経たないうちに、『鉄腕アトム』は「唯一のテレビアニメ」ではなくなっていた。最初にアメリカに売れた日本製テレビアニメという栄光もつかんだが、何事においても「日本初」あるいは「世界初」でなければ気がすまない手塚治虫としては、「日本初のカラー・テレビアニメ」も自分が作らなければならない。

カラーとなれば制作費は高騰する。テレビ局が出す金額では賄えないのは目に見えていた。虫プロ常務となっていた穴見は、日本での放映前に、アメリカでの放映も決めておくべきと考えていた。放映権料収入だけでなく、マーチャンダイジングでもアメリカをターゲットとしたい。

オリンピック前後の虫プロの役員会で、手塚は国産初のカラー・テレビアニメとして『ジャングル大帝』を制作すると宣言した。

その月に手塚は渡米し、『ジャングル大帝』は二万ドルの契約金で五二本が売れた。アメリカでのタイトルは『Kinba the White Lion』である。後にディズニーが『ライオン・キング』を制作した際に、『ジャングル大帝』との類似が指摘されたが、「アメリカ人が日本の『ジャングル大帝』を知っているわけがない」というのは誤解で、一九六五年に一〇歳前後だった少年少女たちの間ではけっこう知られていたのだ。ディズニーのアニメ『ライオン・キング』は一九九四年に公開されており、その主要スタッフはこの世代だ。

一一月に『ジャングル大帝』準備室が立ち上がり、山本暎一が責任者となった。この時点で「虫プロランド」構想はなくなっていた。その枠で作る予定だった『ジャングル大帝』は一年のシリーズものとして企画されたのだ。

マンガ『ジャングル大帝』は白いライオンの父子三代の大河ドラマである。これに大国同士の争い、ムーン山の不思議な力など、さまざまな要素が絡み合う。『鉄腕アトム』のように一話完結ものの原作ではない。しかしテレビアニメで長いストーリーを毎週三〇分ずつ描くのは困難だった。途中から見る子もいるし、一回や二回、見逃す子もいる。それでも楽しめるよう、一話完結にするという方針となった。アメリカもそれを条件としていた。

かくして原作の設定だけ借りて、毎回、レオと動物たちの物語を新たに作ることになった。それだけでも大変なところ、アメリカに売ることが決まっていたので、配慮しなければならない点があった。アメリカでは黒人差別問題が深刻化していた。『ジャングル大帝』はアフリカが舞台となるので黒人が登場する。その描写には、アメリカで放映可能なようにしておかなければならない。動物虐待シーンもクレームがつくことが予想された。

山本は内容面での苦労とは別に、制作費でも奮闘する。『鉄腕アトム』は、虫プロが実験アニメを作る資金を稼ぐ、利益の出る仕事としてスタートしている。そのために世界に例を見ない方法で動画数を減らして、独自のアニメを生んだ。それなのに利益が出ていない。

山本は穴見と協議し、予算は一回あたり二五〇万円、五二回で一億三〇〇〇万円と定め、その枠内で制作することに決めた。経費がかかる最大の要因は、「手塚の許可を待つ」時間という無駄が多いこと、手塚によるリテイクの指示が多いことだった。手塚はマンガの合間にアニメの演出や絵コンテ、原画のチェックをしている。しかし、その時間が確保できない。その間、アニメのスタッフはやることがない。チェックが終わってから始めるので、その後の工程がタイトになり、徹夜の連続になってしまう。そのあげく試写を見た手塚からリテイクの指示が出る。手塚さえ口を出さなければ、スケジュール通りに進行できるはずなのだ。

『ジャングル大帝』では、手塚は「原作者」に徹してもらい、演出には関与させないことにした。自分が作ったプロダクションで自分のマンガがアニメになるのに、手塚治虫は部外者になってしまう。『ジャングル大帝』の放映日はまだ決まっていない。そこで山本は、先に一年・五二回分のシナリオを作ってしまおうと考えた。それを手塚がチェックして了解が取れれば、シナリオについては毎回のチェック、書き直しといったことがなくなる。山本は辻真先に相談した。辻は快諾し、石郷岡豪、雪室俊一にも声をかけた。

それでも山本は手塚に助言は求め、最初の一年はレオの子ども時代の話にし、好評で延長になったら、大人になってからの物語にする二部構成にすることに決めた。

## ピープロ、『アトム』を受注

『ビッグX』が八月に始まる一方で、ピープロの『0戦はやと』は一〇月二七日で最終回となった。『ビッグX』を受注していればと悔やんでも遅かった。次の仕事がない。

ピープロの窮地を救ってくれたのは、虫プロだった。うしおは二〇〇四年に亡くなるが、手塚の評伝を書きかけており、その遺稿を長谷川裕が整理して、二〇〇七年に刊行されたのが『手塚治虫とボク』だ。同書によれば、一一月か一二月、手塚から電話があり、「いまから、そちらに行ってもいいですか」と言う。一時間弱で手塚が着いた。

〈「いやあ、うしおさんだからざっくばらんに話しますが、目下、うちの連中は、アトムを作るのは嫌だと言い出したのです。飽きて、もううんざりだと言い、『ジャングル大帝』をカラーで製作したいと言う。体のいいサボタージュ気分が職場に蔓延してボクは困っているんです。そりゃあ彼らの気持ちもわかるし……」〉と手塚は語り出した。『ジャングル大帝』の放映開始は一九六五年一〇月と一年も先だが、すでに制作に入っていたのだ。

うしおは手塚に、「従業員の要求をなんでも受け入れるのは経営者として甘いのではないか」とあえて苦言を呈した。虫プロ社員が隠れてアルバイトをしていることは業界に知れわたり、うしおの耳にも入っていた。そういう話をしたうえで、うしおは手塚の依頼、『鉄腕アトム』の下請けの具体的な話に入った。

「来週からでもやってほしい」と手塚は言う。『手塚治虫とボク』によれば、一九六五年一月二三日放映の第一〇四話『悪魔の風船の巻』から第一一一話『ロボット・ポリマーの巻』(三月一三日)までと、第一一四話『メトロ・モンスターの巻』（四月一〇日）、第一二二話『怪獣マントラーの巻』（六月五日）など一三本を仕上げた。しかし、その後も頼まれ、〈最終的には二年にまたがり、三クール三九話もの応援をした〉とある。以後、どの話を担当したかは不詳だ。

「応援」の方法は、脚本・絵コンテ・演出までは虫プロ、原動画・中割り・背景・トレース・彩色・撮影・オールラッシュ編集まではピープロという分担だった。かつてスタジオ・ゼロに一本だけ依頼したのと同じだ。「絵の検査は自分がやる」と手塚は言った。

一九九九年に刊行された『スペクトルマンVSライオン丸―「うしおそうじとピープロの時代」』では、うしおは〈虫プロの穴見薫さんから、プロパーで『鉄腕アトム』を一クール下請けでやってくれないかという話がきたんですよ。〉と語っている。〈多忙の中、手塚さんが作った絵コンテをピープロに持参して、全員に一カットずつ説明していましたから、うちの連中は張り切ってやりましたよ。〉

現在、企画から脚本・演出・原画・動画・背景・彩色・撮影までを一貫して行なっているアニメ制作会社は、京都アニメーションくらいしかない。大手とされるところでも、脚本・演出を担う企画会社と、作画をする会社とに分離し、さらに細分化して外注されている。そのシステムがすでにこのころに生まれていた。これにより、アニメーターの労働条件は悪化したとも言えるし、腕のいいアニメーターは効率よく稼げるようになったとも言える。

東映動画がいったんは確立した、企画から撮影・録音までを社内で一貫して行なうシステムは、こうして崩壊していく。

## 初の忍者ものアニメ『風のフジ丸』

六月、東映動画は『狼少年ケン』と並行して、もう一本のテレビアニメを始めた。『少年忍者 風のフジ丸』である。

スタジオ・ゼロが企画した『レインボー戦隊』も候補で、飯島敬が強く推したのだが、通らなかった。代わりに決まったのが、忍者ものだったのだ。

大阪電通から、藤沢薬品工業が時代劇のアニメを作りたがっていると伝えられ、『レインボー戦隊』は消えたようだ。

一九五〇年代末からマンガの世界では、白土三平を筆頭にした忍者ものが人気を呼んでいた。これを受けて、TBSの日曜一九時からの武田薬品工業提供の三〇分枠（後に「タケダアワー」と呼ばれる）では、一九六二年一〇月から忍者もの時代劇『隠密剣士』を放映し、ヒットしていた。横山光輝の『伊賀の影丸』も東映が映画にし、六三年三月の『わんぱく王子の大蛇退治』と二本立てで公開していたし、前述のように、TBSはひとみ座制作の人形劇版『伊賀の影丸』を放映していた。少し前になるが、一九五九年の東映動画の長編アニメ第二作は『少年猿飛佐助』だった。

東映動画の白川大作は、忍者マンガの第一人者である白土三平の作品を原作にすることにした。『少年忍者 風のフジ丸』である。

しかし白土三平の作品リストに、そのタイトルのものはない。原作は白土の『忍者旋風』と『風の石丸』で、スポンサーが藤沢薬品工業（現・アステラス製薬）だったので、主人公の名が「石丸」ではなく「フジ丸」になったのだ。

前年に東映動画に入社した宮崎駿が関わった最初のテレビアニメがこの『風のフジ丸』だった。宮崎は原画の手伝いをしていたが、すぐにその才能が知られる。同時に宮崎は労働組合で、大塚康生の後を継いで第二代書記長となった。このとき副委員長だったのが高畑勲で、二人の親交が始まった。

## 白土三平

『風のフジ丸』の原作者、白土三平（一九三二〜）は貸本出身のマンガ家である。アニメ史においては初期の『サスケ』『カムイ外伝』の原作者として、その名が刻まれる。本人はアニメには関心がないようで、制作には関わらない。

白土の父はプロレタリア画家の岡本唐貴《とうき》で、弟の岡本鉄二は後年、白土作品の作画を担当し、もうひとりの弟・岡本真はマネージャーを務める。白土も少年期に手塚治虫作品と出会っており、初期作品の画風は明らかに手塚の影響を受けている。白土は旧制中学を三年の途中で中退し、絵物語で大人気だった山川惣治作の紙芝居の模写・彩色の仕事を手伝い、絵の世界に入った。人形劇団にも関わり背景を描く仕事をしていたが、劇団の先輩がマンガ家でもあったので、そのアシスタントをしながらマンガの描き方を学んだ。

一九五七年、白土は貸本マンガ『こがらし剣士』を巴出版から刊行してデビューした。この版元が倒産し原稿料をもらえず困っていると、日本漫画社の長井勝一《ながいかついち》（一九二一〜九六）と出会い、以後この版元から忍者を主人公にしたマンガや少女マンガを次々と出していく。長井はいったん出版業を止めたが復帰し、新たに三洋社を興した。白土は同社に『忍者武芸帳 影丸伝』全一七巻という大長編を描いた。しかし一九六〇年暮れ、長井が結核で入院することになり、一九六一年に三洋社は廃業、『忍者武芸帳 影丸伝』も最後の二巻は東邦漫画出版社が版元となった。

『忍者武芸帳 影丸伝』は戦国時代を舞台にした忍者ものだが、学生運動が高揚していた時期でもあったので、戦国時代の民衆叛乱《はんらん》と学生叛乱とが重なり、学生たちの間で唯物主義劇画だと評価される。白土三平は中央のマンガ出版の世界でも知る人ぞ知る存在となっていた。横山光輝が『伊賀の影丸』を「週刊少年サンデー」に連載するのは一九六一年からなので、主人公の名前を白土の『忍者武芸帳』から借りているのは明らかだ。

講談社の「週刊少年マガジン」は創刊時に手塚・トキワ荘グループを取り逃し、人気マンガ家の獲得に苦労していた。そこで白土を起用した。短編を描いてもらった後、一九六〇年二九号（七月一七日号）から連載となったのが『風の石丸』で、五二号（一二月二五日号）まで続いた。これが、白土にとって初の週刊誌連載となった（『風の石丸』は一九五七年から五九年にかけて貸本マンガとして描いた『甲賀武芸帳』全八巻のリメイク）。

「少年マガジン」連載をきっかけに、白土は大手出版社の雑誌に描くようになっていく。光文社の「少年」で一九六一年七月号から『サスケ』が連載開始となり、六六年三月号まで続く大長編となった。

大手出版社に描けるのはありがたいが、暴力や性的な表現による過激さを嫌うので、描き直しを強いられた。白土は困惑し、長井を見舞っては「自由に描きたい」と漏らした。貸本屋が減り始めており、多くの貸本マンガ家が失業の危機に瀕していた。白土と長井は、マンガ家たちが自由に描ける新たな雑誌を出そうとの思いで一致した。しかし資金がない。そこで白土は光文社と話をつけて「少年」連載中の『サスケ』を長井の新会社から出すことにし、一九六二年、青林堂が設立された。

狙い通り青林堂版『サスケ』はよく売れた。それで得た資金で、長井は一九六四年、マンガ月刊誌「ガロ」を創刊した。白土が新作を自由に描くための場として作った雑誌だったが、白土が構想をまとめるのに時間が必要で、新作『カムイ伝』の連載は第四号からとなった。「ガロ」には『カムイ伝』だけが載っていたわけではない。長井の貸本マンガ時代からの仲間である水木しげるも雑誌の柱とし、さらに新人の発掘もしていった。アングラ演劇、アヴァンギャルド美術、フォークソングなど若者による新しい文化が誕生してきた時代精神と合致し、「ガロ」はマンガのみならず、当時の前衛的な藝術、カウンター・カルチャーの牙城へと発展していく。

## 版権ビジネス化していくテレビアニメ

話を『少年忍者風のフジ丸』に戻すと――「原作・白土三平」となっているのは第二八話までだった。『風の石丸』『忍法秘話』にあるエピソードを使い切ったので、以後は原作なしのオリジナル・シナリオによって作られる。また、キャラクターも白土の絵には似ていない。キャラクター・デザインは楠部大吉郎だった。

現在では、マンガの原作のストーリーを使い切っても、基本設定やキャラクターがマンガ家の創造したものをベースにしていれば、最後まで原作者として扱われるが、『風のフジ丸』では、第二九話以降は、白土三平は「原作者」ではなくなってしまう。

「原作・白土三平」のクレジットがなくなったのは、白土が作ったストーリーを使わなくなったからだが、もうひとつ、キャラクター商品の著作権料が白土のもとに入るのを阻止するためだった。

『東映アニメーション50年史』には、『狼少年ケン』についてこう書かれている。

〈森永製菓株式会社が単独スポンサーとなって、ココアやキャラメルなどのキャラクター商品を販売。テレビアニメではマーチャンダイジングによって収益が左右されるため、これらの好調な売上によって製作が支えられるとともに、当社の版権許諾業務における最初期の成果となった。〉

手塚治虫がマーチャンダイジングでの収入を見越して編み出したビジネスモデルを、東映動画もさっそく真似していた。『狼少年ケン』は原作者がいないので、全額が東映動画に入るが、『風のフジ丸』は原作者・白土三平がいたので、全額は入らない。そのことに気づいたので、途中から白土を外してしまったのだ。

キャラクターの絵柄も名前も変えられ、そして原作者としてのクレジットも途中から消されたので、当然、白土三平は東映動画に対して不信感を抱くようになった。

『少年忍者 風のフジ丸』という白土三平のマンガは存在しないが、東映動画のテレビアニメをもとにしたマンガが久松文雄によって描かれた。久松文雄は一九四三年に名古屋で生まれ、一九五八年、中学三年生にして田中夢次名義で貸本マンガ『スーパー・ライトの活躍 地球危し！』（昌和漫画出版社）でデビューした。高校卒業後に上京して手塚治虫のアシスタントを経て、「冒険王」などに描くようになり、東宝特撮映画『妖星ゴラス』『モスラ対ゴジラ』のコミカライズも描いていた。

『風のフジ丸』は、テレビアニメと同時期の「ぼくら」一九六四年七月号から「白土三平原作、久松文雄まんが」として連載され、六五年九月号まで続く。

## 楠部大吉郎、東映動画退社

『風のフジ丸』は一九六四年六月七日から放映が始まり、全六五話が作られ、最終回は六五年八月三一日だった。東映動画は六四年一〇月に二〇〇名を増員して、全従業員数は五七五名となった。

しかしアニメーターの正社員としての採用はこれが最後となった。以後は出来高払いの契約制が導入されていく。出来高払い制になると、優秀なアニメーターが虫プロや東京ムービーに引き抜かれるのを阻止するため単価が上がり、なかには社長の給料よりも高くなる者も出た。そのひとりが、楠部大吉郎（一九三四〜二〇〇五）だった。

楠部は一九三四年に満州で生まれた。父は俳人として知られている。弟が楠部三吉郎で、アニメーターではないが、後に二人でシンエイ動画を設立する。大吉郎が一一歳になる年に敗戦となり、戦後は引き揚げて群馬県沼田市で暮らし、彫刻家を目指していた。東京藝術大学を三回受験したが、合格できなかったので諦めた。

一九五七年にマンガを描いて光文社の「少年」に持ち込んだが、その場で東映動画が社員を公募していると知って、大泉のスタジオを訪ねた。山本善次郎が応対し、楠部は九月の入社試験を受け、合格した。東映動画の第一期生となり養成期間が終わると、すぐに長編第一作『白蛇伝』の原画の一部を担当した（クレジットでは動画のひとりとして名が出ている）。以後も『少年猿飛佐助』『西遊記』では動画、『安寿と厨子王丸』『シンドバッドの冒険』『わんぱく王子の大蛇退治』『わんわん忠臣蔵』では原画を担い、中心スタッフとして、長編に携わっていた。

虫プロなどへの人材流出を防ぐため、正社員の一〇倍の報酬を得る契約社員制が導入されると、大塚康生とともに楠部もそのひとりになった。

『狼少年ケン』には楠部の名はないが、『風のフジ丸』では作画監督のひとりとなった。だが、スケジュールがタイトになってきたので、会社は描くのが早い楠部に原画を描くように求めた。楠部は一度は断ったが、契約の一枚あたりの作画料を上げてきたので引き受けると、月によっては一五〇万円を超え、社長の給料よりも高くなった。こうして高給取りになったことが労使双方から問題にされ、いづらくなってきた。

楠部は『風のフジ丸』の放映が八月で終わると、九月に東映動画を辞めた。

## テレビアニメが生む新たな映画興行

一九六四年の東映動画は、長編アニメ映画の新作はなかった。予定していた『ガリバーの宇宙旅行』は中断され、スタッフはテレビアニメにまわされていたのだ。

それでも東映は子どもたちに向けて春休みに二番組を封切った。最初が三月二一日からで、『西遊記』の再映と『狼少年ケン』の第五話と第八話の編集版の二本立て、二八日からは実写時代劇『隠密剣士』と『狼少年ケン』の第九話と第一三話の編集版である。

さらに五月三日から『少年猿飛佐助』の再映と『狼少年ケン』第一二話と第一四話の編集版、六月一四日からは『路傍の石』『おふくろ』に『狼少年ケン』第一六話を併映して公開した。東映としては編集費だけしかかからずに新作映画として封切れ、観客も動員できるので、テレビアニメ再編集版は新たな鉱脈となった。

一九六四年の夏休み、東映は「まんが大行進」と銘打ち、『狼少年ケン』『少年忍者 風のフジ丸』の再編集版に加え、『鉄人28号』『エイトマン』も借りて来て、七月二一日に四本立てで封切った。『風のフジ丸』はテレビで放映された初期のエピソード数本を五三分に再編集して公開した。テレビアニメを再編集して劇場用アニメにする試みの始まりだ。

「まんが大行進」興行の成功を受けて、東映はコストのかかる長編アニメの制作を当面は中止するとの方針を決定した。『白蛇伝』に始まる「年に一本の長編」という伝統が断ち切れた。

九月三日、東映動画の全社員が集められ、その旨が発表された。大塚は〈だいぶ前からうわさになっていましたし、実際、テレビアニメの制作に追いまくられていましたので、さほど大きなショックはありませんでした。〉と振り返っている。

すでに映画業界は凋落《ちょうらく》が顕著になっている。テレビを敵視していたが、東映がテレビアニメをそのまま映画館にかけたらヒットした。制作費はほとんどかかっていない。当然、他社も黙っていない。

松竹は虫プロと提携し、『鉄腕アトム』を共同制作することにした。しかし業績不振で役員が刷新されたことで方針が変わり、中止となる。それを知った東宝と日活が虫プロにアプローチし、共同制作ではなく自主制作を勧めた。結局、虫プロが制作したものを日活が配給することになり、四月に契約した。

劇場版『鉄腕アトム』は『宇宙の勇者』がサブタイトルで、第四六話『ロボット宇宙艇』、第五六話『地球防衛隊』、第七一話『地球最後の日』という宇宙もの三作をつないだものだ。オープニングとそれぞれの話のつなぎの部分は新しく作られた。『地球防衛隊』はテレビ放映版も試験的にカラーで制作されたものだったが、カラー・テレビの普及率は低かったので、大半の子は映画館で初めてカラーのアトムを見ることができた。『地球最後の日』は一部をカラーに作り変えた。虫プロとしては、かなり手間をかけている。

『鉄腕アトム　宇宙の勇者』は日活系で七月二六日に封切られた。三一日まではユーゴスラビアの児童映画『ぼくらの冒険旅行』と二本立てで、八月一日からは高橋英樹主演の『新・男の紋章 度胸一番』との二本立てだった。興行成績は予想を下回り、東映の「まんが大行進」に負けた。子どもとしてはよく知っているテレビアニメ四本立てのほうが、ユーゴスラビア映画や任侠映画との二本立てよりも魅力的だったのだ。

横山隆一のおとぎプロも、劇場公開では二本立てで苦労させられたが、虫プロも同じ苦労を強いられた。二本立ての場合、配給収入が二分割され、さらに配給手数料や宣伝費などの経費が引かれるので、儲かるのは映画館と配給会社だけという構造になる。東映の場合、興行まで自社で行なうので利益が出るが、虫プロは制作だけなので利益は少ない。

## 『ナンバー7』アイデア流出事件

六月に虫プロは出版部を新設した。ファンクラブとしての「虫プロダクション友の会」を作り、その機関誌「鉄腕アトムクラブ」を編集・発行するためだった。「虫プロカレンダー」も毎年作られる。『ジャングル大帝』が動き出すと、虫プロは第三のアニメを始動させた。

虫プロの第三の連続テレビアニメになるのは『W3《ワンダー・スリー》』なのだが、そこにいたるまで二転三転した。最初は手塚の『ナンバー7』を原作にすると決まった。集英社の「日の丸」に一九六一年一月号から六三年二月号まで連載したSFアクションものだ。執筆時から一〇〇年後の二〇六一年が舞台で、地球は人間が住めなくなっており、人類は「空中島」というスペースコロニーで暮らしているという『機動戦士ガンダム』を思わせる設定だった。主人公の七郎は地球防衛隊に入り、その七番目のメンバーなのでナンバー7となり、攻めてくる異星人とチームで闘うのだ。いまでは珍しくはないが、一九六一年の時点で一種の戦隊ものを描いていたのだから、手塚は時代に先駆けていた。同時期に「週刊少年サンデー」に連載した『白いパイロット』もチームものだ。

『ナンバー7』のエピソードのひとつが『鉄腕アトム』の『地球防衛隊の巻』になってもいる。『アトム』の原作がなくなると、虫プロは手塚の他の作品を原作にして『アトム』のエピソードに作り変えたものがいくつもあるのだ。

山本暎一が『ジャングル大帝』を担うので、『ナンバー7』は坂本雄作が担当することになった。

ところが、スタジオ・ゼロが企画した『レインボー戦隊』を東映動画がテレビアニメにするという情報が入った。『レインボー戦隊』はスタジオ・ゼロが一九六三年秋に企画書を東映動画に提出したが、そのときは『風のフジ丸』が採用され、眠っていたものだ。それが、一年後の六四年秋に、制作・放映が決まりかけた。「レインボー戦隊」は「虹の戦隊」だから、七人のチームで闘うもので、『ナンバー7』とチームの人数は同じだ。

虫プロは似たものになるのは避けたいと、タイトルは「ナンバー7」のまま、別の設定・キャラクターを考えることにした。このあたりが手塚のオリジナリティへのこだわりだ。たとえ自分のほうが先に作ったとしても、似たものが同時に出るのは許せない。

新『ナンバー7』の舞台は現代で、主人公の星光一は秘密機関のメンバー、ナンバー7という設定いている。〈かつげきばかりでは、ユーモアも、人間らしさもありませんから、ボクたちは、すばらしいわき役を考えだしました。それは、ボッコというなまえのリスです。／ボッコは、あたまからつのがはえていて、テレパシーで話し、からだがボーッと光っていて、空を飛び、姿を消すことができ、いつもは星光一（ナンバー7）の方にいて、自分からはけっしてたたかいません。〉

この設定でキャラクター・デザインもして、一九六四年暮れに出た六五年の「虫プロカレンダー」にも新作『ナンバー7』として載った。

新作をテレビ局に売り込むにあたっては、マンガの週刊誌・月刊誌での連載が不可欠になっていた。『鉄腕アトム』や『鉄人28号』は連載中のものがテレビアニメ化されたが、原作マンガのない『狼少年ケン』なども、コミカライズを描かせて連載する。テレビ局としては、雑誌に番組の広告を出せば費用がかかるが、作品としてマンガが載る場合、マンガ家への原稿料は出版社が払うので、無料で宣伝できる。出版社としても、テレビで放映されているアニメのマンガが載れば部数増につながる。双方にメリットがあった。

マンガ家も、オリジナルが苦手な人はアニメの設定を借りて自由に描けるので、ありがたい。キャラクター・デザインに参加できれば、「原作者」として二次著作権料も入る可能性があった。実際、これで若くして莫大な収入を得たがために、人生を誤ってしまうマンガ家もいた。

手塚治虫は自分でマンガの新『ナンバー7』を描くつもりだ。では、どの雑誌にするか。手塚は一九六二年に『勇者ダン』が不本意な形で連載終了となってからは、「少年サンデー」に描かなくなっていた。手塚は「少年サンデー」に切られたと思っている。一九六四年になると、一九五九年の創刊時から手塚の連載を欲しがっていた「少年マガジン」編集部の宮原照夫が改めてアプローチし、新しいテレビアニメのマンガ版を連載することになった。

このあたりから関係者の回想が食い違い、それぞれが曖昧になる。宮原によると、新連載の予告を手塚からもらったのは「年末」だった。ところが年が明けて一月五日、手塚から、「『ナンバー7』のアイデアが流出しているので中止にする、予告の原稿を引き上げたい」と連絡が入った。

TBSが春から放映するアニメ『宇宙少年ソラン』にリスが出てきて、『ナンバー7』に出る予定のボッコによく似ているというのだ。手塚のプライドとして似たものを世に出すわけにはいかない。同じ理由で旧『ナンバー7』は『レインボー戦隊』に似ているというので止めている。手塚は『宇宙少年ソラン』のコミカライズが「少年マガジン」に連載予定なので、「マガジン」編集部が漏らしたのではないかとも疑っている。しかし、宮原はそんなことはないと否定した。

虫プロでは犯人探しが始まった。虫プロの嘱託社員で『鉄腕アトム』の脚本を書いていた作家の豊田有恒が疑われた。豊田は『エイトマン』の脚本も書いていたので、TBSとの関係が深いと思われていた。しかし豊田はTBSから『エイトマン』の後番組の『スーパージェッター』を書いてくれと依頼されたが、断っていた。もう虫プロの社員だからという理由だった。

手塚は虫プロの上層部から豊田が漏らしたらしいと聞いて、豊田を呼び出し、「困るじゃないですか」といきなり怒り出した。まったく身に覚えがなかったので、豊田は驚き、売り言葉に買い言葉で、その場で虫プロを辞めてしまった――と豊田は『日本SFアニメ創世記』などに書いているが、このときは石津嵐がとりなして思いとどまり、辞めたのはもっと後とする証言もある。

一方、小説形式ではあるが山本暎一の『虫プロ興亡記』では、『ナンバー7』の中止は一二月に決まっており、一月四日に虫プロの会議で『W3』を雑誌連載したうえでアニメ化すると決まったとあり、「マガジン」の宮原の記憶と違う。

虫プロを辞めた豊田はTBSに頭を下げて、『スーパージェッター』の脚本陣に加わる。『スーパージェッター』の放映開始は一九六五年一月七日、豊田が書いた最初の脚本は三月一八日放映の第一一話だ。豊田が書いた『鉄腕アトム』は六五年五月二九日放映の第一二一話が、とりあえず最後だが、六六年三月二六日放映の第一五七話も書いている。

さて——豊田でなければ誰が漏らしたのか。豊田は『日本SFアニメ創世記』にこう書いている。

手塚がリスのキャラクターのある企画書を〈虫プロに出入りしていた、さる作家に見せた。意見を求めたかったらしい。／だが、その人は、この企画を、TBSの漫画ルームで話してしまった。SFファン気質が抜けきれない人だったので、虫プロではこんな企画が進行中だということを、喋りたかったのだろう。この人の名誉のために言っておくが、決して企画を売ったということではない。〉

このように豊田は犯人が分かっているらしいが、実名は出していない。この本以外でも、また手塚のエッセイなどでも、実名は出てこないので、ここでもそれ以上の追究はしないでおく。手塚も後に豊田ではないと分かり、和解する。

半世紀前のことなので真相は藪《やぶ》の中だ。ただ、いままで指摘されていない事実を記しておく。一九六四年暮れに出た、「虫プロカレンダー 一九六五年」には、新作『ナンバー7』が掲載され、そこには星光一とリスが描かれている。このカレンダーは市販もされたし、虫プロの営業が取引先、関係者に配っているので、テレビ界、アニメ界で手に入れた人は多いはずだ。

『ナンバー7』のキャラクター漏洩《ろうえい》事件は産業スパイ事件として語られるが、虫プロ自身が制作予定の新作のキャラクターとして公開しており、秘密でもなんでもなかったのではないか。

だとしたら、虫プロ内で、シナリオの採用率が高い豊田を妬んだ勢力による、でっち上げだったのかもしれない。

『鉄腕アトム』が商業的に成功する前、アニメの世界は牧歌的で、「企業秘密」など存在しなかった。東映動画の白川は虫プロに出入りしていたし、手塚はスタッフを連れてＴＣＪを見学していた。互いに「こういうことを考えている」と言って、助言したり、手伝うこともあった。それが二年もたたないうちに、産業スパイ事件が勃発する業界に変質していたのだ。

## 原作のないアニメへ

虫プロの情報を得たとされるＴＢＳはというと、一九六四年秋から、『エイトマン』に次ぐ新作の準備に入っていた。六五年一月放映開始の『スーパージェッター』と五月開始の『宇宙少年ソラン』である。

『エイトマン』は視聴率もよく人気もあったが、一九六四年一二月三一日、第五六話をもって終了した。いまならば一年も続くのは長寿番組だが、当時は二クール単位で契約し、好調ならば延長というシステムだ。一九六三年に始まった『鉄腕アトム』『鉄人28号』『狼少年ケン』はまだ続いている。

『エイトマン』が終わったのは、海外放映権のトラブルが原因だった。『鉄腕アトム』がアメリカに売れたので『エイトマン』も売り込み、三大ネットワークのひとつＡＢＣの子会社であるＡＢＣフィルムズと契約したが、海外放映権だけでなく商品化権・音楽著作権・出版権などすべての権利も包括して売る内容だった。それに気づいたのは契約後で、英文契約書を読める者がいなかったからというお粗末な経緯だった。ABCフィルムズと契約するにあたり、原作者である平井和正と桑田次郎の許諾を何も得ていなかった。

これを反省してTBSが出した結論は、「原作者を尊重しなければならない」ということではなく、「原作者のいないテレビアニメを作ろう」というものだった。東映動画の『狼少年ケン』にならったのだ。

新作も『エイトマン』に続いて三輪俊道が担当することになった。次もSFでいこうとなったが、TBSオリジナルのSFアニメの脚本を書ける者は社内にはいない。平井和正に頼んだが、小説を書きたいからと断られた。豊田有恒は虫プロの嘱託社員なので社外の仕事はできないと言う。『エイトマン』は、虫プロに入る前からの仕事なので、例外的に認めてもらっていた。そこで『エイトマン』の脚本チームのひとりだった加納一朗に中心となってもらうことにした。

加納一朗（一九二八〜二〇一九）は推理作家のイメージが強いがSFも書いており、『エイトマン』の脚本にも加わっていた。加納と三輪は「未来から来た少年」というコンセプトと、主要なメカと小道具の設定を決めると、筒井康隆、半村良、眉村卓、山村正夫に声をかけて脚本家チームを作った。

この段階ではタイトルは「スーパーサンダー」だったが、他社が商標登録していると判明し、『スーパージェッター』になった。

TCJも加わってから、キャラクター・デザインを久松文雄に依頼した。東映動画の『風のフジ丸』のコミカライズが注目され、「新鮮な絵」というので選ばれた。久松は『スーパージェッター』のコミカライズも担い、番組の放映開始と同時に「週刊少年サンデー」一九六五年一月一日号から一年間、連載する。『エイトマン』は講談社の「週刊少年マガジン」だったが、小学館に移ったのだ。夏からは「少年サンデー」以外の学年誌にも載る。

オリジナルものを作る原点は著作権をTBSが得るためだったが、そう簡単にはいかない。加納一朗と山村正夫はミステリ作家でもあったので日本推理作家協会に入っており、同協会は作家の権利を守ることが事業の柱でもあった。作家がひとりでテレビ局と交渉しても丸め込まれてしまうが、協会のテレビラジオ委員会を通じて交渉し、脚本家チームと久松文雄に原作権があることを認めさせ、商品化権料の半額を全員で分けることにした。かなり高額だった。筒井康隆はこの仕事のおかげで結婚し上京したと語っているし、豊田有恒によれば大卒初任給が二万円の時代にその一〇〇か月分の約二〇〇万円を得たという。現在ではアニメのシナリオ作家にここまでの権利は認められていないだろう。

『スーパージェッター』と並行してTBSがTCJと作ろうとしていたのが、虫プロを混乱させた『宇宙少年ソラン』だ。

これもTBSがオリジナルで作ろうとしたものだが、「原作」として福本和也と宮腰義勝がクレジットされている。福本は小説家でもあり脚本家でもあり、マンガの原作者としては「少年マガジン」で『ちかいの魔球』をヒットさせ、「書き下ろしの原作」付きマンガというジャンルの開拓者である。

福本と辻真先が中心となり、光瀬龍、小隅黎、野々あきら、藤村正太、加納一朗らで脚本チームが結成され、豊田有恒も途中から加わる。

もうひとりの原作者・宮腰義勝（一九四三〜二〇〇五）はマンガ家で、『宇宙少年ソラン』のキャラクター・デザインをし、コミカライズも描いた。宮腰は秋田県能代市出身で、一九五八年に上京して手塚治虫のアシスタントになった。六一年に手塚のもとを離れ、横山光輝のアシスタントとなり、六四年に横山光輝が設立した光プロダクションに、馬場秀夫、井上英沖、岸本修とともに参加した。同年、「週刊少年サンデー」一四号から、塚本光治のペンネームで横山光輝原作による『鋼鉄人間シグマ』を連載する。その画風は横山と区別がつかないほどだ。絵の巧さにおいて手塚を嫉妬させたという伝説が残っている。

手塚と横山の関係も微妙なので、横山のもとへ移った宮腰に対しての手塚の複雑な感情も、後の大事件の一因なのかもしれない。そう、『W3』をめぐる事件はまだ終わらないのだ。

# 第一〇章　〈宇宙SFブーム〉と「タツノコプロ」——一九六五年

## 巨大化していくテレビアニメ

一九六五年、テレビアニメの世界はますます巨大化していった。一月に放映されていた国産テレビアニメは六作だったが、一二月には一一作になっていた。

虫プロは、『鉄腕アトム』が三年目になっていた。視聴率は三〇パーセント台で好調である。演出陣のなかに、富野由悠季（当時は喜幸）、出﨑統、永島慎二らの名も見える。初のカラー作品『ジャングル大帝』を準備していたが、放映開始は一〇月となり、後から企画がスタートした『W３』のほうが先に六月の放映開始となった。並行して三作を制作する。

ＴＣＪの『鉄人28号』は五月でいったん終了となる。その後番組となるのが、『遊星少年パピイ』で翌年五月まで一年続く。ＴＢＳの下請けの『エイトマン』は前年一二月で終了となり、『スーパージェッター』が一月から始まって、翌年一月まで続く。虫プロから盗んだのではないかと疑われたＴＢＳとの『宇宙少年ソラン』は六月、『W３』の二日後に始まり、さらに九月から『鉄人28号』の第二シリーズも始まる。ＴＣＪは四本を同時に作っていた。

東京ムービーの『ビッグX』は一年を過ぎても好調で九月まで続く。八月からは藤子不二雄原作の『オバケのQ太郎』が始まり、大ブームとなる。

ピープロは虫プロの『鉄腕アトム』を制作しており、オリジナルの作品はない。だがTBSと共同で横山光輝の長編SFマンガ『宇宙船レッドシャーク』(「少年ブック」六五年四月号から六七年三月号まで連載)を、カラーでテレビアニメにしようとパイロット版を作った。カラーは制作費がかかるので、日本国内だけでは採算が取れないと見込み、アメリカで放映してから日本に逆輸入するという計画だった。パイロット版の評判はよかったが、アメリカでの買い手が付かず、実現しなかった。ピープロは制作費の二割ほどを被った。ピープロ制作のテレビアニメ第二作は、ちばてつや原作の『ハリスの旋風《かぜ》』で、一九六六年五月に放映開始となる。

そして、この年新たにタツノコプロが参入してくる。虫プロ、TCJ、東映動画の「三国」時代は二年で終わり、スタジオ・ゼロ、ピープロ、東京ムービー、タツノコプロとアニメ制作会社は一気に増えて、春秋戦国時代に突入する。

## 『ホルス』への長い旅の始まり

東映動画の『狼少年ケン』と『少年忍者 風のフジ丸』はともに八月で終わった。一方、二月から『宇宙パトロール ホッパ』が始まって一一月まで、その後番組として『ハッスルパンチ』が始まり翌年四月まで続く。さらに中断していた劇場用長編アニメ『ガリバーの宇宙旅行』が三月二〇日に封切られた。

**1965年のテレビアニメ**

<table>
<tr><th>曜日</th><th>時刻</th><th>局</th><th></th><th>1</th><th>2</th><th>3</th><th>4</th><th>5</th><th>6</th><th>7</th><th>8</th><th>9</th><th>10</th><th>11</th><th>12</th><th></th></tr>
<tr><td rowspan="4">月</td><td>18:15〜</td><td>N</td><td colspan="10">オオカミ少年ケン(東)</td><td colspan="4"></td></tr>
<tr><td>19:00〜</td><td>T</td><td colspan="11">ビッグX(ム)</td><td colspan="3"></td></tr>
<tr><td>19:00〜</td><td>N</td><td colspan="2"></td><td colspan="10">宇宙パトロールホッパ</td><td colspan="2"></td></tr>
<tr><td>19:30〜</td><td>N</td><td colspan="11"></td><td colspan="3">ハッスルパンチ(東)</td></tr>
<tr><td rowspan="2">火</td><td>18:15〜</td><td>日</td><td colspan="12"></td><td colspan="2">戦え!オスパー(日)→</td></tr>
<tr><td>19:00〜</td><td>T</td><td colspan="5"></td><td colspan="9">宇宙少年ソラン(T)</td></tr>
<tr><td rowspan="2">水</td><td>18:15〜</td><td>フ</td><td colspan="9"></td><td colspan="5">鉄人28号(T)</td></tr>
<tr><td>19:00〜</td><td>フ</td><td colspan="10"></td><td colspan="4">ジャングル大帝(虫)</td></tr>
<tr><td rowspan="3">木</td><td>18:00〜</td><td>NH</td><td colspan="4"></td><td colspan="10">宇宙人ピピ(テ)</td></tr>
<tr><td>19:00〜</td><td>T</td><td colspan="1"></td><td colspan="13">スーパージェッター(T)</td></tr>
<tr><td>19:00〜</td><td>フ</td><td colspan="6">鉄人28号(T)</td><td colspan="8">遊星少年パピイ(T)</td></tr>
<tr><td rowspan="2">土</td><td>18:15〜</td><td>フ</td><td colspan="5"></td><td colspan="9">宇宙エース(竜)</td></tr>
<tr><td>19:00〜</td><td>フ</td><td colspan="14">鉄腕アトム(虫)</td></tr>
<tr><td rowspan="2">日</td><td>19:00〜</td><td>フ</td><td colspan="6"></td><td colspan="8">W3(虫)</td></tr>
<tr><td>19:30〜</td><td>T</td><td colspan="8"></td><td colspan="6">オバケのQ太郎(ム)</td></tr>
<tr><td colspan="3"></td><td></td><td>1</td><td>2</td><td>3</td><td>4</td><td>5</td><td>6</td><td>7</td><td>8</td><td>9</td><td>10</td><td>11</td><td>12</td><td></td></tr>
</table>

封切り直前の三月八日、東映動画社内で、大塚康生が企画部長・関政次郎に密かに呼び出された。「テレビアニメの制作体制がほぼ固まったので、来年初めをめどに長編を再開しようと思う」と言う。そして、作画監督をやってほしいので、どんなものをやりたいか、また、演出は誰がいいか、考えてくれと打診された。回答期限は一週間だった。

大塚は一週間、考えに考えた。自分に作画監督ができるかどうか、誰を演出にしたいか、その人を会社が認めるだろうか。一週間後、大塚は考えをまとめて文書にして関に提出した。「松谷みよ子原作『龍の子太郎』、演出は高畑勲」という内容だった。関は『龍の子太郎』は即決したが、高畑には難色を示した。芹川有吾か矢吹公郎はどうかと言う。高畑の能力や人柄が問題なのではなく、年功序列の秩序が崩れるというのが理由のようだ。「高畑君にはもう少し後でやってもらおうと考えている」と関は言った。

東映動画の演出陣は、ベテランの藪下泰司の次の世代として、芹川有吾が『わんぱく王子の大蛇退治』(六三年三月)、白川大作が『わんわん忠臣蔵』(六三年一二月)、黒田昌郎が『ガリバーの宇宙旅行』(六五年三月)と順番に作ってきた。次は矢吹公郎に初めて演出させるか、芹川の再登板で、高畑はその次、というのが会社の考える順番だったらしい。

大塚は『狼少年ケン』で高畑の演出の力を評価していた。それは他のスタッフも同じだった。大塚の『作画汗まみれ』によれば、高畑の〈演出の冴えは、当時原・動画スタッフのあいだで大きな信頼〉を得ていたという。また大塚と高畑は労働組合の執行部だったので、〈人生観、世界観についていつも討論していた間柄〉だった。つまり互いに相手が何を考えているか、どんな人物なのかよく知っていた。作画監督という大役を初めて受けるからには、高畑以外の演出は考えられない。

大塚と関は互いに譲らなかったが、最後は関が折れた。「君が責任を持ってスケジュール通りに完成させてくれ」というのが条件だった。関も大塚も、それがどんなに困難であるか、高畑勲の恐ろしさを、この時点では知らない。

四月中旬に大塚は高畑と会い、新作長編アニメの演出を頼んだ。それから二人で残業の後や日曜日など勤務時間外に会って、構想を練った。『龍の子太郎』は、早い段階で却下された。久しぶりの長編なのでスケールの大きなものをやろうとなり、それには『龍の子太郎』は合わなかったのだ。『太陽の王子 ホルスの大冒険』への迷走の始まりである。

## 『新宝島』放映

一月三日、虫プロ制作の五二分のアニメ『新宝島』が放映された。

一九六三年八月に発表された『虫プロランド』シリーズの第一作として、六四年六月に完成していたものだ。このシリーズで作ろうとしていた『ジャングル大帝』は一年ものとして制作されることになり、「虫プロランド」はなくなった。『新宝島』は宙に浮いていたが、正月の特別番組として一月三日・日曜一八時三〇分から放映されたのだ。

『新宝島』といえば、一九四七年に刊行された手塚の出世作のタイトルである。しかし、このアニメ版『新宝島』は、四七年のマンガを原作にしたのではなく、スティーブンソンの『宝島』に戻り、これを原作として、登場人物を擬人化された動物にしたものだった。

そして――異説もあるが――一月四日の会議で、スタッフは『鉄腕アトム』『ジャングル大帝』

『W3』の三班に編成されることが決まった。

『ジャングル大帝』は第一回のシナリオができていた。作品になじむため、第一話の絵コンテは、山本暎一だけでなく、林重行（りんたろう）、永島慎二、瀬山義文、北野英明の五人が合作することになった。

永島慎二（一九三七〜二〇〇五）は『漫画家残酷物語』『フーテン』などで知られるマンガ家だが、このころは虫プロにいたのだ。中学を中退してからさまざまな仕事をして、一九五二年に貸本マンガ『さんしょのピリちゃん』でデビューしていたが、五六年には一時的に手塚治虫のアシスタントをしていた。一九六一年に『漫画家残酷物語』を発表し、「青年マンガ」の教祖となる。さいとう・たかをのさいとう・プロダクションにいた時期もあり、六四年から虫プロでアニメの仕事をしていた。

『ジャングル大帝』第一回は三月末に編集まで終わった。この作品は初のカラーという点でも画期的だったが、音楽に冨田勲を起用した点でも斬新だった。フルオーケストラの曲を毎回、画面に合わせて作曲してもらい、劇中歌もふんだんに入れた。全体の制作費の三分の一近くが音楽のために使われた。

## 『レインボー戦隊』のフライング

虫プロを混乱させた『レインボー戦隊』に動きがあった。前年秋にいったんは制作が決まっていたため、「週刊少年マガジン」で一九六五年一号（一月一日号、発売は前年一二月二六日）から連載が始まったのだ。藤子不二雄（安孫子素雄）、石森章太郎、鈴木伸一、赤塚不二夫のアシスタントをしていた長谷邦夫が分担で描いて、「原作・スタジオ・ゼロ、まんが・風田朗」名義での連載だ。

長谷邦夫（一九三七〜二〇一八）は、石森章太郎が高校時代に赤塚不二夫たちと作っていた同人誌「墨汁一滴」の仲間だった。石森と赤塚がトキワ荘で暮らすようになると、毎日のようにやってきた「トキワ荘通い組」のひとりで、赤塚のフジオプロでブレーンとなっていた。「風田朗」は、鈴木伸一が「漫画少年」に投稿していたときに使っていたペンネームだ。

『レインボー戦隊』がアニメになるとの情報は、講談社の「週刊少年マガジン」の内田の耳にも入っていた。内田がスタジオ・ゼロに『レインボー戦隊』のコミカライズの連載を持ちかけ、石森・安孫子・長谷が合作で書くことになったのだ。毎号の扉には「動画化決定」と書かれていた。だが、いつまで経ってもテレビアニメは始まらず、連載は三か月（一三回）で終わった。マンガとしても人気が出なかったのだろう。

東映動画は一九六五年一月の時点で、『狼少年ケン』と『少年忍者風のフジ丸』の二本を制作・放映している。さらに一本、タツノコプロと『宇宙エース』を制作する計画も進んでいた。後述するが、タツノコプロと条件面で決裂し、急遽《きゅうきょ》、自分たちだけで作るのが『宇宙パトロール ホッパ』で二月に放映開始となる。そのあおりで『レインボー戦隊』は棚上げされてしまったのかもしれない。

『レインボー戦隊』が載ったことでも分かるが、この時期、「少年マガジン」はスタジオ・ゼロ（トキワ荘グループ）と良好である。手塚治虫の連載も決まり、『レインボー戦隊』連載と並行して、「爆笑まんが劇場」という読切シリーズが始まり、石森章太郎『となりのたまげたくん』、つのだじろう『忍者あわて丸』、藤子不二雄『わかとの』、赤塚不二夫『デカとチビ』が掲載されていた。

スタジオ・ゼロのマンガ家たちの連載はさらに増え、藤子不二雄（安孫子）は「少年画報」六五年二月号から『怪物くん』を始めた。つのだじろうも「少年サンデー」で『ブラック団』を始める。

## 手塚とマガジンの間に溝を生んだ「W3事件」

虫プロの『ジャングル大帝』第一回は四月に完成した。放映はまだ先だ。後からスタートした『W3』のほうが先に、六月放映開始と決まり、追い込みに入っていた。手塚治虫が演出もするので、スケジュールの大幅な遅延が生じていたのだ。それに加えて事件が勃発する。世にいう「W3事件」である。

『ナンバー7』の代わりに手塚治虫が新たに考え出したのが、『W3《ワンダー・スリー》』だった。ボッコはリスではなくウサギになり、他にカモのプッコとウマのノッコの三人の宇宙人が登場する。手塚のマンガ版もテレビ放映に先駆けて「少年マガジン」で一九六五年一三号（三月二一日号）から連載が始まった。事前に周知させようという戦略である。

ところが六回目の一八号（四月二五日号）で『W3』は打ち切りとなる。「マガジン」二〇号から宮腰義勝による『宇宙少年ソラン』の連載が始まると知った手塚が、編集部に、『ソラン』の連載中止か、『W3』の中止かの二者択一を求めてきたのだ。

事件から半年後の「鉄腕アトムクラブ」九月号に書かれた手塚のエッセイ『ボクのまんが記　W3の巻』によれば、『W3』連載前に『ソラン』が「マガジン」に載りそうだと聞いて、〈なんとか「ソラン」をのせないでくれと、約束してもらいました。／ひとの企画をぬすんだような作品といっしょにならぶのはぜったいにいやだったからです。〉ということがあった。

ところが〈四月になって、きゅうにマガジンでは、「ソラン」をのせるといいだしたのです。ボクはおどろいて、約束が違うといいました。／―「W3」をつづけるのなら、「ソラン」はどうかのせないでくれ。「ソラン」がのるのなら「W3」をやめる―と、ボクはとうとういいました。〉

「マガジン」編集部の宮原はもうこの件は解決していたと思っていたので驚いた。宮原の認識では、「ソランを載せない」という約束はしていないようなのだ。手塚からの連絡を受けた翌日か翌々日、宮原は井岡編集長と手塚のもとへ行った。しかし、手塚は連載を打ち切ると言って聞かない。宮原と井岡は諦めた。

手塚はこう書いている。〈講談社では「ソラン」をのせるため、「W3」うちきりを知らせてきました。「ソラン」をのせるようにはたらきかけたスポンサーの森永製菓は、講談社にとって、たいせつなお客さまだったからです。／ボクは、くやしくて一晩じゅう泣きました。講談社にも、森永にも、TBSにも、どこにも責任はないのです。／ただ、おとなの世界には、こんなつじつまのあわない、なさけないことが当然のようにおこるのです。それがかなしかったのです。〉

手塚は打ち切りを決めたのは「マガジン」だという。たしかに、『ソラン』は森永製菓がスポンサーで、『W3』のスポンサーのロッテと、同業他社というライバル関係にある。

しかし宮原によると、打ち切りは手塚が決めたという。宮原が手塚のもとへ行ったとき、先客があった。「少年サンデー」の第四代編集長に就任したばかりの小西湧之助《ようのすけ》（一九三一〜）だ。宮原たちと会う前に、手塚は「少年サンデー」に『W3』を移すことを決め、小西を呼んでいたのだ。

小西は一九三一年生まれで、國學院大學を卒業して五三年に小学館へ入社し、学年誌の編集部に配属された。六二年に「中学生の友一年生」編集長になったが、六三年三月号で「中学生の友」全学年が廃刊になると、新雑誌「ボーイズライフ」の創刊編集長になった。中学・高校生向けの総合誌というコンセプトで、読み物が中心で、マンガのページは少ない。小西は少ないマンガ枠に、白土三平、さいとう・たかを、横山光輝、石森章太郎、寺田ヒロオらを起用した。「少年サンデー」よりも上の読者層を狙った作品が生まれた。これが一九六八年創刊の「ビッグコミック」の布石になる。

一九六五年三月に小西は「少年サンデー」編集長になると、最近手塚作品が載っていないことに気づき、初仕事として手塚のもとへ挨拶に行った。「サンデー」に描かないのはなぜかと聞くと、「僕とサンデーは絶縁状態なんです」と言われた。小西はその理由について聞くことはなく、何度か通うが、なかなか描くと言ってもらえない状況だった。

そんなとき、手塚のほうから連絡があり、「描けそうだからすぐに来い」というので駆けつけると、「マガジン」の『W3』を打ち切るので、続きを「サンデー」で連載してほしいという話だった。小西としては、講談社の「マガジン」は同業他社のライバル誌なので、引き抜くようなことはしたくない。いったん断ったが、手塚は必死だった。雑誌に連載するのが放映の条件だったのだろう。「マガジン」連載の続きではなく、最初から描き直すという条件で、『W3』は、「サンデー」二三号（五月三〇日号）から連載された。大きな設定は同じだが、まったく異なるストーリーでやり直しとなった。「マガジン」版『W3』は未完となり、手塚と「少年マガジン」は絶縁関係になった。

その後、手塚は「少年マガジン」と和解し、さらには講談社から全三〇〇巻（没後、四〇〇巻に）の「手塚治虫漫画全集」を刊行するが、その『W3』の「あとがき」（一九八一年）には、〈ごたごたでいやけがさしたぼくは、連載を中止してしまいました。／そして／何週かたったあと、あらためて「少年サンデー」に始めたのです。この件で、迷惑をかけた「少年マガジン」の編集長には、ほんとうにもうしわけなかったと思います。〉と書いている。

この「マガジン」から「サンデー」への移籍がマンガ史に残る「W3事件」である。「マガジン」が失ったのは手塚治虫の『W3』だけではなかった。『8マン』も連載中止に追い込まれた。作画の桑田次郎が拳銃不法所持による銃刀法違反で逮捕されてしまったのだ。この事件のせいでアニメ『エイトマン』が打ち切りになったとしている資料が散見されるが、それは間違いだ。テレビアニメが終わってからも、「マガジン」での連載は続いていたのだ。さらに八月にはちばてつやの『ハリスの旋風』が、ちばの結婚と新婚旅行で二回休載した。これらのおかげで、部数が急落し、井岡編集長は責任を取って退任、後任の編集長には内田勝が就いた。

## 『W3』『ジャングル大帝』続々と放映

テレビアニメ『W3』で手塚は「原作・総監督」という立場だ。『ジャングル大帝』には口を出せなかった分、『W3』には力を入れた。手塚は第一回の演出をし、回によっては動画まで描いた。

『ジャングル大帝』班は社内の反手塚派の牙城となっていたが、その反動で、『W3』班には手塚を慕うスタッフが集結し、無理なスケジュールもこなしていた。虫プロ本社には全員が入りきれなくなったので、近くのアパートを借りて第三スタジオと呼び、『W3』班はそこで仕事をした。

『W3』は当初は二五名で取り掛かっていたが、とても足りない。そこで社員を新たに公募する。人気アニメを作っている会社とあって、応募者は殺到した。そのなかから新たに八人が『W3』に配属された。

マンガ『W3』はひとつの長い物語だが、テレビアニメは一話完結の全五二話だった。基本設定が同じだけで、テレビアニメは実質的にオリジナル脚本による。脚本、絵コンテ、原画というすべての工程に手塚のチェックが必要となるので、例によって、進行は遅れに遅れた。しかし手塚を慕うスタッフたちはそれに耐えていく。後の座談会でも楽しい現場だったと振り返っている。

社内だけでは人手が足りずに外注もしたので、統括するチーフ・ディレクターが置かれ、東映動画出身の杉山卓が就いた。さらに回ごとの演出には、入社したばかりの高橋良輔や、東映動画を辞めていた月岡貞夫などが担う。月岡は回によっては脚本も書き、作画もした。

杉山卓（一九三七〜）は東京出身で、都立豊多摩高等学校卒業後、一九五六年に東映動画に一期生として入り、『白蛇伝』から長編アニメーション作りに携わっていた。永沢詢、楠部大吉郎が同期だ。しかし、武蔵野美術大学に入るために退社し、卒業後は岩波映画で記録映画やPR映画を作っていた。その後、「テレビ動画」に入り、『ドルフィン王子』『海賊プライド』を演出、原画も描いていたが、手塚治虫に誘われて虫プロに入った。京都アニメーションの創業者・八田陽子の兄としても知られる。陽子は杉山の紹介で虫プロに入り、アニメを学んだ。

高橋良輔（一九四三〜）は東京都出身で、商業高校を卒業して伊藤忠自動車に入り、販売の仕事をしながら、明治大学第二文学部に通っていた。こんな仕事をしていていいのかと疑問を抱いたころ、一九六四年に虫プロが公募をしていたので応募した。最初は事務職で応募して落ち、二度目はアニメーターで受けて一次の実技を通った。面接したのが杉井ギサブローだった。アニメーターではなく演出部に入ることになり、『鉄腕アトム』の制作進行となった。入社三日目から二〇日間、会社に泊まったという伝説を持つ。

『ジャングル大帝』の制作が始まると、高橋も呼ばれたが、まじめなひとが多かったので断わり、手塚が新しく『W3』を作るというので加わった。手塚からは「音響監督をどうですか」と言われたが、「演出をやりたいんです」と答えると、あっさりと演出にまわしてもらえた。アニメ監督・高橋良輔の誕生だ。

作画監督には中村和子が復帰して就いた。作画では回ごとに分業するのではなく、キャラクターごとに分業する体制が組まれ、ウサギのボッコは中村が一貫して描き、プッコ、ノッコ、星光一もそれぞれの担当者がずっと描いた。オープニングはまだ東映動画にいた大塚康生がアルバイトで作った。脚本家のなかには、紅《あか》テントを作る前の唐十郎《からじゅうろう》もいた。

『W3』は六月六日から、フジテレビの日曜一九時枠で放映された。日曜一九時のTBSはタケダアワー枠で時代劇『隠密剣士』を放映していた。フジテレビの『W3』はこの枠と激突したが、視聴率は二〇パーセントを常に超えていた。ところが、六六年一月二日から「タケダアワー」で円谷プロ制作の『ウルトラQ』が始まると、子どもたち、とくに男子はそちらに夢中になり、『W3』の視聴率は急降下した。

激突していたのは一か月で、二月七日放映の第三六話から『W3』は月曜一九時三〇分からの枠へ移動し、六月二七日まで五二話が放映された（リピート放映の回が四回あるので、放映回数は五六回）。最終回は手塚の脚本だった。

『W3』が放映開始になった六月、『ジャングル大帝』第一話の試写会がフジテレビで開かれた。編成局を中心にした関係者たちは、その美しさと迫力に圧倒された。なかでも冨田勲の雄大な音楽によるオープニングは絶賛された。このオープニングだけで一話分の予算を使っていた。

虫プロのブランドイメージは最高だったので、スポンサーには有名企業が何社も手を挙げた。広告代理店も競争する。結局、カラー・テレビに力を入れたい三洋電機と第一広告社に決まった。『ジャングル大帝』第一回の放映は一〇月六日、フジテレビの水曜一九時の枠だ。視聴率は一九・一パーセントという衝撃的なものだった。いまならば大成功だが、『鉄腕アトム』の三〇パーセント台を当たり前としていた当時としては、低かった。せっかくのカラーだったが、カラー・テレビの普及率が低いのでこの美しさを堪能できる家庭は少ない。虫プロの最初の大きな躓《つまず》きだった。

それでも『ジャングル大帝』は一年続き、さらに、もう半年『ジャングル大帝 進めレオ!』として続けることになった。

## 吉田竜夫・梶原一騎の人気コンビ

『W3』より一か月前の五月に始まったのがタツノコプロ第一作となる『宇宙エース』だった。創立者はマンガ家の吉田竜夫とその二人の弟、吉田健二、九里《くり》一平である。

吉田竜夫(一九三二～七七)は京都市で生まれた。手塚の四歳下にあたる。三歳下の弟・健二(一九三五～)と、八歳下の豊治(一九四〇～、九里一平)がいる。母は豊治が三歳の年に亡くなり、父は出征し、敗戦後はシベリアに抑留され、一九四七年に復員した。その間、兄弟は祖母と叔母によって育てられた。

竜夫は幼少期から絵が好きで、うまかった。寺の境内の市で売られていた進駐軍が持ち込んだアメリカのコミック雑誌や、手塚治虫の『新宝島』などにも夢中になった。豊治も絵が好きでのめり込んでいくが、健二はのめり込むほどではなかった。吉田家の向かいに住んでいたのが辻なおきで、健二と同年でともに絵が好きなので親しくしていた。

父は復員したものの結核に倒れて働けず、竜夫は京都私立美術工芸学校（現・京都市立銅駝美術工芸高等学校）に通いながら、アルバイトをして家計を支えた。竜夫が一九歳になった一九五一年、父が亡くなった。そのころには新聞に挿絵を描く仕事もあり、若い画家としてスタートしていた。紙芝居の全盛期だったので、その仕事もした。

一九五四年秋、吉田竜夫は結婚したばかりの妻・綾子とともに上京した。綾子は滋賀県大津の出身で竜夫と同年、共通の友人がいて知り合い、恋に落ちた。竜夫の絵を見た東京の挿絵画家が出版社を紹介してくれたのだ、竜夫はひとりで上京するつもりだったが、これを機に結婚し、二人で東京へ向かった。二人の弟には、「一年待ってくれ。必ず東京へ呼ぶ」と言い残した。

吉田は浅草に住まいを見つけると少年雑誌へ作品を持ち込み、すぐに採用が決まった。「少年画報」一九五四年一一月号から連載された絵物語『密林の少年王ジャングル・キング』が少年誌デビュー作となる。連載は五五年四月号で終わったが、翌月から『嵐をこえて』が始まり、順調だった。

ここで梶原一騎が登場する。『巨人の星』『あしたのジョー』『タイガーマスク』など、テレビアニメ史上に残る名作の原作者である。

梶原一騎（一九三六〜八七）は本名が高森朝樹で、『あしたのジョー』の筆名「高森朝雄」のほうが本名に近い。青少年期についてはさまざまな武勇伝があるが、格闘技と文学への関心を持つ青年だった。一九五三年、一七歳になる年に月刊誌「少年画報」の懸賞小説に応募し、「梶原一騎」をペンネームとした。ボクシングを題材にした小説『勝利のかげに』で入賞し、雑誌に掲載された。

梶原は続いて柔道を題材にした小説を書いて「少年画報」編集部に持ち込むが、「長い」と断られてしまった。このころから少年誌は小説や絵物語からマンガへシフトしつつあり、小説にページを割けなくなっていた。それでも梶原は、文才とスポーツへの知識が買われ、「少年画報」にスポーツの実話読み物を書く。一九五八年までに、「少年」「おもしろブック」などの月刊誌にも格闘技を題材にした少年小説を書いた。

梶原が「少年画報」一九五五年一月号に書いた小説『荒野の快男児』の挿絵を描いたのが、上京したばかりの吉田竜夫だった。梶原のほうが四歳下になる。

絵物語では「絵」を描く画家のほうがポジションは上で、「文」と表記される作家は「筋書き屋」と呼ばれ、立場は低かった。それがマンガの時代になると、「絵物語の筋書き屋」は「原作者」となり、ときに立場が逆転する。

吉田・梶原のコンビは好評だったので、「少年画報」一九五五年三月号から梶原と吉田による絵物語『少年プロレス王・鉄腕リキヤ』の連載が始まり、五七年一二月号まで続くヒット作となった。

連載中の一九五五年一〇月、吉田は叔母の世話になっていた弟の健二と豊治を東京へ呼び寄せた。健二は二〇歳、豊治は一五歳だった（一九五八年に上京したとしている資料もある）。健二も絵の才能はあったが、豊治が言うには「色彩感覚が豊かで一枚絵で表現する純粋絵画的なもの」が多かった。健二と豊治は兄・竜夫の絵物語を手伝うことになった。やがて健二はマネージメント、豊治は絵のアシスタントと役割分担をしていく。

## 九里一平、絵物語からマンガへ

吉田豊治は「九里一平」というペンネームで知られるので、以後はそう記す。ペンネームの由来は目がクリクリとしていたからだという。

九里は兄の仕事を手伝いながら、少しずつ雑誌の挿絵の仕事ももらえるようになる。しかし、兄や自分の絵が載っている「少年画報」を見ていると、絵物語よりもマンガのほうが面白い。誌面から熱気も感じられた。これからはマンガの時代だと思った。

一九五九年、九里一平は一六歳で貸本マンガ『あばれ天狗』(嶋村出版)でデビューした。カラーの表紙の画は健二が描いた。健二はこのころ、貸本マンガの表紙の仕事をしていたのだ。貸本マンガの単行本の表紙は、その本を描いたマンガ家ではなく、表紙専門の画家が描いていた。九里一平は続いて集英社の「日の丸」に少年ヒーローもの『Zボーイ』を連載する。

吉田竜夫と梶原一騎は「少年画報」の他、「冒険王」「少年」「おもしろブック」などにも絵物語を連載していった。しかし戦後、山川惣治、小松崎茂、福島鉄次、永松健夫らによって発展したジャンルとしての絵物語は衰退に向かいつつあった。九里一平が感じたように、マンガの時代が到来していた。

吉田竜夫が京都から東京へ来たのは一九五四年秋だが、藤子不二雄の二人が富山から上京したのもこの年だ。春に上京し、秋からトキワ荘に住む。藤子不二雄は「漫画少年」に投稿し、同誌に描くようになり、それ以外の月刊誌の仕事も入り始めたので、思い切って上京したのだ。

藤子不二雄の二人は最初からマンガを描いており、挿絵や紙芝居、絵物語はほとんど描いていない。

手塚治虫も同じだし、トキワ荘の石森章太郎、赤塚不二夫らもいきなりマンガ家になったのに対し、同世代でありながら、吉田や辻なおきは挿絵・絵物語を経てマンガ家になったという違いがある。さらに、トキワ荘グループは絵画の正規教育は受けていないが、吉田は美術の高校に通っていた。

極論を言えば、吉田・辻たちはまず絵の才能があり、他人の作った物語を絵画にするところから始めたのに対し、手塚・トキワ荘グループは映画や小説が好きで、そういう物語をマンガに描きたいというところから始めた。もし絵物語がその後も人気ジャンルとして続けば、吉田たちはマンガ家にはならなかったかもしれない

前述のように、一九五九年創刊の「週刊少年マガジン」は貸本出身のマンガ家の起用と、原作付きマンガという新たな形式を編み出していた。最初のヒット作は福本和也原作、ちばてつや作画の『ちかいの魔球』だが、その連載開始からちょうど一年後、「少年マガジン」一九六二年一号（発売は前年一二月）から吉田竜夫・画、梶原一騎・原作で『チャンピオン太《ふとし》』の連載が始まった。

それと前後して九里一平も梶原一輝の原作で「冒険王」一九六一年一二月号から『ハリケーンGメン』を連載した（六三年五月号まで）。「少年マガジン」には九里一平・画、吉田竜夫・構成で『マッハ三四郎』も連載していた。

吉田竜夫・梶原一騎の『チャンピオン太』は好評で二年間続き、フジテレビでテレビドラマ化もされた（一九六二年一一月から六三年五月）。六三年五二号（一二月二三日号）で『チャンピオン太』は終わるが、その前の五一号から吉田・梶原は柔道マンガ『ハリス無段』の連載を始めた。これはチューインガムやチョコレートのメーカー、ハリスがスポンサーになるという試みでのマンガだった。テレビは番組ごとにスポンサーが異なる。これを雑誌でもやってみようというもので、作中で登場人物がハ

リスのチューインガムを噛むシーンがあればいい。

『ハリス無段』は一九六五年四月で終わり、吉田竜夫と梶原一騎のコンビはこれで解消となる。喧嘩別れしたわけではないようだ。吉田がアニメ作りを始め、マンガを描かなくなったためだろう。そして梶原一騎は六六年から『巨人の星』を始める。

「少年マガジン」ではハリス提供作品として、ちばてつやの『ハリスの旋風』が始まり、一九六六年にピープロがテレビアニメにする。

## マンガ制作プロダクションとして始まった「タツノコプロ」

吉田三兄弟は一九六〇年に東京多摩地区の国分寺に土地を買い、家を建てた。それまで新小岩を住居兼仕事場としていたが、竜夫が体調を崩したこともあり、静かで自然の豊かなところに移ろうと考えたのだ。いまでは賑やかな国分寺も、当時はのどかなところだった。このころ、吉田三兄弟を手伝いに来ていたのが、辻なおき、望月三起也、笹川ひろしらだった。

望月三起也（一九三八〜二〇一六）は神奈川県横浜市に宮大工の子として生まれた。神奈川工業高等学校を卒業し建設会社に入ったが、マンガ家になろうと一年で辞めてしまい、一九六〇年に「少年クラブ」お正月臨時増刊号に『特ダネを追え』が載り、デビューしたが、連載にはつながらない。『矢車剣之助』で人気があった堀江卓のアシスタントを経て、吉田たちを手伝っていた。

笹川ひろし（一九三六〜）は福島県会津若松市出身で、いったんは漆塗り職人になったが、マンガ家になりたいとの思いが募り、会津漫画研究会を結成し、マンガを描いては手塚治虫に送っていた。

一九五七年、手塚は専属のアシスタントを雇うことに決め、ファンのなかからマンガが描ける者を探し、笹川に声をかけた。笹川は手塚にとって最初のフルタイムでの専属アシスタントとなった。「少年画報」一九五八年九月号から『探偵学校』が連載され、マンガ家デビューした。いったんデビューしても連載が継続していないと生活は厳しい。いったんデビューした後に、他のマンガ家のアシスタントをする例はいまも多いが、このころからそういう構造になっていた。

吉田三兄弟は互いに手伝い、さらに辻や望月、笹川にも手伝ってもらいながらマンガを描いていった。そして一九六二年一〇月一九日、株式会社竜の子プロダクションが設立された（正式には「竜の子」だが、通称として「タツノコ」が浸透しているので、本書でも「タツノコプロ」とする）。虫プロが会社として登記されるのは同年一二月なので、タツノコプロのほうが先だった。さいとう・たかをのさいとう・プロダクションも、その名義での活動は一九六〇年からしていたが、法人登記されるのは一九六四年なので、マンガ家のプロダクションで最初に会社になったのはタツノコプロだ。

『鉄腕アトム』放映開始直前にあたるが、吉田三兄弟はこのころはアニメーションを作ろうとは考えていない。マンガの制作プロダクションとして設立したのだった。

以後、吉田竜夫や九里一平のマンガは「吉田竜夫とタツノコプロ」「九里一平とタツノコプロ」などと表記されるようになる。

マンガ執筆にアシスタント制を導入したのは手塚治虫だが、タツノコプロやさいとう・プロダクション、白土三平の赤目プロなどはさらに進めて、分業制へと発展させていた。

## タツノコプロと東映動画の決裂

タツノコプロを会社として設立する際に「プロダクション」としたのは、「ディズニー・プロダクション」への憧れだったと、九里一平は『語れ！タツノコ』収録のインタビューで語っている。〈止まった絵を描いていると、やっぱり自分たちが作り出したキャラクターをディズニーのように動かしたいという願望が生まれてくるんですよ。これは当時の漫画家にとって、共通した夢だったんじゃないですかね。でも、ディズニーのような立体的な動きを出す作品には大変なお金もかかるし、多くの人材も必要です。それを考えると届かぬ夢でしたね。でもね、国産テレビアニメが可能になるという噂は入っていたんです。手塚治虫さんが鉄腕アトムの制作を進めているということも聞いていましたからね〉

笹川ひろしは手塚のもとからマンガ家として独立したあとも手塚に頼まれ、アニメ『鉄腕アトム』の絵コンテを手伝っており、良好な関係だった。笹川の案内で、吉田竜夫と望月三起也は虫プロに見学に行き、手塚からアニメ作りについて教わったこともあった。

それから二年が過ぎた一九六四年秋、タツノコプロへ電話がかかり、たまたま九里一平が出た。相手は東映動画のプロデューサーだった。テレビアニメを作らないかと言う。プロデューサーは九里がかつて「日の丸」に連載した『Zボーイ』を知っており、それを宇宙ものにして、キャラクターもテレビ向けのものにしたいと言った。

この時点でアニメ制作までタツノコプロで請け負うという話だったのか、原作とキャラクター・デザインをしてくれという話だったのかは、はっきりしない。

九里はさっそく吉田竜夫に相談した。竜夫は乗り気になった。笹川もやるべきだと言う。

タツノコプロと東映動画との間で、話し合いが始まった。タツノコプロが原作、キャラクター・デザイン、原画、演出までを担当し、作画・トレース・彩色・背景・撮影・録音は東映動画という分担が決まる。原作とキャラクター・デザインはマンガでもやっていることだが、原画・演出は未経験だ。アニメの工程を熟知していないとできない。そこで、タツノコから、笹川ひろし、原征太郎、小華和《こはなわ》為雄《ためお》の三人が東映動画で研修を受けることになった。その期間は三か月という本格的なもので、三人は動画の基本を学んだ。

東映動画でタツノコの三人に教えたのが熊川正雄だった。戦前のアニメーターで政岡憲三の『くもとちゅうりっぷ』のスタッフのひとりでもあった。日動映画から東映動画へ移り、後進を育てていた。

笹川たちが研修を受けている間に、吉田竜夫や九里一平たちによって、物語の設定、キャラクター・デザイン、プロット作りが進んでいた。タイトルも『宇宙エース』と、とりあえず決まった。

その過程で東映動画との間で考え方に溝が生じた。東映動画はタツノコプロはあくまで下請けであると考えていた。設定やキャラクターの著作権ごと買い取り、マーチャンダイジングは東映が行なう。テレビアニメはマーチャンダイジングで利益を上げる構造になっている。『狼少年ケン』は社員だった月岡貞夫が中心になって業務として創作したので、その権利は東映動画に帰属した。次の『風のフジ丸』は白土三平の原作を用いたために、白土にも権利が発生し利益が減った。そこで途中から白土を外したという経緯がある。『宇宙エース』はすべての権利を東映動画が持ちたい。

しかし、吉田竜夫と九里一平としては、それは呑めない。創作したのは自分たちだから著作権はあくまでタツノコプロにあると主張した。

いまや東映動画にとって、「面白いアニメを作る」「子どもを楽しませる」ことがアニメの目的ではなく、キャラクター商品で儲けるのが目的だ。その根幹であるキャラクターの権利が得られないのであれば、作る意味がない。どうせタツノコには何もできないだろうと思っていたのかもしれない。権利を寄越さないのなら、この話はなかったことにすると脅した。しかし吉田竜夫は屈服しなかった。かくして東映動画とタツノコプロは決裂した。

タツノコプロは『宇宙エース』の企画が決まると、かつて『Zボーイ』を連載した集英社の「少年ブック」に、六四年七月号から新たに『宇宙エース』として吉田竜夫名義で連載を始めていた。そこには、「テレビ化決定」と謳われていた。その「テレビ化」の文字は六五年一月号（発売は六四年一二月）から消えてしまう。東映動画と決裂し、いったん、テレビアニメの話が消えたからだ。しかし三月号から再び、「テレビ化」の文字が掲げられる。タツノコプロ独自で制作すると決めたのだ。

『宇宙エース』の設定は――タツノコ博士が海底で発見した巨大な貝から、パールム星人の少年エースが現れる。エースは空を飛ぶこともでき、ロボット犬などの仲間と怪ロボットや宇宙人と闘う、というものだった。

## 『宇宙パトロール ホッパ』の謎

『宇宙エース』のために確保してあった放映枠があるので、東映動画は別の企画を動かすことになった。宇宙ものという企画の原点は維持したまま、社内で企画を練ることになった。中心になったのは森康二で、企画が原徹と横山賢二、作画監督は森の他、藪下泰司、熊川正雄らベテランも加わって、新たに『宇宙パトロール ホッパ』を立ち上げた。主人公の少年ジュンは家族と宇宙旅行中に事故に遭い、重傷を負った。ホッパ星人に助けられ、サイボーグ手術を受けて復活し、宇宙パトロール隊の一員となる。

『宇宙パトロール ホッパ』のコミカライズは講談社の「ぼくら」一九六四年一一月号から連載された。マンガは井上英沖《ひでおき》が描いた（六五年二月号から後藤みねおに交代）。各誌の一一月号は一〇月に発売で、締切は九月、依頼はもっと前だ。一方『宇宙エース』の連載は七月号から「テレビ化」と銘打たれて始まっている。つまり、遅くても一一月号入稿時、東映動画は二作の新作テレビアニメを作る予定だったことになる。『狼少年ケン』『風のフジ丸』も続いているので、合計二作だ。さらにはスタジオ・ゼロが企画した『レインボー戦隊』も企画として上がっていたはずだ。

そのひとつ『宇宙エース』が潰れたので、『宇宙パトロール ホッパ』だけが残ったのか。レインボー戦隊はその名の通り「虹」を意味して、ロボットも含めて七人のチームで闘うSFアクションだ。『宇宙パトロール ホッパ』は主人公のジュンを含めて六人だが、チームで闘う点は似ている。東映動画が『レインボー戦隊』にヒントを得て作った可能性もある。『宇宙パトロール ホッパ』には、鈴木伸一が作画に加わっている。

『宇宙パトロール ホッパ』のマンガ版を描いた井上英沖（一九三九〜一九八六）は手塚治虫のアシスタント出身で、一九五九年に雑誌デビューした。その後、六四年に横山光輝が中心の光プロに参加している。『宇宙少年ソラン』をコミカライズした宮腰義勝と同じ経歴だ。井上はその後もテレビ作品のコミカライズを多く手がける。

東映動画で『宇宙パトロール ホッパ』制作の中心になったのは、後にスタジオジブリの社長になる原徹（一九三五〜）で、彼がプロデューサーとして前面に出てくるのはこの作品からだ。福岡県北九州市生まれで、早稲田大学へ進んだ。在学中に、しとうきねお、園山俊二、東海林《しょうじ》さだお、福地泡介らとともに早稲田大学漫画研究会を創設し、「漫画サンデー」に四コマ漫画を描いていた。しかしマンガ家にはならず、一九五九年に卒業すると東映動画に入った。高畑勲と同期入社である。

『宇宙パトロール ホッパ』はタイトル通り宇宙冒険もので、一九六五年二月一日からNETの月曜一九時枠で放映された。以後一九七五年九月に『魔女っ子メグちゃん』が終わるまで、この枠は東映動画のアニメが続く。

しかし、同じ時間帯でTBSの『ビッグX』が放映されていたこともあり、視聴率は低迷し、九月六日放映の第三二話から『パトロール・ホッパ 宇宙っ子ジュン』に改題してテコ入れしたが、一一月二九日の第四四話で終わった。その後一二月は再放送する。一方、三〇分後の一九時三〇分からの枠で一一月一日から始まったのが『ハッスルパンチ』で、六六年一月から一九時枠に移動する。

『ハッスルパンチ』も東映動画オリジナルで、原作（原案）とキャラクター・デザインは森康二だった。クマのパンチが、ネズミのタッチ、イタチのブンとともに悪役のガリガリ博士と闘うコメディだ。六六年四月二五日まで二六話が放映される。

コミカライズは『狼少年ケン』と同じ、伊東章夫が秋田書店の「まんが王」に描いた。作画監督には森康二、大塚康生、喜多真佐武、奥山玲子、小田部羊一、太田朱美など、一線級が繰り出され、オープニングの演出は高畑勲が担った。つまり本来は長編を作る班が、大塚と高畑の新作が遅れており仕事がないので、こちらにまわったのだ。

## タツノコプロ第一作『宇宙エース』は自力で

東映動画とタツノコプロが決裂すると、研修していたタツノコプロの三人は東映動画で働かないかと誘われた。タツノコの倍の給料を出すとも言われた。小華和為雄は移ったが、笹川ひろしと原征太郎はタツノコに残った。東映動画は企業として安定はしているが、好きなことができそうではなかった。何よりも、吉田竜夫が自分たちでアニメを作ると言ったからだった。

一方、タツノコプロにいた望月三起也はアニメには関心が薄く関わらなかった。すでに『秘密探偵JA』が「週刊少年キング」で連載されており（一九六五年一号から六九年三四号）、マンガが忙しくなっていた。この作品は大ヒットし、同誌での次の連載『ワイルド7』（一九六九〜七九）はさらにヒットする。そのため人気マンガ家でヒット作もあるが、テレビアニメ史に望月三起也の名はほとんど登場しない。

吉田は東映動画との交渉が暗礁に乗り上げた時点で決裂を覚悟し、その場合は自分たちで『宇宙エース』を作ろうと考え、スタジオのための土地を見つけてあった。

タツノコプロは国分寺の山林にプレハブのスタジオを建て、新聞で社員を募集した。虫プロから木下敏治が移ったが他は素人ばかりだった。

どのテレビ局で放映するのかは何も決まっていない。営業するにも実績がないのだから、作品を見せるしかない。一五分のパイロット版を作ることになった。マンガ界ではベテランになっている吉田だが、アニメは初めてだ。絵コンテの描き方もよく理解していない。マンガと同じようなものだと思っている。その点では、手塚治虫と似ていた。

アニメ作りに必要なセルや絵の具も、どこで売っているのかが分からない。笹川や原が研修で親しくなっていた東映動画のスタッフに購入先を教えてもらった。そんなところからのスタートだったが、半年かけて、『宇宙エース』のパイロット・フィルムが完成した。

まずはスポンサーである。幸いにも「少年マガジン」に吉田竜夫が連載した『ハリス無段』で、ハリスとの関係ができていた。ハリスは一九六四年にカネボウの傘下になり、カネボウハリスとなっていた。その大阪の本社に吉田は出向いて説得した。役員たちに試写を見せても乗り気ではなかったが、吉田は熱心に説き伏せた。明治製菓、グリコ、森永製菓がアニメ番組のスポンサーとなり、キャラクター商品の売上がすさまじいものになっていることも追い風ではあったのだろう。

カネボウハリスの代理店の読売広告社がテレビ局に売り込み、フジテレビ系列での放映も決まった。『鉄腕アトム』を担当している別所孝治《べっしょたかはる》が乗り気になってくれたのだ。

虫プロ社内でも『宇宙エース』の試写がなされ、手塚は「よそがこういう立派なものを作るんだから、負けてはいられない」と言った。

一九六五年五月八日土曜日、『宇宙エース』の放映が始まった。夕方六時一五分からの枠で、六六年四月二八日まで五二話が放映された。

しかしすぐに次回作とはならなかった。タツノコプロ第二作にして、代表作となる『マッハ GoGoGo』の登場は、一年後の一九六七年四月だった。

こうして——手塚治虫と前後して、うしおそうじと吉田竜夫、そしてトキワ荘グループが、それぞれアニメーション・スタジオを作ったのである。虫プロ、ピープロ、タツノコプロ、スタジオ・ゼロは、マンガ家が作ったアニメーション・スタジオという共通点を持つ。

手塚とトキワ荘グループはアニメで大成功してもマンガを描くことを止めなかったが、うしおも吉田もマンガ家には戻らない。彼らにとってマンガは表現手段のひとつでしかなく、生涯をかけるものではなかった。

藤子、石森、赤塚らはいちはやくアニメから手を引く。彼らはテレビアニメに原作者としては関わり続けるが、アニメ作家にはならない。彼らにとってアニメは、マンガから派生するものであり、彼らは生涯、マンガ家だった。

手塚治虫だけが、どんなにアニメが多忙になってもマンガを描き続け、アニメで経済的に大損失をこうむっても、アニメを作り続ける。

## アニメは宇宙SFブームに

テレビアニメ三年目の一九六五年は宇宙を舞台にしたSFがブームとなった。先陣を切ったのが二月スタートの東映動画の『宇宙パトロール ホッパ』で、次が五月四日スタートのTBS／TCJの『宇宙少年ソラン』、その四日後の五月八日からタツノコプロ第一作『宇宙エース』が始まった。

その前に四月からNHKが実写とアニメの合成による『宇宙人ピピ』を一年間にわたり放送している。動画部分は「テレビ動画」が請け負った。

テレビ動画は、テレビCFの制作会社「東京光映」と、フジテレビの子会社「共同テレビ」が共同出資して設立したアニメ・スタジオだった。『宇宙人ピピ』の前に、杉山卓が海洋冒険ものカラーアニメ『ドルフィン王子』を三本だけ、試験的に作っている（フジテレビ、四月四日～一八日）。その次には『怪盗プライド』を制作し、フジテレビで五月三一日から一一月四日まで放映された。六月三日からはTCJが『遊星少年パピイ』を始め、三日後の六月六日スタートで虫プロの連続アニメ第二作『W3』が始まった。『W3』の舞台は地球だが、宇宙から来た三人が重要キャラクターなので広義の宇宙ものと言える。

NHKの『宇宙人ピピ』は、小松左京が脚本を書いたが、多忙になると平井和正が書いた。石森章太郎がコミカライズとして講談社の「たのしい幼稚園」に連載している。

『宇宙少年ソラン』の主人公ソランは、地球人だ。反陽子爆弾を発明した博士が、悪用されるのを恐れて家族と宇宙へ脱出したが、事故に遭い、二歳のソランだけがカプセルで脱出し、銀河連邦最大のソラン星の住民に助けられる。その子はサイボーグに改造され、テレパシーで話せる宇宙リスのチャッピーと地球へ帰り、さまざまな事件を解決していく。『ナンバー7』よりも東映動画の『宇宙パトロール ホッパ』に似ている。

『遊星少年パピイ』は『鉄人28号』の後番組で、TCJが制作した。主人公のパピイは、地球よりも文明の進んだクリフトン星からやってきた少年だ。普段は地球の普通の少年だが、メタライザーを構えて「ピーイ、パピイ」と叫ぶとヒーローに変身する。原作とクレジットされている吉倉正一郎は、脚本を書いた日影丈吉《ひかげじょうきち》、大倉正兎、山村正夫、加納一朗、双葉十三郎《ふたばじゅうざぶろう》の合同ペンネームだ。それぞれの名から一字ずつ取った。原画担当の井上英沖がコミカライズも描いて、「少年」に連載された。

一月スタートの『スーパージェッター』は宇宙ものではなく、未来からやってきた少年が主人公のタイムトラベルSFだ。小説の分野では、まだSFは一般的には読まれていないのだが、テレビアニメはほとんどがSFだったのだ。

SFブームは映画館へも及ぶ。東映の長編アニメーション第八作は『ガリバーの宇宙旅行』で、『狼少年ケン』と『少年忍者 風のフジ丸』を併映して三月二〇日に封切られた。『風のフジ丸』はテレビで放映された第二九話から三四話の五回分を再編集して五〇分にしたもので、『狼少年ケン』は一話をそのまま上映した。

七月封切りの夏休みの「まんが大行進」は豪華五本立てで三本がSFだ。自社の『狼少年ケン』『宇宙パトロール ホッパ』『少年忍者風のフジ丸』に、TBS／TCJの『スーパージェッター』『宇宙少年ソラン』の二本を加えた。『フジ丸』はテレビ版二話を四四分に再編集したが、他はテレビのものをそのまま上映した。

この時期に放映されていたテレビアニメは、SF以外でも、『狼少年ケン』はジャングルが舞台で、『風のフジ丸』は忍者が主人公の時代劇だし、『0戦はやと』は戦争中の話、『ジャングル大帝』はライオンの王家三代の物語で、「現代」の「日本」の「普通の少年少女」が主人公となるアニメはひとつもなかった。

そこへ、日本アニメ史上初の「日常系」アニメとして登場したのが、『オバケのQ太郎』だった。

## 『オバケのQ太郎』から始まる小学館と藤子不二雄の結びつき

スタジオ・ゼロに、小学館を通じてTBSから『オバケのQ太郎』をテレビアニメにしたいとの申し出があったのは、一九六五年春だった。「週刊少年サンデー」での連載開始から一年が過ぎていた。まだまだ雑誌でも好調だった。

TBSの申し出は、洋菓子メーカーの不二家が提供している日曜一九時三〇分からの枠で、それまではアメリカ製アニメ『ポパイ』を放映していた。国産アニメも増えてきており、製菓メーカーは人気アニメのスポンサーとなり、キャラクター商品を作って売上を伸ばしていたので、不二家としても、乗り遅れるわけにはいかなかった。そこで子どもたちに人気のあるマンガ、人気のあるキャラクターは何かと調査して、『オバケのQ太郎』に白羽の矢が立った。

藤子不二雄の二人をまじえての最初の打ち合わせが五月上旬にTBSであったとき、すでに東京ムービーの関係者も来ており、同社が制作することが決まっていた。他に版元の小学館と代理店の博報堂からも人が来ていた。

話は進み、藤子不二雄はアニメ化を承諾した。TBSの要請で、『鉄腕アトム』にならい、海外へ売ることを前提としたテレビアニメにすることも決まった。小学館はテレビアニメとのタイアップでは、講談社や少年画報社、子会社の集英社にも出遅れていた。『オバケのQ太郎』に力を入れ、宣伝部が五〇万円の予算を確保し、これでスタジオ・ゼロがパイロット・フィルムを作ることになった。スポンサーは不二家、放映局はTBSと決まっているので、国内のためではなく、海外にセールスするためのパイロット版だった。

パイロット・フィルムは鈴木伸一が絵コンテを描いた。この段階で藤子不二雄とよく話し合わなかったらしい。TBSからの、外国の子が理解できるよう、日本らしさを排除して無国籍にしてくれとの要請を受け入れたパイロット版ができた。オバQと正ちゃんは高層ビルが並ぶ都市で暮らし、正ちゃんの家は広い前庭がある、いかにもアメリカのホームドラマの世界になった。

これを見て藤子不二雄は、「これはオバQではない」と反対した。そこで原作通り舞台は日本の、おそらく東京の郊外という設定になった。すると、これではアメリカに売れないと、ＴＢＳが海外販売を断念するとともに二次使用についての興味も失い、マーチャンダイジングは小学館が担うことになった。

このときに生まれた小学館と藤子不二雄の関係は、『オバケのＱ太郎』で大成功し、さらにケタ違いの成功を『ドラえもん』で得るが、それを予想した者はこの時点ではいない。

ＴＢＳは逃した魚がいかに大きかったかをまだ知らない。

## 楠部大吉郎、「Ａプロ」を設立

『オバケのＱ太郎』のテレビアニメ化は決まった。しかしスタジオ・ゼロはパイロット・フィルムを受注しただけで、本編の制作は東京ムービーに取られてしまった。動画部にはまだ数人しかいないので、実際、毎週三〇分のアニメの制作は不可能だった。

東京ムービーは『ビッグＸ』がこの年の一二月まで続いていた。寄せ集め集団であり、外注も多く、制作体制は脆弱だった。赤字となり倒産寸前になったが、これは国際放映傘下になることで、切り抜けた。

そんなとき、東映動画の楠部大吉郎が『風のフジ丸』が終了した八月で退社してフリーになった。東映動画は楠部が他社に入るのを阻止しようと、動画連盟を通じて、楠部を採用しないように各社に働きかけていたが、なんの拘束力もない単なる「お願い」だったので、各社に楠部が辞めたことを知らせることになった。手塚治虫は楠部の自宅を訪れ、役員待遇で迎えるとまで言ったが、固辞された。

東京ムービーの藤岡豊も楠部を雇おうとした。

しかし楠部は高額の給料を得ていたので資産があり、それを元手にして、自ら有限会社エイプロダクション（略称・Aプロ）を設立し、東京ムービーと業務提携をする。その最初の仕事が『オバケのQ太郎』になった。東京ムービーが企画・管理・営業部門を持ち、Aプロが制作するという体制が組まれる。しかし、両社間には資本関係はない。あくまで業務上の提携関係である。楠部大吉郎の弟で、東京ムービーに入る楠部三吉郎によると、藤岡は将来、国際放映から独立するときのためにAプロを作っておいたらしい。

Aプロ設立にあたっては、東映動画時代の仲間の芝山努、小林治、椛島義夫・森下圭介を創立メンバーにした。楠部は親分肌で面倒見がよい性格で慕われていたので、Aプロには東映動画時代の同僚たち、大塚康生、宮崎駿、高畑勲、小田部羊一、小山礼司、吉田茂承《しげつぐ》らが集まってくるが、それはもう少し後の話になる。

東京ムービーは『オバケのQ太郎』を、Aプロ以外にも下請けに出していた。そのひとつに大阪のサンプロダクションがあり、ここで絵コンテを描いていた超ベテランのアニメーターが酒井七馬だった。戦前の日活でアニメーションを作り、敗戦直後の一九四七年に手塚治虫の単行本デビュー作『新宝島』をプロデュースした人物だ。だが、同書の奥付に手塚の名がないことなどで手塚が縁を切ってしまった。その後の手塚によるマンガ・ブームには乗れず、絵物語や紙芝居を描いていたが、このジャンルが衰退すると、アニメに戻っていたのである（酒井は一九六九年に亡くなる）。

## オバQブーム

『オバケのQ太郎』は八月二九日に放映開始となった（前の週に「バラエティショー オバQ前夜祭」が放映された）。日本のテレビアニメでは初の、三〇分枠を前半と後半に分ける一回二話構成で、以後これがギャグ系・コメディ系アニメのフォーマットとなる。脚本は辻真先を始め、何人もが分担し、演出はひとみ座時代の藤岡の仲間である長浜忠夫と大隅正秋、作画監督にAプロの楠部大吉郎と芝山努が就いた。

「少年サンデー」だけでなく、小学館の学年別学習誌でテレビアニメ化前の一九六五年一月号からの連載が始まっていた。子どもたちの間で「Qちゃん」はすでに大スターとなっていたため、たちまち高視聴率を取った。『鉄腕アトム』を抜こうと何作ものアニメが作られたものの、いずれも太刀打ちできなかったが、手塚治虫を敬愛する藤子不二雄の『オバケのQ太郎』だけが、アトムに勝てたのだ。

SF・冒険ものという「闘う」物語ばかりだったところに、初めて普通の日本の子どもたちが出てきて、他愛もない日常のドタバタが描かれたのが新鮮だった。企画の勝利だと、藤岡は自画自賛し、ヒットメーカーとしての名を高めていく。藤岡豊はよく言えば個性的でバイタリティのある、悪く言えば山師的なハッタリ型経営者だった。そのおかげで拡大成長し、多くのヒット作を生む。

『オバケのQ太郎』は視聴率だけでなく、マーチャンダイジングでもアトムに匹敵するビジネスとなった。小学館が窓口となったことも大きく、不二家の菓子はもちろん、あらゆる日用品にキャラクターが使われた。いつしか『オバケのQ太郎』は「オバQ」と略されるようになり、日本全土にオバQブームが到来したのだ。

『オバQ』の人気に東映も便乗した。冬休みの「まんが大行進」は『わんわん忠臣蔵』のリバイバルと『狼少年ケン』の再編集版に、『オバケのQ太郎』を借りて一二月二五日に封切った。テレビ版と同じで二五分しかないが、ポスターではQ太郎と正ちゃんが一番大きく描かれている。

Q太郎はイヌが苦手なのだが、奇《く》しくもイヌが主人公の『わんわん忠臣蔵』と、狼に育てられた少年とともに、スクリーンで競演することになった。

## 赤塚アニメ第一作『おそ松くん』

『オバケのQ太郎』が放映開始となってすぐ、スタジオ・ゼロに大阪の毎日放送のプロデューサーがやって来て、赤塚不二夫の『おそ松くん』をテレビアニメにしたいと申し出た。赤塚は喜んだ。藤子不二雄の『オバQ』の人気があるのは仲間として嬉しいが、『おそ松くん』のほうが連載は先だし、人気も上だったので、これもアニメにならないかと思っていたのだ。

『おそ松くん』は関西で「えらい人気」なのだという。話はその場でまとまった。プロデューサーはいったん大阪の社へ帰り、制作体制や条件、スケジュールの案を作ってくることになった。

赤塚はスタジオ・ゼロのメンバーに、『おそ松くん』は自分たちの手でアニメにしないかと呼びかけた。自分たちで生み出した『オバケのQ太郎』だったのに、アニメ化は東京ムービーに取られた悔しさはみな同じだった。しかし現有勢力ではとても毎週作るのは無理だ。人員を増やさなければならないし、それにはいまの事務所では狭い。『オバケのQ太郎』を受注できなかったのも、ビルが古くて狭かったので、信用されなかったのではないかとの意見も出た。

つのだじろうが、新宿の実家の向かいにある市川歯科がビルを建てていたのを思い出し、当たってみると、三階と四階がまだ空いていた。

一〇月、スタジオ・ゼロは西新宿の市川ビルへ移転した。三階にはスタジオ・ゼロだけでなく、藤子不二雄と赤塚不二夫、つのだじろうのマンガ家としての仕事場も移した。石森だけは同居しない。

だが毎日放送は、制作はチルドレンズ・コーナーに任せたいと言ってきた。この会社はニュース映画の会社だったが、東映動画を辞めた山本善次郎が入り、アニメ制作部門を設けたばかりだった。山本はこの年、六七歳になる。東映動画の「東映動画三幸スタジオ」と「東映動画大森分室」の責任者だったが、前年にスタッフを連れて独立し、山本アニメーション研究所としていたのをチルドレンズ・コーナーの一部門にさせたのだ。戦前からのアニメーター山本の最後の場だった。

チルドレンズ・コーナーは東映動画の下請けをしており、設備と人員はいたが、経験未熟な者も多かった。山本は東映動画の永沢詢《まこと》（一九三六〜、永沢まこと名義の仕事も）を呼んで、演出を委ねた。永沢は東京都出身で学習院大学政治学科在学中の一九五七年に東映動画に入った。すでに退職しており、女子美術大学短期大学の講師をしながら、新宿・百人町のマンションの一室にスタジオを設けていた。

酒井七馬や山本善次郎など戦前からのベテランが、アニメブームで人手不足になると、「最後の御奉公」的に働くのだ。

赤塚は毎日放送に、「自分たちにも作らせてくれ」と頼んだところ、あっさりとそれが受け入れられ、二社で分担することになった。

スタジオ・ゼロは『おそ松くん』に備えて人員を増やした。鈴木はおとぎプロ時代の仲間を呼んだ。

市川ビルの四階も借り、そこを動画部とした。鈴木は新人を教育しながら、絵コンテから原画・動画・背景・トレース・彩色・撮影・編集まで、声優のアフレコ以外の全工程を指揮する。

鈴木は制作にあたり、赤塚のマンガをもとにしたシナリオを作るのではなく、いきなりストーリー・ボードを描いて作っていった。

二社競作という形の『おそ松くん』の放映開始は翌年二月だった。かつて『鉄腕アトム』前夜の虫プロがそうだったように、スタジオ・ゼロは不夜城となって年を越す。

## 特撮ブームへ

ピープロは虫プロの下請けとして『鉄腕アトム』を制作していたが、うしおそうじはアニメではなく特撮映画の制作へ転換しようと考えた。一九六四年九月に『クラブくんの冒険』という学習マンガの実写化のパイロット・フィルムを完成させ、テレビ局や広告代理店に打診し、また恩師である円谷英二にも見せていた。六五年になって、そのパイロット・フィルムを手塚にも見せようと、うしおが虫プロを訪ねたところ、手塚は多忙で見ることができなかったが、たまたま新作『W3』の打ち合わせのために虫プロを訪問していた東急エージェンシーの営業担当者に見てもらえた。

東急エージェンシーはこれを気に入り、ロッテをスポンサーにするところまで決めた。だが、「もっとインパクトのあるものがいい」と言われてしまう。そこで浮上したのが、「少年画報」での連載が始まったばかりの手塚治虫の『マグマ大使』だった（資料によっては、手塚のもうひとつの巨大ヒーローもの『ビッグX』も候補に挙がったともいう）。

東急エージェンシーも『マグマ大使』を気に入った。手塚作品は虫プロが権利を持っているはずだが、うしおは手塚から権利を得ることに自信があった。うしおの回想録『手塚治虫とボク』によれば、うしおは六五年一二月に漫画集団の忘年会の場で手塚をつかまえて説得した。手塚は『鉄腕アトム』の実写版が気に入ってなく、「アニメならいいが実写はイヤだ」と断ったが、とりあえず『マグマ大使』のパイロット版を作る権利だけは与えた。

一九六六年一月から日曜一九時の枠、『W3』と同時間帯で円谷プロの『ウルトラQ』が始まり、怪獣ブームとなっていた。さらに七月から『ウルトラマン』が始まってブームは加熱するが、それを見越したかのように、ピープロの『マグマ大使』が放映開始となるのだ。

『鉄腕アトム』の最大のライバルは同じロボットアニメの『鉄人28号』でも、『オバケのQ太郎』でもなく、『ウルトラQ』『ウルトラマン』に始まる特撮ものであり、皮肉にも、その一翼を担うのが、手塚の原作で手塚の親友が作る『マグマ大使』だった。

## 「少年マガジン」の新しい野球マンガ、始動

「W3事件」、『エイトマン』連載中止の責任を取る形で、「週刊少年マガジン」の井岡編集長は辞任を申し出て、後任の第三代編集長には内田勝が就任した。三〇歳になる直前の若い編集長だった。抜擢人事で、これは井岡が後任に内田を推挙したからだった。

内田が編集長に就任した直後の八月、講談社では社長臨席のもとで翌年（一九六六）の雑誌の方針を決める「大会議」が開催された。同社で最も重要とされる会議だ。

大会議で「マガジン」編集部が提示した案には野球マンガがなかった。社長の野間省一はこれを見逃さず、会議の最後になって、「プロ野球全盛時代に、少年誌に野球マンガがないとは考えられない」と指摘した。たしかに「マガジン」編集部では、野球マンガについて考えていなかった。編集局長の椎橋久《しいはしひさし》が機転をきかせて、「現在、すごい野球マンガを企画準備中ですが、本日は具体案を提示申し上げる段階ではありません」と応えて、その場を乗り切った。実際は何も企画などなかった。内田自身がスポーツに興味がなかったので思いが及ばなかったのだ。

社長の前で「すごい企画がある」と言ってしまった椎橋は、内田の頭越しに宮原を呼んで、「すごい野球マンガはお前が作れ、局長命令だ」と檄《げき》を飛ばした。宮原は『ちかいの魔球』以後も、福本和也・一峰大二《かずみねだいじ》『黒い秘密兵器』などを手がけ、野球マンガでの実績があった。

宮原が担当していた作家のひとりが梶原一騎だった。梶原が吉田竜夫と組んだ柔道マンガ『ハリス無段』も、一九六五年一五号（四月四日）で終わっていた。以後は梶原一騎原作のマンガは読み切りか五回前後の連載しかなかった。そろそろ長期の連載をと宮原は考えていた。そこに野球マンガを作れとの厳命だ。宮原は梶原に打診した。宮原と梶原は以前から「いつか吉川英治の『宮本武蔵』のような、主人公が闘いを通して成長していく物語を書こう」と話していた。その漠然としたマンガ版「宮本武蔵」の企画と「野球マンガ」の企画とが合流した。

マンガ史、そして連動してアニメ史を変える『巨人の星』の始まりである。

## 遅滞する『太陽の王子』

東映動画では大塚・高畑の長編の企画は『龍の子太郎』が破棄された後、人形劇『春楡《チキサニ》の上に太陽』のアニメ化が浮上した。大塚は人形座という一九六三年に解散してしまった人形劇団のファンなので、五八年に上演された『春楡の上に太陽』も見ていた。これはアイヌ民族の叙事詩「ユーカラ」をもとにして、深沢一夫（一九三三〜）が書いた戯曲だった。五九年にはNHKで人形劇として放映されている。

タイトルを『チキサニの太陽』として、大塚と高畑は企画書を作ったが、東映はアイヌの物語ということで難色を示した。東宝が成瀬巳喜男《なるせみきお》監督で作った『コタンの口笛』が興行的に振るわず、アイヌものは当たらないという先入観が、映画会社上層部にあったのだ。そこで舞台を北欧に移して、企画が通ったのが、一〇月半ばだった。企画部長の関政次郎が立てたスケジュールでは翌年初めから作画開始である。しかしこれから脚本を依頼する。間に合うのだろうか。

大塚と高畑はストーリー・ボードを先に作っていた。上層部に説明するにも絵があったほうが分かりやすいからだったし、スタッフたちとイメージを共有するためでもあった。この映画で大塚は、スタッフの合議制で作ると決めていたのだ。そのため、「労働組合が作ったアニメ」との誤解すら生まれている。

大塚が原作者の深沢一夫にシナリオを依頼したのが一一月一二日、事前に話がいっていたのであろうか、三日後の一四日に第一稿が届いた。このころにはタイトルは『太陽の王子』となっていた。

一方、大塚と高畑の長編とは別に、大工原章が監督する新作が制作に入っていた。『少年ジャックと魔法使い』で六七年三月に封切られる。組合との協定で、動画スタッフはどの作品の班に入るかを選べることになっていた。『太陽の王子』を選んだスタッフは、作画が始まるまではテレビアニメにまわされていた。

一二月一八日、シナリオの第一稿が印刷されて、スタッフに配付された。みんなで話し合いながら決定稿を作っていくのである。ひとりの独裁的な藝術家が神のように君臨してスタッフを指図して作るのではなく、民主主義なのだからみんなで意見を言い合っていくという、労働運動の延長のような作り方をしていたのだ。大塚は書いている。

〈この時期に高畑さんを助けて前面にでて来たのが宮崎さんです。〉

宮崎駿は一九六三年入社なので三年目だ。

# 第三部

# 開拓時代

# 第一一章　ライバルは〈怪獣ブーム〉——一九六六年

## 量産時代と引き抜き合戦

一九六三年一月時点では『鉄腕アトム』しか放映されていなかった国産テレビアニメは、四年目に入る六六年一月には一〇本が放映されていた。

産業規模として一〇倍になっていたのだ。虫プロができる前は大規模なアニメーション・スタジオは東映動画とＴＣＪしかなかったが、虫プロ、スタジオ・ゼロ、ピープロ、東京ムービー、タツノコプロなどが創業され、どこも最初は数人で始めるが、すぐに数十人、数百人となっていった。人材を求めて各社間の引き抜きが始まり、それでも足りず、昼間は勤めているアニメ会社の仕事をして、夜や休日はライバル会社の仕事をアルバイトでする者も増えてくる。

やがて会社側も労務管理上、正規雇用しないで、一枚いくらの出来高制を導入するようになり、契約社員が増えてくる。そうなれば、一社の契約社員になるよりも、フリーランスになって複数社の仕事をしたほうが儲かるので、フリーが増える。なかには数人で共同の事務所を構える者も出てくる。

最初は動画スタッフだけだったフリーランス化は、背景や彩色、仕上げのスタッフにも広がり、背景

**1966年のテレビアニメ**

<table>
<tr><th>曜日</th><th>時刻</th><th>局</th><th></th><th>1</th><th>2</th><th>3</th><th>4</th><th>5</th><th>6</th><th>7</th><th>8</th><th>9</th><th>10</th><th>11</th><th>12</th><th></th></tr>
<tr><td rowspan="3">月</td><td>19:00～</td><td>N</td><td colspan="5"></td><td colspan="7">海賊王子（東）</td><td colspan="2">魔法使いサリー（東）</td></tr>
<tr><td>19:30～</td><td>フ</td><td colspan="2"></td><td colspan="5">W3（虫）</td><td colspan="7"></td></tr>
<tr><td>19:30～</td><td>N</td><td colspan="5">ハッスルパンチ（東）</td><td colspan="9"></td></tr>
<tr><td rowspan="3">火</td><td>18:00～</td><td>日</td><td colspan="11">戦え!オスパー（日）</td><td colspan="3"></td></tr>
<tr><td>19:00～</td><td>T</td><td colspan="14">宇宙少年ソラン（T）</td></tr>
<tr><td>19:30～</td><td>フ</td><td colspan="10"></td><td colspan="4">ロボタン（大）</td></tr>
<tr><td rowspan="2">水</td><td>18:15～</td><td>フ</td><td colspan="6">鉄人28号（T）</td><td colspan="8"></td></tr>
<tr><td>19:00～</td><td>フ</td><td colspan="10">ジャングル大帝（虫）</td><td colspan="4">ジャングル大帝進めレオ!（虫）</td></tr>
<tr><td rowspan="3">木</td><td>18:00～</td><td>NH</td><td colspan="4">宇宙人ピピ（テ）</td><td colspan="10"></td></tr>
<tr><td>18:00～</td><td>T</td><td></td><td colspan="9">←スーパージェッター（T）</td><td colspan="3">がんばれ!マリンキッド（テ）</td><td></td></tr>
<tr><td>19:00～</td><td>フ</td><td colspan="5"></td><td colspan="9">ハリスの旋風（P）</td></tr>
<tr><td>金</td><td>19:00～</td><td>フ</td><td colspan="6">遊星少年パピイ（T）</td><td colspan="8">遊星仮面</td></tr>
<tr><td rowspan="4">土</td><td>18:15～</td><td>フ</td><td colspan="5">宇宙エース（竜）</td><td colspan="9"></td></tr>
<tr><td>19:00～</td><td>フ</td><td colspan="13">鉄腕アトム（虫）</td><td></td></tr>
<tr><td>19:30～</td><td>N</td><td colspan="2"></td><td colspan="12">おそ松くん（チ／ゼ）</td></tr>
<tr><td>20:00～</td><td>N</td><td colspan="4"></td><td colspan="10">レインボー戦隊ロビン（東）</td></tr>
<tr><td rowspan="2">日</td><td>19:00～</td><td>フ</td><td colspan="2">W3（虫）</td><td colspan="12"></td></tr>
<tr><td>19:30～</td><td>T</td><td colspan="14">オバケのQ太郎（ム）</td></tr>
<tr><td colspan="3"></td><td></td><td>1</td><td>2</td><td>3</td><td>4</td><td>5</td><td>6</td><td>7</td><td>8</td><td>9</td><td>10</td><td>11</td><td>12</td><td></td></tr>
</table>

専門のスタジオや、彩色専門のプロダクションが生まれていった。

東映動画から人材を引き抜いて始まった虫プロは、引き抜かれる立場になり、多くの人材が流出していく。しかし、どのスタジオもそうだが、辞めた者にも引き続き仕事を出し、関係は維持される。能力のある演出家は、アニメーション・スタジオの枠を越えて活躍するようになっていくのだ。

## ＴＣＪの戦線縮小

虫プロに続いて連続テレビアニメを制作し、一九六五年には四本を作っていたＴＣＪだったが、六六年から縮小していく。制作請負だけではマーチャンダイジング収入がなく、作っても赤字となるばかりだったので、事業としての見直しがなされたのだ。

一九六三年一〇月に始まった『鉄人28号』は、六五年五月二七日の第八三話でいったん終わった。同じフジテレビ木曜一九時の枠では、引き続きＴＣＪ制作の『遊星少年パピイ』が始まり、六六年五月まで一年間で五二話が作られた（『パピイ』は六六年一月からは金曜一九時に移る）。

一方、『パピイ』と並行して一九六五年九月から、『鉄人28号』が放映時間枠を移して再開した。これを「第二期」と呼ぶこともあるが、一三話しか作られなかった。その後一二月からは第一期で作られたものを再放送したので、「番組」としての第二期は六六年五月まで八か月続いたことになる。

第二期『鉄人28号』はスタッフが『パピイ』を作っていたため外注され、実質的には朋映プロが制作した。朋映プロの情報は少ないが、渋谷警察署近くのビルの屋上にあるプレハブ建ての小屋だったという。のちにスタジオぴえろを設立する布川《ぬのかわ》ゆうじ（一九四七〜）が最初に働いた会社として知られ、『宇宙少年ソラン』も受注していた。

『鉄人28号』はテレビアニメが六六年五月で終わるのに合わせるように、横山光輝の「少年」での連載も六六年五月号で終わった。

一九六六年一月時点でＴＣＪ制作のアニメは、『鉄人28号』『スーパージェッター』『宇宙少年ソラン』『遊星少年パピイ』の四作が放映されていたが、一二月には『ソラン』と『遊星仮面』の二作になってしまう。

『遊星仮面』は原作・企画が仁田信夫（脚本家・足立明の別名）で、桑田次郎のアシスタント出身の楠《くすのき》高治《たかはる》（一九三六〜二〇一四）がキャラクター・デザインをして、コミカライズを「少年ブック」六六年九月号から六七年三月号まで連載した（他に学年誌にも）。放映は『遊星少年パピイ』の後番組としてフジテレビ金曜一九時の枠で、六六年六月三日から六七年二月二一日まで放映された（途中から火曜一九時三〇分へ移動）。

このころ、高橋茂人は社長の梁瀬次郎からテレビアニメの黒字化を考えるよう命じられた。

高橋茂人（一九三四〜二〇一五）はこれまでも何回か登場したが、ここで改めてプロフィールを記そう。栃木県で生まれ、父は映画関係の仕事をしていた。父が中国へ出征したので、それを追って、母とともに一九四〇年秋に中国へ渡り、最初は北京、次は天津で暮らした。父は満州映画協会（満映）の北京支部に位置づけられる華北電影の仕事をするようになっていた。満映理事長の甘粕正彦《あまかすまさひこ》に、高橋は何度か会っている。一九四三年になると父が再び召集されたので、茂人は母と日本へ帰ることになった。

帰国すると最初は東京にいたが、学童疎開が始まっていたので、父方の親戚を頼り、宇都宮へ疎開した。一九四五年七月一二日の宇都宮大空襲では、命が危なかった。このとき、宇都宮に疎開していた四歳の子が、後に高橋と『アルプスの少女ハイジ』を作る宮崎駿である。宮崎は親戚の自動車で逃げるとき、幼児を連れた男が「この子だけでも乗せてくれ」と頼むのを大人たちが断ったことを記憶に刻んでいる。

高橋は中学までは宇都宮で、高校は慶應高校に入り、慶應義塾大学法学部へ進学した。父の母校でもあった。高校時代からアイスホッケー部で活躍していたが、大学在学中、試合での怪我が原因で選手を続けるのは断念した。卒業を前にして部の先輩から紹介され、受けたのが日本テレビジョンだった。テレビ局の日本テレビだと思っていたが違うと気づいたのは、採用通知が来てからだった。父が映画関係の仕事をしていたとはいえ、高橋自身は、映像関係の仕事をする気はまったくなかった。入社を断ろうかと思ったが、父が「男がいったん決めたことは、やれ」と言うので、一九五六年に入社した——と本人は面白おかしく語るが、この世代の男性は、照れ隠しなのか、若いころのことを加工して語る傾向があるので、高橋の入社の経緯もどこまで本当か、分からない。

高橋は「自社で企画を立て、原作者と交渉して著作権契約を結び、双方にマーチャンダイジングの収入がある構造にしない限り、アニメ制作は黒字にならない」と社内で説く。しかしTCJは、コマーシャルの制作という請負仕事で始まった企業なので、映画部長の村田英憲は著作権収入という考えそのものを理解しない。高橋は自ら企画の責任者となるため企画室を設立し、総合室長と兼務することにした。

そして長年温めていた企画、『アルプスの少女ハイジ』の五分ほどのパイロット版を作らせた。しかしそれは、高橋が満足できるものではなかったので封印した。

## 東映動画のマンガ原作路線への転換

東映動画では大塚康生と高畑勲が中心になり『太陽の王子』に着手していたが、一九六六年初めに作画スタートという当初の予定は大幅に遅れていた。シナリオの検討に時間がかかり、六五年一二月から始めるも、六六年三月一九日にようやく高畑と脚本家の深沢一夫による第五稿ができて、二八日に役員が出席する検討会に提出された。四月になってから大塚と高畑の絵コンテ作業が始まり、並行して二三日から原画の打ち合わせが始まるという、そういう状況だった。大工原章による『少年ジャックと魔法使い』は作画に入っていた。

オリジナルの長編二作とは別に制作されていたのが、石森章太郎原作の『サイボーグ009』だった。一九六六年は東映動画がマンガを無視できなくなったと内外に示した年であり、この転換が後の黄金期へとつながる。

一九五九年、石森章太郎は手塚治虫の代理として『西遊記』制作中の東映動画に派遣されたことがあった。そのまま東映動画に残りアニメーターになろうと考えたが、白川大作にマンガ家になったほうがいいと諭され、断念した。そのとき白川は「マンガ家としてヒット作が出たら、東映でアニメーションにするよ」と約束した。それは社交辞令だったかもしれないが、実現するときがきた。

石森はその後もマンガ家として何がやりたいのか自問自答していた。映画監督になりたいとの夢もまだあった。一九六一年秋、石森は当時としては珍しい海外旅行をした。八〇日もかけて世界一周するというもので、手塚治虫ですらまだ海外へ行っていない時代の外国旅行だった。

出発したとき、石森が暮らしていたトキワ荘には藤子不二雄の二人も赤塚不二夫も暮らしていたが、三か月近くの長旅を終えて帰国すると、みなトキワ荘を退去していた。石森もその年の暮れにはトキワ荘の近くに引っ越した。

出遅れていた赤塚不二夫は一九六二年に『おそ松くん』で大ブレイクし、藤子不二雄の二人も何本もの連載を抱えていたが、高校在学中に早熟な天才としてデビューし、手塚を驚嘆させた石森は、器用でなんでも簡単に描けたので、多くの連載を抱えていたが決定打に欠けていた。

一九六三年に創刊された「週刊少年キング」は後発ゆえに売上部数では「サンデー」「マガジン」に負けていたが、その分、冒険はできた。一九六四年、編集部は石森に「好きに描いていい」との条件で連載を依頼した。それを受けて石森が描きたいものとして描いたのが『サイボーグ009』だった。サイボーグ（改造人間）という言葉は日本ではまったく認知されていなかったので、編集部はさすがに当惑したが、石森は押し通した。

「サイボーグ」を石森が知ったのは、一九六一年の世界一周旅行のときに機内で見た科学雑誌だった。そのときから漠然とサイボーグを主人公にしたマンガの構想を温めていたのだ。スタジオ・ゼロの仲間と考えた「レインボー戦隊」で、ひとりのヒーローではなく、チームで闘う物語を作ったことが、サイボーグによるチームという発想につながる。さらに世界一周旅行をした経験を生かして、九人のメンバーは、ロシア（当時はソ連）人、アメリカ人、フランス人、ドイツ（東西分断時代）人、ネイティヴ・アメリカン、中国人、イギリス人、アフリカ人、日本人とした。

こうして石森章太郎のライフワークとなる『サイボーグ009』は、「週刊少年キング」一九六四年三〇号（七月一九日号）から連載開始となった。たちまち大人気となり――と書きたいところだが、そうはならなかった。手塚治虫の長編が雑誌連載時には人気がなかなか出なかったように、石森の

『サイボーグ009』も、人気がまったくないわけではないが、大ヒットではなく、編集長が交代すると、「分かりにくい」の一言で、連載開始から一年が過ぎた六五年三九号（九月一九日号）で打ち切られたのだ。

それはあまりにも唐突なラストだった。いよいよこれからサイボーグ戦士たちがミュートス・サイボーグと決戦するというところで、闘いの舞台となっていた島の火山が大噴火して、敵も味方も溶岩の渦に巻き込まれてしまった――このラストに衝撃を受けたファンたちが、石森や編集部に手紙を書いて、再開を求めた。石森としてもまだ描ききっていないとの思いがあった。

## 『サイボーグ009』がスクリーンに

東映動画の長編は文藝作品が主流で、それは大人が「子どものためにいいと思うもの」という、教育的な目線での企画だった。もともと東映動画は、東映で文化映画・教育映画を作っていた部署から派生したものなので、「教育臭」がまとわりついている。企画を決める世代は手塚治虫以後のマンガをよく知らないので、オリジナルにこだわり、『西遊記』『忠臣蔵』など古典や小説を原作とすることはあっても、マンガを原作とすることはなかった。テレビアニメでは『風のフジ丸』で白土三平のマンガを原作にしたが、絵はオリジナルだしストーリーも前半しか白土が作ったものは使わなかった。しかしテレビアニメが隆盛となり、東映も春休みや夏休みの興行はテレビアニメを集めた「まんが大行進」になり、SFが主流となっていた。

白川大作は課長となっており、従来の一時間以上の名作路線を「A作」とし、人気マンガなど知名度のある原作路線を「B作」とすることを提案し、そのB作の第一作として、『サイボーグ009』を選んだ。『西遊記』を手伝っていた石森章太郎との、「ヒット作が出たら東映でアニメーションにしよう」という約束を果たせるときがきたのだ。

『サイボーグ009』のプロデューサーは籏野《はたの》義文（一九三六〜九五）だった。青山学院大学を卒業して一九五九年に東映に入社し、六一年から東映動画へ出向していた。テレビアニメ『狼少年ケン』に企画としてクレジットされている。

『009』はアクション・マンガで闘いのシーンが多いが、当時の世相を反映して反戦のメッセージが濃厚なマンガだった。

石森章太郎はアニメ化にあたり、最初にキャラクター・デザインのラフを描いた程度で、ほとんど関わっていない。初の原作マンガがあるアニメーションだったので、東映動画のスタッフたちは石森が描いたマンガにできるだけ似せるか、変えてしまうかの議論をした。結果として、ストーリーの大枠は「少年キング」連載版を踏襲しているが、キャラクターはかなり変わった。009こと島村ジョーは、前髪が長く片方の眼は隠れているが、アニメでは両眼が見える。マフラーの色、防護服の色も違う。人物でも007が原作マンガでは大人のシェイクスピア俳優だったが、アニメでは子どもになった。

一方、「週刊少年マガジン」編集部の宮原照夫は、「週刊少年キング」で『サイボーグ009』が終わった後、石森章太郎にどうしてああいう終わり方になったのかと訊いた。編集者であれば、あの唐突な終わり方は、作者の本意ではないとすぐに分かったのだ。石森は多くを語らなかったが、「キング」とは考え方が違うので描けなくなったこと、続きを描く気があることを吐露した。

「マガジン」は「W3事件」で、連載の他誌への移籍という屈辱を経験していた。ある雑誌で連載された作品、キャラクターは他誌へは描かないというのが、業界の暗黙のルールだったが、それは神様・手塚によって破られていた。宮原としては、『００９』はこのまま埋もれるのが惜しい作品だ。『００９』が東映でアニメーション映画になると決まると、宮原は編集部を説得し、『００９』の連載が決まった。

「週刊少年マガジン」一九六六年二七号（七月一〇日号）で、プロローグとして００９たちがどうしてサイボーグになったかを描く話を載せ、三〇号（七月三一日号）から後に「地下帝国ヨミ編」とされる物語が始まった。このプロローグでは映画版に合わせて００７は子どもになっていた。

映画版『サイボーグ００９』はカラー六四分で、「長編」と呼ぶには少し短い。「企画」は関政次郎、平沢明、飯島敬、籏野義文で、飯島敬と芹川有吾が脚本を書き、芹川が演出した。併映はアニメではなく、白土三平原作の『大忍術映画ワタリ』（カラー、八二分、船床《ふなとこ》定男監督）だった。『ワタリ』は「週刊少年マガジン」に一九六五年一八号（四月二五日号）から一九六七年三七号（九月一〇日号）まで連載されていた長編忍者マンガだった。これを実写の特撮とアニメーションを合成して映画化した。テレビ映画シリーズにする計画もあり、その前宣伝的な意味での劇場版だった。ところが脚本を読んだ白土は「階級解放闘争」が描かれていないと激怒した。どうにか納得してもらい、撮影は続行したが、完成試写を見てまたも白土が激怒し、上映中止を求めた。それでも公開され、『サイボーグ００９』との相性もよかったのかヒットした。

しかし、白土は東映と絶縁し、テレビ映画シリーズの企画は潰れた。すでにスタッフや俳優と契約しており、流すわけにはいかない。そこで東映は忍者マンガのもうひとりの大家となっていた横山光輝のもとへ駆け込んだ。横山は快諾し、「週刊少年サンデー」連載中の『伊賀の影丸』を同年三九号で終了して、新たに『飛騨の赤影』の連載を四五号から始めた。これが『仮面の忍者 赤影』として、六七年四月から六八年三月まで放映され、連載マンガも改題される。

『009』はいまも続く『仮面ライダー』シリーズへつながる、石森と東映の幸福な関係の始まりとなったが、『ワタリ』は大きなトラブルを生み、白土三平と東映が絶縁する不幸な結果になる。

『サイボーグ009』は好評だったので、第二弾の制作とテレビアニメ・シリーズへと発展する。

### 『サイボーグ009』に続く石森アニメ『レインボー戦隊ロビン』『海賊王子』

一方、劇場版『サイボーグ009』と同時期に、『レインボー戦隊』も三度目の正直で、ようやくテレビアニメになる。一九六六年四月から『レインボー戦隊ロビン』として放映が始まるのだ。一九六四年秋に東映動画はスタジオ・ゼロの企画『レインボー戦隊』をいったんはテレビアニメにしようと決めて動いたが、放映枠が取れず棚上げとなっていた。そのテレビアニメ化が決まりそうという段階で、「週刊少年マガジン」一九六五年一号からコミカライズの連載が始まったが、人気が出なかったのと、テレビアニメが始まらないので、三か月で終わっていた。「キング」での『009』と「マガジン」での『レインボー戦隊』は同時期の連載だったのだ。

スタジオ・ゼロはこのアニメも制作を受注できず、クレジットには、「原案構成　スタジオ・ゼロ」とある。鈴木伸一は何作か作画監督をした。スタジオ・ゼロのメンバーではシノプシスと絵コンテを藤本（藤子F）が三本、石森、安孫子（藤子Ⓐ）、つのだ、鈴木が各一本書いた。

東映動画で中心になったプロデューサーは飯島敬で、芹川有吾、田宮武が演出の中心となり、飯島と芹川は筆名で脚本も書いた。作画監督リストのなかには、熊川正雄、小田部羊一、奥山玲子、高橋信也らの名があり、宮崎駿も作画を担った。

『レインボー戦隊ロビン』はSFアクションものだが、七人のチームで闘うことを前面に出したのが新鮮で、これが後にアニメではないが東映の戦隊ものへとつながる。戦隊もの第一作『秘密戦隊ゴレンジャー』は石森が原作であり、ルーツは『レインボー戦隊』にあった。ロビンが主人公ではあるが残りの六人もキャラクターが描き分けられ、それぞれにファンもついた。石森の『サイボーグ009』は九人のサイボーグ戦士のドラマで、そのキャラクターの造形も似ている。

四月二三日が第一回で、NETの土曜二〇時という、それまでドラマを放映していた枠での放映だった。他に空いている枠がなく、東映テレビ部が制作するドラマの枠だったので、飯島が強引に入れたようだ。子どもは「八時に寝なさい」と言われていた時代だが、土曜日だったので許されていた子も多い。それでも六七年一月の第三七話からは金曜一九時三〇分枠へ移動し、三月二四日まで四八話が作られた（三月三一日に第六話が再放映され、番組としてはこの回まで続く）。

『レインボー戦隊ロビン』が四月二三日に始まると、五月二日から、『ハッスルパンチ』の後番組として月曜一九時枠で『海賊王子』が始まった。東映動画として初の海洋アクションだが、絵柄も含めてコメディタッチだ。原案が石森章太郎で、コミカライズも石森が「いずみあすか」名義で描いて、「週刊少年キング」と「まんが王」に連載された。石森が関係するアニメが映画とテレビ合わせて三作、同時に作られていたのだ。

『海賊王子』は広義の「石森テレビアニメ」の第一作となるが、コミカライズも含めてそれほど知られていない。アニメも一一月二八日に半年・三一話で終わった。「キング」での連載は放映開始直後の一〇号から二二号だけで、その後「まんが王」で八月号から一一月号まで連載された。

## 川崎のぼるの抜擢

一九六六年初頭、「週刊少年マガジン」編集部に梶原一騎から新連載の『巨人の星』第一回の原稿が届いた。編集部全員で回し読みをしたときのことを編集長の内田勝は著書『「奇」の発想』でこう回想している。

〈全員の間からドッと大きな歓声が巻き起こった。〉

マンガ革命の始まりの瞬間だった。

原作の第一回ができるまで、誰にマンガを描いてもらうかは決まっていなかった。編集部員たちの間から、さまざまなマンガ家の名が挙がったが、川崎のぼる(一九四一〜)に決まった。

一九六五年の川崎はまだ二四歳——中学卒業後の五七年に貸本屋向きのマンガ『乱闘・炎の剣』でデビューし、さいとう・たかをのアシスタントをしていた。「週刊少年サンデー」六五年三七号(九月二五日号)から四六号(一一月七日号)まで『アタック拳』を一〇回連載し、注目されていたところだった。川崎は野球に詳しくなかったこともあり、最初は迷っていたが、引き受けた。

『巨人の星』は六六年一九号(五月一五日号)から連載が始まり、たちまち人気が出た。六六年五月は、ちばてつやの『ハリスの旋風』がピープロによってテレビアニメ化され、放映開始となった月でもあった。

この時点での「少年マガジン」の連載マンガの主軸は、ちばてつや『ハリスの旋風』、白土三平『ワタリ』、水木しげる『墓場の鬼太郎』（六七年に『ゲゲゲの鬼太郎』に改題）、森田拳次『丸出だめ夫』だった。『ワタリ』は七月に映画が公開され、『丸出だめ夫』は東映東京制作所がテレビ映画化し日本テレビ系列で三月から放映されていた（六七年二月まで）。さらに二七号（七月一〇日号）から前述の石森章太郎『サイボーグ009』が始まる。

これらテレビや映画と連動した作品に加え、『巨人の星』が加わったので、「マガジン」は「サンデー」を部数で抜き、一九六六年の年末に発売された一九六七年三・四合併号（一月一五、二二日号）で、ついに一〇〇万部を突破した（翌週にはまた八〇万部前後に戻った）。

「マガジン」はさらに手を打つ。「サンデー」の看板である赤塚不二夫を説得していた。赤塚は一九六七年一五号（四月九日号）から『天才バカボン』を連載する。

## 『オバQ』高視聴率なのに打ち切り

一方の「サンデー」には、手塚治虫『バンパイヤ』、藤子不二雄『オバケのQ太郎』、赤塚不二夫『おそ松くん』、横山光輝『伊賀の影丸』、つのだじろう『ブラック団』、望月三起也『竜の旗』、白土三平『カムイ外伝』などが連載されていた。テレビ化されているものもあるが、勢いを失いつつあった。

手塚治虫は疎遠になっていた「サンデー」に『W3』で復帰すると、引き続き連載することになり、一九六九年六月から『バンパイヤ』を始めていた（六七年五月まで）。

「少年サンデー」隆盛の象徴だった『オバケのQ太郎』は、しかし人気絶頂でありながら、連載終了が決定してしまう。テレビアニメが翌年三月で終了と決まったからだった。

ではテレビアニメの視聴率が落ちたのかというと、そうでもなかった。放映開始から一年半が過ぎても三〇パーセント以上を維持していた。落ちたのは、スポンサーの不二家の「オバQガム」や「オバQチョコレート」の売上だった。そこで、『オバケのQ太郎』を人気のあるうちに打ち切り、新しいキャラクターにするよう求められたのだ。

藤子不二雄は『二人で少年漫画ばかり描いてきた』で、〈僕たちはまだまだオバQに愛着があったが、テレビ局、スポンサー、出版社という三大勢力のドッキング作戦にはさからえず、パーマンという新キャラクターをつくった〉と振り返っている。さらに〈オバQのヒットはそれ以後しばらくぼくらの漫画づくりのシステムを変えていったのだ〉と、指摘というか自己解説をしている。

テレビアニメの宿命として、スポンサーあるいはキャラクターグッズ・メーカーの「ご意向」に逆らえない構図が、このあたりから生まれていた。

『オバケのQ太郎』はマーチャンダイジングの窓口が小学館だった。当然、原作者である藤子不二雄（スタジオ・ゼロ）に支払われるが、東京ムービーもロイヤリティを得ることができた。そのためには、当時を知る人の話として山崎敬之《けいし》の『テレビアニメ魂』『ビッグX』で作った赤字もたちまち埋まった。東京ムービーにいた山崎敬之の『テレビアニメ魂』には、当時を知る人の話として〈オバQの商品化権収入がドッと流れ込んできた。あれで会社は立ち直ったんです。本当にウハウハでしたね。〉とある。東京ムービーへ流れ込んだ資金は親会社の国際放映が吸い上げた。ここも新東宝時代の負債があったが、これで解消できた。

そのロイヤリティ収入が減ってきたのであれば、東京ムービーとしても打ち切りはやむをえない。

藤子不二雄は不二家提供の新しいテレビアニメのための原作を描くよう求められ、『パーマン』を構想し、一九六七年一月から「週刊少年サンデー」と学年誌で連載する。事前に読者の間に周知させたところで、「待望のアニメ化決定」とする企てだ。

藤子不二雄が『オバケのQ太郎』の打ち切りと新作を描くことを了解した背景には、次の『パーマン』の制作をスタジオ・ゼロが受注できたこともあった。『おそ松くん』のように東京ムービーと二社で競作する体制となったのだ。

## 「虫プロ商事」設立

虫プロは、一九六六年は『鉄腕アトム』『W3』『ジャングル大帝』の三本を制作していた。最初に手塚邸に隣接して建てたスタジオだけでは足りず、それを第一スタジオと呼んで、新たに近所に土地を借りて第二スタジオを建て、『ジャングル大帝』はそこで作っていた。それでも足りず、近くのアパートを借りて部屋をぶち抜いて第三スタジオとし、廃校を借りて第四スタジオにして、さらに第五スタジオも借りる。版権部と営業部は都心のほうが便利なこともあり、版権部は池袋、営業部は渋谷に事務所を借りた。

これでは連帯感もないし、まだ電話しか通信手段のない時代なので、意思の統一や連絡を徹底するのも不便だった。そこで新スタジオ建設計画が浮上した。主導するのは常務取締役の穴見薫だった。

穴見は作家集団として始まった虫プロを、近代的経営にしようと考えていた。『ジャングル大帝』で予算性を導入し、手塚を現場から排除したことで、制作は赤字体質から抜け出せそうだった。今後は手塚の原作ではないものも作らなければ、企業としては長続きしない。

新スタジオ建設用地として候補に挙がったのは、東急が開発しようとしていた多摩ニュータウンだった（狛江市とする資料もある）。手塚も同意し、設計の依頼も建築家に打診していた。スタジオに加えてディズニーランドのようなテーマ・パーク「虫プロランド」を作ろうという計画にも発展する。

新スタジオ建設には資金がいる。財務体質を健全化しなければならない。虫プロは『鉄腕アトム』が海外へも売れ、莫大なマーチャンダイジング収入があった。そのおかげで潤ったが、制作現場は制作費の管理という概念を持てなくなっていた。これを改善するため、穴見は虫プロを制作部門と版権管理部門とに分離することにした。

七月二七日、マーチャンダイジングの版権部と、「鉄腕アトムクラブ」を出していた出版部と営業部を虫プロから切り離し、虫プロ商事株式会社が設立された。手塚のマネージャーから虫プロ専務取締役になっていた今井義章が社長になり、池袋のビルに事務所を置いた。

虫プロ商事は、設立と同時に虫プロが抱えていた約一億五〇〇〇万円の負債を引き継ぎ、これで虫プロ本体の財務は健全化されるはずだった。虫プロ商事は営業と版権管理が主な業務で、出ていく経費は数人の従業員の人件費と事務所の家賃くらい。出版部も市販の雑誌を作るわけではなく、ファンクラブの会報誌『鉄腕アトムクラブ』と『虫プロカレンダー』を作るだけだ。そこに莫大なマーチャンダイジング収入があるので、史プロから引き継いだ負債はすぐに返済できた。

一方の虫プロには、テレビ局からの制作費しか入らない構造となる。その範囲で赤字にならないように制作しろということだった。

穴見はこれらの改革を手塚の了解のもとに実行していた。そうしなければ会社として維持できないことは、手塚も頭では分かっている。自分の原作でも、アニメになれば他人に委ねなければとても制作できない。

『鉄腕アトム』の演出のひとりだった富野由悠季は当時の思いを『だから僕は…』にこう書いている。〈僕自身は自分の好きな〝アトム〟をやっておいて手塚作品を汚しつづけながらも、シリーズ全体の監督業の仕方には、虫プロで作るからには手塚社長の意思に従ってあげたら？　と思う。〉〈が、思いながら、いや、社長ともなれば経営者なのだ。作家ではないのだから、作家としての意思は捨てるべきだ、だいたいこれだけ多人数になった社員を食わせるには、作家である以前に経営者として……とも思う。／結局、このジレンマは永遠に交錯しつづけるメビウスの環のようなものだ。〉

しかし、富野はこうも思う。〈大漫画家である手塚治虫が、アトムのストーリー打ち合わせのあとなどに口をとがらせて、／「もう僕の虫プロじゃないンすよ。これじゃあ」／とおっしゃるのを見ると、なんとかならんのかいな、と自分のことを棚にあげて思う。〉

## 作り続ける実験アニメ

虫プロとはそもそも営利目的ではなく、アニメーション好きな連中が集まってワイワイやって実験アニメーションを制作するために作ったはずだった。

実験アニメーションは収益構造がない。手塚のポケットマネーに頼るのはよくないから、利益の出る仕事もしようというので始めたのが『鉄腕アトム』だった。しかし、アトムは利益が出すぎて、テレビアニメというモンスターを生んでしまった。そのモンスターはもはや、造物主たる手塚治虫にもコントロールできない。

それでも虫プロはテレビアニメを量産するかたわら、設立の原点である商業ベースに乗らない実験的アニメを作り続けていた。

一九六四年には五分一三秒の『めもりい』と八分一八秒の『人魚』の二本を、手塚の原案・構成・演出・作画で制作して草月アニメーション・フェスティバルに出品した。六五年は手塚が作った四分一七秒の『しずく』と、月岡貞夫が作った三分五〇秒の『たばこと灰』を、草月のフェスティバルに出品した。手塚が「制作費はぼくが出すからみんなも作りなさい」と呼びかけたが、応じたのは月岡だけだった。

一九六五年暮れ、手塚は翌一九六六年に向けて、クラシック音楽の名曲を三〇分程度のアニメにする構想を抱き、虫プロの企画会議にチャイコフスキーの『白鳥の湖』、ムソルグスキーの『展覧会の絵』、そして團伊玖磨《だんいくま》の『夕鶴』を企画した。しかし制作費がかかりすぎると却下された。

そのころ、虫プロを辞めたいと、手塚のもとへ五、六人が辞表を持ってきた。手塚が言うには、社内のどの派閥にも属さない一匹狼たちだという。手塚は彼らを慰留し、自分が資金を集めるから実験アニメを作ろうと呼びかけた。

手塚は半年かけて二〇〇〇万円の資金を集め、二か月かけて三九分の『展覧会の絵』を作った。草月のフェスティバルには間に合わなかったので、一一月一一日に自主公演の虫プロダクション・フェスティバルを開いて上映した。『展覧会の絵』は毎日映画コンクールの大藤信郎賞、ブルーリボン賞教育文化映画賞を受賞した。『ある街角の物語』に次ぐ二度目の栄誉だ。演出・原画のスタッフとしてクレジットされているのは、大貫信夫、三輪孝輝、松尾信吾、杉山卓、伴俊作である。

## 不振の『ジャングル大帝』へのテコ入れ

前年（一九六五）に虫プロは『鉄腕アトム』の再編集版を劇場用映画として制作し、日活が配給したが、この年は東宝で新作の長編アニメ『鉄腕アトム』の制作が決まり、坂本雄作がオリジナルのシナリオから作ることになった。だが、シナリオがなかなかできない。山本暎一『虫プロ興亡記』には〈坂本は、意気込んで肩に力が入りすぎたのか、なかなか納得のいく脚本が上がらない〉状態で、ついに専務の穴見薫が『アトム』を見切り、『ジャングル大帝』を劇場版に再編集して制作することになった。その仕事は『ジャングル大帝』の責任者である山本にまわってくる。テレビ版の制作と並行しての再編集となった。

この降板が理由なのか、創業メンバーのひとりである坂本雄作は虫プロを去った。

劇場版『ジャングル大帝』は七五分で、前年の『鉄腕アトム』がテレビ版三本をつなげただけだったのに対し、第一話『行けパンジャの子』と第四一話『さすらいの死神』をベースにしつつ、他の回のシーンも挿入して、ひとつの長い物語にしているので、かなり手間をかけている。後に『宇宙戦艦ヤマト』や『機動戦士ガンダム』はテレビ版を再編集して劇場公開するが、その手法の原点だ。

劇場版『ジャングル大帝』は七月二一日に東宝系で特撮怪獣映画『フランケンシュタインの怪獣サンダ対ガイラ』（八八分）と、学研が作った人形アニメーションの『つるのおんがえし』（一七分）と、三本立てで公開された。併映と客層が合ったこともあり、興行成績はまずまずだった。『ジャングル大帝』は音楽にも力を入れたので、レコード（LP）も出された。日本のアニメとしては初めてだ。視聴率としてはいまひとつではあったが、『ジャングル大帝』の評価は高かったのだ。劇場版は翌年のヴェネチア映画祭に出品されて、児童映画部門第一位のサンマルコ銀獅子賞を得るし、LP『交響詩・ジャングル大帝』は芸術祭レコード部門の奨励賞を得た。

それでも『ジャングル大帝』は夏になると視聴率が落ち始め、一七パーセント前後になってしまった。山本は演出陣と善後策を練ったが、視聴率は戻らない。こうなると、神様・手塚治虫に出馬を仰ぐしかなかった。山本からの要請に手塚は気を良くして、それまで足を踏み入れなかった第二スタジオにやってきて、二年目になる一九六六年一〇月からは手塚が制作に加わることになった。

『ジャングル大帝』は一〇月五日から『ジャングル大帝 進めレオ!』と改題された(便宜的に『新・ジャングル大帝』と呼ばれることもある)。画面では『進めレオ!』が大きな文字で出る。第一回『白い王者』は手塚が脚本、山本が演出となっている。

第一部で子どもだったレオは、『進めレオ!』では成長して妻と子がいる。レオは可愛かったので人気があったのに、大人にしたことで子どものファンが離れ、視聴率はさらに下がった。

## 初めて女の子が主人公になった『魔法使いサリー』

東映動画が獲得していたNETの月曜一九時枠は、『ハッスルパンチ』『海賊王子』と、いずれも視聴率は振るわず、半年で打ち切りとなった。次も失敗すると、この枠は奪われてしまうかもしれない。主流だったSF冒険ものが飽きられてきたのは明らかだった。人気があるのは『オバケのQ太郎』だ。Qちゃんは女の子の間でも人気があった。『レインボー戦隊ロビン』でも、女性型看護士ロボットのリリの人気があった。子どもの半分は女の子だということに、アニメ業界はようやく気づくのだ。

『アトム』の成功があまりにも強烈だったために、SFが一般社会にはまったく根付いていないにもかかわらず、各局ともSFにのめり込んだ。東映動画はSFとは一線を画していたが無視できず、『宇宙パトロール ホッパ』『レインボー戦隊ロビン』と作ってきた。

しかし、ここで発想を変えなければならない——東映本社のテレビ部部長の渡邊亮徳《よしのり》（一九三〇〜二〇一九）は、「まわりを見て、ないものを作れ」がヒットの法則であることを思い出した。SFがヒットしているからとSFを作っても、最初にヒットしたものを抜くことはできない。結局SFアニメでは『鉄腕アトム』が最初のヒット作であり最大のヒット作だった。

いまないものは何か——女の子が主人公のアニメだ。しかし、ゼロから作るのは難しい、原作があるほうが早い。少女マンガでも手塚治虫が第一人者だが、手塚作品は虫プロが作るだろう。渡邊は少女雑誌を取り寄せた。集英社の「りぼん」で、七月号から連載が始まる横山光輝『魔法使いサニー』の予告を見て、これだと閃き、横山に連絡を取った。

少女マンガの歴史も手塚治虫によって、それまでの生活ユーモアものから、ストーリーマンガへ転じていた。当初はまだ女性マンガ家は少なく、石森章太郎、赤塚不二夫、横山光輝、ちばてつや、松本零士らが描いていたが、だんだんに女性マンガ家に交代していく。六六年はその転換期にあった。

横山がこのマンガを思いついたのは、アメリカのテレビドラマ『奥さまは魔女』を見たからだった。アメリカでは一九六四年からの放映で、日本でも六六年二月から放映されヒットしていた。

横山は『奥さまは魔女』にヒントを得て、魔法使いの少女が現代の日本で暮らす設定のマンガを生み出した。これを見て、渡邊はテレビアニメにしたいと横山を説得した。

渡邊亮徳は一九五二年に東映に入社し、営業部門で働いていたが、その営業力を買われて六四年に営業部テレビ課へ異動した。渡邊を呼んだのは今田智憲だった。今田は東映動画設立に関わった後、五九年にテレビ課を新設して課長となり、六二年に取締役、六四年には東京撮影所長になっていた。

横山の承諾が取れ、テレビアニメ化が進む。もはやマーチャンダイジングなしにはテレビアニメはありえない。それには商標登録も不可欠だった。ところが調べると、「サニー」はソニーが押さえていた。ソニーとしては自社と類似の商品が出ないよう、似た名称のものも商標登録していたのだ。東映はソニーと交渉したが、使用許可が出なかった。そこで横山に頼み、主人公の名を「サリー」とした。そのため、マンガのタイトルも連載五回目から『魔法使いサリー』となる。アニメのみならずマンガまでもが創作者の思いよりもビジネスが優先する世界となっていた。

アニメにするには『魔法使いサリー』は登場人物が足りなかった。東映の依頼で、横山は新しいキャラクターとしてサリーの弟のカブも作り、マンガにも登場させる。

一二月五日、『魔法使いサリー』は放映開始となった。好評で二年間続く。以後、この枠は後に「魔女っ子シリーズ」と呼ばれ、魔法が使える女の子が主人公となる枠として定着する。

一方、『太陽の王子』は四月から絵コンテ作りに入り、並行して原画の作業にも入っていた。しかし一〇月に制作中断が決まった。与えられていた作画期間は八か月だが、とうてい間に合いそうもなかったので、会社としてはいったん止めるしかなかったのだ。大塚は『作画汗まみれ』にこう書いている。

〈3コマ時代に入って、どんどん低下していく日本の、東映動画のアニメーションの質に対して「ここでわれわれが守らなかったら、だれが守る。もしかすると最後の本格的な長編になるかもしれない」という悲壮感がありました。会社が何と言おうと、かたくなに質を守りぬこうという姿勢が、全

員に一致してあったのです。〉
しかしその思いは「経営」の前には通用しない。東映社長の大川は、経理マンの発想で経営していた。予算主義は何よりも優先される。
『太陽の王子』のそれまでに仕上がっていた部分のラッシュを見て、経営陣も質の高さは認めたが、これ以上の遅延は許されないとして、一〇月一四日に制作中断を通告したのだ。「中止」ではなく「中断」なのが救いではあった。高畑と大塚には残りのコンテ作業が認められ、他のスタッフはテレビにまわることになる。
企画部長の関は大塚に、「プレハブを作ってくれと言っているのに、君たちが作っているのは鉄筋コンクリートだ」と涙を浮かべて言った。関は『太陽の王子』が立派な作品になると分かっている。しかし、いまの東映動画にはプレハブを作る予算しかないのだ。

## 『アトム』の放映終了と「COM」創刊

最初に始まったテレビアニメである『鉄腕アトム』は、一九六六年に四年目に入った。後から始まった『鉄人28号』をはじめとするアニメは長くても二年で終わったので、最長記録を更新していた。しかし、一時は四〇パーセントを超えた視聴率も三〇パーセントを割るようになっていた。マンネリ化は否定できない。一話完結なので、アトムの闘う相手が毎回違うだけで、物語の構造は同じだった。

制作意欲も減退しているのか、一九六六年六月以降は、四回に一回は以前に作ったものの再放送になっていた。第一話からずっと見ている子どもは少ないので、以前のものを放映しても初めて見る子が多かったため、そう問題にはならないとはいえ、虫プロとしてもアトムに飽きていたのだろう。『鉄腕アトム』はこの年いっぱいで終了することが決まる。

アメリカのテレビの大半がカラーとなったことが、モノクロームのアトムが売れなくなった一因とされるが、それならカラー版を作ればいいわけだ。そこまでの意欲もなくなっていたのだろう。何しろ、四年も続いたのだ。

春の時点で『鉄腕アトム』の次の企画を考えてくれと言われた杉井ギサブローは、オリジナルの企画を出したが、穴見から「虫プロでオリジナルはまだ早い、手塚先生の作品のなかから」と言われたので、『ぼくの孫悟空』をアニメにしたいと言った。しかし、手塚に「東映動画ですでにアニメにしました」と却下される。そこで、中国の『西遊記』をもとに、杉井が勝手にスラップスティック・アニメを作るのはどうかとなり、それでいこうとなった。五月には二三分二〇秒のパイロット・フィルムが完成した。六月一二日、虫プロ友の会の映画大会で『孫悟空が始まるよー　黄王大王の巻』と題して上映し、アンケートが取られた。さらに都内の小学校でも上映し、子どもたちの意見を聞いた。

このパイロット・フィルムは手塚の『ぼくの孫悟空』に近いものだったが、不評だったため、孫悟空の物語の基本設定だけ借りて、悟空以下のキャラクターの性格も大胆に変えて、ギャグ・アニメとして制作されていく。杉井によると、パイロット版を作ってみたものの、いまの自分が作りたいものではないので降板したいと申し出ると、手塚から「以後、杉井ギサブローが作る作品に対しては、口を出しません」と一筆もらって、好きなように作り変えたのだという。

こうして『悟空の大冒険』は、中国の『西遊記』とも、手塚の『ぼくの孫悟空』とも異なるものとして作られていく。

もう一本、『リボンの騎士』も一一月に二八分四〇秒のパイロット・フィルムが完成した。一九五三年に「少女クラブ」で連載が開始された、日本最初のストーリー少女マンガだと手塚が自負している同名のマンガが原作だ。この時点で放映が開始されていれば、日本最初の少女向けテレビアニメの座も得ることになったのだが、放映開始は六七年四月だった。その間に、初の少女アニメの栄誉は東映動画が作る横山光輝原作『魔法使いサリー』に取られてしまう。

『リボンの騎士』は手塚がチーフ・ディレクターとして指揮を執る。しかし手塚に任せると、予算管理をしない制作をするので、東映にいた渡辺忠美がチーフ・プロデューサーとして管理する。こうして虫プロは「アトム以後」についても体制が整った。

一方、虫プロ商事では『アトム』が終わるので、ファンクラブ会報誌である『鉄腕アトムクラブ』をどうするかが協議され、手塚の発案で、マンガ専門誌の創刊が決まった。手塚は白土三平が『カムイ伝』を描くために「ガロ」を創刊したのに対抗し、自分も雑誌を作りたくなっていた。目標とするのは自分の飛躍のきっかけになった「漫画少年」だった。この雑誌は新人の発掘と育成に力を入れた。藤子不二雄、石森章太郎、赤塚不二夫らトキワ荘グループはみな、この雑誌の投稿者だった。

新雑誌は「COM」と題され、一九六七年一月号を創刊号として六六年一一月に発売された。結果としては短命に終わる雑誌だが、多くの新人がこの雑誌から世に出ていく。

## 虫プロ功労者の殉死

一二月一九日、虫プロの穴見常務が虫プロ社内で倒れた。夕方の一八時ごろ、そばを食べようとしたら、突然、頭が痛いと突っ伏したまま意識不明となったのだ。第一スタジオには屋根裏部屋と呼ばれる仮眠室があったので、そこへ運ばれた。医師は手塚と今井にクモ膜下出血だと伝えた。

その深夜、一二月二〇日午前三時ごろ、穴見は亡くなった。四二歳だった。

広告代理店社員として『鉄腕アトム』のスポンサーとテレビ局を決めるのに奔走した、テレビアニメ『鉄腕アトム』の生みの親のひとりで、その後虫プロに入り常務として手塚を支えた特攻隊上がりの男の、壮絶な死だった。『鉄腕アトム』最終回は一二月三一日に放映されるので、「殉死」とも言える。

手塚はこの功労者の死を悼《いた》み、社葬とした。新スタジオ建設は白紙に戻したが、穴見が断行した改革は継承していくことが確認され、さらに山本暎一と川畑栄一が新たに役員に就任する。

三一日放映の『鉄腕アトム 地球最大の冒険の巻』は、こんな物語だ――太陽に異常が発生し、地球の気温が上昇した。人類は宇宙空間に避難し、ロボットたちが地球を守る。ここから陰謀劇となるが、最後はアトムが地球を守るため、太陽の活動を抑えようとロケットを抱えて太陽へ向かう。アトムは特攻するのだ。それは、まるで穴見の死を知っていたかのようだ。

最終回は手塚が演出を担い、彼が生んだ最大のヒーローを自らの手で葬った。

手塚治虫は雑誌「中央公論」一九六七年四月号に、『アトムの死』というエッセイを書いている。『アトム』を終えた理由として、スポンサーの製菓会社から売上が横ばいになってきたので次のキャラクターをと言われたこと、虫プロとしてもロイヤリティ収入が落ちていたこと、広告代理店の面倒な問題、不透明なトラブル……などを上げたうえで、こう書く。

〈だが何といっても、アトムのヒットによって、テレビ漫画が続々、しかも全くアトムと同工異曲のものがズラリと並んだことが致命的な原因だった。これで共食いしない方がふしぎである。「鉄人28号」「エイトマン」「宇宙少年ソラン」「遊星少年パピイ」「宇宙エース」「宇宙パトロール ホッパ」等々、ハイエナのようにアトムにむしゃぶりついて、アイディアや手法を盗みとる傾向には全く音を上げた。構成、脚本、キャラクター等全く同じなのである。それも道理で、虫プロのスタッフを片端からトレードしたり、スタッフがこっそり他の番組を手伝ったりしたのだから。〉

かなり怒っている。そして、〈なぜ、アトムをブラウン管にのせたのかとよく訊かれる。そんなに苦労して、しかも出来のわるい中途半端なものを流して何の得があるのかといわれる。だが、ぼくはいつも答える。そこにテレビ・アニメーションという未知の山があったから、道をつけたかったのだと。この道は歩きにくい、きたない小路だが、開発すれば何らかのプラスになるだろうと思うのだ。〉

先頭を歩む手塚の前には常に困難が待っていた。それは今後も続く。困難から逃れるには先頭を歩くのをやめればいいが、このマンガ家にはそれができない。

# 第一二章　『オバQ』から『パーマン』へ――一九六七年

## 虫プロに訪れた「最初の危機」

虫プロの穴見薫常務の死は、単に重役がひとりいなくなった、ということだけではすまない余波をもたらした。

遺品から、誰も知らない契約書が見つかったのだ。虫プロがフジテレビから一億三三八八万円を借り入れし、その代償として、フジテレビに虫プロの全フィルム資産を譲渡するという内容だった。そんな契約は手塚治虫以下、役員の誰も知らなかった。穴見が独断で契約していた。

契約書には役員全員の判が押されていたので、法的には有効だった。虫プロの役員は、前年（一九六六年）六月の虫プロ商事設立の際、債務譲渡などの契約書に必要だと言われ、穴見に印鑑を預けていた。その印鑑が、フジテレビとの契約書にも押印されていた。

虫プロは、フジテレビに事情を説明した。手塚すら知らない契約だったことに、フジテレビは驚いた。しかし、法的には契約書は有効だった。虫プロに一億円以上の資金が渡っている以上は、契約破棄はできない。それでも粘り強く交渉し、向こう一〇年間、放映権をフジテレビが占有することで、

**1967年のテレビアニメ**

<table>
<tr><th>曜日</th><th>時刻</th><th>局</th><th></th><th>1</th><th>2</th><th>3</th><th>4</th><th>5</th><th>6</th><th>7</th><th>8</th><th>9</th><th>10</th><th>11</th><th>12</th><th></th></tr>
<tr><td rowspan="3">月</td><td>19:00～</td><td>N</td><td colspan="14">魔法使いサリー（東）</td></tr>
<tr><td>19:30～</td><td>T</td><td colspan="7"></td><td colspan="7">コメットさん（国）</td></tr>
<tr><td>19:30～</td><td>フ</td><td colspan="10"></td><td colspan="4">ちびっ子怪獣<br>ヤダモン（P）</td></tr>
<tr><td rowspan="2">火</td><td>19:00～</td><td>T</td><td colspan="4"></td><td colspan="9">冒険ガボテン島（T）</td><td></td></tr>
<tr><td>19:30～</td><td>フ</td><td colspan="4">遊星仮面（T）</td><td colspan="10"></td></tr>
<tr><td rowspan="2">水</td><td>19:00～</td><td>フ</td><td colspan="4">ジャングル大帝<br>進めレオ！（虫）</td><td colspan="10"></td></tr>
<tr><td>19:30～</td><td>N</td><td colspan="4"></td><td colspan="6">キングコング／<br>001/7親指トム（東）</td><td colspan="4"></td></tr>
<tr><td>木</td><td>19:00～</td><td>フ</td><td colspan="9"></td><td colspan="5">ドンキッコ（P）</td></tr>
<tr><td rowspan="2">金</td><td>19:00～</td><td>フ</td><td colspan="14">ロボタン（大）</td></tr>
<tr><td>19:30～</td><td>N</td><td colspan="4">レインボー戦隊<br>ロビン（東）</td><td colspan="10"></td></tr>
<tr><td rowspan="3">土</td><td>19:00～</td><td>フ</td><td></td><td colspan="9">悟空の大冒険（虫）</td><td colspan="4">おらあグズラだど<br>（竜）</td></tr>
<tr><td>19:00～</td><td>日</td><td colspan="4"></td><td colspan="10">黄金バット（一）</td></tr>
<tr><td>19:30～</td><td>N</td><td colspan="4"></td><td colspan="10">かみなり坊やピッカリ・ビー（放）</td></tr>
<tr><td rowspan="4">日</td><td>18:00～</td><td>フ</td><td colspan="7"></td><td colspan="7">リボンの騎士（虫）</td></tr>
<tr><td>18:30～</td><td>フ</td><td colspan="4"></td><td colspan="3">リボンの騎士<br>（虫）</td><td colspan="7">マッハGoGoGo（竜）</td></tr>
<tr><td>19:00～</td><td>フ</td><td colspan="4"></td><td colspan="3">マッハGoGoGo<br>（竜）</td><td colspan="7"></td></tr>
<tr><td>19:30～</td><td>T</td><td colspan="4">オバケのQ太郎<br>（ム）</td><td colspan="10">パーマン（ム／ゼ）</td></tr>
<tr><td colspan="3"></td><td></td><td>1</td><td>2</td><td>3</td><td>4</td><td>5</td><td>6</td><td>7</td><td>8</td><td>9</td><td>10</td><td>11</td><td>12</td><td></td></tr>
</table>

所有権は返してもらえた。そのため一九七八年までは、フジテレビが虫プロ作品の放映権を占有することになる。

借り入れする必要があるのなら――実際、あったのだろう――手塚や他の役員に説明し、同意を求めればいいのに、穴見はなぜ、こんなことをしたのか。穴見もまさか自分が急死するとは思っていなかったので、この件について書き残したものは何もなく、真相は分からないままだ。他人に実印を預けてはいけない――社会人としての常識だが、手塚治虫はこのあとも同じ過ちを繰り返す。

これが虫プロの「第一の危機」だった。

## 『悟空の大冒険』に寄せられたお小言

危機を孕《はら》みながらも、虫プロのアニメ制作は進んでいった。

一月七日、『鉄腕アトム』の後番組として、『悟空の大冒険』が放映開始となった。『鉄腕アトム』を見ていた子どもたちがそのまま見たので、初回から視聴率はよく、二月一八日の第七話では三一・七パーセントを記録した。しかし、これが最高で、以後は下がっていく。日本テレビ系列で四月から、『黄金バット』が同じ時間帯で始まったことが一因ともされている。

『黄金バット』は、よみうりテレビをキー局に日本テレビ系列で放映された。制作したのは、広告代理店の第一広告社がＴＣＪからスタッフを引き抜いて設立した、第一動画だ。永松健夫（一九一二～六二）が戦前に制作した紙芝居が原作で、戦後の一九四八年には永松自身による絵物語となって、「冒険活劇文庫」（後の「少年画報」）創刊号から連載された。その後は加太こうじ（一九一八～九八）が引き継いで、紙芝居と絵物語を描いていた。東映が一九六六年、千葉真一主演で実写映画にもしている。黄金バットは正義の味方だが、全身が金色で骸骨のマスクを被り、漆黒のマントを身にまとっていて、不気味で怖いイメージもある。アトムとは正反対のヒーローだった。制作体制の上では、初めて韓国に動画が外注されたアニメでもあった。脚本・絵コンテ・原画までを日本で制作し、韓国の東洋放送の動画部が動画を描いた。

『鉄腕アトム』の後番組である『悟空の大冒険』の主人公である悟空も、優等生だったアトムとは正反対で、やんちゃでいたずらばかりしている「悪い子」だった。最初は中国の古典『西遊記』のアニメだと思い、安心して見せていた親や学校関係者が、「こんなものは子どもに見せたくない」と騒ぎ出した。

かなり批判があったようで、手塚はアニメ『悟空の大冒険』には直接タッチしていないが、虫プロ社長として、「週刊TVガイド」に『「悟空」へのお小言に虫プロの答え』としてこう語っている。つまり、「お小言」をたくさん頂戴していたのだ。

〈ギャグ漫画（当時はまだ「アニメ」ではなく「テレビまんが」と呼ばれていた）を一度はぜひやりたかった。でも、雑誌で私個人で書いている分には、責任もはっきりしているし、読みたい人が読んでいます。ところがテレビとなるとこれはちょっと通用しません。平均的趣味というか、みんなが楽しめるものにしなきゃいけませんから。漫画は常に動いています。いつも新しい要求にこたえなければなりません。こうして、若いスタッフの手で作られる「悟空」のような漫画、冒険かもしれませんが、そのなかに盛り込まれた新しい感覚が必要なんじゃないでしょうか。〉

新しいものにトライしていくことが必要だと、手塚は若いスタッフの冒険を擁護している。

『オバケのQ太郎』『おそ松くん』のヒットでギャグ・アニメも定着していたが、この二作はほのぼのとした日常系のギャグだったので、かなりぶっ飛んだ『悟空の大冒険』の破壊的なギャグは、時代に早すぎたのだろう。妖怪がブームになりつつあったので、六月三日放映の第二二話からは「妖怪連合シリーズ」としたが、それでも視聴率は上がらない。予定の五二回をまっとうできず、『悟空の大冒険』は九月三〇日の第三九話が最終回となった。

『悟空の大冒険』は虫プロの第五スタジオで制作され、富士見台の本社から離れたところにあった。その周辺には、虫プロを辞めたスタッフが独立して、いくつも小さなスタジオを作っていた。

そのひとつが、杉井ギサブローのアートフレッシュだった。杉井は出﨑統、奥田誠治、吉川惣司らとともに、虫プロから独立していたのだ。『悟空の大冒険』のクレジットには、「制作協力」としてアートフレッシュが明記されている。

チーフディレクター（総監督）の杉井ギサブローの下で、出﨑統は演出と作画監督の他、新雑誌「COM」にコミカライズも連載していた。『悟空の大冒険』は、あまりにも手塚の『ぼくの孫悟空』から離れてしまったので、原作としてこの時期に刊行されることはなかった。

## 富野由悠季、虫プロを去る

三月で前年一〇月からの『ジャングル大帝 進めレオ！』が終わると、後番組はアニメではなく、横山光輝原作の実写版『仮面の忍者 赤影』となった。東映テレビ部が白土三平の『ワタリ』をテレビ映画にしようとしたところ、白土と決裂して頓挫したので、横山に泣きついて原作を描いてもらった作品だ。

『進めレオ！』と入れ替わるように、放映日は異なるが、日曜一八時三〇分枠で四月二日から『リボンの騎士』が放映された。その『リボンの騎士』放映開始直前の三月、富野由悠季は虫プロを辞めている。

『悟空の大冒険』も『リボンの騎士』も、放映開始の半年前からそれぞれの班が結成され、制作に入っていたが、富野は最後まで『鉄腕アトム』制作班に残っており、その仕事は穴見が亡くなった一二月下旬まで続いていた。富野は年明けから『リボンの騎士』に配属されたが、三月で辞めた。

辞めた理由は、穴見の急死による虫プロの将来への不安だった。富野は冷静に考えて、〈いかに効率よいアニメを作り、スタッフが食ってゆくかが焦点になってきたとき、人気稼業の厳しさ、テレビ・シリーズ用の原作としてアトム以上のものが手塚作品の中にあるのかとつきつけられたとき、ないのではないの？　といわざるを得ない状況になっていた。／ことに他社プロダクションのオリジナルからの企画・制作のプロジェクトなどというもの、またはそのときどきの人気漫画のアニメ化などは、虫プロでは絶対に考えられないことであったのだ。〉

〈虫プロは手塚作品をアニメ化する会社であって、それ以外の何ものもやることはならない、とされていたからだ。／ここを突破しなければ、虫プロは企業として成立することはない。穴見薫はそれを洞察していた。が、氏のいなくなった虫プロには、その遺志を継ごうとする人間はいなかった。残るスタッフは、まだまだ手塚社長に対して若すぎ、スタッフの大半は手塚信奉者であったからこそ、虫プロに参じたという人々だったから当然といえよう。〉

そして、こう断言する。〈穴見路線を認識する一部のスタッフなぞは〝人ではない〟のである。〉

富野は社外の仕事をアルバイトでやるようになっていた。これは他の社員も同じだ。さらに、付き合っていた女性が広告制作会社を始めたので、その手伝いもしていた。そんなとき、東京デザイナー学院から講師の話が来たのを機に、富野は虫プロを辞めた。

『リボンの騎士』で富野が演出したのは、第三話、第四話、第九話、第二一話の四話だった。

## 『リボンの騎士』で、虫プロ三連敗

『リボンの騎士』は手塚治虫の初期における代表作のひとつで、少女ものストーリーマンガの第一作だと、手塚は自負している。手塚は宝塚市で育ち、宝塚歌劇に親しんでいたので、一九五二年に「少女クラブ」から連載依頼があった際、宝塚をイメージしたメルヘン的な冒険ロマンを描くことにした。『リボンの騎士』は、「少女クラブ」で一九五三年一月号から五六年一月号まで連載された。

そのリメイク版が「なかよし」六三年一月号から連載されており、六六年一〇月号まで続く。「なかよし」版は、ちょうど『鉄腕アトム』のテレビアニメが始まるころに開始しているので、そのころからアニメ化を考えていた。

『リボンの騎士』の主人公は、シルバーランドの王家の子、サファイアだ。女の子に生まれたが、男の子として育てられた。男装のリボンの騎士としての活劇、亜麻色の髪の乙女としての隣国の王子フランツとのロマンス、そこに王位継承をめぐる陰謀劇が絡み、天使や魔女が出てくるファンタジーの要素もある、少女マンガのひとつの典型を作った名作だった。

原作は「少女クラブ」版、「なかよし」版とも、ひとつの長い物語だったが、『ジャンル大帝』同様に、テレビアニメは一話完結にしなければならず、原作からはだいぶ離れた。

『リボンの騎士』も、第一回に相当する二八分のパイロット・フィルムが前年一一月に作られていた。手塚の脚本・演出、月岡貞夫と中村和子の原画で、原作に忠実なものだった。しかし、これも子ども対象の試写会をするなどしてモニターし、キャラクターやストーリー展開を変えたという。

アニメ制作にあたり、手塚治虫は作画監督の中村和子をはじめとするスタッフを宝塚歌劇に招待して、その世界のイメージに親しんでもらう配慮をした。

サンスター歯磨《はみがき》の一社提供だったが、視聴率が目標の二〇パーセントどころか一〇パーセントにも満たないため、三か月でスポンサーを降りられてしまった。フジテレビは六月二五日放映分でいったん打ち切り、三か月かけて内容を再検討して大幅な手直しをし、一〇月に再開と決めた。新聞や週刊誌には、その旨の記事が出ている。

「週刊朝日」七月七日号には〈マンガの〝教祖〟視聴率に敗北〉の大見出しで、〈「ジャングル大帝」がつまずきのもと〉ともある。「週刊新潮」七月一日号は〈二連敗を喫した過去の王者〉の見出しで、『リボンの騎士』が『ジャングル大帝』に次いで打ち切りが決まったとして、その理由をこう分析する。

〈虫プロの作品の生命線は、〝日本のディズニー〟と呼ばれる、その詩情豊かな色彩と、物語にある。欠点は、画面に荒々しいスピード感がないのと、白黒に比べて二倍近い制作費、日数がかかること。／ところが、最近の成功作『オバQ』『パーマン』を見ても、虫プロとは比較にならぬ粗末な出来だが、スピード感にあふれている。つまり、現代っ子は「おとなしく、美しい画面」を受けつけないのだ。この現実は〝日本のディズニー〟にとって苦々しい限りだろうが、かといって教育ママや、大人

の拍手だけでは商売にならない。〉

一方では、教育ママからお小言を頂戴した『悟空の大冒険』も作り、こちらはスピード感にあふれすぎてついていけない子が多く、苦戦していたのだが、それには触れていない。「週刊新潮」は〈先駆者には苦労がつきものだが、虫プロも〝過去の栄光〟を捨てなければならぬ時期にさしかかった、というところか。〉と結ぶ。

手塚作品では視聴率が取れない――富野が、そしておそらくは穴見も予見していた危機が、早くも現実となっていた。

六月に入り、『リボンの騎士』が六月二五日放映で打ち切りと報じられると、虫プロにはキャラクター商品を作っていた企業から問い合わせと抗議が殺到した。番組として一年間続く条件で契約していたのに三か月で打ち切られたのでは、商品が売れなくなってしまうから困る、契約違反として訴えるとまで言ってくる。虫プロは動揺した。賠償金を払うぐらいなら、赤字でも制作を続けたほうがいいとの判断で、フジテレビに頼み込んだ。

すでに七月から、日曜一八時三〇分枠はタツノコプロの『マッハGoGoGo』と決まっていたので、一八時からに繰り上げて『リボンの騎士』の放映は続行され、翌一九六八年四月七日まで続き、五二話が制作される。

打ち切りにはならなかったが、『ジャングル大帝』『悟空の大冒険』に続いての三連敗となった。テレビアニメ界では、「手塚治虫はもう古い」との声が出るようになっていた。

## ＴＢＳマンガルームの解散

ＴＣＪも一時の勢いを失っていた。

フジテレビでの『遊星仮面』が三月二八日に終わったが、後番組は獲得できなかった。大阪の広告代理店、大広が森田拳次の『ロボタン』を原作にして、大阪のプロダクション数社に外注して作らせた。

ＴＢＳの『宇宙少年ソラン』も、三月二八日に九六話を作って終わった。こちらは同じ枠で、『エイトマン』以来のマンガルームの脚本で『冒険ガボテン島』が始まった。豊田有恒が復帰して原案と脚本を書き、久松文雄がキャラクター・デザインとコミカライズ、構成・監督は河島治之だった。脚本陣には辻真先、吉永淳一、虫プロを辞めた石津嵐も加わった。豊田有恒はこれを最後に、テレビアニメの脚本は書かなくなる。小説の仕事が多忙になったからだ。久松のコミカライズは、「週刊少年サンデー」に連載された。

『冒険ガボテン島』は『十五少年漂流記』が発想の原点にあるが、一五人では多いので、主人公は五人の少年少女となった。彼らは遊園地で潜水艇を誤って発進させてしまい、無人島に漂着する。その島でさまざまな困難に遭いながら生きていく、サバイバルものだった。一六回の予定だったが、視聴率がよく、一三回延長されて三九話が作られ、一二月二六日が最終回となった。

『冒険ガボテン島』の後番組はアニメではなく、『サンダーバード』を作ったイギリスのジェリー・アンダーソンのセンチュリー21プロダクションが制作したＳＦ特撮人形劇『キャプテン・スカーレット』になる。

もう一作、一〇月からアクション・ヒーローもの『スカイヤーズ5』が始まった。これもTBSが企画したもので、五人チームのヒーロー活劇だ。ミステリ作家の生島治郎《いくしまじろう》（一九三三〜二〇〇三）が本名の小泉太郎名義で、作家の石川喬司《たかし》（一九三〇〜）とともに原案を作り、川崎のぼるがキャラクター・デザインをしてコミカライズも描いた。川崎はすでに『巨人の星』の連載が始まり、人気が出てきたところだ。アニメの仕事はこれが初めてだった。

『スカイヤーズ5』は木曜一九時の枠だったが、視聴率が低くて一三回で打ち切られた。再放送で人気が出て、七一年にカラーにリメイクして再登場する。

TCJは一九六三年九月スタートの『仙人部落』以後、三班編成で常時三本のシリーズを制作していたのに、六七年一二月、ついに四年四か月で途切れてしまう。

これによって、『エイトマン』に始まったSF作家とアニメとの蜜月も終わった。『鉄腕アトム』放映開始からの五年間に、多くのSFテレビアニメが作られたことで、日本にSFの土壌が作られた。やがて、これらを幼少期に見て育った世代が制作の現場へ躍り出る。

### 藤子アニメ第二弾『パーマン』

人気絶頂の『オバケのQ太郎』だったが、スポンサーである不二家の意向で六七年三月に終了し、同じ藤子不二雄原作の『パーマン』が四月から始まった。『オバケのQ太郎』は藤本と安孫子の共作だったが、『パーマン』は藤本が単独で描き、いまでは藤子・F・不二雄作品となっている。

『パーマン』のアニメは東京ムービー／Aプロと、スタジオ・ゼロとで分け合って制作された。スタジオ・ゼロは藤子の会社でもあるので、原作に近いものになっている。

原作のマンガは、テレビアニメ化を前提として描かれた。アニメならではの面白さが出るよう、主人公の少年は空を飛べる設定にした。キャラクター商品の展開も最初から考えなければならないので、パーマンはひとりではなく、一号から四号までの四人が考え出された（後に五号も）。

マンガ『パーマン』は、「週刊少年サンデー」六七年二号と「小学三年生」などの学年誌で六七年一二月発売号から始まり、キャラクターが周知されたところで、四月から放映開始となる。

パーマンは、アメリカのコミック『スーパーマン』のヒーローであるスーパーマンの見習いという設定だった。活躍すれば「スーパーマン」に昇格し、失敗したら「パー」（廃人の意味で、いまでは差別用語だが当時は普通に使われていた）になる。後にアメリカのコミックの著作権に抵触するとして、「スーパーマン」は「バードマン」に、「パーになる」という設定も差別用語の問題で替えられる。

スタジオ・ゼロとしてはカラーで制作したかったが、制作費高騰をスポンサーが嫌い、モノクロームで制作された。

『おそ松くん』のアニメは一九六七年三月二七日放映で終わったが、入れ替わって『パーマン』を受注できたので、スタジオ・ゼロの経営は安定し、役員からの借り入れなしに経営できるようになっていった。アニメ制作には人手が必要なので、従業員も増えた。借りていた市川ビルの二フロアだけでは狭くなったので、屋上にプレハブの作業場を建て、そこも使うようになる。

さらに、藤子不二雄（安孫子）原作の実写版『忍者ハットリくん』の続編が八月からスタートした。実写だが、オープニングはアニメーションで、スタジオ・ゼロが制作した。

四月三〇日、スタジオ・ゼロの二代目社長に藤本弘が就任した。二年ごとに社長を交代することにしていたので、本来なら六五年に鈴木から藤本に代わるはずが、すっかり忘れていたのである。五月には資本金を八八〇万円に増資し、会社の体裁を整えていく。

『パーマン』の視聴率も三〇パーセントを超えて、『オバケのQ太郎』に匹敵した。しかし、予《あらかじ》め一年と決まっていた。視聴率がよくても、キャラクター商品は一年で売上が落ちるのだ。『パーマン』は、一九六八年四月一四日に五四回で終わる。

つのだじろうのマンガも、七月からテレビアニメになった。しかし、スタジオ・ゼロではなく、東映動画の制作だ。「週刊少年キング」に一九六五年から連載されていた『忍者あわて丸』を原作にした『ピュンピュン丸』で、七月三日から九月一八日まで一二話が制作された。二年後の六九年一二月に再開して、七〇年三月まで合計二六話作られた。アニメ放映時には、つのだによるコミカライズ『ピュンピュン丸』が、「週刊少年キング」に連載される。

## 東映動画『太陽の王子』の制作再開

東映動画のテレビアニメは一九六六年一二月に『レインボー戦隊ロビン』『海賊王子』の二作が終わると、『魔法使いサリー』だけになったが、四月からは『キングコング』『親指トム』というアメリカのヴィデオクラフト社との合作アニメが放映された。キャラクター・デザイン・脚本・絵コンテ・音響をヴィデオクラフト側で作り、東映動画は背景の美術を含めた原画、動画を作製する。

番組としては三〇分だが、一回に三話――『キングコング』が二話、『親指トム』が一話ずつという構成だ。四月五日から一〇月四日まで、毎週水曜日一九時三〇分から放映された。再放送では一話ずつ、毎日放映されていたこともある。

長編アニメでは、前年一〇月に中断した『太陽の王子』が一月一七日に制作再開となった。中断は三か月だったことになる。

三月一九日封切りの春の「東映まんがまつり」は、大工原章演出の長編『少年ジャックと魔法使い』（八〇分）と、『サイボーグ009 怪獣戦争』（六〇分）、『たぬきさん大当り』（一五分）、ピープロから借りた『マグマ大使』という豪華なものだった。

『サイボーグ009 怪獣戦争』は、シリーズ第二弾だ。東映の劇場用アニメでのシリーズは、これが最初となる。石森章太郎が「週刊少年マガジン」で連載を再開した、『地下帝国ヨミ編』とされるパートが下敷きになっている。「怪獣戦争」の副題は、怪獣ブームに便乗したもので、それほど怪獣が出てくるわけではない。劇中、009たちが敵の本拠地へ向かうシーンでは、レインボー戦隊のロビンたちとすれ違うというお遊びもあった。

二作の劇場用アニメの成功で、『サイボーグ009』は六八年四月からテレビアニメ・シリーズが始まる。

夏休みの「東映まんがまつり」は、長編『ひょっこりひょうたん島』（六一分）と、テレビの再編集版『魔法使いサリー』（四五分）、借りてきた『黄金バット』（二五分）、実写のテレビ映画『キャプテンウルトラ』の四本立てを七月二一日に封切った。

『ひょっこりひょうたん島』はNHKで放映された、大人気人形劇を原作にした新作アニメで、藪下泰司が演出した。『キャプテンウルトラ』は、東映テレビ部が制作していたテレビ映画の一話だ。

一九六六年一月からTBSで放映された、円谷プロ制作の『ウルトラQ』によって怪獣ブームが巻き起こり、七月から『ウルトラマン』と、手塚治虫のマンガを原作にしたピープロの『マグマ大使』が同時に始まったことで、ブームは沸騰した。

これによって、アニメ全般の人気に翳《かげ》りが見えるほどだった。『ウルトラマン』は視聴率も高かったが、特撮に時間がかかるため、四月放映の三九話で終わらざるをえなかった。半年の準備期間をおいて秋から『ウルトラセブン』が始まるが、その間の半年を東映が受注し、スペースオペラ『キャプテンウルトラ』を制作した。アニメではないが、その一話を「まんがまつり」の演目のひとつとしたのである。

東映動画や東映テレビ部が制作するものは、系列のＮＥＴで放映されていたが、独自に稼がなければとＴＢＳにも売り込み、初めて実現したのが『キャプテンウルトラ』だった。

一方、長編の『太陽の王子』は動画が佳境となっていた。動画作成の完了は一九六八年一月一四日である。シナリオに着手してから、丸二年が過ぎていた。

## ピープロ最後のアニメで、永井豪登場

ピープロが制作していた、ちばてつや原作の『ハリスの旋風』は八月三一日で終わり、翌週からは『ドンキッコ』が始まった。石森章太郎原作のギャグ・アニメだ。一か月遅れて一〇月二日からは、『ちびっこ怪獣ヤダモン』が始まった。この二作でピープロはアニメから撤退し、実写の特撮ヒーローものに特化していく。

ピープロ最後のアニメ『ちびっこ怪獣ヤダモン』の原作は、社長であるうしおそうじだった。脚本

は藤川桂介とうしお（「生田大作」名義）、演出もうしお（「若林藤吾」名義）だ。原作といっても、うしおによるマンガが先にあったわけではない。

放映に合わせて講談社の「ぼくら」にコミカライズを連載することになったが、うしおはもうマンガを描く気はなく、若いマンガ家に任せることになり、石森章太郎のアシスタントをしていた永井豪に白羽の矢が立った。

永井豪は敗戦の年、一九四五年に生まれた。高校を卒業すると大学受験のための予備校に通っていたが、マンガ家を志すようになり、受験は断念した。一年半ほど、マンガを描いては出版社に持ち込んでいた。手塚治虫と石森章太郎が好きで、二人のようなSFを描きたかった。

一九六五年春、マンガ家になるには誰かのアシスタントになるのが早道だと知って、永井豪は知り合いの編集者に手塚治虫を紹介してもらった。しかし約束の日に虫プロに行ったが、手塚は不在で会えなかった。しばらくたって、マンガ家志望の友人が石森章太郎に原稿を見せに行くというので同行した。その場ではアシスタントの話はしなかったが、数日後、石森から手伝ってくれないかと電話があった。こうして永井豪は石森章太郎のアシスタントとなった。『サイボーグ009』の「地下帝国ヨミ編」などを手伝い、デビューのチャンスを待っていた。アシスタント期間は一年半ほどだった。

永井豪は、アシスタントをしながら描いたマンガを「ぼくら」編集部に持ち込み、採用される日を待っていた。その原稿をたまたま編集長が目にして、『ヤダモン』のコミカライズをこの新人に任せてみようと思いつく。

「ぼくら」編集部は連載の前に、永井に腕試しとして読み切りを描かせ、一一月号に時代劇ギャグ・マンガ『目明しポリ吉』が載った。これが合格となって、次号一二月号から『ちびっこ怪獣ヤダモン』の連載が始まる。テレビアニメと連動して、六八年七月号まで続いた。

一九六八年になると永井豪は、「少年マガジン」にも『じん太郎三度笠』や『荒野の剣マン』を短期連載するようになっていく。そして、「少年ジャンプ」創刊号から描いた『ハレンチ学園』でブレイクするのだ。

## タツノコプロによる「メカ」路線の始まり

手塚治虫の虫プロが下降線をたどるのと反対に、上昇していくのがタツノコプロだった。その象徴となるのが、フジテレビの日曜夕方枠での明暗だった。四月二日、一八時三〇分から虫プロの『リボンの騎士』、一九時からタツノコプロの『マッハGoGoGo』が始まったが、前者が低視聴率なため、七月二日からは入れ替わるのだ。

タツノコプロは、第一作『宇宙エース』を一九六六年四月二八日放映の第五二話で終えると、一年間かけて体制を立て直し、満を持してスタートしたのが『マッハGoGoGo』だった。ベースとなったのは、吉田竜夫が『少年画報』一九六〇年一一月号から四年にわたり連載していた、カーレーサーを主人公にした『パイロットA《エース》』だった。

吉田竜夫は『宇宙エース』制作中から、「次はリアルなものをやろう」と九里一平らに語っていた。虫プロのアニメに対抗するには、虫プロができないものをやるしかない。自分たちのマンガのセールス・ポイントは何か。それはリアルな絵だ。吉田も九里も挿絵画家、絵物語が出発点なので、リアルな絵は得意だ。すでに雑誌では、リアルな絵の劇画に人気があった。アニメもいずれそうなるのは必至だった。手塚・虫プロ的なシンプルな絵の真似をしても、勝てない。そこでリアルな描線をアニメで実現すべく、まずはアニメーターたちを訓練した。

『マッハGoGoGo』を三話か四話作った。しかし、スポンサーが決まらない。持ち出しで作っていたので、なんとかしなければと『宇宙エース』を放映したフジテレビに頼みに行き、放映が決まった。

一九六七年当時は、まだ一般家庭のテレビの七割がモノクロームだったので、カラーで作るが、モノクロームでも見栄えがいいように色彩設計をした。カラーでもモノクロームでも美しいのは、白だった。「七つの特殊機能を搭載したマッハ号」は、白を基調としたデザインになる。

主人公の天才レーサー・三船剛《ごう》のドラマもさることながら、マッハ号のメカも人気が出た。玩具も売れて、タツノコプロはマーチャンダイジングで経営が楽になる。メカの玩具の企画が先にあってからストーリーや設定、キャラクターが作られるようになるのは後の話で、『マッハGoGoGo』ではアニメが先だった。

テレビアニメと同時に、コミカライズが吉田竜夫名義で描かれるが、吉田は執筆していない。

一〇月からはタツノコプロのギャグ路線第一作『おらぁグズラだど』も始まり、早くも二本同時体制が確立される。笹川ひろしが「週刊少年サンデー」一九六六年三月一三日号に掲載した読み切りの『オンボロ怪獣クズラ』を基にした。これでタツノコプロは、吉田兄弟の作品だけをアニメにするのではないことを内外に示した。虫プロは手塚作品だけの会社というイメージになり、その戦略が破綻しつつあったが、同じ轍《てつ》を踏まないようにしたのだ。

『おらぁグズラだど』のコミカライズは、板井れんたろうが「週刊少年サンデー」に連載した。同時期にスタートしたピープロの『ちびっこ怪獣ヤダモン』同様、怪獣ブームのなかで、巨大で怖い怪獣ではなく、人間と同じ大きさの優しい怪獣の話だ。

## 青年コミックと劇画ブーム

一九六七年、『巨人の星』『墓場の鬼太郎』『天才バカボン』を擁して、「週刊少年マガジン」は少年週刊誌として初の一〇〇万部突破を達成した。宿敵「週刊少年サンデー」を抜いたのだ。

「マガジン」成功の理由は、読者層を高校生、大学生、若年労働者にまで上げたことにあった。ベビーブーム世代が二〇歳になろうとしていた。人口が多いので、この層には無尽蔵の需要がある。もともと「サンデー」「マガジン」とも、この世代が中学生になるタイミングに創刊されている。それまでは中学を卒業すればマンガも卒業していたが、この世代は違った。彼らが高校生・大学生になっても読むに耐えられるマンガが描かれるようになっていたので、卒業しそこなった。

一九六〇年代半ばまでのマンガは、児童マンガ、少年マンガ、少女マンガと大人向けの漫画とがあった。大人向けの漫画とは、いまの成人コミックとは異なり、昔からの四コマ漫画を主体とした、ナンセンス系のものだ。

一九六七年夏、大人と少年少女の中間の青年層に向けて、双葉社の「週刊漫画アクション」と少年画報社の「ヤングコミック」が相次いで創刊された。前年の六六年には、芳文社が月刊誌「コミックmagazine」を創刊していた。そこに載ったのは、貸本マンガから生まれた、少年マンガとは異なるリアルな描線で人間ドラマを描く「劇画」だった。劇画とマンガを抱合する概念として、「コミック」が使われるようになったのは、六六年あたりからだ。

新しい形態として新書判のマンガが「コミックス」と称して発刊されたのは、一九六六年のコダマプレスによるダイヤモンドコミクスが最初で、小学館のゴールデンコミックス、秋田書店のサンデーコミックスが続いた。それまで手塚作品などを除けば、大半のマンガは雑誌に載ればおしまいだったが、まとめて読めるようになった。もっとも、月刊誌や週刊誌ごとに新書判コミックが揃うのは一九七〇年代半ばだ。

「コミック」という言葉には新鮮なイメージがあるので、従来のマンガとは違うと訴えたい新雑誌は誌名に使った。「劇画とマンガはどう違うのか」という論争から逃れる意図もあったらしい。

## 小学館が「少年マガジン」を挟み撃ち

「漫画アクション」「ヤングコミック」が創刊された直後の一九六七年一一月、「少年サンデー」では編集長がまたも交代していた。白土三平に『カムイ外伝』を描かせ、手塚治虫を『W3』で復帰させた小西湧之助が、特命プロジェクトを授かり、突然、異動したのだ。その新プロジェクトとは、青年コミック誌の創刊だった。

小西は「マンガは知らない」「マンガ嫌い」と公言していたが、「週刊少年サンデー」編集長になり、さらに新雑誌の創刊も命じられた。短命に終わったが、「ボーイズライフ」を創刊した際にも、マンガを載せている。今回もマンガ雑誌だが、「小説現代」「オール読物」などの小説雑誌を作るつもりで創刊準備を始めた。マンガで文学を作るのだ。マンガ家に、好きなテーマで自在に、読み応えのある作品を描いてもらう。そのためには、ひとり三二ページ、四八ページという雑誌としては多いページを確保する。そのページ数に耐えられる作品を、毎月（当初は月刊だった）描ける力量のあるマンガ家は限られてくる。

小西は、手塚治虫、石森章太郎、白土三平、水木しげる、さいとう・たかをの五人を創刊号のラインナップに決めた。手塚を除けば、みな「マガジン」に連載中、もしくはついこの前まで連載していたマンガ家たちだ。水木は『ゲゲゲの鬼太郎』を、さいとうは『無用ノ介』を連載中だし、石森は『幻魔大戦』を六七年一二月まで、白土も六七年九月まで『ワタリ』を連載していた。「マガジン」の読者を引き寄せようという意図が、露骨なまでに感じられる。講談社と小学館との正面衝突である。

新雑誌の誌名は「ビッグコミック」、創刊は四月号、つまり三月初旬の発売と決まった（実際は二月二九日が発売日となる）。

小学館のこうした動きとは別に、子会社の集英社でも一二月から、「少年ブック」編集長の長野規のもとで、新しい少年雑誌の創刊が計画されていた。長野は手塚治虫が信頼している編集者のひとりで、『ビッグX』のアニメ化にも一役買った。「少年ブック」は部数の下落に歯止めがかからず、それは他社の月刊少年誌も同じだった。「サンデー」「マガジン」が創刊されて一〇年が過ぎており、月刊誌は時代遅れとなっていたのだ。

長野は「少年ブック」が生き残るには、週刊化するしかないとの結論に達していた。一方、講談社の子会社である光文社では、『鉄腕アトム』が連載されていた看板雑誌「少年」を、六八年三月号で休刊することを決めていた。それと同時にマンガ、小説を含めた児童書部門からの撤退も決める。

小学館社長で集英社の会長でもある相賀徹夫《おうがてつお》は、集英社の少年週刊誌創刊には反対だった。「サンデー」のライバルになるし、集英社は週刊誌「セブンティーン」を創刊したばかりで、まだ軌道に乗っていないため、時期尚早と考えていたのだ。しかし、長野の粘り強い交渉で、相賀も了承した。

長野の読みでは、トップを走る「マガジン」は大学生を読者にできた一方で、小学生には難解になってきていた。「サンデー」もその流れに乗って、劇画が多くなっている。そこで低年齢層に向けたマンガ雑誌を出せば、「マガジン」「サンデー」相手にも勝機があるはずだった。

長野が作る新雑誌が、絶好調の「少年マガジン」を下から脅かすことになる「少年ジャンプ」である。小学館・集英社の一ツ橋グループは、講談社の「少年マガジン」と正面では「少年サンデー」で競い合い、さらに上からと下から挟み撃ちにすべく動いていた。「サンデー」と合わせれば三方向から攻めようとしていたのだ。さらに「漫画アクション」「ヤングコミック」「コミックmagazine」も、「少年マガジン」の読者を奪おうとしていた。

## 『あしたのジョー』連載開始

少年誌・マンガ雑誌の王者となった「週刊少年マガジン」への包囲網が敷かれようとしていた一九六七年暮れ、一二月一五日発売の一九六八年一号で、ちばてつやの『あしたのジョー』の連載が始まった。原作者がいて「高森朝雄」とあったが、これは梶原一騎の別名だった。出版界には、雑誌の目次に同じ執筆者の名が複数出るのは好ましくないという不文律があり、梶原一騎の名は『巨人の星』の原作者として目次に大きく出ているので、別名義にした。当時の読者は、梶原と高森が同一人物とは知らずに読んでいた。

ちばてつやが「少年マガジン」に連載していた『ハリスの旋風』は、まだまだ人気があったが、テレビアニメが六七年八月で終わったので、一一月で連載を終えることになった。人気マンガ家のちばを手放すわけにはいかないので、連載終了決定と同時に、新連載も決めた。ちばを担当する宮原照夫は、『巨人の星』も担当していた。

『ハリスの旋風』の主人公・石田国松は、スポーツ万能という設定だ。そのなかにボクシングもあり、ちばは取材のためにジムへ行き、若いボクサーたちの姿に魅了されていた。いつか本格的なボクシングマンガを描きたいと、宮原に語った。一方、『巨人の星』の原作者である梶原一騎は、野球よりも格闘技のほうが好きだった。梶原もボクシングマンガを書きたいと思っていた。そこで、ちばてつやと梶原一騎を組ませようとなり、生まれたのが『あしたのジョー』だったのだ。

一九六七年一二月、『あしたのジョー』連載開始の時点で梶原一騎は、「少年マガジン」に『巨人の星』と『あしたのジョー』、「少年キング」に『柔道一直線』(画・永島慎二、斎藤ゆずる)、月刊誌「冒険王」に『夕やけ番長』(画・荘司としお)、月刊誌「ぼくら」に『タイガーマスク』(画・辻なおき)を連載していた。週刊誌三本、月刊誌二本だ。これらはすべてこの後、テレビアニメ、テレビ映画化され、梶原一騎の一大ブームが到来する。

## 大人のための劇画用アニメという新天地

虫プロは九月に『悟空の大冒険』が終わると、『リボンの騎士』しかテレビでのレギュラーはなくなった。それも翌年四月までだ。次のレギュラーは手塚作品ではなく、江戸川乱歩原作『わんぱく探偵団』が二月から、四月からは川崎のぼる原作『アニマル1』が決まっているが、どちらもテレビ局きない。穴見が予見し、富野が危惧した状態になっていた。

一一月、テレビとは別の世界から、手塚治虫に新企画が打診された。大人向けの劇場用アニメである。プロジェクトを持ちかけたのは、洋画配給会社の日本ヘラルド映画の波多野三郎専務だった。

波多野はヘラルド映画として、洋画の輸入だけでなく、日本映画を世界へ輸出しようと考え、それにはアニメーションがいいと思いついた。ここまでは東映の大川社長も考えたし、テレビアニメではあるが手塚も考え、実行してきた。しかし、波多野が考えたのは、子ども向けのアニメではなく、大人の見るものだった。洋画のロードショー館に打診したところ、乗り気だった。手塚は、これはいいと飛びついた。虫プロにとって新機軸になるはずだ。

しかし、テレビアニメは赤字でも、毎週作っていれば毎週制作費が入ってくる。自転車操業ではあるが、会社はまわしていける。それが劇場用アニメの場合、契約にもよるが、公開後に映画館が売上を配給会社に報告し、支払われてから制作会社に入金されるので、体力に余裕がなければ経営的に難しい。東映の子会社である東映動画しか長編を作れないのは、何よりも運転資金の問題があった。

ヘラルドが提示してきた条件は、配給収入から経費を引いた額を虫プロと折半するというものだった。映画館で観客が払うチケット代の総額が、興行収入である。一般には、その半分を配給会社が取る。ヘラルドは八〇〇〇万円の配給収入を見込めると言う。そこから宣伝費やプリントの経費が二〇〇〇万円として、残りの六〇〇〇万円を折半すると言うのだ。虫プロの取り分は三〇〇〇万円である。

三〇分のテレビアニメの制作費が一回五〇〇万円前後なので、二時間であれば単純計算では二〇〇〇万円でできる。しかし、劇場用アニメとなれば、虫プロが編み出したリミテッドアニメの手法は使いたくない。東映動画の長編では、一九六五年の『ガリバーの宇宙旅行』が一億四〇〇〇万円かかっている。ヘラルドは最初、東映動画に打診したが、この条件では引き受けられないと断られたという。こういう無茶な仕事を引き受けるのは、手塚治虫しかいない。手塚は赤字覚悟で引き受けるつもりだった。

ところが、この企画が虫プロの役員会に諮《はか》られると、三〇〇〇万円の資金が用意できないという。この時点でテレビのレギュラーは『リボンの騎士』しかなく、翌年一月スタート予定の『わんぱく探偵団』の制作費は、テレビ局から前借りしてつないでいる状態だった。そこでヘラルドに、虫プロの取り分を前借りできないかと打診した。

結論が出るのは年明けになる。映画『千夜一夜物語』の苦難の始まりだった。

# 第一三章　『009』の孤独な闘い──一九六八年

## 虫プロの「手塚離れ」

一九六八年一月、手塚治虫は虫プロから漫画部を独立させ、手塚プロダクションを設立した。

手塚治虫は一九四六年一月にデビューして、八九年二月に亡くなる。プロのマンガ家として、四二年の長きにわたり第一線にあった。一九六八年はその折り返し点にあたる。手塚にとってマンガ家人生の転機の年でもあり、マンガ界全体でも大きな転機となる年だった。当然、マンガ界の動きはテレビアニメにも波及していく。大きな出来事は、春に小学館が青年コミック誌「ビッグコミック」を、夏に集英社が「少年ジャンプ」を創刊したことだった。

虫プロのテレビアニメで一九六八年一月に放映されていたのは、『リボンの騎士』だけだった。これが四月で終わるが、その次に控えているのは、手塚のマンガが原作ではなかった。

といって、手塚と虫プロが何もしていないわけではない。手塚治虫の近作を原作にして、次々とパイロット・フィルムを制作して売り込んでいた。前年（六七年）九月には、月岡貞夫の演出・原画・動画で『フライング・ベン』の二一分一一秒のパイロット・フィルムを作っていた。超能力を持つイヌが活躍する冒険ものだ。

一九六八年になっても、一月にはカラー版の『どろろ』一三分三四秒が作られた。杉井ギサブローが監督、設定は鈴木良武で、冨田勲の音楽も付いていた。『どろろ』は、六七年八月二七日号から「週刊少年サンデー」に連載していた（六八年七月二一日号まで）最新作だ。「週刊少年マガジン」で水木しげるの妖怪もの『墓場の鬼太郎』がヒットし、妖怪ブームだと知って、負けられずに始めた連載だった。

四月には、「小学一年生」「小学二年生」に連載していた『ガムガムパンチ』のパイロット・フィルム一三分六秒を作った。マンガ連載そのものがアニメ化を目論《もくろ》んでのもので、ロッテなどのガムのメーカーをスポンサーにしようと、虫プロ商事が作った。

六月には『0マン』のパイロット・フィルムを作った。原作は「少年サンデー」に一九五九年から六〇年まで連載した長編SFだ。手塚治虫が自ら構成し、北野英明と村野守美が原画・動画を描いた。これは四分と短いが、山本暎一が監督した。

七月には「週刊少年キング」連載中のSF『ノーマン』を原作に、一二分二〇秒のパイロット・フィルムを作った。手塚が脚本で、声優を雇って録音もした。これも虫プロ商事で作った。

このうち、実現するのは『どろろ』だけで、それも一年も先の話だった。

本気で営業したのかも疑問なのだが、とにかくこれらの企画は実現しない。虫プロは作品面では、手塚治虫から離れることになる。二月一日からフジテレビの木曜一九時枠で、『わんぱく探偵団』を始めるのだ。ピープロの『ドンキッコ』の後番組である。

手塚の原作では売れないとなっても、いきなり他のマンガ家の作品をアニメにするわけにもいかず、

**1968年のテレビアニメ**

<table>
<tr><th>曜日</th><th>時刻</th><th>局</th><th></th><th>1</th><th>2</th><th>3</th><th>4</th><th>5</th><th>6</th><th>7</th><th>8</th><th>9</th><th>10</th><th>11</th><th>12</th><th></th></tr>
<tr><td rowspan="3">月</td><td>19:00〜</td><td>N</td><td colspan="13">魔法使いサリー(東)</td><td></td></tr>
<tr><td>19:30〜</td><td>T</td><td colspan="13">コメットさん(国)</td><td></td></tr>
<tr><td>19:30〜</td><td>フ</td><td colspan="4">ちびっ子怪獣ヤダモン(P)</td><td colspan="6">アニマル1(虫)</td><td colspan="4">妖怪人間ベム(一)</td></tr>
<tr><td rowspan="2">火</td><td>18:15〜</td><td>フ</td><td></td><td colspan="3">ゲゲゲの鬼太郎(東)</td><td colspan="10"></td></tr>
<tr><td>19:00〜</td><td>T</td><td colspan="9"></td><td colspan="5">サスケ(T)</td></tr>
<tr><td rowspan="2">水</td><td>19:00〜</td><td>フ</td><td colspan="10"></td><td colspan="4">ドカチン(竜)</td></tr>
<tr><td>19:30〜</td><td>フ</td><td colspan="4"></td><td colspan="6">おらあグズラだど(竜)</td><td colspan="4"></td></tr>
<tr><td rowspan="3">木</td><td>19:00〜</td><td>フ</td><td colspan="2">ドンキッコ(P)</td><td colspan="8">わんぱく探偵団(虫)</td><td colspan="4">バンパイヤ(虫)</td></tr>
<tr><td>19:00〜</td><td>フ</td><td colspan="10">ロボタン(大)</td><td colspan="4"></td></tr>
<tr><td>21:00〜</td><td>フ</td><td colspan="10"></td><td colspan="4">佐武と市捕物控(ゼ/虫)</td></tr>
<tr><td>金</td><td>19:30〜</td><td>N</td><td colspan="4"></td><td colspan="6">サイボーグ009(東)</td><td colspan="4"></td></tr>
<tr><td rowspan="3">土</td><td>19:00〜</td><td>フ</td><td colspan="4">おらあグズラだど(竜)</td><td colspan="3">あかねちゃん(東)</td><td colspan="7"></td></tr>
<tr><td>19:00〜</td><td>日</td><td colspan="3">黄金バット(一)</td><td colspan="11">巨人の星(ム)</td></tr>
<tr><td>19:30〜</td><td>N</td><td colspan="4">かみなり坊やピッカリ・ビー(放)</td><td colspan="6">ファイトだ!!ピュー太(放)</td><td colspan="4"></td></tr>
<tr><td rowspan="4">日</td><td>18:00〜</td><td>フ</td><td colspan="4">リボンの騎士(虫)</td><td colspan="10"></td></tr>
<tr><td>18:30〜</td><td>フ</td><td colspan="4">マッハGoGoGo(竜)</td><td colspan="10">ゲゲゲの鬼太郎(東)</td></tr>
<tr><td>19:30〜</td><td>T</td><td colspan="4">パーマン(ム/ゼ)</td><td colspan="10">怪物くん(ム/ゼ)</td></tr>
<tr><td>19:30〜</td><td>T</td><td colspan="7"></td><td colspan="3">あかねちゃん(東)</td><td colspan="4"></td></tr>
<tr><td colspan="3"></td><td></td><td>1</td><td>2</td><td>3</td><td>4</td><td>5</td><td>6</td><td>7</td><td>8</td><td>9</td><td>10</td><td>11</td><td>12</td><td></td></tr>
</table>

江戸川乱歩の「少年探偵団シリーズ」を原作にして、アニメ化したのだ。林重行（りんたろう）が作画監督と演出、他に出﨑統、平田敏夫、波多正美、勝井千賀雄、北野英明、村野守美らが演出した。ここで培われたリアル路線が、『どろろ』『佐武と市捕物控』で生かされる。この作品はカラーではなくモノクロームだった。

## 『千夜一夜物語』制作決定

虫プロと日本ヘラルド映画との長編アニメをめぐる話し合いは、三月までかかった。

最初は見込まれている虫プロの取り分、三〇〇〇万円を前借りしたいという要請をしていたが、どう見積もっても制作費として四五〇〇万円はかかると算出された。そんな資金は虫プロにはない。そこで、その足りない分はヘラルドから借り入れできないかという話になる。

ヘラルドは前借りと借り入れを呑んだが、その代わりに配給収入の割合を折半ではなく、七対三にするよう求めた。見込み通り八〇〇〇万円の配給収入で、宣伝費など経費が二〇〇〇万円、残った六〇〇〇円の三割だと、虫プロの取り分は一八〇〇万円になってしまう。制作費四五〇〇万円だと、二七〇〇万円の負債が残る。こんな不平等な条件だったが、手塚は呑んだ。

並行して題材が検討された。海外、とくに欧米をマーケットにしたいので、西洋文学の古典を原作にしようと、ボッカチオ『デカメロン』、ゲーテ『ファウスト』などが検討された。手塚はこれまでに『ファウスト』をマンガにしており、思い入れがあるので推した（未完の遺作のひとつも『ネオ・ファウスト』だ）。しかし、エリザベス・テイラーとリチャード・バートン主演の映画『ファウスト 悪のたのしみ』が、イギリスで六七年一〇月に公開され、アメリカでも六八年二月に公開されていた。日本でも近く公開される予定だった。実際、日本公開は六九年八月なので、『ファウスト』を作っていたらバッティングした。

日本の出版界では当時、『千夜一夜物語（アラビアン・ナイト）』の翻訳がブームになっていたので、これをアニメにすることにした。かつて東映動画も『シンドバッドの冒険』を作り、手塚は北杜夫と脚本を担当していた。

新作の当初の構想は、「アラビアン・ナイト」の物語から、「船乗りシンドバッド」「アラジンと魔法のランプ」「アリババと四〇人の盗賊」「アリヌル・アルディンと帯作りのミリアム姫」などの有名な話をまとめて、二時間の長編にすることだった。手塚治虫が総指揮と原案・脚本・構成とクレジットされる。つまり、手塚がストーリーを考え、絵コンテを作製しなければ何も動けない。

『千夜一夜物語』は財務の条件が詰められ、四月にヘラルドと虫プロは契約書に調印した。公開予定は翌年六月である。あと、一年と少しだ。

## 東映動画、マンガ原作で四本を同時進行

一月、東映動画のアニメが初めてフジテレビで放映された。水木しげるが「週刊少年マガジン」に連載していた『ゲゲゲの鬼太郎』である。二〇一八年から第六シリーズが放映されていた、長寿シリーズの第一作だ。

水木しげる（一九二二〜二〇一五）も貸本マンガ出身だった。生まれは大阪市だが、鳥取県境港市で

育った。画家を目指し、高等小学校を卒業すると大阪へ出て、働きながら絵を学んでいた。一九四三年に召集され、ニューギニア戦線・ラバウルに出征し、アメリカ軍の爆撃で左腕を失った。

一九四六年三月に復員すると、神戸で紙芝居を描く仕事をしていたが、一九五八年に上京し、貸本マンガ『ロケットマン』でデビューした。『墓場鬼太郎』シリーズを描き始め、最初は兎月書房から出していたが、原稿料が滞るので長井勝一の三洋社に移籍した。長井がいったん廃業すると兎月書房に復帰したが、同社は六二年に倒産してしまう。その後も貸本マンガで『悪魔くん』を描くなどしていたが、六四年に長井が白土三平と「ガロ」を創刊すると、水木は創刊号から描くようになった。

一九六五年、水木は「週刊少年マガジン」三三号（八月一日号）に『墓場の鬼太郎』、「別冊少年マガジン」八月一五日号に「テレビくん」を描いて、メジャー雑誌デビューを果たした。「週刊少年マガジン」には『悪魔くん』『墓場の鬼太郎』と連載していた。

「少年マガジン」の内田編集長は、東映の渡辺亮徳と『墓場の鬼太郎』のテレビアニメ化を企画するが、テレビ局が難色を示した。そこで、アニメより制作費がかからない実写テレビ映画で『悪魔くん』を企画し、これが六六年一〇月から六七年三月まで放映され、水木作品最初の映像化となった。『悪魔くん』の評判を見て、『墓場の鬼太郎』のアニメ化も進むが、テレビ番組のタイトルとして「墓場」は好ましくないというので、『ゲゲゲの鬼太郎』になり、「マガジン」の連載も改題された。『ゲゲゲの鬼太郎』は、一月三日からフジテレビの水曜一八時一五分から放映され、四月には日曜一八時枠へ移り、六九年三月まで六五話作られる。東映動画のアニメが、初めてフジテレビで放映された。これにより妖怪ブームが到来した。

この年の春休みの東映「まんがまつり」は「東映こどもまつり」として、新作『アンデルセン物語』と、『アラビアンナイト シンドバッドの冒険』のリバイバルに、テレビ映画『怪獣王子』を添えたプログラムだった。『アンデルセン物語』は、童話作家アンデルセンの少年時代を描く伝記もので、劇中に『赤い靴』『おやゆび姫』『マッチ売りの少女』などの童話が出てくる。矢吹公郎が演出した。

四月の番組改編期では、東映動画制作の二本がスタートした。石森章太郎原作の『サイボーグ009』と、ちばてつや原作の『あかねちゃん』だ。『魔法使いサリー』、一月からの『ゲゲゲの鬼太郎』と合わせると四作が同時に走っていた。すべてマンガが原作だ。

「アニメといえばSF」だったのは、遠い昔となってしまった。この春のSFアニメは、石森章太郎原作の『サイボーグ009』だけで、九月まで二六話作られた。石森はスタジオ・ゼロの役員だが、東映動画との関係も維持しており、『009』は任せていた。

劇場用アニメからテレビ・シリーズになるのは『サイボーグ009』が初めてだった。たまたまこの枠が半年間空いてしまったため、急遽、東映動画が作ることになり、二作の映画でスタッフも慣れている『009』が選ばれた。

『鉄腕アトム』が終わったのは似たようなSFが乱立したからだと手塚治虫は立腹していたが、『アトム』が終わると同時に、SFアニメは作られなくなっていた。一九六七年は一本もなく、六八年も『009』だけだ。

『サイボーグ009』はそのなかにあって、孤独な戦いを強いられた。一九六八年に009が闘っていたから、SFマインドがかろうじてテレビ界に残り、七一年に『仮面ライダー』が生まれ、七二年の『マジンガーZ』、七四年の『宇宙戦艦ヤマト』へもつながる。

『あかねちゃん』は、ちばてつやが講談社の「少女フレンド」に一九六六年から六七年に連載していた『みそっかす』が原作で、アニメでは主人公の名をタイトルにした。名門の学園に田舎から転校してきた子が主人公だ。女の子が主人公という点では、『魔法使いサリー』『リボンの騎士』『コメットさん』に次ぐものだが、あかねちゃんは魔法使いでも、男装の王女でもない。初めて、普通の日本の女の子が主人公となったアニメだった。

四月からTBSでの不二家提供の藤子アニメは、『パーマン』から『怪物くん』に交代した。『怪物くん』は小学館の雑誌ではなく、少年画報社の「少年画報」で一九六五年一月から連載が始まり、並行して同社の「少年キング」で六七年六月から六九年に連載されていた。現在では藤子Ⓐ作品となっている。怪物ランドの王子・怪物くんが、フランケン、ドラキュラ、狼男とともに活躍する。

妖怪ブームに乗ったかのようだが、原作は六五年に始まっているので、ブームを先駆けていたとも言える。『怪物くん』は『パーマン』同様に、東京ムービーとスタジオ・ゼロで制作を分担した。

手塚アニメはなくなっていたが、トキワ荘グループの原作のアニメが二作同時に始まったのである。「不二家の時間」での藤子アニメは『怪物くん』が最後で、六九年三月で終わった。「少年画報」「少年キング」の連載も、それに合わせて相次いで終わる。

### 劇画の初アニメ化『巨人の星』

春、川崎のぼるのマンガ『巨人の星』『アニマル1』の二作が、同時にテレビアニメ化された。

『巨人の星』は梶原一騎の原作、川崎のぼるの作画で、「週刊少年マガジン」に一九六六年五月から連載され、同誌の大躍進の立役者だった。最終回は七〇年一二月に発売された号なので、四年半の連載になる。テレビアニメは東京ムービーが制作し、雑誌連載から二年が過ぎてから放映が始まり、連載が終わった九か月後の七一年九月まで、三年半（一八二回）続く。

これまでの『ビッグX』と、『オバケのQ太郎』などの藤子アニメは、TBSや広告代理店が企画したものを受注していたが、『巨人の星』は東京ムービーのほうで企画し、スポンサーとテレビ局を探して実現した。

東京ムービーにいた山崎敬之の『テレビアニメ魂』には、企画の実現まで〈三年半の月日を要した〉とあるが、連載開始から二年後に放映開始なのだから、企画を立ててから決定までは、長くても一年半だろう。山崎は放映開始時にはまだ入社していないので、当時を知らず、藤岡豊が大げさに言うのを真に受けたのではないだろうか。

それでも、藤岡が連載開始直後に目をつけたのは事実のようだ。「週刊少年マガジン」編集長だった内田勝は『「奇」の発想』にこう書いている。

〈連載開始間もなく、講談社にあたふたと駆け込んで来た初対面の藤岡さんは、「『巨人の星』、あれはもうテレビ・アニメ化の話がどこかに決まっていますか」と、ハアハア肩で息をしている。「いや、まだどことも……」と言いかけると、手元の茶碗を鷲摑みにして、お茶をぐいっと呑み干し、「ああ、安心しました。作品を拝見して、これっきゃないと飛んで来たんです」。こちらの返答も待たず、「巨人の星」のアニメ化権はもう自分の手中にしたものと決めてしまった様子である。〉

こうして内田のアレンジで、東京ムービーは『巨人の星』のアニメ化権を得た。

連載開始の一九六六年五月の東京ムービーは、『オバケのQ太郎』が放映二年目に入ったところで、ロイヤリティが入り、財務が健全化した時期にあたる。『オバケのQ太郎』は六七年春に、『パーマン』に交代する。そして六八年春からは、『怪物くん』と『巨人の星』が同時に放映開始となった。

あとから見れば、『巨人の星』は読売巨人軍のスター選手を目指す少年の物語なのだから、讀賣新聞系列の日本テレビか、大阪のよみうりテレビが放映するのが当たり前である。この二局なら、すんなりと企画が通りそうなものだが、藤岡が最初に企画を持って行ったのは、関係の深いTBSだった。

これは断られ、次にフジテレビに行った。当時のフジテレビは、産経新聞とともにプロ野球球団サンケイアトムズ（現・東京ヤクルトスワローズ）を持っていたので、ライバル球団が出てくるアニメを放映するとも思えない。ここも断られた。日本テレビにも行ったが、「うちは巨人戦を放映しているから」と、これ以上「巨人」ものはいらないとの答えだった。

当時は野球を含め、スポーツを題材にしたテレビアニメなどないし、劇画のリアルな絵を動かすなど不可能だと思われていた。大きな組織ほど、前例のないものを嫌うので、『巨人の星』は採用されなかったのだ。

山崎の『テレビアニメ魂』によれば、広告代理店の旭通信社（現・ADKホールディングス）の鈴木部長が、藤岡の情熱にほだされて、スポンサーとして大塚製薬を口説いた。すぐには決まらないが、旭通信社は大阪のよみうりテレビにも話をつけ、大塚製薬にプレゼンするところまでこぎつけた。あとは藤岡の交渉能力に任せるしかない。

斎藤貴男が著した梶原一騎の評伝『梶原一騎伝』（版元によって他のタイトルも）には、藤岡への取材をもとに、当時の大塚製薬の大塚正士《まさひと》社長以下が並ぶ会議の様子が描かれている。要約すると——藤岡は「もしもこの番組を御社が提供してくだされば日本国民全部を励ますことができるんですよ。」と言った。しかし大塚社長は「なんでわしとこのカネ使うて国民なんぞ励まさなあかんの」と一蹴した。そこで藤岡は、「万が一視聴率が取れなかったら、制作費はいただきません」と言ってしまった。同席していた東京ムービー社長の阿部鹿三は動揺した。数日後、大塚製薬からスポンサーになると連絡があった。

こうして大塚製薬提供で、よみうりテレビをキー局にする日本テレビ系列で、土曜一九時からの枠での放映が決まった。

放映開始の一九六八年春は、「週刊少年マガジン」で『あしたのジョー』も始まっていたし、少女マンガでも『アタック№1』や『サインはV』など、スポ根が大流行していたので、機は熟していた。『巨人の星』は当初、半年・二六回の予定だったが、高視聴率を得て半年ずつの延長が決まり、最終的には三年半も続く。

東京ムービーは、『オバケのQ太郎』『巨人の星』と、これまでにない分野のアニメで成功し、「パイオニア精神」を売り物にしていく。藤岡豊のヒットメーカー伝説の始まりだった。

マンガはたとえストーリーマンガでシリアスなテーマのものでも、どこかに「笑い」がある――それが手塚マンガの特徴であり、虫プロのアニメの特徴でもあった。しかし、『巨人の星』は梶原・川崎の原作も、テレビアニメも、「笑い」の要素はない。徹頭徹尾、真面目だった。

## 手塚原作ではない『アニマル1』の着手と失敗

『巨人の星』放映二日後の四月一日月曜日から、川崎のぼる原作『アニマル1』も放映された。

制作は虫プロ商事だった。版権管理と出版のために設立された虫プロ商事だったが、赤字体質の虫プロ本体に対して、黒字の手本を示そうとして自ら制作したのだ。しかし、虫プロ商事にはアニメーターはいないので、実際の制作は虫プロだった。

一九六八年は秋にメキシコで夏季五輪が開催される予定で、『アニマル1』はそのメキシコ五輪を目指しているアマチュアレスリングの選手が主人公だ。「週刊少年サンデー」に一九六七年三月から六八年一〇月まで連載された。原作はなく、川崎のオリジナルだ。当時のマンガには多人数の兄弟姉妹の話が多いが、主人公の東一郎には弟が五人、妹がひとりいる。レスリングの話だけでなく、家族の物語も描かれていた。

マンガはメキシコ五輪直前に、一郎が五輪代表に選ばれるところで終わった。アニメも九月三〇日に二七回で終わる。

虫プロ商事制作だが、フジテレビが主導したものなので、マーチャンダイジング収入はフジテレビ、広告代理店、原作者の川崎のぼる、虫プロ商事とで分け合うかたちになり、虫プロ商事に入る金額は少ない。局からの制作費だけでは赤字となり、手塚治虫が原作者であることのありがたさを、それなしでやってみて初めて実感する。

『アニマル1』の後番組は虫プロではなく、第一動画が制作する『妖怪人間ベム』だった。

この秋は、円谷プロの『ウルトラセブン』が終わり、第一次怪獣ブームは終焉を迎えていた。円谷プロの次回作は『怪奇大作戦』だし、一月に『ゲゲゲの鬼太郎』、四月に『怪物くん』が始まっており、一〇月は虫プロ商事も怪奇もの『バンパイヤ』を始める。怪獣ブームから怪奇・妖怪ブームへと移行していた。

## 『太陽の王子 ホルスの大冒険』の決算

大塚康生と高畑勲の『太陽の王子 ホルスの大冒険』は、一九六七年一月一七日に制作が再開し、六八年一月一四日に動画が完了、三月一九日に初号試写となった。春休み興行には間に合わず、七月二一日に「東映まんがパレード」として封切られた。併映はテレビアニメ『ゲゲゲの鬼太郎』『魔法使いサリー』、借りてきた『ウルトラセブン』の三作。

二年かかったとされる『太陽の王子 ホルスの大冒険』だが、中断していた時期もあるので、実際の作画期間は一年弱だが、最初に大塚が長編を作るようにと言われたのは一九六五年三月なので、四年弱かかったことになる。それでも大塚は『作画汗まみれ』では、〈原・動画28人（『西遊記』の場合は80人）で1カットも外注に出さず、1年半の期間でこの密度の高い動画枚数5万8000枚の映画を描きあげたのです。〉と誇っている。

〈スケジュール的にも、当時の技術力を考えても、けっして時間のかかりすぎた作品とは今でも思っていません。しかし、会社の経理上の立場でいうなら、期間経費のふくらみから当初7000万の予算が1億3000万と倍近くかかった〉とある。東映社長の大川は経理出身であり、徹底した予算管理が東映の経営方針の根幹だ。

おそらく、興行成績がよくても予算の大幅超過を理由に、会社は処分したであろう。まして、ふるわなかったのだ。大塚は責任を取らされ、三月から契約金の二分の一ダウン、高畑をはじめとした全スタッフが、昇給やボーナスで他のスタッフと大差をつけられた。大塚に「会社はプレハブで建てろと言っているのに君たちは鉄筋コンクリートで建てようとしている」と涙を流した部長の関と原徹は、東映動画を去った。

後に『太陽の王子 ホルスの大冒険』は名作として評価されるが、それは青年が見るからで、当時の東映アニメの客層は幼稚園児から小学生である。この年齢層には難しい映画だった。大塚はその著書で、上映されている映画館へ行ったら、最高のシーンと自負している場面で、子どもたちはスクリーンを見ずに客席の間の通路を駆け回っていたと記している。〈内容的にも予算的にも、私たちははっきりと東映の利益とぶつかってしまったのです。〉

大塚はこの後、矢吹公郎演出の『長靴をはいた猫』に原画スタッフとして加わる。作画監督は森康二で、他に原画として、奥山玲子、小田部羊一、太田朱美、宮崎駿らも加わった。五月二二日にストーリー・ボードの作業が始まり、六月五日に終わり、これがそのまま絵コンテにもなった。

九月三〇日、大塚はAプロダクションの楠部大吉郎に呼ばれた。かつての同僚である。この時点で、劇場用アニメとして『ルパン三世』の企画が動いていた。虫プロにいた勝井千賀雄と杉井ギサブローが東京ムービーに持ち込んだもので、東宝に売り込むためのパイロット・フィルムを作る打ち合わせだった。演出は大隅正秋に決まっていた。

大塚はすでに、東映動画を辞めると決めていた。以後もこの会議に何度も出て、『長靴をはいた猫』の原画を一二月六日に終えると、東映動画を辞めてAプロへ移る。

## 白土三平の『サスケ』がアニメに

一九六七年一二月に『冒険ガボテン島』『スカイヤーズ5』の二本が終わると、その次にTCJ作品が登場するのは、一九六八年九月三日からの白土三平原作『サスケ』だった。

その間、社員が遊んでいたわけではない。アメリカのプロデューサー、アーサー・ランキン・ジュニアの仕事を受注していた。だが、契約はＴＣＪの納期のみが厳格で、一方的に不利な内容だった。映画部長の村田英憲が、企画室の高橋茂人が知らないうちに契約していたもので、高橋は村田に不信感を抱いていた。

『サスケ』は、白土三平が貸本マンガ『忍者武芸帳 影丸伝』の次に描いた大長編で、光文社の「少年」に一九六一年から六六年三月号まで連載された。白土が貸本から、中央のメジャーな雑誌へ移行した時期の作品だ。少年忍者サスケの成長のドラマでもあり、父子の物語でもある。白土は盟友である長井勝一の新しい出版社・青林堂のために、光文社と交渉して、単行本は青林堂から出し、その売上が雑誌「ガロ」創刊の資金になった。

その後、一九六六年から六七年にかけて、集英社のコンパクト・コミックス（「少年ジャンプ」創刊前に出ていた集英社の新書判コミックス）から全一五巻で刊行されたばかりなので、おそらく高橋はこの版で読んだのだろう。〈非常にわかりやすい話だと、まず思った。父親が息子を一人前の忍者にしたてていく物語。父の子への想い、息子の父への尊敬の気持があり、忍者の技術を学んでいく――テーマがはっきりしていて、これは日本のシナリオ・ライターが書きやすい〉（小野耕世によるインタビュー）。

そこで高橋は白土に会いに行った。だが、映像化はごめんだと断られた。白土三平作品は映像化で恵まれなかった。すでに記したように、東映動画の『少年忍者 風のフジ丸』では、主人公の名前も絵柄も変えられ、途中で原作者から外されるという屈辱にあっている。さらに、一九六六年に東映が『ワタリ』を映画化した際にもトラブルが生じた。

こうした経緯で、白土三平としてはアニメ化を含め、映像化はこりごりだった。マンガ家に限らず小説家も、自作の映像化では悩まされる。手塚治虫のように自分のプロダクションでアニメ化しても、思うようにはならないのだ。「別のもの」と割り切るしかない。

一度は断られたが、高橋は白土を説得し、「やってみよう」と承諾を得た。最初の二話を見せると、白土は「自分が描こうとした以上の出来栄えだ」と満足した。

『サスケ』は、TCJでは初めて最初から全話をカラーで制作した作品だった。高橋の説明によると、映像面での新しさは、背景での墨絵の多用だった。黒一色で描き、そこに赤い柿の実がなっていたり、家の灯りが黄色かったりなど、カラーならではのモノクロームの効果を出した。その墨絵は墨汁では黒がきれいに出ないので、墨をすって描いた。音楽にもコストをかけて、テーマソングはボニー・ジャックスが唄った。

問題は著作権の二次使用でのロイヤリティである。白土作品は赤目プロが管理していた。白土は高橋を信頼し、アニメ化の権利とそれによって生じる周辺権利は、TCJが保持することを認めた。TBSも了解し、制作費は一本五五〇万円でいったんまとまった。カラーなのでコストがかかるが、キャラクターの商品化によるロイヤリティ収入も見込めるので、念願の黒字化が果たせそうだった。

ところが、映画部長の村田英憲が高橋に無断で、TBSに制作費の値上げ交渉をし、六〇〇万円にしてもらう引き換えとして周辺権利を渡してしまった。村田は目先の五〇万円のために、得られたかもしれない利益を捨ててしまった。高橋はこれを知ると、激怒するよりも呆れ、口論する気も失せた。ランキン・ジュニアとの『クリケット』での不利な契約といい、高橋に言わせると、村田は何も理解していない。

テレビアニメ放映に合わせて、白土三平は「週刊少年サンデー」に『サスケ』リメイク版を、一九六八年三二号（八月四日号）から六九年二二号（五月二五日号）まで連載した。「少年」版と設定、ストーリーは同じで、途中までを描き替えた。この「少年サンデー」版は、いままで単行本にはなっていない。また久松文雄が、「小学一年生」「小学二年生」に絵物語版を描いている。

『風のフジ丸』では白土の名が前面に出ていなかったが、『サスケ』によって、白土三平とその忍者マンガは子どもの間でも広く知られるようになった。だが、白土はこの時点ではすでに少年マンガから青年コミック・劇画へと移行していた。

## 手塚原作『バンパイヤ』と石森原作『佐武と市捕物控』

一〇月、「原作・手塚治虫」のクレジットがテレビに戻ってきた。『バンパイヤ』である。しかし、純然たるアニメではない。虫プロ商事は日本に二台しかないという合成用の撮影機を輸入して、コマーシャルを受注していたが、これを使って実写とアニメを合成させようという企画だった。虫プロ商事制作の第二作になり、俳優・水谷豊のデビュー作として知られている。

『バンパイヤ』は、手塚治虫が「週刊少年サンデー」に『W3』に続いて、一九六六年六月一二日号から六七年五月七日号まで連載した怪奇マンガが原作だ。主人公のトッペイは満月を見ると狼に変身する。それがバンパイヤ一族で、普段は人間だが、なんらかのきっかけで動物になる。その動物部分をアニメーションで描くという趣向だった。

原作のマンガでも、トッペイは虫プロで働くことになり、手塚治虫が実名で登場するが、テレビ映画にも虫プロと手塚治虫が登場した。『バンパイヤ』は一〇月三日から翌年四月五日まで二六話、放映される。「週刊少年サンデー」での『バンパイヤ』は「第一部・完」という未完の作品だったが、テレビ化に合わせて「第二部」が「少年ブック」一九六八年一〇月号から連載された。テレビが六九年三月で終わったので連載も六九年四月号で終わるが、これも未完だった。

同じ一〇月三日に放映開始となったのが、石森章太郎原作の『佐武と市捕物控』だった。石森アニメは『サイボーグ009』が九月で終わったが、すぐに新たなシリーズが始まったのだ。

『佐武と市捕物控』は、タイトルが示すように捕物帳だ。最初は「週刊少年サンデー」に載っていたが、この年に創刊された「ビッグコミック」に移し、読者の年齢層が高くなったので、エロティシズムも加え、またコマ割りなどでの実験的手法を取り入れ、青年コミックでの石森の代表作となった。時代ミステリとしても『銭形平次捕物控』や『人形佐七捕物帳』に、充分に拮抗できる作品群である。テレビドラマ化もされる。

石森が属すスタジオ・ゼロがパイロット・フィルムを作って売り込んだが、東京ではどこも採用してくれなかった。『おそ松くん』で関係ができていた大阪電通が、大阪ガスをスポンサーにして、毎日放送で枠を取った。現在は、毎日放送はTBSと、朝日放送はテレビ朝日と系列を組むが、当時は毎日放送はNET（現・テレビ朝日）の系列なので、東京ではNETが放映した。

スタジオ・ゼロは『怪物くん』を東京ムービーと分け合っており、『佐武と市捕物控』を一社ですべて作るのはマンパワーが足りないとされ、虫プロに打診し競作することになった。

かつてスタジオ・ゼロは、『鉄腕アトム』で一話だけ虫プロの下請けをしたが、『佐武と市捕物控』ではスタジオ・ゼロと虫プロは対等であり、むしろ原作者の石森章太郎がスタジオ・ゼロにいるので、主導的立場にあった。スタジオ・ゼロから見れば、ついに虫プロと肩を並べるまでに成長したといえるが、虫プロから見れば、一社では請け負えなくなっていたことを意味する。

それでもキャラクター・デザインは、虫プロの村野守美が描いた。スタジオ・ゼロにとって初めての時代劇で、それは虫プロも同じであり、着物姿を動かすのに苦労した。そこで東映時代劇映画の名監督、松田定次《さだつぐ》に監修を仰いだ。

午後九時からの枠でもあり、大人向きに作られたが、「アニメは子どもの見るもの」との先入観が強い時代だったので、視聴率では苦労した。半年が過ぎた六九年四月から水曜一九時へ移動し、合計で一年五二話となる。『仙人部落』に続いて、またも大人用のアニメは挫折したが、全体として一年続いたのだから成功と言っていい。

三クール目では、石森作品をアニメ化していた東映動画も、四話だけ制作を担った。全五二話のうち、スタジオ・ゼロと虫プロが各二四話、東映動画が四話という分担だった。三社が競作したのだ。『佐武と市捕物控』は、止め絵を有効に使ったのが特徴的だった。石森の希望で、大きな絵を描いてカメラを動かすことで、「動き」を表現する手法を多用した。これが後に、『あしたのジョー』でさらに洗練されていく。

## 全社で作る『千夜一夜物語』

東映動画の『太陽の王子 ホルスの大冒険』が完成するころ、虫プロでは長編アニメ『千夜一夜物語』がゆっくりと進行していた。演出は『ジャングル大帝』の山本暎一が引き受けた。手塚が最も信頼しているアニメーターでもあるし、手塚にものを言える数少ない社員（役員になっていたが）だ。

手塚が書いたシノプシスをもとに、山本は新劇の劇団・東京演劇アンサンブルの熊井宏之《こうじ》とハコガキの作業に入った。熊井は穴見薫の演劇時代の仲間で、『ジャングル大帝』も手伝ってもらっていた。山本と熊井の作業が終わり、手塚が読んで承認すると、山本は劇作家の深沢一夫にシナリオ化を依頼した。東映の『太陽の王子』の原作と脚本を書いた作家だ。シナリオの依頼が五月末だった。ヘラルド映画から話が来てすでに半年が過ぎていた。

第二スタジオが『千夜一夜物語』に充てられることになった。キャラクター・デザインは手塚ではなく、マンガ家のやなせたかしに依頼した。手塚の絵だと大人用のアニメになりにくいとの判断だった。主人公のイメージはフランスの人気俳優ジャン＝ポール・ベルモンドと決め、やなせが描いた。

シナリオが完成したのは九月だった。いよいよ作画である。『わんぱく探偵団』が終わったので、それを見て、声は放送作家でタレントの青島幸男に頼もうとなった。

その班が『千夜一夜物語』に編入され、九月末にスタッフが顔を揃えた。この秋から虫プロのテレビアニメは、スタジオ・ゼロと分担する『佐武と市捕物控』だけとなる。映画のために他の仕事を受注しなかったのか、できなかったのか。それでも翌年のテレビ・シリーズとして手塚原作の『どろろ』が決まり、杉井ギサブローはその準備に入っていた。

一〇月末に手塚のストーリー・ボードが完成した。ベニヤ板に貼っていくと、四〇枚分になった。このままでは四時間を超える。半分にしなければならなかった。それから原画、動画という作業に入る。暮れの時点で完成していたのは、二時間のうち五分だけだった。公開まで半年を切っていた。

# 第一四章　海外児童文学のアニメ化『ムーミン』——一九六九年

## 妖怪ブームと『どろろ』

一九六九年の虫プロは、前年からの『佐武と市捕物控』を、スタジオ・ゼロと東映動画と分け合って制作し、九月まで放映された。並行して虫プロ商事の『バンパイヤ』が四月まで放映され、四月からは日曜一九時半の枠で手塚治虫原作の『どろろ』を制作した。

他社に先駆けて『ジャングル大帝』『悟空の大冒険』『リボンの騎士』でカラー・テレビアニメを作っていたのに、『どろろ』はモノクロームだった。カラーにしなかったのは制作費の問題もあるが、スポンサーから「食事どきの放映で、血がやたらに流れるのでカラーはやめてくれ」と言われたからだった。

『どろろ』は手塚治虫が「週刊少年サンデー」に一九六七年八月二七日号から六八年七月二一日号まで、一年にわたり連載した妖怪マンガだ。水木しげるの『ゲゲゲの鬼太郎』に触発されて描き始めたとされる。一九六五年に『W3』で「サンデー」に復帰してからは、『バンパイヤ』に次ぐ三作目で、すべてが映像化されたことになる。

しかし、『W3』以外は、「サンデー」連載とテレビ放映とは時期がずれており、アニメ化を前提としたマンガ連載ではなかった。『どろろ』は陰惨だったせいか「サンデー」では人気がなく、『バンパイヤ』同様に「第一部・完」というかたちで未完だった。そのため、アニメ化が決定すると、これも『バンパイヤ』と同じで、「冒険王」で続編を描くことになり、六九年四月発売の五月号から一〇月号まで連載された。「冒険王」では最初の二回を「サンデー」連載のダイジェスト的なものとして、新しい読者にも分かるようにした。

「サンデー」で連載開始となった六七年八月は、水木しげるの『ゲゲゲの鬼太郎』が、『墓場の鬼太郎』として「マガジン」での連載が始まっていたが、まだアニメにはなっていない。アニメが始まり、人気が沸騰していたころには『どろろ』の連載は終わっていた。

手塚は常にどんなマンガが人気があるのかを気にしていて、『どろろ』を描いたが、虫プロとテレビ局は、その時点では妖怪ブームを予測できなかった。『ゲゲゲの鬼太郎』で妖怪ブームになったので、思い出したかのように『どろろ』のアニメ化が決まったのだ。

アニメ『どろろ』の制作に、手塚治虫は直接には関与しなかった。杉井ギサブローが監督で、出﨑統、富野喜幸、高橋良輔が演出、槻間八郎が美術、北野英明が作画監督という、豪華なメンバーが集まっている。

## 綱渡りで乗り切った『千夜一夜物語』

『千夜一夜物語』の公開は六月が予定されていたが、日本ヘラルド映画が求めている納期は三月だっ

**1969年のテレビアニメ**

<table>
<tr><th>曜日</th><th>時刻</th><th>局</th><th></th><th>1</th><th>2</th><th>3</th><th>4</th><th>5</th><th>6</th><th>7</th><th>8</th><th>9</th><th>10</th><th>11</th><th>12</th><th></th></tr>
<tr><td rowspan="3">月</td><td>18:00〜</td><td>フ</td><td></td><td colspan="9">海底少年マリン(フ)</td><td colspan="4"></td></tr>
<tr><td>19:00〜</td><td>N</td><td></td><td colspan="13">ひみつのアッコちゃん(東)</td></tr>
<tr><td>19:30〜</td><td>フ</td><td colspan="4">妖怪人間ベム(一)</td><td colspan="10"></td></tr>
<tr><td rowspan="2">火</td><td>18:00〜</td><td>T</td><td colspan="4"></td><td colspan="6">ウメ星デンカ(ム/ゼ)</td><td colspan="4"></td></tr>
<tr><td>19:00〜</td><td>フ</td><td colspan="4">サスケ(T)</td><td colspan="10"></td></tr>
<tr><td rowspan="2">水</td><td>19:00〜</td><td>フ</td><td colspan="4">ドカチン(竜)</td><td colspan="6">紅三四郎(竜)</td><td colspan="4"></td></tr>
<tr><td>19:00〜</td><td>N</td><td colspan="4"></td><td colspan="6">佐武と市捕物控(ゼ/虫/東)</td><td colspan="4"></td></tr>
<tr><td rowspan="2">木</td><td>19:00〜</td><td>日</td><td colspan="10"></td><td colspan="4">タイガーマスク(東)</td></tr>
<tr><td>21:00〜</td><td>フ</td><td colspan="4">佐武と市捕物控(ゼ/虫)</td><td colspan="10"></td></tr>
<tr><td>金</td><td>19:30〜</td><td>N</td><td colspan="4"></td><td colspan="10">もーれつア太郎(東)</td></tr>
<tr><td rowspan="2">土</td><td>19:00〜</td><td>フ</td><td colspan="4">バンパイヤ(虫)</td><td colspan="10"></td></tr>
<tr><td>19:00〜</td><td>日</td><td colspan="14">巨人の星(ム)</td></tr>
<tr><td rowspan="5">日</td><td>18:00〜</td><td>フ</td><td colspan="10"></td><td colspan="4">ハクション大魔王(竜)</td></tr>
<tr><td>18:30〜</td><td>フ</td><td colspan="4">ゲゲゲの鬼太郎(東)</td><td colspan="6">忍風カムイ外伝(T)</td><td colspan="4">サザエさん(T)</td></tr>
<tr><td>19:00〜</td><td>フ</td><td colspan="12">アタックNO.1(ム)→</td><td colspan="2"></td></tr>
<tr><td>19:30〜</td><td>T</td><td colspan="4">怪物くん(ム/ゼ)</td><td colspan="10"></td></tr>
<tr><td>19:30〜</td><td>フ</td><td colspan="4"></td><td colspan="6">どろろ(虫)</td><td colspan="4">ムーミン(ズ/ム)</td></tr>
<tr><td colspan="3"></td><td></td><td>1</td><td>2</td><td>3</td><td>4</td><td>5</td><td>6</td><td>7</td><td>8</td><td>9</td><td>10</td><td>11</td><td>12</td><td></td></tr>
</table>

た。試写会など宣伝の時間が欲しいのだ。しかし、年明けの時点で、三月の完成はとうてい不可能になっていた。交渉して五月末納品となる。先にセリフを録音するなど、あらゆる手段が取られていく。手塚が描いた四時間の絵コンテを、山本が二時間半に整理したのが二月の終わりだった。これから二か月で二時間のフルアニメーションを作画しなければならない。『佐武と市捕物控』と『どろろ』の二本が動いていたが、そこからも人手をまわしてもらい、全社員二五〇名のうち一八〇名を『千夜一夜物語』に投入した。しかし、それでも間に合わないので、東映動画と東京ムービー以外のあらゆるアニメ・プロダクションに外注していく。

総力戦となったが、五月になっても撮影まで終わったのは、一一分しかなかった。手つかずの原画も一四分も残っていた。とても五月末の納品は無理だ。ヘラルドは六月一一日に完成試写会、一八日に封切りとすでに告知していた。この二つの日程は動かせない、逆に言えば一一日に試写会場に届ければいいとなる。

五月三〇日、ようやく編集が始まった。ダビングは六月四日から開始だ。手塚治虫はその人脈を生かして、主役の青島幸男以外にも、ほんの一言だけのセリフのために、遠藤周作、吉行淳之介、北杜夫、筒井康隆、小松左京、といった作家やタレントなど著名人に「友情出演」を依頼した。

進行担当のなかには、あまりに外注先が多いのでパニックに陥った者も出た。

六月九日夜、最後のラッシュが届き、すべてのカットが揃った。これを編集し、ダビングすれば完成だ。一〇日がプリント納品日だったが、まだダビングが終わらなかった。

一一日朝六時、すべてのダビングが終わった。全部で七巻のうち、プリントになっているのは三巻だけで、残りはこれからだった。午後一時からヘラルド社内の試写室で、マスコミ関係者へのプレス試写、三時から渋谷公会堂での一般試写会だったが、一時の試写は中止して、マスコミには渋谷公会堂で見てもらうことになった。これで二時間、稼げた。試写の上映が始まったときには、第四巻のプリントがまだ終わっていなかった。

綱渡りだったが、試写会は終わった。好評だった。ヘラルドの宣伝部員たちは、手応えを感じた。

六月一四日、「手塚治虫の〈虫プロ〉が総力を結集――世界初のアニメラマ誕生!」とポスターに謳われて、『千夜一夜物語』は封切られた。東京では洋画のロードショー館である、新宿ミラノ座、渋谷パンテオン、松竹セントラルで公開された。「アニメラマ」とは、アニメーションとドラマを合わせた造語だ。

興行成績は予想以上で、配給収入三億六〇〇〇万円で、この年の日本映画の第三位となった。しかし、プリント代や宣伝費が八八〇〇万円かかったとして引かれ、二億一八〇〇万円を分けることになり、虫プロの取り分は三割なので、六五四〇万円だった。当初予算の四五〇〇万円であがっていれば、二〇四〇万円の利益が出たが、七四五〇万円かかってしまったので、九一〇万円の赤字になった。

以上の数字は山本の『虫プロ興亡記』によるが、『日本アニメーション映画史』には〈一億円の予算が最終的には二〇〇〇万円もオーバー〉とある。

『千夜一夜物語』には約八〇〇人が関わり、描かれた画は一二万枚、使用された動画は七万枚だった。初めてだったので慣れない点があり、効率よくやれば利益が出るはずだった。

それでも『千夜一夜物語』は、興行成績も作品の評価も高かった。大ヒットしたので、ヘラルド映画は第二作をと言ってきた。もちろん手塚治虫に異論はない。第二作は『クレオパトラ』に決まった。公開は七〇年九月だ。

そんななか、疲れ果てた山本暎一は虫プロを辞めた。また、設立メンバーのひとり、広川も当初の撮影から進行へと異動していたが辞めた。

「手塚先生のもとでアニメーションを作りたい」という純粋な思いで虫プロを結成したメンバーは、もういない。もっとも山本は、このあともフリーとして虫プロの仕事はする。

## タツノコプロのギャグ路線は続く

タツノコプロは、フジテレビの水曜一九時枠を維持し、『おらぁグズラだど』が一九六八年九月に終わると、一〇月からは『ドカチン』となって翌年三月まで、そのあとは『紅三四郎』が九月までとなる。一〇月からは日曜一八時枠で『ハクション大魔王』が始まり、これはヒットして一年間続く。

『ドカチン』はギャグ・アニメだ。三〇〇〇年前の原始時代に暮らしていたドカチン一家がタイムワープしてしまい、現代に現れるという設定で、ドタバタが繰り広げられる。後の「タイムボカン」シリーズの原点とも言うべき作品だった。

クレジットでは吉田竜夫が原作となっているが、原作となるマンガがあったわけではなく、アニメ放映時に「週刊少年サンデー」で、原作・吉田竜夫、漫画・板井れんたろうとしてコミカライズが連載された。アニメの総監督は笹川ひろし、チーフ・ディレクターは鳥海尽三だった。

次の『紅三四郎』はうって変わって、アクションアニメだ。主人公の紅三四郎は、柔道と空手の技を併せ持つ武道家だ。スポーツものの要素も持つが、三四郎は赤いオートバイに乗って世界をさすらい、敵と闘うので、冒険ものでもある。

原作・吉田竜夫となっているが、マンガは九里一平が描いて、「週刊少年サンデー」に一九六八年三一号から四七号まで連載した。アニメ化を前提としての連載だったが、この時期には実現しなかった。六九年になってアニメ化が決まると、吉田竜夫名義のコミカライズが「週刊少年ジャンプ」一〇号から一三号まで連載された。実際に描いたのは、今度はタツノコプロのスタッフだったとされる。アニメは九里一平が総監督で、九里、鳥海永行、笹川ひろし、案納《あんのう》正美らが演出した。

続く『ハクション大魔王』は、笹川ひろしが中心になって作ったドタバタギャグだ。

吉田兄弟は仕事をアニメ制作にシフトしており、マンガはもう描かなくなっていく。原作・吉田竜夫とあっても、それは吉田が描いた原作のマンガがあるという意味ではない。

人気マンガ家でもあった吉田竜夫と九里一平だが、このころがマンガ家としては最後だった。引退宣言をしているわけではないが、アニメの仕事が多忙となり、とくに竜夫は経営者でもあったので、マンガを描く時間がなくなったのだ。

この点が、手塚治虫との大きな違いだった。そしてタツノコプロが倒産もせずに続いた理由のひとつでもあったろう。

## 「瑞鷹」設立と『カムイ外伝』

一九六八年九月に始まった『サスケ』は、六九年三月に二九話で終わった。

『サスケ』制作中、ＴＣＪへゼロックスというトレーシング・マシンが売り込まれたので、テストとして白土三平の『忍者武芸帳 影丸伝』を原作にして、三分から五分のパイロット・フィルムを試作してみた。これは、あくまで社内でゼロックスがトレースの代わりになるかどうかのテストだったので、白土には許可を得ないで作った。高橋茂人としては、外部に見せるつもりはなかったからだ。ところが、それを村田英憲がテレビ局へ持って行き、『サスケ』の次は『忍者武芸帳』をと売り込んだ。すると企画が通ってしまった。だが、白土がアニメ化を了承しない。

一方、動画部が赤字体質を脱皮できないので、一九六九年四月をもってヤナセは、TCJから動画部を分離させた。まず、正式名称「日本テレビジョン株式会社」を「株式会社テイ・シー・ジェー（TCJ）」に社名変更し、アニメーション制作部門を全額出資の子会社「株式会社TCJ動画センター」として独立させた。ヤナセ本社から見れば、孫会社にあたる。

新会社のTCJ動画センターの社長には、村田英憲が就任した。旧TCJのアニメ制作部門にいた三〇〇人ほどの社員たちは、TCJ動画センターに残る者もいれば、他社に移る者もいた。高橋茂人は村田との理念の違いを理由に退職した。

TCJは、一九七三年五月にTCJ動画センターの株式を全額手放し、同社は社長である村田英憲の名を取って「株式会社エイケン」と改称して、現在にいたる。TCJはいまも広告制作会社として健在だが、テレビアニメの制作はしていない。こうした経緯で、『仙人部落』『鉄人28号』以後のTCJ動画センター制作作品の権利は、現在ではエイケンが保有している。

一方、高橋茂人は、村田英憲率いるTCJ動画センターと袂《たもと》を分かつと、数人の仲間を誘い「瑞鷹エンタープライズ株式会社」を設立した。「瑞鷹」は「ズイヨー」と読む。高橋家の家紋が鷹の羽なので、そこから付けた名だった。

瑞鷹は企画・営業・管理をする会社とし、キー・アニメーターは正社員として雇用するが、それ以外のスタッフは作品ごとに契約するシステムにした。これは高橋がTCJでの反省から考えたものだった。TCJは素人同然の新入社員を鍛えて、アニメーターを育てた。制作請負をしたテレビアニメが増えていくにつれ、社員も増えていった。しかし、同じ育成システムで育ったアニメーターたちが描く絵は、均質性は保持できたが、逆に言えば画一化されてしまい、作品ごとに求められる個性が出なくなる弊害も生まれていた。さらに、ようやく一人前になると、他社に引き抜かれたり、自らフリーになる社員も多く、なんのために育てているのか分からない面も出てきた。そこで、キー・アニメーターは正規雇用するとして、それ以外のスタッフは作品ごとに契約することにした。

さて――『忍者武芸帳』に話を戻すと、村田がどんなに頼んでも、白土三平はアニメ化を許可しない。村田は袂を分かった高橋に、白土を説得してくれと頼んだ。高橋が白土と会うと、「『忍者武芸帳』は大事な作品なので、アニメ化はダメだが、あなたの立場もあるだろうから、『カムイ外伝』をアニメにしてはどうか」という話になった。

このTCJ分離独立、瑞鷹設立、白土との交渉は、同時期に進んでいた。

白土三平の『カムイ外伝』はそのタイトル通り、『カムイ伝』の外伝となる。『カムイ伝』は「ガロ」に一九六四年一二月号から連載されていたが（七一年七月号まで）、カムイは主要人物のひとりに過ぎず、忍者になってからはほとんど登場しない。外伝である『カムイ外伝』のほうが、忍者カムイが主人公となっており、「週刊少年サンデー」に一九六五年五月から六七年一月まで、月に一回のペースで二〇回掲載された。

高橋は『カムイ外伝』で話をまとめた。白土が、高橋がプロデュースするのでなければダメだとも言うので、高橋がプロデューサーとなり、TCJ動画センターが制作することになった。担当プランナーとして鷺巣政安の名もある。タイトルは『忍風カムイ外伝』とした。

キャラクター・デザインは、関修一（一九四六〜）が初めて担った。関は東京都大田区出身で、日本デザインスクールグラフィックデザイン科在学中の一九六七年にTCJに入社し、背景を描く美術部門にいたが、『サスケ』で動画に転じ、原画も描くようになっていた。このあと、高橋の瑞鷹エンタープライズに転じる。

『忍風カムイ外伝』では、『サスケ』同様に音楽にも力を入れ、主題歌は水原弘が唄った。技術面では、ゼロックスというトレーシング・マシンを使った、初めてのテレビアニメという位置づけになる。粗いタッチが、かえって忍者ものの殺伐とした雰囲気を出したため、採用された。

スポンサーは若者にオーディオ製品を売りたがっていた東芝で、一九六九年四月六日からフジテレビの日曜一八時三〇分枠で放映された。カムイの年齢は不詳だが、少年というよりは青年で、アニメの主人公としては「大人」だった。単純な「正義の味方」ではない。

カムイは自分のためにのみ闘う。なんらかの理由で忍びの世界の掟を破り、抜け忍となったため、組織の放つ刺客と闘い続ける。その絶望的な孤独が、学生運動が敗北して終焉したばかりの世相とも合い（ということに世間的にはなっている）、アニメにしては年齢層の高いファンがいた。また、クールなカムイには女性ファンも多かった。同時期の土曜日には、熱血の『巨人の星』が放映されて、人気があったが、クールなカムイも人気があったのだ。

しかし、『忍風カムイ外伝』は九月二八日、半年・二六話で終わった。原作が二〇話しかなかったのが大きな理由だったし、視聴率もずば抜けて高くはなかった。

TCJは次も白土の忍者マンガをと、『ワタリ』のパイロット・フィルムを作った。「週刊少年マガジン」に連載され、東映が実写映画化したが、白土が激怒し、テレビ映画シリーズにはできなかった作品だ。しかし、スポンサーの東芝が家電全般を売りたいとのことから、ファミリー向けの企画として長谷川町子原作『サザエさん』となった。

高橋茂人は『サザエさん』には関わらない。高橋が次に手がけるのは、『ムーミン』だった。

## 初の海外もの『ムーミン』への情熱

高橋茂人が『ムーミン』を知ったのは、TCJ企画室長だったときで、女性スタッフのひとりが持っていた洋書『FINN FAMILY MOOMINTROLL』を目にしたのが始まりだった。フィンランドの作家トーベ・ヤンソンが書いたもので、その英語版だった。そこにイラストで描かれている奇妙なキャラクターに惹かれ、これは日本にはない面白さのキャラクターだと思った。洋書にあるイラストは一色刷りだったので、高橋は色彩設計のスタッフ、一色弘安《いっしきひろやす》に、このキャラクターに色を付けてくれないかと頼んだ。でき上がったカラー版のムーミンを見て、高橋は「これはいける」と確信した。

当時はネットなどないので、足で調べなければならない。高橋は、その本の日本語版が『たのしいムーミン一家』として講談社から出ていることを知り、編集者と会った。

講談社から、著者トーベ・ヤンソンとは著作権エージェントを通して契約しており、同社にはアニメ化などの二次使用の権利がないと聞くと、高橋は直接、トーベと連絡を取ることにした。手紙を書き、カラーの試作の絵も同封し、テレビアニメにしたいと考えている旨を書いた。トーベから返事が届き、アニメ化に前向きな感触だった。高橋はフィンランドへ会いに行こうと決めた。

しかし、海外旅行などめったにできない時代だ。会社に提案しても、相手にされなかった。そんなとき、TCJがアニメ部門を独立させることになったので、高橋は退職した。

高橋は退職金を旅費に充て、トーベ・ヤンソンに会うためにスウェーデンのストックホルムへ飛んだ。トーベはフィンランドのヘルシンキ在住だが、ストックホルムまで来てくれたのだ。トーベには自作が映像化された経験がない。一方の高橋は、外国の作家との著作権交渉をした経験がない。お互いに完璧に理解し合えたとは思えないが、通訳を交えてどうにか簡単な書面にまとめ、サインを交わして許諾をもらうことはできた。トーベは高橋を気に入り、信用したのだろう。以後も高橋とは家族ぐるみの交際が続いた。

原作者の承諾を得た。高橋は瑞鷹エンタープライズの最初の作品は、『ムーミン』と決めた。TCJ時代は、会社に企画を通さなければ何もできなかったが、自分の会社なら高橋が決めればそれで決まりだ。とはいえ、テレビ局とスポンサーが付かなければ実現しない。高橋はTCJでコマーシャルの営業をしていた時期に、カルピスを担当したことがあった。

カルピスは電通を代理店にして、フジテレビの日曜一九時三〇分枠で『どろろ』を四月から提供していた。虫プロ作品で一年・五二回の予定で制作されていたが、視聴率が低迷したので、七月の第一四回から『どろろと百鬼丸』と改題し、スタッフも入れ替えてみたが、それでも浮上せず、九月で打ち切りと決まっていた。フジテレビはこの枠でのアニメはやめようとしていたが、カルピスは『どろろと百鬼丸』に改題した七月から「カルピスまんが劇場」と冠しており、アニメ継続の意向だった。この情報を得て、高橋はカルピスに売り込んだ。

当時、フジテレビとカルピスの間で候補に挙がっていたのは、永井豪の『ハレンチ学園』だった。

一九六八年の「週刊少年ジャンプ」創刊号に試験的に載り、好評だったので連載となり、六九年になると爆発的な人気を得て、「ジャンプ」躍進のきっかけとなった作品だ。しかし一方で、性的描写が子どもにふさわしくないと批判もされていた。一九七〇年五月に日活が映画化して四作作られ、同年一〇月から七一年四月まで東京12チャンネル（現・テレビ東京）でテレビドラマ化されるが、その前にテレビアニメの企画もあったのだ。

フジテレビの担当者は当初、「ムーミンなんていう聞いたこともないキャラクターでは視聴率は一桁だ」と反対し、「二桁取ったら銀座のど真ん中で逆立ちしてやる」とまで高橋に言っていた。

しかし、『ハレンチ学園』はたしかに小学生男子の間では人気があったが、カルピスはファミリー向けの商品であり、中元・歳暮などの贈答品として売られていた。その企業イメージに合わないとして、『ハレンチ学園』は採用されず、外国文学という文化と藝術の香り漂う『ムーミン』が選ばれた。放映開始後、『ムーミン』が高視聴率を取っても、フジテレビの担当者は逆立ちすることはなかった。

原作者の許諾、スポンサー、テレビ局の獲得と話は進んだ。次は制作会社である。高橋が最も関係が深いのはＴＣＪ動画センターとなるが、ここは一緒に仕事をしたくないから独立したのだ。白土三平との関係もあり、高橋は『忍風カムイ外伝』ではプロデューサーとして関与したが、『ムーミン』をＴＣＪに発注する気はなかった。

制作は東京ムービーに決まった。キャラクター・デザインと作画監督は大塚康生が担った。大塚は前年（一九六八年）に東映動画を辞めて、楠部大吉郎のＡプロダクションへ移籍していた。

『ムーミン』は企画が瑞鷹エンタープライズ・高橋茂人、制作が東京ムービーで、演出は大隅正秋、実際の制作はＡプロダクションで、作画監督とキャラクター・デザインは大塚康生という体制でスタートした。当初から半年・二六回の予定で、第一回の放映は一九六九年一〇月五日だ。

トーベ・ヤンソンが出した内容に関する条件は、「ノー・マネー」「ノー・カー」「ノー・ファイト」（「ノー・マシン」「ノー・テレビジョン」としている資料もある）の三原則だった。ムーミンの世界では、お金のやりとりはしないし、自動車（機械）も存在しない。争いごとはない。その世界観で作ってくれという。トーベ自身が描いているイラストのムーミンは、手足が短くアニメとして動かしにくいので、キャラクターは大塚康生が大胆にアレンジした。

『ムーミン』は日本初の、「外国人作家作品のテレビアニメ化」という栄誉を持つ。

東映動画にいた高畑勲と宮崎駿は『ムーミン』を見て、テレビでもこんなことが可能なのかと驚き、自分たちもこういうものを作ってみたいと思っていた。当時の東映動画が作っていたテレビアニメは、『ひみつのアッコちゃん』『もーれつア太郎』『タイガーマスク』だった。

## 二本の赤塚アニメ『ひみつのアッコちゃん』『もーれつア太郎』と、『タイガーマスク』

初の少女アニメ『魔法使いサリー』は一九六八年一二月三〇日、二年間・一〇九話をもって終わった。東映動画は次の番組も「少女」と「魔法」でいこうと、ふさわしいマンガを探し、赤塚不二夫が集英社の「りぼん」一九六二年六月号から六五年九月号まで連載した『ひみつのアッコちゃん』を見つけた。

赤塚も手塚、石森、横山、ちばのように、少女マンガを描いていた時代があった。『おそ松くん』の連載開始が同じ六二年で、以後は少年誌がメインになっていくので、『ひみつのアッコちゃん』は赤塚の少女マンガとしては終わりのほうの作品だ。

サリーは魔法の国の王女だったが、アッコちゃんは日本にいる普通の小学五年生の女の子だ。マンガも微妙に設定を変えながら何回も描かれ、テレビアニメも何種類もあり、そのたびに変身できる鏡の入手経緯は異なる。

重要なのは、コンパクト（手鏡）に向かって、「テクマクマヤコン」と呪文を唱えると、何にでも変身できる点だ。原作の雑誌掲載時は鏡台だったが、アニメ化にあたり、東映動画のプロデューサー横山賢二がコンパクトにしようと提案したことになっている。ただし異説もある。

いずれにしろ、コンパクトにしたことで、玩具メーカーは大ヒット商品を生む。アッコちゃんのコンパクトはさっそく商品化された。

『ひみつのアッコちゃん』に続いて、四月からは赤塚不二夫原作『もーれつア太郎』も始まった。「週刊少年サンデー」で、『おそ松くん』に替わって一九六七年四八号（一一月二六日号）から連載されていた、下町人情もののマンガだ。連載が進むにつれて、サブキャラクターだったニャロメの人気が出てきて、主人公だったア太郎はほとんど出てこなくなる。もっとも『おそ松くん』でも、六つ子の兄弟よりも、イヤミやチビ太が活躍していたので、赤塚マンガとはそういうものだった。テレビアニメは、連載開始から一年以上が過ぎてから始まった。

スタジオ・ゼロは『おそ松くん』では制作できたが、東映動画の赤塚アニメ二作には関わらなかった。

一〇月に始まるのが、『タイガーマスク』だった。梶原一騎原作・辻なおき作画で「ぼくら」一九六八年一月号から連載されていた、覆面プロレスラーが主人公の劇画が原作だった。

辻なおきにとっては『0戦はやと』以来のテレビアニメ化、梶原一騎原作では『巨人の星』に次いで二作目のテレビアニメだ。同時期の六月から、東映は梶原一騎原作・永島慎二作画の『柔道一直線』を実写テレビ映画化しており、梶原作品は『巨人の星』を含め三作が同時期に、テレビで放映されていた。

『タイガーマスク』は七一年九月まで一〇五話、『柔道一直線』は七一年四月まで九二話で、一八二話の『巨人の星』には負けたが、この時期のテレビ番組としては長く続く。そして、『柔道一直線』の制作班が、その次の番組として考えるのが、『タイガーマスク』にヒントを得た「仮面のヒーロー」——すなわち『仮面ライダー』だった。

## 少女スポ根『アタックNo.1』

一九六六年一二月放映開始の横山光輝原作『魔法使いサリー』によって、少女マンガのテレビアニメ化の歴史が始まり、手塚治虫原作『リボンの騎士』、ちばてつや原作『あかねちゃん』、赤塚不二夫原作『ひみつのアッコちゃん』と続いていた。どれも少女雑誌に連載された少女マンガが原作だが、作者はみな男性だった。初の女性マンガ家の作品が、一九六九年一〇月五日に始まった長谷川町子原作『サザエさん』だが、これは少女マンガではない。

「女性マンガ家による少女マンガ」を原作にしたテレビアニメ第一作となるのが、浦野千賀子原作『アタックNo.1』だった。『巨人の星』でスポ根ブームを起こした東京ムービーが、その女性版として放ったものだ。

浦野千賀子は一九四六年生まれで大阪出身だ。少女マンガに革命を起こす萩尾望都や竹宮惠子ら「花の24年組」よりも数歳上になり、貸本マンガ出身という点でも世代が上になる。

一九六四年の東京五輪で金メダルを取ったことでバレーボール・ブームが起き、六八年のメキシコ五輪でも活躍が期待できた。そのブームに向けて、集英社の「週刊マーガレット」が六八年一月七日号（発売は前年一二月）から連載したのが『アタックNo.1』だった。少女マンガには「学園もの」というカテゴリーのなかに、「スポーツをする少女」が主人公のものがあった。それと少年マンガでのスポ根ブームの流れが合流して生まれたものだった。

主人公の鮎原こずえは中学生として登場し、高校生へと成長していく。原作のマンガは一九七〇年一二月まで、当時の少女マンガとしては異例の三年にもおよぶ長期連載となった。アニメ版は連載開始から二年が過ぎていた六九年一二月に始まり、七一年一一月まで丸二年にわたり続く。放映枠はフジテレビの日曜一九時で、スポンサーは『巨人の星』と同じ大阪製薬だった。

一方、同じ日曜のＴＢＳ一九時三〇分からは、かつて『オバケのＱ太郎』など藤子アニメが放映されていた不二家提供枠で、実写テレビ映画『サインはＶ』が放映されていた。神保史郎原作・望月あきら作画で、「週刊マーガレット」と熾烈な部数競争をしていた講談社の「週刊少女フレンド」に、六八年一〇月一五日号から連載されていたものだ。マンガの連載は『アタックNo.1』のほうが先だったが、テレビ化は『サインはＶ』が先で、六九年一〇月に始まり、七〇年八月まで続く。

## 東映「まんがまつり」VS東宝「チャンピオンまつり」

一九六九年春の「東映まんがまつり」は、東映が長編『長靴をはいた猫』『ひみつのアッコちゃん』と、借りてきた『怪物くん』、トヨタ自動車の依頼で作った交通安全のPR映画『ひとりぼっち』、実写のテレビ映画『チャコとケンちゃん』という番組だった。

『長靴をはいた猫』は、高畑勲を除いた『ホルスの大冒険』のスタッフが制作した。シャルル・ペローの童話が原作で、井上ひさしと山元護久が脚本を書き、矢吹公郎が演出、作画監督は森康二、原画は大塚康生、奥山玲子、菊池貞雄、小田部羊一、太田朱美、宮崎駿、大工原章だった。一般には知られなかったが、社内では宮崎の奇抜なアイデアが話題となり、宮崎伝説が始まる。

続く夏の「東映まんがまつり」は七月二〇日封切りで、石森章太郎原作『空飛ぶゆうれい船』をメインにして、赤塚不二夫原作のテレビアニメ『ひみつのアッコちゃん』『もーれつア太郎』、実写の『飛び出す冒険映画 赤影』『ニホンザル』という番組だった。トキワ荘で同じ部屋で暮らしたこともある石森と赤塚が、スクリーンで競演した。

『空飛ぶゆうれい船』は、石森章太郎が「少年」一九六〇年七月号から六一年八月号まで連載した、初期の少年マンガ『幽霊船』が原作だ。ストーリーは原作のマンガとはかなり違うが、幽霊船が空を飛ぶというアイデアは原作にある。『宇宙戦艦ヤマト』が飛び立つのは、この五年後だ。果たして影響があるのかどうか。

『空飛ぶゆうれい船』の演出は池田宏で、世相を反映して軍需産業や軍備増強批判のメッセージが込められている。巨大ロボットのゴーレムの登場シーンは、宮崎駿が担当している。『風の谷のナウシカ』の巨神兵の原型であろう。作画監督は小田部羊一、原画は宮崎の他、奥山玲子、菊池貞雄、金山通弘、太田朱美、森英樹、阿部隆だった。

長編アニメから外されていた高畑勲は、テレビの『ゲゲゲの鬼太郎』の第六二話、『もーれつア太郎』を九話（一〇、一四、三六、四四、五一、五九、七一、七七、九〇話）演出し、第七八話から九〇話のオープニングも担当した。

東宝の「チャンピオンまつり」は東映の一週間後の二六日封切りで、テレビアニメ『巨人の星』（甲子園での「血ぞめの決勝戦」を中心に八八分に再編集した）と、アメリカと合作した特撮映画『緯度0大作戦』（監督・本多猪四郎、特技監督・円谷英二）を公開した。

一二月は東宝だけで、初めて「チャンピオンまつり」と銘打って、『巨人の星 行け行け飛雄馬』と、ゴジラシリーズ『ゴジラ・ミニラ・ガバラ オール怪獣大進撃』、当時人気絶頂にあったコント55号主演の『宇宙大冒険』を封切った。

『オール怪獣大進撃』は「監修・円谷英二」となっているが、実際には関与していない。円谷は翌一九七〇年一月二五日に六八歳で亡くなり、東宝は三月に「特殊技術課」を廃止し、ゴジラシリーズもいったん終わる。いや、ゴジラだけでなく、東宝としては映画制作から撤退し、いくつかの子会社と、外部プロダクションの映画を配給・興行していくかたちで、斜陽化した映画界を乗り切っていく。

## スタジオ・ゼロは、「ゼロ」で終わる

スタジオ・ゼロと東京ムービーによる藤子アニメは、『怪物くん』が三月二三日に終わると、それ

までの日曜一九時三〇分の枠から、火曜一八時へ移動して、四月一日から『ウメ星デンカ』が始まった。テレビアニメ化を前提にして、藤本（藤子F）が学年誌では一九六八年九月号から、「週刊少年サンデー」では六九年七号（二月九日号）から連載していた。今度の主人公はウメ星からやってきた国王一家で、その王子がウメ星デンカである。

放映枠が変わったせいか、藤子マンガが飽きられてきたのか、『ウメ星デンカ』は視聴率がふるわず、半年・二六回で九月二三日に終わった。虫プロとの『佐武と市捕物控』も九月二四日で終わり、スタジオ・ゼロはテレビ・シリーズのレギュラーを失った。

鈴木伸一と角田喜代一らは、新企画をいくつか売り込んでいたが、採用が決まらない。

九月一〇日付で、藤本から石森へと社長が交代していたので、石森も自分の人脈で営業していたが、コマーシャルの制作や下請けしか得られない。二本のレギュラーを抱えていたので、従業員も八〇名を超え、その人件費がかなりの額になっている。悪いことは重なるもので、市川ビルの屋上に建てたプレハブの作業室が、消防法違反だから取り壊せと指示された。

一二月まで持ちこたえていたが、鈴木は全役員に集まってもらい、『ウメ星デンカ』『佐武と市捕物控』のあとの仕事がないことを改めて告げ、人手が余っている現状を説明した。

藤子不二雄の二人も、赤塚も、石森も、つのだも、マンガの仕事は順調だった。しかし、このままではその稼ぎを、初期のようにスタジオ・ゼロに注ぎ込まなければならない。鈴木を除けば、アニメは好きだが、やはりマンガのほうが好きだった。安孫子が「もう、いいんじゃない」と言うと、石森も同意した。従業員に対しては、いまなら退職金も払える。希望者には他のプロダクションを紹介して、スタジオ・ゼロは解散することになった。

細かい仕事や下請けもあったが、アニメ史に刻まれる仕事としては、『鉄腕アトム』の下請けに始まり、『レインボー戦隊ロビン』の企画、『おそ松くん』『パーマン』『怪物くん』『ウメ星デンカ』『佐武と市捕物控』の制作が、彼らのすべてだった。

スタジオ・ゼロは、その後は鈴木伸一の個人事務所として残るが、藤子、石森、赤塚、つのだたちは、アニメ制作からは手を引いた。タツノコプロの吉田竜夫と九里一平がマンガをやめて、アニメに専念するのとは逆だった。

退職金を払い、機材を処分し、会社を整理してみると、残った資産はなく、その社名にふさわしくゼロで始まり、ゼロになって終わったという伝説になっている。

# 第一五章　〈スポ根〉の熱狂——一九七〇年

## 「ブラック手塚」時代

虫プロの『千夜一夜物語』は、会社の経理的には赤字でも、興行的に成功し、評判もまずまずで、虫プロはテレビアニメだけのプロダクションではないと内外に示せた。

虫プロとヘラルド映画は、アニメラマ第二作の制作を正式に決め、『クレオパトラ』と発表した。

手塚治虫は会見で、『千夜一夜物語』を振り返り、〈段取りの不手際で、撮影を急ぐあまり、セル傷や汚れを見逃した初歩的な技術ミス、ストーリーにとらわれすぎてアニメ本来の面白さを殺したこと、全体に長すぎたこと、演出上の意見がいろいろあって中途半端に終わったことなどが我慢でもあり反省すべき点〉と語った。

前作では、やなせたかしがキャラクター・デザインをしたが、『クレオパトラ』は小島功に依頼した。演出は虫プロを辞めていた山本暎一が、外部スタッフとして関わる。手塚治虫は原案・構成と、山本と連名で演出となる。

記録上の制作開始は一九六九年一一月一日だった。しかし例によって、手塚の絵コンテができるの

**1970年のテレビアニメ**

| 曜日 | 時刻 | 局 | | 1 | 2 | 3 | 4 | 5 | 6 | 7 | 8 | 9 | 10 | 11 | 12 | |
|---|---|---|---|---|---|---|---|---|---|---|---|---|---|---|---|---|
| 月 | 19:00～ | 日 | | | | | 赤き血のイレブン(日) | | | | | | | | | |
| | 19:00～ | N | ひみつのアッコちゃん(東) | | | | | | | | | | | 魔法のマコちゃん(東) | | |
| | 19:00～ | フ | | | | | | | | | | | のらくろ(T) | | | |
| 火 | 19:00～ | フ | | | | | 昆虫物語みなしごハッチ(竜) | | | | | | | | | |
| 水 | 19:00～ | フ | | | | | あしたのジョー(虫) | | | | | | | | | |
| 木 | 19:00～ | 日 | タイガーマスク(東) | | | | | | | | | | | | | |
| 金 | 19:00～ | T | | | | | ばくはつ五郎(T) | | | | | | キックの鬼(東) | | | |
| | 19:30～ | N | もーれつア太郎(東) | | | | | | | | | | | | | |
| | 19:00～ | 日 | 巨人の星(ム) | | | | | | | | | | | | | |
| 日 | 18:00～ | フ | ハクション大魔王(竜) | | | | | | | | | | いなかっぺ大将(竜) | | | |
| | 18:30～ | フ | サザエさん(T) | | | | | | | | | | | | | |
| | 19:00～ | フ | アタックNO.1(ム) | | | | | | | | | | | | | |
| | 19:30～ | フ | ムーミン(ズ/ム/虫) | | | | | | | | | | | | | |
| | | | | 1 | 2 | 3 | 4 | 5 | 6 | 7 | 8 | 9 | 10 | 11 | 12 | |

は遅れて、四月になる。

実験アニメも忘れてはいなかった。『千夜一夜物語』でキャラクター・デザインをした、やなせたかしの原作で二四分四一秒の『やさしいライオン』を作り、一九七〇年三月二一日、東宝の春休みの「チャンピオンまつり」の一本として公開されると、毎日映画コンクールの大藤信郎賞を受賞した。

アニメラマ第二弾『クレオパトラ』は、年明けにシナリオができ、手塚治虫がそれに基づいて絵コンテを描く段階に入った。マンガの連載を抱えながらなので四月までかかり、それが終わると、手塚はあとを山本暎一に託した。

前年九月に『どろろと百鬼丸』が終わると、手塚マンガを原作とするアニメは、再びテレビから消えた。再登場は七一年一〇月の『ふしぎなメルモ』まで、二年も待たなければならない。

この時期の手塚マンガは、後に「ブラック手塚」「黒手塚」と呼ばれる作品群が多い。シリアスで陰惨なものだ。手塚は学生運動とその敗北といった暗い世相と、虫プロでのゴタゴタなどがその理由だと説明し、あまりこの時代の作品には愛着がないようだが、没後はかえって高く評価されている。

一九六八年春に『鉄腕アトム』が連載されていた「少年」が休刊となるのと交代するかのように、青年コミック「ビッグコミック」が創刊され、手塚は創刊号から亡くなるまで同誌に連載を持つ。『地球を呑む』『I.L』『きりひと讃歌』『奇子《あやこ》』などで、手塚を否定して始まった劇画に対抗して、その劇画の手法を取り入れていった。なかでも新境地となったのが『きりひと讃歌』で、七〇年四月から連載が始まっている。

「アンチ手塚」の象徴概念だった「劇画」は、その手塚が劇画の手法を取り入れた傑作を描くことで意味を失い、やがて「劇画」という言葉は使われなくなる。

一九七〇年代から、「ビッグコミック」と並ぶ手塚のホームグラウンドとなるのが、「週刊少年チャンピオン」だった。「ジャンプ」創刊一年後の一九六九年七月に、秋田書店から隔週刊で創刊され、七〇年六月から週刊になった。これで少年週刊誌は五誌となった。

手塚治虫は、「マガジン」とは『W3』で絶縁し、「サンデー」も『どろろ』が一九六八年七月に終わると、以後しばらく連載はなくなっている。「ジャンプ」は創刊編集長の長野との関係を考えれば、創刊号から連載してもおかしくない。新人賞の「手塚賞」を設けることで「ジャンプ」に貢献し、毎週の連載ではないが、七一年三月から七三年二月まで、毎月一回、読み切りの『ライオンブックス』を描いている。これは、長野が編集長だった「おもしろブック」にかつて描いたシリーズと同じタイトルだ。以後も、読み切りは描くが毎週の連載はしなかった。

一九六八年四月から手塚は、「キング」への初めての連載として、SF冒険活劇『ノーマン』を始めた。アニメ化もしようとパイロット・フィルムを作ったが、もはやこの手の冒険SFの企画は通らず、連載も一二月で終わる。六九年一月から六月まで時代劇『鬼丸大将』、七〇年四月から一一月まで性と愛をテーマにした『アポロの歌』を連載したが、これで同誌への連載は最後となった（以後も読み切りは描く）。

そんな手塚の少年マンガでのホームグラウンドになるのが、「少年チャンピオン」だった。創刊直後の一九六九年八月から七〇年四月まで、読み切りシリーズの『ザ・クレーター』を連載し、七〇年四月からは性教育マンガと銘打つ『やけっぱちのマリア』を一一月まで、一二月から『アラバスター』を連載した。

『アラバスター』は、〈最悪のコンディションの時〉の作品だったと手塚が語るもので、たしかに陰惨で救いようのない物語だった。一九七一年六月で終わり、「チャンピオン」での連載もこれでいったん途切れる。再開は一九七三年三月の、アニメと連動した『ミクロイドS』である。

一九七〇年の手塚治虫は、『ザ・クレーター』『やけっぱちのマリア』『I・L』『きりひと讃歌』『アポロの歌』の他、「産経新聞」に冒険ロマン『青いトリトン』、「少年少女新聞」にSF冒険もの『アバンチュール21』、「小学一年生・二年生」に『冒険ルビ』、青年誌「プレイコミック」に短編シリーズ『空気の底』と『人間昆虫記』、「現代コミック」に『ガラスの城の記録』、そして「COM」に『火の鳥』を連載していた。虫プロの仕事が少なくなったのと、新雑誌創刊が相次いだこともあり、マンガ家・手塚治虫は一九七〇年、依然としてマンガの最前線にあって、常に一〇本前後の連載を抱えていたのだ。

その一方、虫プロとは別に手塚プロダクションでもアニメ制作を始め、ヤマハの依頼でエレクトーン・スクールのPR映画として、短編アニメ『氷の国のミースケ』を七〇年七月に、『南へ行ったミースケ』を七一年八月に制作している。

「原作・手塚治虫」のテレビアニメがなくても、手塚はアニメを作っていたのだ。

## 『仮面ライダー』の始まり

春の「東映まんがまつり」は、長編は『ちびっ子レミと名犬カピ』、トヨタ企画の交通安全PRアニメ『チュウチュウバンバン』(矢吹公郎演出)、テレビアニメ『タイガーマスク』『ひみつのアッコちゃん』という番組だった。

東宝の「チャンピオンまつり」は、『キングコング対ゴジラ』の短縮版に、スポ根アニメ二作を再編集した『巨人の星 大リーグボール』と『アタック№1』だった。『巨人の星』は大リーグボール一号完成までを七〇分に、『アタック№1』は中学時代を六三分に再編集した。この三作に加えて、虫プロが制作した、やなせたかしの『やさしいライオン』も上演された。

東映は長編の新作を作っているが、東宝は旧作の短縮版の再映と他社制作のアニメなので、制作コストはほとんどかからない興行だ。

夏も同様で、東宝の「チャンピオンまつり」は『巨人の星 宿命の対決』『アタック№1 涙の回転レシーブ』と、旧作の怪獣映画『南海の大怪獣』の再映で、八月一日封切りだった。

東映は七月一九日封切りで、石森章太郎原作の新作『海底3万マイル』と、東映動画制作のテレビアニメ『タイガーマスク』『ひみつのアッコちゃん』『もーれつア太郎』に、実写の『柔道一直線』だった。

『海底3万マイル』は、ジュール・ヴェルヌの『海底二万マイル』とは関係がない。石森章太郎が一九六八年に「週刊少年キング」(一四～一六号、二七～三〇号)に連載した『怪奇ハンター』が原型で、アニメの相談を受けた石森が、これをもとにして新しいキャラクターとストーリーを考えた。映画公開に合わせて、コミカライズが「少年画報」(一四～一六号)に石森章太郎名義で連載されたが、石森自身は多忙で描いていない。

これで石森が原作の東映長編アニメは四作となったが、その次は一九八〇年一二月の『サイボーグ009 超銀河伝説』まで待たねばならない。といって、石森が東映と疎遠になったのではない。その逆で、一九七一年から『仮面ライダー』が始まるのだ。

『海底3万マイル』は田宮武が演出で、作画監督は「奥多貞弘」となっているが、これは原画の奥山玲子、喜多真佐武、菊池貞雄、金山通弘の四人の合作ペンネームだ。この作品では、主人公、敵役、魚、アクションと四人で分担して、それぞれが最初から最後までそのキャラクターを描くという方法が取られた。ベテランのアニメーターが揃っていたからこそ可能なシステムだ。

東宝は冬休みにも「チャンピオンまつり」を上演した。『モスラ対ゴジラ』の再映に、テレビアニメの再編集版『アタック№1 涙の世界選手権』と『昆虫物語 みなしごハッチ』、実写『柔の星』だった。『柔の星』は東映がテレビ映画として作っていた『柔道一直線』と同じく、桜木健一と近藤正臣を出演させた柔道ものだ。

## 出﨑統の映像表現が冴えわたる『あしたのジョー』

四月から虫プロ制作のテレビアニメが二本、始まった。テレビアニメは『どろろ』『佐武と市捕物控』以来なので、半年ぶりとなる。高森朝雄（梶原一騎）・ちばてつや原作の『あしたのジョー』と『ムーミン』だ。

『あしたのジョー』は一九六七年一二月から「週刊少年マガジン」で連載が始まっていたボクシング・マンガで、二年遅れてのテレビアニメ化だった。同誌でのライバル『巨人の星』のテレビアニメは、二年目に突入していた。

虫プロが『あしたのジョー』を作ると知って、マンガ界・アニメ界の関係者は、「手塚さんがよく許したものだ」と驚いた。当人同士に個人的な怨恨も遺恨もないが、梶原一騎と手塚治虫の作品は、水と油、まったく相容れないと思われていたからだ。

実際に、制作会社の社長である以外、手塚はアニメ『あしたのジョー』には何も関わっていない。出﨑統が初めてチーフ・ディレクターとなり、出﨑の作品として、アニメ史に刻まれている。出﨑はもともと映画志向が強く、『あしたのジョー』では止め絵を多用して、実写的映像表現を試み、後進に大きな影響を与えた。

アニメ『あしたのジョー』は好評で、一九七〇年四月一日から七一年九月二九日まで七九話作られた。視聴率は落ちていなかったが、ストーリーが連載に追いついてしまい、区切りのいいところで終わらせた。「マガジン」での連載は七三年五月まで続いた。一九八〇年になって、東京ムービーが『あしたのジョー2』としてリメイク的続編を作るが、これも出﨑が監督する。

この時期のもので、忘れられているテレビ・シリーズもある。手塚治虫の絵コンテを待つ間、山本暎一が頼まれて作った『日本誕生』で、日本テレビで六月に水曜二二時の枠で三話、一〇月に土曜二二時三〇分の枠で二話、放映された。「ノンフィクションアワー」というドキュメンタリー番組のなかで制作された。

## 謎の『ムーミン』制作会社変更

一九七〇年四月スタートの虫プロのもう一本は、『ムーミン』だった。

高橋茂人の瑞鷹が企画し、東京ムービー／Aプロが制作していた『ムーミン』は、一九六九年一〇月に始まると、好調のまま年を越した。電通とスポンサーのカルピスは、企業イメージに合うと気に入り、二六回で終えるのではなく、半年の延長を求めた。

ところが第二七話以降は、東京ムービーが降板して虫プロが制作することになったのだ。

交代劇の理由と経緯は諸説ある。誰も傷つけない理由として定着しているのが、「半年の予定で、東京ムービーは七〇年四月から『ルパン三世』を制作すると決まっていたので、やむなく降板した」というものだ。あるいは、「もともと『ルパン三世』をやるつもりで半年空けておいたが、なかなか決まらないため、急遽入れたのが『ムーミン』だった」という説もある。『ルパン三世』の放映開始は一年半後の一九七一年一〇月からだ。準備期間が必要だったとしても、一年半も前から制作するとは思えないので、この説は留保が必要だ。

もうひとつが、でき上がった『ムーミン』をトーベ・ヤンソンに送ったところ、自分のイメージと違うと「激怒」したため、東京ムービーを降板させたという説だ。たしかにトーベ・ヤンソンはアニメ版『ムーミン』に違和感を抱き、その旨を手紙で高橋に知らせている。しかし、クレームというより、原作者としての意見という程度で、変更を強く求めたのではなかった。

仕事のない虫プロが大幅なダンピングをして強引に奪ったという説もある。

おそらく理由はひとつではない。さまざまな理由が絡んでいたのではないか。東京ムービー（Aプロ）時代の『ムーミン』の作画監督だった大塚康生は当事者ではあるが、経営には関与していないので、交代劇においては傍観者である。『作画汗まみれ』には、虫プロが安い制作費を提示したからと言われているが、〈本当のことはわかりません。〉としてこう書いている。

〈おそらく、高橋茂人さんがキャラクターをオリジナルにもどすためにプロダクションを替えたのだと思います。「虫プロ」に移った3クール目（第27話以降）からキャラクターがいきなり原作に近づい

ミン』に戻って、前よりも眼が大きくなったりしていましたので、電通と高橋さんの意見の対立は続いていたのでしょう。〉

高橋は『ムーミン』を海外にも売るつもりだったので、海外で通用する絵にしたい。電通はそこまでは考えてなく、国内で視聴率が取れればいい。その思惑の違いが根底にあった。

高橋はムーミンの画について、小野耕世のインタビューでこう語っている。

〈キャラクター・リライトをしたのは大塚康生でした。それがムーミンのもとの姿にいちばん近いです。トーベによるオリジナルのムーミンは、手足が短くてアニメではうまく歩かせられない。結局リライトしてオーケーが出ましたが。もとのムーミンは、うしろから見ると首がなくてオムスビ型なんですよ。それがアニメ化していく過程で、だんだん首が出てきて手足が長くなってくる。これは何度アニメーターに注意してもダメで、リテイクする余裕はなく時間切れになってしまった。いまでもやり直したいという気持がありますよ。〉

ともかく『ムーミン』は、一九七〇年四月放映の第二七話から虫プロが制作した。スタッフも当然入れ替わり、りんたろうがチーフ・ディレクターを担った。東京ムービー監修の『東京ムービーアニメ大全史』では、〈(虫プロが担った)後半部分は評判がいまひとつで、結局日本国内では二六話までの前半が傑作として名を高める結果となった。〉と自賛している。

『ムーミン』は東京ムービーと虫プロ合わせて五話作られ、七〇年一二月二七日で終わった。

偶然だが、四月に始まったこれら二作は、ともに虫プロと東京ムービーの間を移動する。『ムーミン』は東京ムービーから虫プロへ移り、『あしたのジョー』は後に東京ムービーが続編を作るのだ。

## 空前の梶原一騎ブーム

四月に始まったテレビアニメは他に、TCJ制作の、辻なおき原作『ばくはつ五郎』と、タツノコプロの『昆虫物語みなしごハッチ』、東京テレビ動画制作の梶原一騎・園田光慶原作『赤き血のイレブン』があった。

辻なおきの『ばくはつ五郎』は、「ぼくら」一九六七年一月号から一二月号まで連載された学園ものだ。主人公の五郎は中学生で新聞部に入っているが、運動神経抜群でいくつもの運動部で活躍する。実写の青春ものにしてもいいような内容だ。辻なおきの『タイガーマスク』がヒットしていたので、他にないかとなり、旧作がアニメ化された。アニメと同時にコミカライズが「少年画報」で連載され、辻は原作となり、明石勉が作画した。辻なおき作品のアニメ化は、いまのところ『0戦はやと』『タイガーマスク』『ばくはつ五郎』の三作だ。

『赤き血のイレブン』は梶原一騎原作の劇画で、「週刊少年キング」一九七〇年二号から七一年二一号まで、園田光慶の作画で連載されていた。

園田光慶（一九四〇〜九七）は大阪市出身で、一九五八年に貸本マンガ『死剣幽四郎』（日の丸文庫）でデビューしてマンガ家となり、六三年に「週刊少年キング」に『車大助』を連載して、メジャー雑誌に転じた。一九六七年には、「週刊少年サンデー」連載の戦記マンガ『あかつき戦闘隊』（原作・相良俊輔）がヒットしていた。

「少年キング」には梶原一騎原作の『柔道一直線』が連載されていたが、編集長の小林照雄がこれからはサッカーがブームになると見越して、梶原に依頼し、園田と組ませて始まったのが『赤き血のイレブン』だった。

これで四月の時点でテレビの一九時台は、月曜『赤き血のイレブン』、水曜『あしたのジョー』、木曜『タイガーマスク』、土曜『巨人の星』、これに一〇月から金曜に『キックの鬼』も始まり、日曜には実写の『柔道一直線』もあるので、火曜日以外は梶原一騎原作のテレビアニメか実写が毎日放映されるという、前代未聞の事態になっていた。そのすべてがスポ根である。

梶原作品以外でも、『男どアホウ！甲子園』が九月から始まり、前年一二月スタートの『アタックNo.1』、実写の『サインはV』など、スポ根全盛だった。『男どアホウ！甲子園』は、「週刊少年サンデー」に連載された原作・佐々木守、作画・水島新司の野球マンガが原作だ。原作は一九七〇年から七五年までの長期連載で、水島新司の出世作だった。アニメにしたのは東京テレビ動画で、日本テレビの月曜から土曜まで、毎日一八時三五分から四五分までの帯番組として放映された。

「そんなにブームならば当社もやろう」と考えるのは、凡庸なプロデューサーだ。翌年は違うものでなければヒットしない。そう考えた者が勝利する。

## 西崎義展、登場

この年、西崎義展（一九三四〜二〇一〇）がアニメ業界に登場した。しかし、まだ周辺にいるだけだ。西崎の経歴については『「宇宙戦艦ヤマト」をつくった男 西崎義展の狂気』（牧村康正、山田哲久著、講談社）に詳しいので、同書を参照して記すと——一九三四年（昭和九）に東京で生まれた。父は大企業の役員を歴任する人で、資産家でありエリートだった。一〇歳で敗戦を迎え、私立の名門である武蔵高校に入学した。東大を目指していたが、四年の浪人生活のすえ、日本大学芸術学部演劇科に入った。「浪人」といっても受験勉強をしていたのではなく、信州の建設現場で働いたり、劇団・文学座に入って俳優を目指したり、まさに浪人していたのだ。結局、大学にはあまり行かず中退して、ジャズ喫茶の司会業から始めてショービジネスの世界に入った。

芸能界に入った西崎は、創価学会系の民音（民主音楽協会）に食い込み、プロデューサーとして成功し、一九六三年にオフィス・アカデミーを設立した。しかし、西崎の愛人問題や独断専行ぶりで社内に不満がたまり、民音に対して西崎を中傷する投書が送られた。民音はスキャンダルを嫌い、西崎は切られた。その後も興行の仕事をしていたが、一九六八年に会社の資金一〇〇〇万円を持ってヨーロッパへ行ってしまい、一年半ほど帰らなかった。夜逃げに近い。

帰国しても、芸能界、興行界に西崎の居場所はない。西崎は新天地を求めた。東洋広報という広告代理店の知人に、何か仕事はないかと頼み、虫プロ商事を紹介してもらった。これが一九七〇年半ば過ぎだ。虫プロ商事は東洋広報と取引しているので断るわけにはいかず、入社させた。ただし、社員として雇用されたのではなく、外部スタッフ、嘱託のようなかたちで、虫プロ商事の営業代行をすることになったとも言われる。

西崎は、何よりも営業力に長けていた。虫プロ商事が刊行していたマンガ雑誌「COM」は、広告営業に苦労し、表4には自社出版物の広告が載っていたが、七〇年七月号と八月号はサッポロビールの広告が載った。西崎が入社してから数日後に取ってきたものだった。出版社は「口だけ」の人が多いが、西崎は数日で「結果」を出した。手塚治虫の信頼を勝ち取り、社内で実権を握っていく。

それまで数万部しか売れていなかった「虫プロカレンダー」を、西崎は労働組合などにまとめて売った。「週刊サンケイ」一二月二一日号に、「マンガカレンダーでブーム」との西崎の顔写真入りの記事が載り、そこにはおまけを付けたことで書店でもよく売れて、三〇万部を売ったとある。

虫プロ商事は当時、混迷していた。「COM」は大部数ではないものの赤字は出さずに刊行されていたが、一九六九年春にその姉妹誌として日本初の女性マンガ専門誌「ファニー」を創刊した（五月号が創刊号）。創刊編集長には「COM」の山崎邦保が就いたが、一〇万部発行して六割の返品を抱えるなど、低迷していた。創刊から一年が過ぎようとしていた七〇年三月一日未明、その山崎が交通事故で即死した。道路脇に立っていたところ、乗用車が突っ込んできたのだ。雪が降ったあとで路面が凍結していて、スリップしたらしい。

「ファニー」は編集部員を編集長代理として続刊となったが、結局、五月八日・二二日号で休刊した。売れ行き不振で赤字が累積していたのが、休刊の最大の要因だ。虫プロ商事出版部門には「COM」編集部と、新書判の「虫コミックス」の編集部があったが、どちらも人手は足りていた。「ファニー」に代わる新雑誌を創刊する雰囲気もなく、編集部員は解雇されることになった。これに反発する社員が労働争議を起こし、虫プロ商事の混迷が始まる。

労働争議は五月上旬から六月半ばにかけて激化し、責任を取って社長の今井義章が退任し、手塚治虫が社長になった。西崎がやって来たのは、そんなときだったのだ。

## 秋の番組改変で新作アニメ続々と

秋の番組改編では、一〇月二日から前述の『キックの鬼』（東映動画）、三日から『いじわるばあさん』（ナック）、四日から『いなかっぺ大将』（タツノコプロ）、五日から『のらくろ』（TCJ）、一一月二日から『魔法のマコちゃん』（東映動画）が始まった。

『いなかっぺ大将』は『ハクション大魔王』の後番組で、川崎のぼるが一九六七年から小学館の学年別学習誌に連載していたマンガが原作だ。広告代理店の読広が、タツノコプロに制作依頼してきた企画だった。

それまでのタツノコ・アニメは、吉田・九里兄弟か、笹川ひろしが原作者で、彼らが作りたいものを作ってきた。オリジナリティが自分たちの特徴だという自負があった。そのため、吉田竜夫、吉田健二、九里一平も、鳥海尽三も、笹川ひろしも、『いなかっぺ大将』には反対した。

だが、読広は熱心に頼んでくる。吉田は笹川に一任した。すると読広は社長までが出てきて、「ぜひタツノコプロで作ってほしい」と言う。笹川ひろしもついに折れて制作を引き受けたが、吉田と九里は関わっていない。大ヒットして、一九七二年九月まで二年も続き、一〇四回の放映となる。

『魔法のマコちゃん』は『ひみつのアッコちゃん』の後番組で、東映動画の魔女っ子シリーズ第三作になる。原作は「浦川しのぶ」となっているが辻真先のペンネームで、このシリーズでは初のオリジナルだ。コミカライズが「少女コミック」「小学一年生」「小学二年生」に連載された。演出は芹川有吾が中心となる。

## 『クレオパトラ』公開と次回作のオファー

『クレオパトラ』は手塚の絵コンテができると、本格的に制作が始まった。しかし、人手が足りず、制作は遅れていく。社員のなかに他社の仕事をアルバイトでしている者が多く、本業が疎《おろそ》かになっていたのだ。誰がどんなアルバイトをしているかまで分かっていても、止めさせられない。「じゃあ、虫プロを辞めます」と他社へ行ってしまうからだ。

アニメーターは労働者の売り手市場となっていた。それにともない、プロダクションは正規雇用する人数を抑え、必要に応じて外注していくようになる。アニメーターの雇用は不安定になっていくが、アニメ業界全体が拡大傾向にあったので、まだそれほどの矛盾は露呈《ろてい》していない。アニメーターの低賃金が問題になるのは、もっとあとのことだ。

東映動画、TCJ、虫プロなどの大手にいた者はスキルを身に付けており即戦力になるので、フリーになっても仕事はあった。この時期にフリーになった多くのアニメーターたちが、小規模ながらスタジオを作っていくが、それができたのは事務所・仕事場を借りて設備も揃えるだけの開業資金を持っていたからであり、経済的には恵まれていたのだ。

『千夜一夜物語』同様に、『クレオパトラ』は六月からは全社を挙げての制作となり、テレビアニメ班からもスタッフが投入された。

『クレオパトラ』は九月一五日に封切られると、興行成績は『千夜一夜物語』には及ばなかったが、惨敗というわけでもなかった（一九七〇年から七三年までは日本映画の興行ランキングが発表されていないので、正確な数字は分からない。当時の日本映画界はどん底にあったので、あまりの金額の低さに公表できなかったのかもしれない）。

日本ヘラルド映画としては二作とも利益が出たので、虫プロに第三作を打診した。ただ、これまでのような大作ではなく、制作費四〇〇〇万円前後で、藝術映画的なものをと言う。

山本暎一は、その新作の監督を打診された。その時点で手塚の了解を得ていて、手塚は一切関わらないことも決まっており、どんな映画にするかの題材を含めてすべて山本に任せるという。山本は、これを受けた。この時点では何も決まっていないが、それが虫プロ最後のアニメ『哀しみのベラドンナ』の始まりだった。

第四部

# 過渡期

# 第一六章 『ルパン三世』で始まる新時代——一九七一年

## 虫プロ労働組合結成と争議

『ムーミン』は好評のうちに一九七〇年一二月二七日に六五回をもって終了した。スポンサーのカルピスは引き続き、瑞鷹エンタープライズの高橋茂人に次の企画を委ね、『アンデルセン物語』が一九七一年一月三日に始まり、一二月二六日まで放映された。

『アンデルセン物語』の制作は『ムーミン』と同じ虫プロだった。タイトルの通り、デンマークの童話作家アンデルセンの作品を一話二回から四回で描くものだ、全体を通しての案内役として毎回、ズッコとキャンティという妖精が狂言まわしとして登場する。

TCJ動画センターで『忍風カムイ外伝』のキャラクター・デザインをした関修一が同社を辞めて、瑞鷹エンタープライズに入りキャラクター・デザインで参加した。

一九七一年の虫プロは前年からの『あしたのジョー』が九月まで続き、『アンデルセン物語』が一月から一二月、そして、四月から九月までフジテレビの木曜一九時枠で『さすらいの太陽』、一〇月から『国松さまのお通りだい』の四本を制作する。『国松さまのお通りだい』は『あしたのジョー』

**1971年のテレビアニメ**

<table>
<tr><th>曜日</th><th>時刻</th><th>局</th><th></th><th>1</th><th>2</th><th>3</th><th>4</th><th>5</th><th>6</th><th>7</th><th>8</th><th>9</th><th>10</th><th>11</th><th>12</th><th></th></tr>
<tr><td rowspan="3">月</td><td>19:00〜</td><td>日</td><td colspan="4">赤き血のイレブン（日）</td><td colspan="10"></td></tr>
<tr><td>19:00〜</td><td>N</td><td colspan="10">魔法のマコちゃん（東）</td><td colspan="4">さるとびエッちゃん（東）</td></tr>
<tr><td>19:00〜</td><td>フ</td><td colspan="4">のらくろ（T）</td><td colspan="10"></td></tr>
<tr><td>火</td><td>19:00〜</td><td>フ</td><td colspan="13">昆虫物語みなしごハッチ（竜）</td><td></td></tr>
<tr><td rowspan="3">水</td><td>19:00〜</td><td>フ</td><td colspan="10">あしたのジョー（虫）</td><td colspan="4">国松さまのお通りだい（虫）</td></tr>
<tr><td>19:30〜</td><td>日</td><td colspan="9"></td><td colspan="5">新オバケのQ太郎（ム）</td></tr>
<tr><td>19:30〜</td><td>N</td><td colspan="9"></td><td colspan="5">アパッチ野球軍（東）</td></tr>
<tr><td rowspan="3">木</td><td>19:00〜</td><td>日</td><td colspan="10">タイガーマスク（東）</td><td colspan="4"></td></tr>
<tr><td>19:00〜</td><td>T</td><td colspan="10"></td><td colspan="4">スカイヤーズ5（T）</td></tr>
<tr><td>19:00〜</td><td>フ</td><td colspan="4"></td><td colspan="6">さすらいの太陽（虫）</td><td colspan="4">ゲゲゲの鬼太郎（東）</td></tr>
<tr><td>金</td><td>19:00〜</td><td>T</td><td colspan="4">キックの鬼（東）</td><td colspan="10"></td></tr>
<tr><td rowspan="3">土</td><td>19:00〜</td><td>日</td><td colspan="9">巨人の星（ム）</td><td colspan="5">天才バカボン（ム）</td></tr>
<tr><td>19:00〜</td><td>T</td><td colspan="10"></td><td colspan="4">原始少年リュウ（東）</td></tr>
<tr><td>19:30〜</td><td>日</td><td colspan="4"></td><td colspan="6">決断（竜）</td><td colspan="4"></td></tr>
<tr><td rowspan="6">日</td><td>18:00〜</td><td>フ</td><td colspan="14">いなかっぺ大将（竜）</td></tr>
<tr><td>18:30〜</td><td>T</td><td colspan="10"></td><td colspan="4">ふしぎなメルモ（手）</td></tr>
<tr><td>18:30〜</td><td>フ</td><td colspan="14">サザエさん（T）</td></tr>
<tr><td>19:00〜</td><td>フ</td><td colspan="12">アタックNO.1（ム）</td><td colspan="2"></td></tr>
<tr><td>19:30〜</td><td>日</td><td colspan="10"></td><td colspan="4">ルパン三世（ム）</td></tr>
<tr><td>19:30〜</td><td>フ</td><td></td><td colspan="12">アンデルセン物語（ズ/虫）</td><td></td></tr>
<tr><td colspan="3"></td><td></td><td>1</td><td>2</td><td>3</td><td>4</td><td>5</td><td>6</td><td>7</td><td>8</td><td>9</td><td>10</td><td>11</td><td>12</td><td></td></tr>
</table>

の後番組なので重ならないが、常に三本を制作していた。

三月二〇日、虫プロ従業員の一一九名が労働組合を結成した。労働環境の改善が目的だった。労使交渉になると経営側の代表となるのは社長である手塚治虫だった。

手塚には経営者としての自覚が希薄だった。いちばん働いているのは自分だとの思いがあり、それはたしかにそうだった。労働時間でも手塚が最も長く働いていただろうし、虫プロの役員報酬も帳簿上はもらっていても、会社に貸し付けていただろう。『鉄腕アトム』などのマーチャンダイジング収入も、本来なら手塚治虫個人に入るものを、虫プロが代行して受け取り、手塚は自分の取り分を虫プロに貸し付けていた。最も「搾取」されていたのも手塚治虫だった。しかし、それは強制されていたのではなく、自分がやりたいからやっていた。

虫プロ発足時からの矛盾が、ここにきて爆発した。うまく回転している間は見えなかった矛盾が露呈したのだ。

## 手塚治虫、虫プロを去る

手塚には不満があった。経営安定化のために、自分の作品以外のマンガを原作にしたアニメを作ることも不満の一因かもしれないが、表向きの不満は、虫プロが設立時の目的である作家集団としての精神を忘れ、実験アニメを作らなくなったことだった。手塚は「虫プロはアニメ作家集団」であるべきだと考えている。そのために作った会社だ。しかし、社内には「営利企業として発展させるべき」との声も強い。社内の意見は二分され、何度も社員総会が開かれた。

手塚が全従業員を対象にしたアンケートを取ると言い出し、その結果、営利企業派が勝った。手塚は絶望した。手塚を信奉する社員を中心に辞職する者が続出した。

そんなある日、中村和子も辞める決意をした。夫・穴見の死後も中村は虫プロにいたが、虫プロの変化にこれ以上は耐えられなかった。中村は辞表を持って手塚に面談した。

中村が「辞めます」と伝えると、「僕も辞めます。二人で辞めましょう」と手塚は言った。

六月二一日、手塚治虫は虫プロのその時点での負債を引き受け、代表取締役を退任した。後任の社長には川畑栄一が就任した。

経営者が利益だけを求め、労働者が芸術的・文化的な仕事もしたいというプロダクションはあるだろうが、虫プロは逆だった。

「週刊読売」一九七三年一一月二四日号に、手塚はこう書いている。

〈「虫プロは儲かる」という噂で、利権を欲しい人間が、蟻のようにどっと虫プロへとびついてきたことは事実である。

また当初にあったファイトや熱気が冷えるにつれ、いたずらに合理化をかざして会社としての組織化、打算的な仕事の受注を始めたこともまずかったと思う。

合理化はスタッフへの締めつけとなり、従来は思いもよらなかった動画プロの労組結成という結果を招いた。労組は、当然ながら労働賃金やサービスを要求する。ぼくは仕事より大衆団交の席に座らされるほうが多くなってきた。もちろん経営者としてである。

ついにぼくは、すでに有名無実となっていた社長のポストを譲り、役員を辞めて虫プロを去った。

さすがに、我が子のように思ってきた虫プロを離れるのは、何ともいえずさみしかった。だが、虫プロはぼくのヴィジョンとは全く別の方向へ、独り立ちしようとしていたのだ。そしてスタッフは資金力以外、ぼくをもう必要としなくなったことも確かだ。〉

「週刊平凡」一九七一年七月一日号には虫プロ商事の今井義章社長のコメントがある。

〈手塚さんの退陣は、赤字とは関係ありません。しかし、この世界が苦しいことは事実ですよ。アニメーションは、近代産業じゃない、マニュファクチュア（工場制手工業）ですからね。どのプロも倒産寸前じゃないんですか。うちでは1本360万もかけて制作したフィルムが倉庫で寝てるんです。外部の人に仕事を頼むことも多いし、いろいろ資金面の圧迫はありますよ〉

山本暎一『虫プロ興亡記』によれば、虫プロの三月期決算は好成績で経営危機は脱していた。社員は四〇〇名から二三〇名に減らしており合理化にも成功していたのだ。

今後も、手塚治虫がいなくなれば、シナリオや原画のチェック、完成後のリテイクなどでスケジュール通りにいかない事態からも解放され、労働時間も減ってコストも削減でき、経営は安定するかに見えた。

その一方、「原作・手塚治虫」であれば、二次使用によるロイヤリティが虫プロに入り、制作費の赤字を補塡できたが、瑞鷹エンタープライズの下請けや、ちばてつや原作では、マーチャンダイジング収入がない。虫プロは「手塚治虫」が生み出したキャラクターで収益を上げていたのに、その最大の稼ぎ頭を失ってしまったのだ。それでは他のプロダクションと同じで、テレビ局からの制作費だけしか収入がなく、経営は困難になっていく。

## 安彦良和の初仕事『さすらいの太陽』

手塚社長時代最後の作品となった『さすらいの太陽』は、虫プロ作品のなかでは異質と言える。芸能界が舞台で、劇中で既存の歌謡曲が流される音楽アニメでもあった。ヒロインは、藤圭子（宇多田ヒカルの母）がモデルだとされるが、流しの歌手をしていたという設定くらいしか共通点はない。同題の少女マンガが原作で、藤川桂介が原作、すずき真弓が作画で小学館の「週刊少女コミック」に一九七〇年八月から七一年八月まで連載された。

マンガの原作者で脚本も書いた藤川桂介（一九三四〜）はテレビ創成期から活躍するシナリオライターだ。ドラマを多く書いていたが、懇意にしていたTBSのディレクター飯島敏宏が『ウルトラマン』の監督をしていたので、同作のシナリオも書き、以後も特撮ものを数多く書く。アニメは電通の依頼で『ムーミン』を書いたのが最初だった。この後『マジンガーZ』にも参加し、『宇宙戦艦ヤマト』にも最初から関わる。

アニメ業界の「プロダクション」「スタジオ」間の垣根が溶解しており、虫プロを辞めてフリーになっていた富野由悠季が「斧谷喜幸」の名で絵コンテと演出を担い、まだ東映動画の契約社員だった高橋信也がキャラクター・デザインをし、その高橋の抜擢で安彦良和が作画設定をした。高橋良輔が演出した回もある。

安彦良和は一九四七年に北海道で生まれた。幼少期に三歳上の兄が読んでいた学年誌でマンガに出会い、小学生で東映動画の『白蛇伝』でアニメに出会った。マンガ家になりたいと思っていた時期もあったが、一九六六年、弘前大学人文学部西洋史学科に入学すると、学生運動にのめり込んだ。おもにベトナム戦争反対の運動をしていたが、やがて弘前大学の全共闘のリーダーになった。六九年秋に弘前大学での運動が激化すると、安彦も逮捕され、翌年七〇年に大学を除籍処分となった。上京して写真植字の仕事をしていたが、新聞広告で虫プロ養成所が募集していると知って応募すると、採用された。

手塚治虫が虫プロを離れようとしていた時期に安彦良和は入り、一九七一年四月から放映された『さすらいの太陽』が最初の仕事となり、作画設定に抜擢された。続いて一九七二年一月からの二期目の『ムーミン』では原画スタッフになった。

『さすらいの太陽』の主要スタッフの岸本吉功、伊藤昌典、山浦栄二、渋江靖夫、岩崎正美、沼本清海、米山安彦の七人は、虫プロを出てサンライズを作る。富野由悠季や安彦良和がサンライズの仕事をする、その出発点になる作品でもあった。

一九七一年の虫プロ作品は『あしたのジョー』『アンデルセン物語』『さすらいの太陽』『国松さまのお通りだい』で、そのどれにも手塚治虫は関与していない。六月に虫プロの社長を退任してからは、依然として大株主ではあったが、経営にも制作にも関与せず、マンガに専念しているかに見えた。手塚作品のアニメは六九年九月に『どろろと百鬼丸』が最終回となってから、二年にわたり作られていない。

しかし一〇月、手塚のマンガを原作とするアニメが登場する。その立役者が西崎義展だった。

## マンガ家がテレビのために作った『仮面ライダー』

四月二日に『帰ってきたウルトラマン』、三日に『仮面ライダー』が始まると、いったんは下火になっていた怪獣ブームが再燃した。

『仮面ライダー』はアニメではないが、その後のアニメとマンガに大きな影響を与えたので簡単に記しておく。

『仮面ライダー』は原作のマンガがあるが、それよりも先にテレビ映画の企画があり、その企画段階から、キャラクター・デザイン、世界観、ネーミングなどを石森が考え、それに基づいたマンガとテレビ映画を同時に始めた。原作があってから映像化するのでも、映像があってからコミカライズを描くのでもない、新たな作り方をしていく。手塚治虫がNHK時代の辻真先と組んで作った、『ふしぎな少年』に近い。

東映で『仮面ライダー』を担当し、以後も「東映ヒーロー」を数多く生み出したプロデューサーは、平山亨《とおる》という。一九二九年生まれで、東京大学を卒業して一九五四年に東映に入社し、助監督を経た後、監督になった。京都撮影所で時代劇を何本か監督するが、東京のテレビ部に異動し、プロデューサーとしてテレビ映画を担当した。最初のプロデュース作品が、一九六六年の水木しげる原作の『悪魔くん』で、以後『キャプテンウルトラ』『仮面の忍者 赤影』『ジャイアント・ロボ』『柔道一直線』など、少年向けテレビ映画を次々と手がけた。講談社の「少年マガジン」とも関係が深まり、講談社のパーティーで石森と会っていた。

東映テレビ部部長の渡邊は、石森のマネージャー・加藤昇から、「これまではテレビ化され、商品化されても、原作者にしか権利がなかったが、制作会社も権利を持つべきだ」と言われていた。『柔道一直線』が大ヒットしていた時期、関連商品が売れ、原作者の梶原一騎には巨額のロイヤリティが入っても、東映には一円も入らないとぼやくと、加藤がそれはおかしいと言ってくれたのだ。

そんな背景もあり、渡邊は毎日放送から翌年春の番組制作を打診されると、平山に石森と相談するよう指示した。

石森プロとしては、原作者がすべての権利を持つほうが収入は多くなるのに、制作会社も取るべきだと加藤が言ったのは、「次に何かありましたら、石森に仕事をまわしてください」という狙いもあった。石森プロとしては、テレビアニメでは制作会社にもロイヤリティが入る構造になっていたので、テレビ映画でもそれでいい。それによってビジネスが拡大できればいいのだ。この狙いは当たり、石森プロは金脈を掘り当て、主体的にテレビに関わる新しいかたちのマンガビジネスを生む。

東映テレビ部では、梶原一騎のスポ根ブームのなかで、実写の『柔道一直線』がヒットしていたが、そろそろスポ根ブームは終わるだろうから、次はなんだという話になった。そのなかで、東映動画が制作していた『タイガーマスク』が話題になり、主人公が「覆面」をかぶっているから人気があるとなって、「覆面のヒーローが悪と闘う」設定にしようとなった。

石森章太郎のもとに新番組の企画が提示された時点で、覆面（仮面）のヒーローでバイクに乗る、主人公の名は「本郷猛」、敵の集団は「ショッカー」ということまで決まっていた。しかし、まだ「改造人間」とは決まっていない。タイトル、つまりヒーローの名は「マスクマンX」「仮面天使（マスクエンジェル）」「クロスファイヤー」と二転三転していた。

一方、石森章太郎は、「少年マガジン」一九七〇年三号（一月一一日号）に、一〇〇ページの読み切りで『スカルマン』という骸骨のマスクをかぶったヒーローのマンガを描き、作品としてもヒーローとしても気に入っていた。東映から新しいヒーローのキャラクターについて相談がくると、石森はスカルマンを見せた。いったん「これはいい」となったのだが、毎日放送側が、「子ども向けのものに骸骨は好ましくない」と言ってきた。『黄金バット』の例があると説得しても、その『黄金バット』も六七年のテレビアニメ版の視聴率は、最初こそよかったもののジリ貧だった。

そこで石森が新たに描いたのが、バッタのイメージのもので、これに決まった。タイトルは「仮面ライダーホッパーキング」となったが、長すぎるので「仮面ライダー」となって、一九七一年二月一日に制作が正式に決定した。

毎日放送が提示した条件には、番組放映に合わせて雑誌にマンガも連載することになっていた。そこで、石森のマネージャーが講談社に持ちかけた。石森は『サイボーグ009』のあとも、「少年マガジン」には『幻魔大戦』(原作・平井和正)、『リュウの道』と連載しており、関係は良好だった。「少年マガジン」編集長の内田勝は連載を受け入れたが、ページの確保が難しかったので、弟雑誌にあたる「週刊ぼくらマガジン」での連載が決まり、テレビ放映開始直前の七一年一六号(四月一二日号)から、『仮面ライダー』の連載が始まった。この時期の「ぼくらマガジン」には、梶原一騎・辻なおきの『タイガーマスク』や、永井豪の『魔王ダンテ』も連載されている。

だが、「ぼくらマガジン」は『仮面ライダー』七回目が掲載された二三号(五月三一日号)で休刊となり、『仮面ライダー』と『タイガーマスク』は翌週から「少年マガジン」に移った。永井豪の『魔王ダンテ』は、休刊とともに未完となり、これが結果的に『デビルマン』を生むのだが、これは後の話だ。

『仮面ライダー』はいまも新作が制作・放映され、膨大な作品数となり、コミカライズも多い。そのすべてに「原作・石ノ森章太郎」とある。石ノ森章太郎が亡くなってからの「仮面ライダー・シリーズ」は当然、石ノ森当人は関与していないが、「仮面ライダー」というキャラクターを生んだという意味で、現在の新作も「原作者」となっている。マンガ家にとって、新たな著作権ビジネスを創案したのだ。この件について石ノ森自身は、こう書いている(『石ノ森萬画館』)。〈「仮面ライダー」は、マンガ家の原作ではあったがマンガではなかった。マンガ家(つまりこの場合、ワタシだが)がテレビのために作った物語であり、キャラクターであった。——つまり私はここで、作品発表の場を、印刷媒体から電波媒体へ、雑誌からテレビのブラウン管へと変えたのだ。〉

石森は『仮面ライダー』の大ヒット後、『変身忍者嵐』『人造人間キカイダー』『ロボット刑事』『イナズマン』と、東映と組んで次々とヒーローを生んだ。

この変身ヒーローものは、テレビアニメのライバルだったが、棲み分けもできていた。

## タツノコプロによる「アニメンタリー」という試み

四月三日からタツノコプロの「アニメンタリー」と銘打たれた『決断』が始まった。アニメーションによるドキュメンタリーで、第二次世界大戦の日本軍の闘いを描くものだった。日本テレビの土曜一九時三〇分の枠で放映された。『巨人の星』が一九時からなので、巨人軍の次は日本軍というわけだ。

最初は『0戦はやと』のような戦記ものアニメの企画だった。九里一平には『大空のちかい』というマンガもあったので、これを原作にする考えもあった。

だが、スポンサーのサッポロビールの意向でリアルなドキュメンタリーへと企画が変更され、ノンフィクション作家の児島襄《のぼる》の「作・監修」となった——という説もあれば、サッポロビールが戦記もののドキュメンタリーを企画し、実写ではコストがかかりすぎるのでアニメーションで作ろうとなり、タツノコプロに依頼があったという説もあり、関係者の間で証言が食い違う。これもよくある話だ。

九里一平が総監督で、三〇分番組が二六回作られた。第一回は「真珠湾奇襲」で、「ミッドウェイ海戦」「マレー突進作戦」「シンガポール攻略」…と続いて、「山本五十六の死」「マリアナ沖海戦」「レイテ沖海戦」「硫黄島作戦」「連合艦隊の最期」となって、最後が「最後の決断」だった。さらに一回、最終回として戦争ではなく、「川上監督の決断」という座談会のような番組があった。

軍艦などのメカは、史料も少ないため、挿絵画家を連れてきて描いてもらった。児島のチェックも厳しく制作はかなりハードだった。しかし、この作品でのリアルなメカの動きなどの経験が、『科学忍者隊ガッチャマン』で役立つ。

アニメーションによるドキュメンタリーという新分野だったが、ノンフィクション路線はこれ一作に終わった。そして、「大人のためのアニメ」は、またも定着しない。

## 高畑勲、宮崎駿、小田部羊一、東映動画を去る

一九七一年は、春休みと夏休みで東映と東宝の子ども向け興行が激突した。

東宝の「チャンピオンまつり」は三月一七日封切りで、怪獣映画は『怪獣大戦争　キングギドラ対

ゴジラ』の再映と、『アタックNo.1』『ムーミン』『みなしごハッチ』『いなかっぺ大将』と四本のテレビアニメで、『アタックNo.1』は再編集した五四分のものだが、他の三本はテレビで放映されたものをそのまま上映した。

東映は三月二〇日封切りで、新作の長編は『どうぶつ宝島』、テレビから『タイガーマスク』『魔法のマコちゃん』『キックの鬼』、そして短編の実写『のりものいろいろ』という番組だった。

『どうぶつ宝島』はスティーブンソンの『宝島』のアニメ化で、主人公の少年少女以外はすべて動物のキャラクターという趣向だった。池田宏が監督、森康二が作画監督、宮崎駿が「アイデア構成」となっている。原画には、宮崎、奥山玲子、小田部羊一、菊池貞雄らの名がある。

三月二〇日、東宝は『忍風カムイ外伝　月日貝の巻』を封切った。テレビアニメ『忍風カムイ外伝』の第二一話から第二六話を八八分に再構成したものだった。もともと白土三平の原作は第二〇話までしかなく、第二一話以降は白土にシノプシスを書いてもらい、それをもとにして作った。六話を通してひとつの長い物語になっていたので、それをまとめて一編にするのは、それなりに意味がある企画だった。白土三平は一九八二年に、この映画版のもとになったシノプシスをもとに『カムイ外伝第二部』のエピソード『スガルの島』を描く。

夏は東映が先で、七月一八日封切りで、新作の長編『アリババと40匹の盗賊』とテレビの『アンデルセン物語　おやゆび姫』『魔法のマコちゃん』、実写の『宇宙猿人ゴリ対スペクトルマン』『ゴーゴー仮面ライダー』だった。

『アリババと40匹の盗賊』は長編といっても五五分のもので、アラビアン・ナイトの物語をもとにしている。設楽博が演出、大工原章が作画監督で、原画は奥山玲子、小田部羊一、宮崎駿らだが、小田部と宮崎はこの映画を最後に東映を辞めた。

高畑勲も、一〇月スタートのテレビアニメ『ゲゲゲの鬼太郎』の第五話と『アパッチ野球軍』の第二話、第一二話、第一七話の演出を最後に、東映動画を辞めた。

三人は大塚康生に誘われて、Aプロに入った。Aプロは東映動画にいた楠部大吉郎の会社なので、三人を知っている。大塚を含め東映動画の精鋭メンバーが再結集したのである。

Aプロが高畑たちを呼んだのは、東京ムービーがスウェーデンの児童文学作家リンドグレーンの『長くつ下のピッピ』をアニメ化する企画があったからだった。『アタックNo.1』が一一月で終わるので、その後番組として企画されていた。

東京ムービーの藤岡が『長くつ下のピッピ』をテレビアニメにしようと決めたのは、『巨人の星』『アタックNo.1』のスポンサーである大塚製薬の社長の妻と娘がこの物語のファンで、アニメにするよう求めたからだった。当然、大塚製薬がスポンサーになるという前提だ。大塚の妻は『巨人の星』のシナリオも毎回チェックし、「女帝」と畏怖されていた人だ。

「女帝」はおそらく『ムーミン』を見て、海外児童文学もアニメになると知って、うちもこういう作品のスポンサーになりたいと思ったのだろう。

『長くつ下のピッピ』の企画が立ち上がると、藤岡はAプロの楠部や大塚に、誰ならばこういう児童文学をテレビアニメにできるかと相談した。大塚は瞬時に、高畑勲しかいないと答え、楠部も同意した。

高畑勲は『ホルスの大冒険』以後、東映動画では、実質的には飼い殺しにされていた。テレビアニメの演出も何作か担当したが、全体の責任を負う仕事ではなかった。

高畑が東映動画を辞めるのは時間の問題だった。きっかけさえあればよかった。そして、そのきっかけが『長くつ下のピッピ』だった。高畑は宮崎駿と小田部羊一も誘った。二人は、まだ東映動画にいようと思えばいれた。しかし、二人ももう東映動画では自分の好きな仕事はできないだろうと考えていたところだったので、三人揃って退社した。

小田部羊一は——これまでも名前だけは何度も登場している——一九三六年に台湾で生まれた。東京藝術大学美術学部日本画科を卒業して、一九五九年に東映動画に入った。朝ドラ『なつぞら』で、広瀬すず演じるヒロイン「奥原なつ」のモデルになった奥山玲子と職場結婚した（あのドラマでは広瀬演じる奥原なつは、中川大志演じる「坂場一久」と結婚したが、坂場のモデルは小田部羊一ではなく、高畑勲である。大塚康生に該当するのが川島明が演じた「下山克己」で、宮崎駿に該当するのが染谷将太が演じた「神地航也」となる）。

『長くつ下のピッピ』という企画を得て、高畑は構想を練り、シナリオを発注した。リンドグレーンにアニメ化権の交渉をしに行く藤岡とともに、宮崎はスウェーデンへ行き、舞台設定や小道具をデザインしイメージ・ボードを描いた。日本のテレビアニメ史上初のヨーロッパ・ロケハンだ。小田部はキャラクター・デザインをした。

しかしリンドグレーンは藤岡に会ってもくれず、この企画は中止になった。この少し前、山田洋次もリンドグレーンの『名探偵カッレ』シリーズを映画にしたいと考え、松竹が交渉したが、断られている。

三人はそれでもAプロに残っていた。『長くつ下のピッピ』に代わるものとして、高畑は以前から構想していたパンダのアニメのことを、宮崎に話した。宮崎はこれに乗って、一晩で素案を描いて、

Aプロを通して東京ムービーへ企画書を提出した。しかし、なんの回答もなかった。もともと東京ムービーとAプロは、企画を立てるのは東京ムービーという提携関係にあり、Aプロが企画を出すことはなかったのだ。このときの構想が後に『パンダコパンダ』となるが、とりあえず三人はAプロでテレビ・シリーズを手伝うことになった。

東京ムービーは『巨人の星』が九月に、『アタックNo.1』が一一月に終わるので、『長くつ下のピッピ』を用意していたが、それがなくなっても、一〇月からは三作のテレビアニメを制作することになっていた。『新オバケのQ太郎』『天才バカボン』『ルパン三世』である。さらに翌年四月からは『赤胴鈴之助』が決まっている。三人の仕事はいくらでもあったのだ。

## 「第二次怪獣ブーム」到来

いったん火が消えた特撮もの・怪獣ものが、四月に『帰ってきたウルトラマン』『仮面ライダー』が相次いで始まると再びブームになってきていた。

東宝の「チャンピオンまつり」は七月二四日封切りで、怪獣ブームを受けてゴジラの新作『ゴジラ対ヘドラ』が作られた。ヘドロなどの公害が問題となった世相を受けて、ヘドロから生まれた怪獣ヘドラが出現し、ゴジラと闘う。当時の若者文化の前衛、サイケといったものが反映される異色のゴジラ映画だった。

このゴジラ映画とテレビ映画『帰ってきたウルトラマン』の二話分、アニメではタツノコプロの『みなしごハッチ』『いなかっぺ大将』、学研の短編人形アニメ『わらしべ長者』が組まれた。

夏休みのさなかの八月一七日、東映の大川博社長が現職のまま亡くなった。肝硬変で七四歳だった。東映本体は時代劇が下火となったが、任侠映画に転じて斜陽化のなかでは踏ん張っていた。しかし、映画界の興行成績の下落には歯止めがかからず、先行きの見通せないなかでの死だった。経理マンらしく、病床に帳簿を持ち込んで格闘していたという。後任の社長には岡田茂が就任する。

大川は東映だけでなく東映動画の創業者でもあり、予算管理と労務管理は厳しかったが、アニメを柱としていく方針は守っていた。それが岡田体制になってどうなるのだろうか。

虫プロに続いて東映もトップが交代したのだ。

冬の子ども向け興行は東宝だけで、『ゴジラ・モスラ・キングギドラ 地球最大の決戦』の再映、『帰ってきたウルトラマン』『みなしごハッチ』『いなかっぺ大将』と、学研の短編人形アニメ『マッチ売りの少女』という夏と同じ組み合わせで、一二月一二日に封切られた。

## 東京ムービーの「オバケとバカとドロボー」

『巨人の星』『アタックNo.1』の終わりが見えてくると、東京ムービーは次の企画をどうするか検討に入った。凡庸なプロデューサーであれば、似たようなスポ根ものを企画し、おそらく惨敗するだろう。常にパイオニアであろうとしている藤岡豊は、『長くつ下のピッピ』は頓挫したが、いままでにないアニメを作ろうとしていた。

それが赤塚不二夫原作『天才バカボン』であり、モンキー・パンチ原作の『ルパン三世』だった。

さらにもう一本、かつての大ヒット作のリメイク『新オバケのQ太郎』である。

この東京ムービーのラインナップは「オバケとバカとドロボー」と揶揄《やゆ》された。

『ウメ星デンカ』が終わったのは一九六九年九月なので、『新オバケのQ太郎』は二年ぶりの藤子アニメとなる。『ウメ星デンカ』と並行して、藤子（藤本弘）は「週刊ぼくらマガジン」に『モジャ公』を六九年一月から七〇年秋まで連載していた。平凡な中学生が宇宙人であるモジャ公と、その相棒のロボット・ドンモと三人（厳密には「人」ではないが）で、宇宙のあちこちを旅してまわるドタバタSFだった。これはヒットせず、アニメ化の話もなかった。

『ウメ星デンカ』を最後に「少年サンデー」編集部から連載の話はなく、講談社の雑誌「ぼくらマガジン」でも結果を出せなかった藤子不二雄にとって、残っているのは小学館の学年誌だけだった。その「小学一年生」「小学二年生」「小学三年生」「小学四年生」（幼年誌「よいこ」「幼稚園」も）で、一九七〇年一月号から始まったのが『ドラえもん』だった。

一九七一年に藤子アニメを作るのであれば、『ドラえもん』がふさわしいが、当時は人気があるとは言えなかった。そこでオバQの再登場となった。旧作はモノクロだったが、カラーになり、新しいキャラクターとして弟のO次郎が生まれた。

アニメ放映に先駆けて、学年誌の一九七一年四月号から『オバケのQ太郎』の連載も始まった。単行本化される際に『新オバケのQ太郎』となるが、連載時は「新」は付かない。また藤子不二雄がコンビ解消してからは旧『オバケのQ太郎』はFとAの共作に分類されるが、「新」はFの単独作品に分類される。

一九七一年、藤子不二雄は学年誌に『ドラえもん』と『オバケのQ太郎』の二本を同時連載していたのだ（学年によっては『オバケのQ太郎』のみ）。

アニメ『新オバケのQ太郎』は一九七一年九月一日に始まり、七二年一二月二七日まで七〇回、放映された。TBSではなく日本テレビに移り、水曜一九時三〇分の枠だ。学年誌の連載は七三年三月号まで続いた。

『天才バカボン』は赤塚不二夫が「週刊少年マガジン」に一九六七年一五号から六九年九号まで連載した後「週刊少年サンデー」に移り、同年三五号から連載した。「サンデー」には『もーれつア太郎』も連載しており、「マガジン」から「サンデー」への移籍も異例だが、「サンデー」でひとりのマンガ家が二作同時に連載するのも異例だった。しかし「サンデー」での『天才バカボン』は七〇年一五号で終わる。やはり「マガジン」でこそ生きるマンガだったのだ。

アニメ化が決まると、『天才バカボン』は講談社へ戻り、「週刊ぼくらマガジン」に七一年二〇号から連載され、同誌が二三号で休刊すると、「週刊少年マガジン」に復帰し、七五年二号まで続く。

アニメ『天才バカボン』は七一年九月二五日から日本テレビの土曜一九時、『巨人の星』の後番組として始まり、七二年六月二四日まで四〇回放映された。

『巨人の星』は「週刊少年マガジン」での連載が七〇年一二月で終わっており、アニメも原作の物語をすべてなぞって、七一年九月一八日に、一八二回で終わったのだ。三年半にわたる放映で、『鉄腕アトム』に次ぐ長さだった。『鉄腕アトム』は一話完結ものだったので、ひとつの長い物語として、これだけ長く続いたテレビアニメはなかった。

アニメ『天才バカボン』はスポンサーやテレビ局からさまざまな要望が出たため、バカボンのパパの職業は何か、バカボンは学校へ通っているのかといった疑問が出るたびに、解決していかなければならなかった。パパは植木屋ということになり、バカボンはランドセルを背負って学校に行く。ナンセンスでシュールですらあったのに、下町人情ギャグになり、原作の持つ非常識さや毒が薄まってしまった。そのためか、原作マンガが「少年マガジン」で得た爆発的人気には及ばない。四〇回は微妙な数字だった。大ヒットとは言えないので、三クールで終わったのだ。

## モンキー・パンチのデビュー

『ルパン三世』は、東京ムービー念願の企画だった。そもそも大塚康生が一九六九年に東映からAプロに移ったのは、『ルパン三世』のためだった。

青年コミックを原作としたテレビアニメとしては、『佐武と市捕物控』に次ぐものだが、セクシーさ、お色気シーンをこれほど描いたものはない。現在の視点で見ても、これが日曜一九時三〇分に放映されていたのは驚きだ。

原作は、モンキー・パンチが「週刊漫画アクション」に一九六七年から連載した青年コミックだ。

モンキー・パンチ（一九三七～二〇一九）は外国人のようなペンネームだが、本名・加藤一彦で、北海道厚岸郡浜中村（現・浜中町）に漁師の子として生まれた。一二歳の年に敗戦を迎え、手塚治虫のマンガを読んで、自分も描き始めた。中学卒業後は志望していた高校が廃校になったので、医療助手のアルバイトをしていたが、九月から定時制の高校にも通い、卒業後、すぐに上京した。テレビ放送が本格的に始まろうとしていた時代だったので、これからはテレビの仕事がいいだろうと、東海大学専門学校電気科に入った。テレビの仕事といっても番組制作ではなく、技術者になろうとしたのだ。

一九五七年、貸本マンガとして加東一彦名義で描いた『死を予告する鍵』（文洋社）でデビュー、マンガの仕事が忙しくなったので、専門学校は一年で中退した。

弟の加藤輝彦と友人とで同人誌を作るなどしていたが、一九六六年、双葉社の「漫画ストーリー」にナンセンスマンガ『プレイボーイ入門』を描いて、メジャー雑誌デビューを果たす。当時は「ムタ永二」名義で、他に「マニア・ぐるうぷ」「摩周仙二」「霧多永二」などをペンネームとしていた。「漫画ストーリー」の清水文人《ふみと》編集長から、「新しいマンガ雑誌を出すから新しいマンガを考えてくれ」と言われ、一九六七年、「週刊漫画アクション」創刊号から連載したのが『ルパン三世』で、このときに編集長が勝手に付けたペンネームがモンキー・パンチだった。絵がアメリカン・コミック調のタッチだったので、読者はアメリカ人マンガ家が描いている、あるいはアメリカの雑誌に載ったものの翻訳だと思い込んだ。

こうしてマンガ家モンキー・パンチと『ルパン三世』は、一九六七年夏に同時に生まれたのだった。

## 時代に早すぎた傑作『ルパン三世』

『ルパン三世』のアニメ化を考えたのは、TCJ動画センターが先だったようだが、詳細は分からない。東京ムービーの藤岡豊は、一九六八年夏から秋にはアニメ化を考えていた。実際に制作するAプロの楠部大吉郎に、誰が適任かと訊くと、「東映動画にいる大塚康生がいい」と推薦された。大塚が自動車や銃に詳しいのもその理由だった。

藤岡は大塚を調べ、船橋のサーキットにカーレースをよく見に行っていることを知った。そこで大塚が行く日に行って、大塚に近づいた。しかし挨拶をするでもない。何度か通ううちに大塚も、「いつも顔を合わす中年のおじさん」として認識するようになった。大塚は「藤岡豊」の名は知っていても、顔は知らなかったのだ。

やがて二人は言葉を交わすようになり、食事をした。藤岡は名乗り、「東映を辞めて、Aプロに入り、『ルパン三世』を作ってくれないか」と誘われた。そのときの印象を大塚は〈ちょっと怪しげで……いかにも人をだましそうな顔〉と笑いながら振り返っている。

この怪しげな男は、すでに双葉社を通してモンキー・パンチからアニメ化の権利を獲得していた。演出は大隅正秋に決まっており、大塚は杉井ギサブロー、芝山努らとパイロット・フィルムを作った。大隅も「初の大人向きのアニメにしよう」と張り切っていた。このときは劇場用アニメとして企画されていた。しかし、東宝に打診しても乗ってこないまま、時が過ぎた。そこでテレビのサイズに作り直し、テレビ局に売り込むが、「こんなの、テレビじゃ無理だ」と断られ続けた。

そもそも泥棒が主人公など、とんでもないことだった。アニメの主人公は正義の味方でなければならないのに、犯罪者なんて、とても無理だという。

『ルパン三世』が決まらないので、大隅と大塚が組んで作ったのが『ムーミン』だった。

藤岡の粘り勝ちで、『ルパン三世』は、よみうりテレビが日曜一九時三〇分枠で放映すると決まった。フジテレビで、瑞鷹エンタープライズと虫プロの『アンデルセン物語』が放映されている時間だ。『ムーミン』を奪われた東京ムービーとしては、逆襲したいところである。

そのときには、高畑、小田部、宮崎もAプロに入り、『長くつ下のピッピ』の準備をしており、大塚たちが『ルパン三世』を作るのを横目で見ていた。放映開始は一〇月二四日である。

森遊机《ゆうき》『大塚康生インタビュー　アニメーション縦横無尽』にはこうある。

〈完全に成人向けのつもりでした。その点、よみうりテレビも誤算だったし、東京ムービーも誤算だった。そもそも、原作自体がエッチでしょ。だから、どの会社も手を出さない。で、双葉社とモンキーさんが東京ムービーに映画化権を渡しちゃったので、とにかく作らなきゃならない。そのときのコンセプトが、「青年アニメ」というものだったんですよ。世に子供向けアニメ番組は多いけど、少し上の、17～18歳くらいをターゲットにして、ちょっと背伸びしている若者向けに作ろうという方針が最初の企画書にある。で、ガキものばっかりやってるのはイヤだな、大人向けを作ってみたいなとみんなも思っていたものですから、そのポリシーに大乗りして『ルパン』をやった。〉

ところが視聴率は一桁台だった。「良い子」の見る『アンデルセン物語』に、不良感度の高い『ルパン三世』は惨敗した。もっと遅い時間帯に放映するつもりだったのが、食事どきで一家団欒の枠になったのが敗因だった。当時はリビングにテレビがあって、家族全員で見る時代だ。中学生・高校生の男子がリビングで『ルパン三世』見ていると、峰不二子のヌードシーンが出てきて、親との間が気まずくなる。後に夕方に再放送されて中高生男子の間で大人気となるのは、その時間には父親はいないし、母親は夕食の支度で忙しく、テレビなど見ていなかったからだ。

低視聴率にあえぎ、なかには五パーセントにも達しない回もあった。大人のためのアニメだと意気込んでいた広告代理店は、掌を返したように「こんなものを作るからだ」と批判し、責任を東京ムービーに押し付けた。

演出の大隅正秋と作画監督の大塚康生は責任を取って降板し、一二月五日放映の第七話から高畑勲と宮崎駿が制作にあたった。もっとも二人は名前を出すことを固辞したので、「Aプロダクション演出グループ」名義となっている。

結局、オバケとバカとドロボーの三つでは、『新オバケのQ太郎』だけが高視聴率で、『天才バカボン』『ルパン三世』は低迷した。藤岡のセンスは空振りした。現在では、バカボンとルパンは「時代に早すぎた傑作」と評価が高く、その後も何度も作られる。その逆に『オバケのQ太郎』は、その後の『ドラえもん』のメガヒットと、藤子のコンビ解消後に封印されていたこともあり、影が薄い。

## 深まる東映と石森の蜜月

秋の番組改編で東映動画は、石森章太郎原作の二作『さるとびエッちゃん』『原始少年リュウ』、水木しげるの『ゲゲゲの鬼太郎』の第二シリーズ、花登筺原作・梅本さちお作画のマンガのアニメ化『アパッチ野球軍』の四作を始めた。

『さるとびエッちゃん』は、石森の少女マンガ『おかしなおかしなおかしなあの子』が原作で、月曜の魔女っ子シリーズの枠で放映されたが、主人公のエッちゃんは魔女ではない。ギャグ色の強いマンガだった。『原始少年リュウ』は、原作は最後にSFになるのだが、アニメでは太古の時代に生きている少年の冒険物語になっていた。

虫プロは九月で、『あしたのジョー』と『さすらいの太陽』の二本が終わった。『あしたのジョー』の後番組も虫プロは受注でき、ちばてつやの『ハリスの旋風』のリメイク、『国松さまのお通りだい』となった。前作はピープロがモノクロームで制作したが、このリメイク版はカラーとなった。一九七一年一〇月六日に放映開始となり、七二年九月二五日まで四六話作られた（放映枠は四月から月曜一九時に移動）。

『あしたのジョー』のスタッフが引き続いて担当し、石神井に制作スタジオが用意された。これを石神井スタジオと呼び、波多正美、杉野昭夫、丸山正雄、佐々門信芳《ささかどのぶよし》、荒木伸吾らが集まり、このメンバーが独立してマッドハウスを設立する。

## ポルノを意識した純愛映画『哀しみのベラドンナ』の始まり

ヘラルド映画は毎年一作、アニメ映画を作りたいと考えていたが、虫プロの第三作が遅れているので、東京テレビ動画制作の谷岡ヤスジ原作『ヤスジのポルノラマ やっちまえ!!』を九月二四日に封切った。明確に「ポルノ」として作り、映倫から一一箇所もカットを求められ、また切腹のシーンも前年の三島事件を思わせると指摘されて作り直すなどのトラブルがあり、それが話題になるかとも思われたが、興行的には惨敗した。

その間、虫プロのアニメラマ第三作を任された山本暎一は、フランスの歴史家ジュール・ミシュレ著『魔女』を読み、中世の魔女について興味を持ち、これをテーマにしようと決めた。

『千夜一夜物語』は有名な物語だし、『クレオパトラ』も歴史上の有名人物なので、タイトルだけでどんな話なのか想像できる。しかし、今度は「誰もが知っている物語」ではない。歴史書をもとにして物語を創り出さなければならない。山本はストーリーを作っていった。

舞台は中世のヨーロッパ。貧しい男女がいる。女は経済的な苦境から脱するため、悪魔に魂を売ってしまい、やがて魔女として処刑される——そんな話だった。

山本はイラストレーターの深井国《くに》にイメージ・ボードを描いてもらい、それを撮影して五分ほどのスチール・アニメーションにして、ヘラルドへ持って行くと、採用された。

虫プロとヘラルドは、『魔女』を制作予算四〇〇〇万円で作り、七二年二月に公開すると決めた。あと半年しかないため無理だと思われたが、二月公開はあくまで目安ということにして決定した。

山本は劇作家の福田善之にシナリオを依頼した。「純愛映画だけどポルノにしたい」というのが、コンセプトだった。シナリオができると、山本は深井にストーリー・ボードとキャラクター・デザインを依頼し、絵コンテ作りも始めた。手塚のチェックというプロセスが不要なので、ここまでは作業は早い。悪魔の声に、俳優座の仲代達矢を起用することも決まり、さっそく録音した。『悪魔』のために石神井のスタジオがあてがわれ、一二人のスタッフが詰めることになった。

暮れになって、ヘラルドからタイトルを『哀しみのベラドンナ』にしたいと提案があった。「ベラドンナ」は「美しい女」という意味で、毒草の名でもあり、麻薬や鎮痛剤にもなる。その毒草を使う女が、魔女として迫害された歴史もある。

山本はこのタイトルが気に入った。こうして純愛映画でありながら、ポルノでもある『哀しみのベラドンナ』の制作は本格化していく。

この一九七一年秋は、日活が経営危機の打開策として、「ロマンポルノ」路線に転じた時期にあたる。第一作『団地妻 昼下りの情事』『色暦大奥秘話』を封切るのは一一月だった。『ヤスジのポルノラマ やっちまえ!!』は九月で、ポルノではないが、アニメとしては大胆な性表現のある『ルパン三世』もこの秋なので、映像の世界ではポルノが新しい表現の世界として開こうとしていたのだ。

手塚治虫もこの時期は『アポロの歌』『やけっぱちのマリア』などの性教育マンガを描いており、そのひとつがテレビアニメになった『ふしぎなメルモ』である。虫プロではなく、手塚プロダクション制作のテレビアニメだった。

## 手塚プロ第一作『ふしぎなメルモ』

虫プロ商事に出入りするようになった西崎義展は、一九七一年二月に企画部長、あるいは社長代行になったとされる。西崎は事業拡大を図るが、現場は笛吹けど踊らずで、西崎の熱意はからまわりした。一方で、西崎は手塚治虫に食い込み、手塚個人のマネージャーの肩書も得ていた（これについても異説がある）。

手塚治虫は、虫プロ社長を退いてからはマンガ家に戻っていた。しかし、アニメへの思いを忘れることはなく、手塚プロダクションに動画部を作っていた。

虫プロも手塚作品のパイロット版を作り、テレビ局に企画を売り込んでいたが、「手塚はもう古い」と言われ、採用されなかったとされている。

手塚治虫はアニメ化を前提にして、小学館の「小学一年生」九月号から『ママァちゃん』を連載していた。男の子と女の子の身体の違いを教える、性教育の一面を持つマンガだった。パイロット・フィルムも作り、虫プロの営業が売り込んだが、どこにも採用されなかった。それが、いざ西崎の手にかかると、あっさりと売り込みに成功した。東京のキー局ではなく、大阪の局に目を付けたのが成功の理由だった。大阪朝日放送が採用し、放映が決定した。同局は、当時はＴＢＳの系列だった。

当初の『ママァちゃん』というタイトルは、商標の関係で使えないと分かり、『ふしぎなメルモ』とし、雑誌連載のマンガも改題した。

『ふしぎなメルモ』は手塚プロダクション制作で、一九七一年一〇月三日から七二年三月二六日まで、TBS・朝日放送の日曜一八時三〇分枠で放映された。

西崎の名はスタッフリストのなかにはない。営業しただけだからだろう。

手塚は久しぶりに作画監督として、自らレイアウト原画まで描き、かなり本気でアニメ制作に関わった、当然、スケジュールは大幅に遅延する。いつもの手塚アニメの狂騒が繰り返された。

かくして一九六九年九月の『どろろと百鬼丸』最終回を最後に、テレビアニメの世界で消えていた「原作・手塚治虫」のクレジットが復活した。空白期はちょうど二年である。

手塚にとって、西崎は救世主となった。手塚は西崎の手腕を称え、西崎は手塚からの全幅の信頼を背景に、虫プロ商事だけでなく虫プロに対しても影響力を持つようになる。

# 第一七章　『マジンガーZ』と玩具ロボットの蜜月――一九七二年

## 虫プロへの経営不安から、「ズイヨー映像」設立へ

一九七二年一月スタートのテレビアニメは三本あった。

一九七〇年四月に始まった『昆虫物語 みなしごハッチ』は好評で、一年九か月も続き、七一年一二月二八日に九一回で最終回となった。そのフジテレビ火曜一九時の枠で一月四日にスタートしたのが、同じタツノコプロ制作の『樫の木モック』だった。一九世紀のイタリアの作家カルロ・コローディによる童話『ピノキオの冒険』を原作にしつつ、かなりアレンジしたもので、『みなしごハッチ』に続く「タツノコ・メルヘン」路線だ。

『樫の木モック』では、この年二〇歳の天野喜孝《よしたか》（一九五二〜）がキャラクター・デザインをした。後に画家・イラストレーターとなる天野は、高校時代の一五歳の年から吉田竜夫の家に居候して、タツノコプロの仕事も手伝い、作画監督、キャラクター・デザインを任されるまでになる。

『樫の木モック』も好評で、一二月二六日まで一年にわたり続いて五二話作られた。

一月一〇日からは、日本テレビ系の月曜一九時枠で『月光仮面』が始まった。東映動画の「魔女っ

**1972年のテレビアニメ**

| 曜日 | 時刻 | 局 | | 1 | 2 | 3 | 4 | 5 | 6 | 7 | 8 | 9 | 10 | 11 | 12 | |
|---|---|---|---|---|---|---|---|---|---|---|---|---|---|---|---|---|
| 月 | 19:00〜 | 日 | | 月光仮面(ナ) | | | | | | | | | | | | |
| | 19:00〜 | フ | | | | | 国松さまのお通りだい(虫) | | | | | | | | | |
| | 19:00〜 | N | さるとびエッちゃん(東) | | | | 魔法使いチャッピー(東) | | | | | | | | | |
| 火 | 19:00〜 | フ | | 樫の木モック(竜) | | | | | | | | | | | | |
| 水 | 19:00〜 | フ | 国松さまのお通りだい(虫) | | | | 赤胴鈴之助(ム) | | | | | | | | | |
| | 19:00〜 | 日 | | | | | | | | | | | アストロンガー(ナ) | | | |
| | 19:30〜 | 日 | 新オバケのQ太郎(ム) | | | | | | | | | | | | | |
| | 19:30〜 | N | アパッチ野球軍(東) | | | | | | | | | | | | | |
| 木 | 19:00〜 | 日 | タイガーマスク(東) | | | | | | | | | | | | | |
| | 19:00〜 | T | スカイヤーズ5(T) | | | | | | | | | | | | | |
| | 19:00〜 | フ | ゲゲゲの鬼太郎(東) | | | | | | | | | | ハゼドン(サ) | | | |
| 土 | 19:00〜 | 日 | 天才バカボン(ム) | | | | | | | | | | おんぶおばけ(T) | | | |
| | 19:00〜 | T | 原始少年リュウ(東) | | | | 海のトリトン(ア) | | | | | | ど根性ガエル(ム) | | | |
| | 20:30〜 | N | | | | | | | | デビルマン(東) | | | | | | |
| 日 | 18:00〜 | フ | いなかっぺ大将(竜) | | | | | | | | | | 科学忍者隊ガッチャマン(竜) | | | |
| | 18:30〜 | T | ふしぎなメルモ(手) | | | | ミュンヘンへの道(日) | | | | | | | | | |
| | 18:30〜 | フ | サザエさん(T) | | | | | | | | | | | | | |
| | 19:00〜 | フ | | | | | | | | | | | | | マジンガーZ(東)→ | |
| | 19:30〜 | 日 | ルパン三世(ム) | | | | | | | | | | | | | |
| | 19:30〜 | T | | | | | | | | | モンシェリCOCO(日) | | | | | |
| | 19:30〜 | フ | | ムーミン(ズ/虫) | | | | | | | | | | | | |
| | | | | 1 | 2 | 3 | 4 | 5 | 6 | 7 | 8 | 9 | 10 | 11 | 12 | |

子・シリーズ」と同時間帯だ。一九五八年から放映された人気テレビ映画のアニメ化で、ナック（現・ICHI）が制作した。

もう一本が『ムーミン』の再登場だ。『アンデルセン物語』が放映されていた、フジテレビ日曜一九時三〇分のカルピス提供枠である。『新ムーミン』と呼ばれ、一九七二年一月九日から一二月三一日まで五二話が放映された。今作も企画・瑞鷹エンタープライズ、制作・虫プロダクションという組み合わせで、チーフ・ディレクターはりんたろうだ。

今回は海外輸出は考えずに、日本国内向けと割り切って制作された。人気があったので再登場となったが、瑞鷹の高橋茂人としては、それほど力を入れていない。このプロデューサーは、新しい企画を生み出すことに生きがいを感じるタイプのようだ。

『新ムーミン』が始まると、高橋のもとに、ドイツ（当時は西ドイツ）のテレビ局ZDFから、スウェーデンの作家ルーネル・ヨンソンの児童文学を共同制作でアニメにしないかと打診があった。ヨーロッパのテレビ関係者の間にも『ムーミン』の評判が伝わっていたのか、あるいはトーベ・ヤンソンが紹介したのか。後に『小さなバイキングビッケ』の邦題で放映されるものだ。

高橋はこれも虫プロに制作を発注しようと考えたが、経営状態に不安を感じた。そこで自分で制作スタジオを持つ必要があると考え、多摩市にスタジオを建て、一九七二年六月にズイヨー映像を設立した。

「『ビッケ』を虫プロに依頼するつもりだったが、同社が倒産したのでズイヨー映像を設立した」とする資料もあるが、虫プロ倒産は七三年一一月である。『ビッケ』は一話二三分のものが七八話と、八五分の長編がひとつ作られ、ドイツでは七四年一月から八月まで、日本では一九七四年四月から七五年九月まで放映されるので、虫プロが倒産してからズイヨー映像を作ったのでは間に合わない。ズイヨー映像の謄本を閲覧すると、設立は一九七二年六月九日なので、虫プロ倒産とは関係なく設立されたはずだ。推論になってしまうのは、高橋茂人がこの後、アニメの世界の表舞台から姿を消し、その業績を含めて彼とズイヨーについての詳細が不詳だったからだ。小野耕世によるインタビューと、ちばかおり著『ハイジが生まれた日』（東京新聞に連載の後、岩波書店刊）くらいしか、高橋のまとまった回想も見当たらない。このあとの高橋の退場劇は不明な点だらけで、「闇」を感じる。関係者の高畑勲と宮崎駿の二人が口を塞いでいるので、事情を知っている者も語りにくいようだ。

ともあれ――フジテレビのカルピス一社提供の日曜一九時三〇分枠は、『ムーミン』『アンデルセン物語』『新ムーミン』と続き、その次、一九七三年一月からも『山ねずみロッキーチャック』が始まり、これがズイヨー映像の第一作とされる。

ズイヨー映像の社長は高橋ではなく本橋浩一で、西崎義展が制作部長に就任、アニメーターとしては東映動画から森康二を呼び、中島順三、佐藤昭司らを招聘してのスタートだった。

## カレンダー・ビジネスという鉱脈

さて――西崎がなぜズイヨー映像設立に関係しているのだろうか。この時期の西崎は虫プロ商事とも関係し、自分のオフィス・アカデミーも設立している。

西崎が高橋と最初に会ったのは、「ムーミン・カレンダー」の権利を得るためだった。

虫プロでは、『鉄腕アトム』放映一年目の一九六三年暮れ、「虫プロカレンダー 一九六四年版」を制作した。テレビ局やスポンサー、広告代理店に配る贈答目的で作ったものだ。いまでこそカレンダーは「買うもの」だが、当時は「もらうもの」であった。虫プロで撮影部にいた須藤将三が担当し、アトムのキャラクターを使い、立派なものができた。これを見た出版取次の東京出版販売（現・トーハン）が、書店で売りたいと言ってきた。そこで多めに刷って、東販に渡した。当然のことながら、アニメ・キャラクター・カレンダー第一号となり、よく売れた。そこで翌年からは販売を前提で作ることにした。

カレンダーは書店で市販する以外に、企業や団体にも売れる。日付の下に会社名を入れることで、数千部単位で売れるのだ。

こうして「虫プロカレンダー」は大きな収入源となった。一九六六年七月に、虫プロの版権部が独立して虫プロ商事が設立されると、須藤も移籍し、カレンダーは虫プロ商事が制作する。

その後、須藤は虫プロへ戻り企画室に配属された。そこで再び虫プロでカレンダーを作ろうとしたが、手塚のキャラクターの権利は虫プロ商事へ移っていたため、虫プロ本体では作れない。

そこで一九七一年秋、虫プロが制作を請け負っている『ムーミン』に目を付け、一九七二年の「ムーミン・カレンダー」を作ろうと考えた。須藤は瑞鷹エンタープライズの高橋茂人に交渉し、「一〇〇万円の手付、あとは出来高払い」という条件でカレンダー権を獲得した。

虫プロが「ムーミン・カレンダー」を独自に作ると、虫プロ商事の『虫プロカレンダー』と競合する。虫プロ商事で実権を握っていた西崎は須藤を呼びつけると、親会社が子会社の商売の邪魔をするなと、「ムーミン・カレンダー」の販売中止を求めた。しかし、須藤は強行した。これで西崎は須藤に一目置くようになり、翌年から西崎と須藤は組んで『虫プロカレンダー』『ムーミン・カレンダー』

を売っていく。「最悪の出会いから固い絆が生まれ」るという、よくあるパターンである。

一九七二年秋、七三年版「ムーミン・カレンダー」を売ろうと、須藤は瑞鷹エンタープライズの高橋に交渉に行った。しかし、高橋は虫プロの経営が危ないとの情報を得ていたので、「一〇〇万円の手付が欲しい」と簡単には渡さない。須藤が虫プロに帰り、上司に相談すると、虫プロはすでに瑞鷹エンタープライズから借金をしている状態で、一〇〇万円の現金など用意できないと言う。

須藤が西崎に相談したところ、西崎が「高橋に引き合わせてくれ」と言うので、須藤は二人の会食をセットした。その数日後、西崎は須藤を呼び出し、「高橋からカレンダーの権利を一〇〇万円で買った」と伝えた。虫プロ商事としてでも虫プロとしてでもなく、西崎個人として買ったと言う。須藤は抜け駆けされた。虫プロに戻り上司に報告し、このままでは引き下がれないと息巻くと、虫プロは西崎からも三〇〇万円を借りており、返済の目処も立たないので、強く言えない立場だと明かされた。

須藤は何もできなかった。西崎はさらに上をいく。須藤を呼び出し、「一緒に会社を作り、カレンダーをその新会社で作ろう」と誘ったのだ。須藤は虫プロの将来も危ういので、西崎の話に乗る。こうしてオフィス・アカデミーが誕生した。

このカレンダーの件で、西崎は高橋と知り合い、『ムーミン』だけでなく、『山ねずみロッキーチャック』のカレンダーも作り、瑞鷹エンタープライズとも関係を築くのだ。

四月、虫プロ商事は負債が三億一〇〇〇万円に達し、債権者集会が開催された。手塚治虫はマンガ執筆に専念し、印税を債権者委員会に入金することなどが決定された。

夏休みは東映が先で、「まんがまつり」のメインの新作は、『魔犬ライナー００１１変身せよ！』

だった。『仮面ライダー』のブームに便乗して「へんしん大会」とするため、この新作も「変身せよ！」の副題が付く。他に、『仮面ライダー』『変身忍者 嵐』『超人バロム・1』の三作の特撮テレビ映画が並び、「まんがまつり」と称しながら、テレビアニメは『魔法使いチャッピー』と虫プロの『国松さまのお通りだい』の二本だけだった。

『魔犬ライナー0011変身せよ！』の原作は、タツノコプロの笹川ひろしが一九六三年に「週刊少年キング」に連載した、ロボットイヌが活躍するマンガ『魔犬五郎』だった。笹川は「原案」となっているだけで、制作にはタッチしていない。

この興行の後、労働争議が激化し、東映動画経営陣はロックアウトを断行した。

「東宝チャンピオンまつり」は七月二二日封切りで、ゴジラシリーズは新作ではなく『南海の大決闘』の再映だった。テレビの特撮もの『ミラーマン』に、テレビアニメは『赤胴鈴之助』『天才バカボン』『樫の木モック』の三本である。

## 原点回帰の『魔法使いチャッピー』と、旧作リメイク『赤胴鈴之助』

春の映画興行は三月一二日封切りで、東宝の「チャンピオンまつり」では、『みなしごハッチ』『樫の木モック』『天才バカボン』のテレビアニメ三本と、ゴジラシリーズの新作『地球攻撃命令 ゴジラ対ガイガン』に、テレビの『帰ってきたウルトラマン』という番組で、怪獣ブームがまだ続いている。

「東映まんがまつり」は三月一八日封切りで、『長靴をはいた猫』が好評だったので、シリーズ化して『ながぐつ三銃士』を制作した。デュマの『三銃士』を猫のキャラクターで描くつもりだったが、スケジュールの都合で西部劇になった。テレビアニメでは『ムーミン』と『さるとびエッちゃん』、実写の『仮面ライダー』と『スペクトルマン』で、東映の番組も怪獣ブームを反映している。

四月の番組改編では、四本の新しいテレビアニメが始まった。

NETの月曜一九時の「魔女っ子」シリーズでは、四月三日から『魔法使いチャッピー』が始まり、一二月二五日まで三九話が放映された。前作『さるとびエッちゃん』は魔女ではなかったので、原点に戻り、主人公のチャッピーは魔法の国から来た少女という設定だ。原作のマンガはない。

五日からは水曜一九時枠で、東京ムービーの『赤胴鈴之助』が始まった。前年一〇月から虫プロの『国松さまのお通りだい』がこの時間に放映されていたが、四月から月曜一九時に移っていた。

『赤胴鈴之助』は、「少年画報」一九五四年八月号から福井英一が連載したが、一回を描いたところで急死したので、武内つなよしがあとを継いで、六〇年一二月号まで続いた人気マンガが原作だ。これまでもラジオドラマ、テレビドラマに何度もなってきた。

一月からの『月光仮面』に続き、旧ヒーローの復活である。東京ムービーとしては、斬新さを狙った『ルパン三世』や『天才バカボン』が低視聴率だったので、後ろ向きな企画ではあるが、当てたいところだ。視聴率は合格点で、翌七三年三月二八日まで一年間・五二話放映された。

『赤胴鈴之助』の作画監修は楠部大吉郎で、小田部羊一が作画監修補、絵コンテは宮崎駿や虫プロの出﨑統が「斎九陽」名義で描き、高畑勲が後半のチーフ・ディレクターとなった。

三本目が『ミュンヘンへの道』で、日本テレビ動画の最初の作品となる。この会社は倒産してしまうので、よく分からない点が多い。東京テレビ動画のスタッフを引き連れて、新潟で設立されたという。四月二三日から八月二〇日まで、TBS日曜一九時三〇分からの枠で放映された。内容は、この年の秋に開催予定のミュンヘンオリンピックをもり立てようというもので、男子バレーボールの五輪代表メンバーをひとりずつ紹介した。当時はアマチュア規定が厳しく、選手の実写をテレビで放映できなかったため、アニメにしたものだ。『ルパン三世』を降板した大隅正秋が演出した。

## 手塚、富野、西崎がクレジットされた唯一の作品『海のトリトン』

定番の魔女っ子シリーズ、かつての人気作のリメイクと、新鮮さのないアニメが始まった四月だが、そのなかにあって、異彩を放ったのが手塚治虫原作の『海のトリトン』だった。手塚アニメは前年一〇月に『ふしぎなメルモ』でテレビに復帰したが三月に終わり、入れ替わるようにして『海のトリトン』が始まったのだ。

オープニングには「原作・手塚治虫」「プロデューサー・西崎義展」「演出・富野喜幸」の順で三人の名が出た。手塚・西崎・富野の三人の名が列記されているとは言え、三人で会ったことは一度もない。それどころか、二〇一五年ごろに富野が吉田豪によるインタビューで語るには、富野は西崎とは会ってもなく、「なんとか活劇ものにしろ」というメモをもらっただけだった（『吉田豪の巨匠ハンター』）。西崎がプロデュースしたのは事実だとしても、現場に来たことは一度もなかったとも語っている。

原作は手塚治虫がサンケイ新聞に一九六九年九月一日から連載していた『青いトリトン』で、七一年一二月三一日に終わっている。アニメの企画が動き出した時点では連載中だったので、富野はラストを知らない状態で取り掛かった。どのように終わらせるのか、富野が手塚に訊いたわけではないようだ。富野は西崎とも会っていないが、手塚とも『トリトン』で打ち合わせをした形跡はない。それは手塚がこの企画に乗り気ではなかったからだろう。

『青いトリトン』はアニメが放映開始となる七二年四月にはもう完結していたので、出そうと思えばコミックスとして出せるタイミングだったが、秋田書店のサンデーコミックスで『海のトリトン』として刊行されるのは、アニメの放映が終わったあと、一一月のことだった（全四巻で第一巻の発行日は一二月二五日）。そこには著者の言葉として〈テレビまんがのほうは、ぼくが作ったものではありません。〉とわざわざ書かれている。

その後、一九八〇年に講談社の「手塚治虫漫画全集」として刊行された際のあとがきには、〈トリトンをテレビアニメ化しようと考えたのは、連載が終わったあとでした。そこで、五分ぐらいのパイロット・フィルムを作りました。そのときは、トリトンは外国へ売ることを考えて、バタくさいマスクのちっちゃな少年の姿にしてしまいました。それを、当時ずっとぼくのマネージャーをしていた西崎義展氏が、東映の羽根氏を起用して、あのスタイルにかえたのです。／テレビアニメははじめ手塚プロでつくるつもりでした。でも、西崎氏が独自でテレビ局と話をつけ、スタッフルームというプロダクションにつくらせることになりました。だから、あのフィルムには、ぼくは原作者の立場でしかかんでいないのです。〉

このように、いかに自分がアニメ『海のトリトン』に関係していないかを説明している。「東映の羽根氏」は、東映動画にいた羽根章悦（一九四〇〜）のことだ。『風のフジ丸』から作画監督となり、七一年の『キックの鬼』まで東映動画にいて、フリーになってからの最初の作品が東京ムービーの『天才バカボン』だった。虫プロの『哀しみのベラドンナ』には原画で参加している。

西崎が「手塚のマネージャー」だったという説は、手塚がこのように書いたことで流布している。

「手塚治虫漫画全集」版の『海のトリトン』が発行された一九八〇年は、『宇宙戦艦ヤマト』の劇場版が大ヒットしたあとで、西崎が絶頂にある時期だ。手塚としては西崎をあからさまに悪くは言いづらかったのかもしれない。

手塚が書いているように、『青いトリトン』は、もともとは虫プロの新作として企画されたが、連載終了後ではなく一九七一年一〇月に、八分のパイロット・フィルムが作られた。しかし企画は通らず、実現しなかった。それなのに、またも西崎は売り込みに成功したのだ。『ふしぎなメルモ』ではクレジットに名がなかった西崎は、『海のトリトン』では「プロデューサー」としてクレジットされる。したがって、これが西崎のアニメ・デビュー作となる。今回も大阪朝日放送がキー局で、土曜一九時からの枠となった。

富野由悠季にとっても、初の総監督作品だった。虫プロ退社後、富野は東京デザイナー学院の講師をしながらCM制作の仕事をしていたが、六八年にアニメの世界へ復帰した。各プロダクションをまわり、絵コンテの仕事をこなしていき、後に「絵コンテ千本切り」「さすらいの絵コンテマン」時代と呼ばれる。そのジャンルはありとあらゆるアニメと言ってよく、『巨人の星』もあれば『ど根性ガエル』『いなかっぺ大将』もあれば、『どろろ』『ムーミン』『あしたのジョー』など、古巣の虫プロのものもあり、富野が関わった作品リストだけで、この時期のアニメ界が分かると言って過言ではない。

## 『海のトリトン』の衝撃

『海のトリトン』は虫プロでも手塚プロでもなく、アニメーション・スタッフルームという、元虫プロのスタッフを中心にしたプロダクションで制作された。同社から富野に総監督をやらないかと誘いがあり、彼は受けたのだ。虫プロを退社後はフリーとして多くのアニメに関わっていた富野だったが、総監督は初めてだった。

『鉄腕アトム』でも脚本を書いた回はあったとはいえ、富野のこれまでの仕事は絵コンテを書くという「演出」がほとんどで、世界を設定し、キャラクターを考え、ストーリーを展開させるというクリエイターとしての本格的な仕事は『海のトリトン』が初めてだった。

富野が関わる時点で『トリトン』はまだ連載中で、結末が分からない。富野は原作を読み、そのストーリーをなぞってアニメにすることは不可能と判断し、主人公がトリトンという海棲人類で、ポセイドン族と闘うという設定以外は、オリジナル・ストーリーで作ることにした。

一九七八年刊行の「ファンタジー・アニメアルバム」の『海のトリトン』で富野はこう語っている。制作にあたっての最大の難関は手塚治虫の原作が〈作者の構想する巨大なドラマのイントロダクションで終ってしまっていた〉ことだった。そこで、ドラマとしての構成を原作から大きく変えなければならないと判断した。西崎からは「活劇にしろ」という指示しか出ていなかったようだが、逆に言えば、活劇であれば何をやってもいい。

テレビアニメの多くがそうであるように、『海のトリトン』も外見は一話完結ものだった。毎回、怪獣のようなものとトリトンは闘う。しかし、ひとつの長い物語としても進んでき、回を追って謎が深まる作りだった。こういう作り方だと、途中の回から見ると話がよく分からないので視聴率が伸びず、テレビ局や広告代理店、スポンサーには嫌われる。実際、『海のトリトン』は視聴率がふるわず、一年間の予定が半年で終わりになった。

そのラストは衝撃だった。それまでは主人公であるトリトンの属すトリトン族が正しく、敵であるポセイドン族が悪として描かれていた。見ていた少年少女もそう思っていたが、最終回、いよいよポセイドン族との最後の戦いとなり、トリトンが勝つと、ポセイドン族こそが正しく、トリトン族が悪だったという真実が明かされてしまう。戦争はそれぞれに正義があるという現実を少年少女に提示して、『海のトリトン』は終わるのだ。

富野は「ファンタジー・アニメアルバム」『海のトリトン』で、こう語っている。〈ドラマは、少年期の感受性を、かなりなまでに代表した二人（トリトンとピピ）によって、すすめられました。その共感は、二人の世界から見ているからであって、ポセイドン族から見たときには、はたして良きものだったのでしょうか？　その結論が、最終回で語られているわけです。それは悲しく残酷でした。／一族の存亡をかけた戦いが、『己は悪だったかも知れぬ』という疑問を投げかけられて終了する。／それは勧善懲悪のパターンを無視した危険な結末でした。〉

日本史上最初のテレビアニメであり、富野が関わった最初のテレビアニメでもある『鉄腕アトム』は、一見「勧善懲悪もの」の典型だが、実はアトムに倒される側の事情が描かれている回も多く、単純な勧善懲悪ものではなかった。そのアトムに始まる「脱・勧善懲悪」のひとつの到達点が、『海のトリトン』だったのだ。それは手塚の原作にもなければ、西崎の意図でもなかったし、脚本家の意図でもなかった。富野が成り行きから生み出したものだった。

初めて「総監督」というポジションを得た富野由悠季は、原作とも脚本とも異なるラストを創造した。「テレビアニメ監督」という職業が変化したのが『海のトリトン』だった。

西崎は『海のトリトン』をどう捉えているのだろう。この人物の本音はまったく分からない。言っていることは、すべて信用できない。一九七八年、『海のトリトン』に熱心なファンによる多くのファンクラブができ、作品として再評価され、なおかつ西崎自身が『宇宙戦艦ヤマト』で成功の頂点にあった時期、「ファンタジー・アニメアルバム」の『海のトリトン』にある「プロデューサー・メッセージ」にはこうある。

〈手塚治虫氏のすばらしい原作から私なりのイメージを展開し、夢と冒険、そして誇り高きロマンをテーマとして、二七回にわたり放映したテレビ・アニメーションです。（略）『海のトリトン』は私の処女作です。技術的には、不満足な部分が沢山ありましたが、この作品のテーマが、やがて『ヤマト』の壮大なイメージへと発展したのだと考えています。／『海のトリトン』には男女のドラマチックな愛はありませんが、『ヤマト』同様に人間的な愛――人類愛が一貫して流れています。〉

西崎は鈴木昌宏による音楽についても〈ストーリーと一体となっていたからこそロマンの香り高い作品にできたのです。〉と自画自賛する。

その音楽について、富野はこう語っている（『吉田豪の巨匠ハンター』）。まず、鈴木の音楽は本物のジャズだったので、「怪獣アニメにこういう音楽をもってくるってなんなのこれ？」と思った。さらにテーマ曲『海のファンタジー』は「須藤リカ／南こうせつとかぐや姫」が唄った曲（作詞・山川庄太郎／作曲・南こうせつ）なのだが、内容とはまったく合っていない。南こうせつとかぐや姫が『神田川』でブレイクするのは、翌一九七三年秋のことだ。『海のファンタジー』は、最初はオープニングで流れたが、途中からエンディングテーマになる。ジャズによる本編の背景音楽も主題歌も、作品世界にマッチしていない。〈だから全部不協和音にしていかないと収まらないっていう確信論的な気分〉となっていくのだ。〈ズルズルと怪獣を坊やがやっつけるみたいな話だけで済むわけねぇだろう〉と思い、あの最終回になる。

富野由悠季を作家として覚醒させたのが『海のトリトン』であり、脱・勧善懲悪は一九七九年の『機動戦士ガンダム』で完成される。

放映中から「イルカに乗った少年」であるトリトンは、女子中学生・高校生の間で人気が出ており、自発的なファンクラブがいくつも結成された。芸能人のファンクラブはあっても、アニメでは初めてのことだった。

富野は『海のトリトン』後、自分の好きなように作れる立ち場になったかというと、そうではない。放映当時の『海のトリトン』は一部の熱狂的なファンはいたものの低視聴率だったこともあり、注目されていたわけではなかった。富野もこれで名声を得たわけではなかったので、絵コンテを書く仕事がまだまだ続く。この年の一〇月スタートの創映社（現・サンライズ）の『ハゼドン』では絵コンテを何本か担当、七三年の『ゼロテスター』では演出も担うが、絵コンテが主な仕事だった。

一方で『海のトリトン』は西崎義展をプロデューサーとして覚醒させた。アニメにおける音楽の重要性を認識した西崎は、次の『ワンサくん』で宮川泰を起用してミュージカル・アニメを作り、これが『宇宙戦艦ヤマト』へとつながっていく。

手塚治虫の手を離れた『海のトリトン』は、富野由悠季と西崎義展のそれぞれの出発点となった。手塚治虫がテレビアニメの第一線から退場しつつある時期、手塚が築いた王国から、次世代が台頭していたのだ。

## 手塚治虫と西崎義展のあいだに何があったのか

制作会社「アニメーション・スタッフルーム」は西崎が設立に関係しているが、『海のトリトン』の西崎は制作実務には関わらなかった。実務は黒川慶二郎が制作担当・プロデューサーとして担った。黒川は虫プロ最初期からの社員で、制作助手からプロデューサーとして、『W３』『リボンの騎士』『パンパイヤ』に携わった後、東京ムービーへ移り『巨人の星』『アタック№１』『ムーミン』のプロデューサーになった。

当初は手塚プロとアニメーション・スタッフルームとで、回ごとに分担して制作する予定で、実際に最初はその形で制作されたらしい。

手塚プロ側では真佐美ジュン（一九四五〜）が制作担当となった。真佐美は本名の下崎闊《ひろし》名義での仕事もある。一九六五年に虫プロに入り、『W３』の制作進行を担当した後、手塚の社長秘書となり、『リボンの騎士』『どろろ』『千夜一夜物語』で制作に戻った。手塚が虫プロを退任すると同時に手塚プロ映画部へ移籍し、『ふしぎなメルモ』では演出助手となった。虫プロ混乱を手塚サイドから目撃していた人物で、ブログに当時のことを克明に記している。

『海のトリトン』放映開始は四月だが、その直前の三月に手塚が真佐美のもとへ来て、「もう私のものが作れなくなってしまいました」と言ったという。真佐美はブログにこう書いている。

〈（手塚は）涙ぐんでいて、話の内容がよくつかめず、「海のトリトン」がスタッフルームですべて、制作することになり、手塚プロで制作できなくなったというような内容だと受け取った。／手塚先生を慰めようと、当時個人で企画していた、エンゼルの丘や、キャプテンＫＥＮ等があったので、「いいじゃないですか、こっちの企画を進めて、頑張りましょう」と言ったが、そうじゃないんです、私の今まですべての版権を、西崎に取られてしまったのだ、と言うのであった。そして悔し泣きに、血の涙を流していた。

島方社長に話を聞いた。手塚先生と西崎弘文との契約書がありそれに手塚先生の記名と捺印があって、今までの手塚治虫のキャラクターは、すべて西崎広文個人の物になってしまった。だから今後手塚原作の作品を作っても、利益は、西崎個人に入ってしまうので、作れないというのであった。裁判になったが、契約書があるので敗訴した。そして手塚治虫は一切そのことを語るのをやめた。〉

これが手塚と西崎の絶縁の理由だとされる。クリエイターとしては天才だが、世俗的なことには疎い手塚と、営業手腕しかない西崎とでは、人間としてのタイプがまったく異なる。二人の間に何があったのか詳細はいまだ分からない。

しかし後に記すが、手塚の権利を西崎が持っていたのでは辻褄があわない出来事が起きるので、西崎が「すべてのキャラクターの権利」を持っていったという話には疑問も残る。

## 『魔王ダンテ』から生まれた『デビルマン』

永井豪が少年マンガ雑誌に登場したのは一九六七年秋で、初の連載はピープロ制作のテレビアニメ『ちびっこ怪獣ヤダモン』のコミカライズであり、月刊の「ぼくら」一九六七年一二月号から六八年七月号まで続いた。六八年は、「週刊少年マガジン」にも『じん太郎三度笠』や『荒野の剣マン』を短期連載するようになり、この年に創刊された「少年ジャンプ」に描いた『ハレンチ学園』が、六九年になると大ヒットした。並行して一九六九年二月からは、「週刊少年マガジン」で『キッカイくん』が始まり、七〇年一〇月まで続いた。

さらに「少年チャンピオン」に『あばしり一家』（六九年八月から七三年四月まで）、「少年サンデー」に『まろ』（七〇年七月から七一年六月まで）と、少年週刊誌四誌に同時連載し、さらに月刊誌にもいくつも連載するようになっていた。いずれも女の子のハダカが出てくる、ストーリーのあるエッチなギャグ・マンガという、永井豪が生み出した新しいジャンルだった。

『キッカイくん』連載中の「少年マガジン」一九七〇年一号に、一〇〇ページの読切で『鬼』を描いた。これが永井豪最初のストーリーマンガとなる。これでエッチ系ギャグだけではないことをアピールすると、その年の暮れ、「週刊ぼくらマガジン」からストーリーマンガの連載依頼があった。

「週刊ぼくらマガジン」は、「少年マガジン」が劇画主体で青年コミック誌に近くなったために小学生読者が離れたので、それを他社の雑誌に取られまいとして、一九六九年秋に創刊された。永井豪は同誌に七〇年二月から九月まで『ガクエン退屈男』を連載し、最初はギャグ・マンガだったが、途中からアクションものに転じ、ストーリーマンガ色を強くしていた。そこで「ぼくらマガジン」は、好きなように描いてくれと新連載を依頼した。

こうして永井豪が好きなテーマで好きなように描いたのが、『魔王ダンテ』だった。だが、掲載誌の「ぼくらマガジン」が七一年六月で休刊となり、「少年マガジン」に吸収された。石森章太郎『仮面ライダー』や梶原一騎・辻なおき『タイガーマスク』は、「マガジン」に移行したが、『魔王ダンテ』は移行できず、未完に終わった。

この『魔王ダンテ』を見た東映のプロデューサー有賀健が、「テレビアニメにできないか」と申し入れてきた。悪魔が主人公のマンガは、これまでにないから斬新だというのが、アニメ化の理由だった。永井は了承し、企画書を作った。しかし、テレビ局にはなかなか通らない。キャラクターをアメコミのようにすることで、ようやくテレビ局はゴーサインを出した。『デビルマン』である。

『デビルマン』の放映開始は、一九七二年七月八日と決まった。NET系列で、放映時間は土曜夜八時半からだった。同じ日の夜八時からは、石森章太郎原作の『人造人間キカイダー』が始まっている。裏番組は、ドリフターズの『8時だョ！全員集合』で、視聴率的には初めから苦戦が予想された。逆に言えば、悪くて当たり前ということでもある。

アニメの企画が決まると、永井豪は雑誌連載すべく動き出した。『デビルマン』は、原作のマンガがない段階で永井豪が設定を考え、キャラクター・デザインもして、アニメの放映が決まってから雑誌に提案するというケースで、石森の『仮面ライダー』と同パターンだ。コミカライズではあるが、永井豪自身が企画・立案したものでもある。オリジナルの構想としての『デビルマン』があり、それがアニメとマンガとに派生していったというケースだった。

一九七二年の永井豪は、七一年二月でいったん終えていた『ハレンチ学園』を「少年ジャンプ」で再開させ、「少年チャンピオン」では『あばしり一家』の連載が続き、新たに「少年サンデー」に『あにまるケダマン』、そして「少年マガジン」に『オモライくん』、「少年キング」にも『がんばれスポコンくん』の三作の連載が始まっていた。さすがに『がんばれスポコンくん』は六週間でやめてしまったが、一時は少年週刊誌五誌に同時連載という、手塚治虫も石森章太郎もなしえない快挙を達成したのだ。若いので体力があったとも言えるが、すさまじい創作への熱意があった。

永井豪は「少年マガジン」編集部に、始まったばかりの『オモライくん』をやめて、『デビルマン』の連載をしたいと申し出た。こうしてマンガ『デビルマン』は、「少年マガジン」一九七二年五月発売の二五号（六月一一日号）から連載が始まり、テレビアニメは七月八日に放映開始となった。

マンガとアニメは、「不動明がデビルマンになる」「不動明と牧村美樹は仲がいい」という点以外は、ほとんど異なる。何よりも、マンガ版での最重要人物である飛鳥了がアニメには登場しない。それまでも、マンガとテレビアニメとが違うことはよくあった。しかし、これほど違う例は珍しい。

全盛期のドリフターズと同時間帯の放映だったので、『デビルマン』初回の視聴率は六・六パーセントとふるわなかったが、回を追って上昇し、七三年一月には一五パーセントを超えるまでになった。『デビルマン』は八時半からで、その前の八時からは『人造人間キカイダー』だったので、八時から『キカイダー』を見ていた子は、ほぼ自動的に『デビルマン』を見るという流れだ。映画の二本立て興行のようなもので、どちらの人気で客が入ったかは厳密にはよく分からないが、この組み合わせはうまくいった。

東映動画は『デビルマン』の他、『魔法使いチャッピー』と『ゲゲゲの鬼太郎』を制作していたが、『鬼太郎』は九月で終わる。

## 東映動画ロックアウト

夏休みの「東宝チャンピオンまつり」は七月二二日封切りで、ゴジラシリーズは新作ではなく『南海の大決闘』の再映だった。テレビの特撮もの『ミラーマン』に、テレビアニメは『赤胴鈴之助』『天才バカボン』『樫の木モック』の三本である。

「東映まんがまつり」のメインの新作は『魔犬ライナー0011変身せよ!』だった。『仮面ライダー』のブームに便乗して「へんしん大会」とするため、この新作も「変身せよ!」の副題が付く。地球侵略を狙う宇宙人によって、博士の家が攻撃され、愛犬四匹が犠牲になったが、博士はその四匹をサイボーグ犬「ライナー」として蘇らせた。博士は亡くなるが、その遺児ツトムはサイボーグ犬たちとともに宇宙人の放つ昆虫ロボットと闘う。サイボーグ犬の一匹には変身能力がある。

他に、『仮面ライダー』『変身忍者嵐』『超人バロム1』の三作の特撮テレビ映画が並び、「まんがまつり」と称しながら、テレビアニメは『魔法使いチャッピー』と虫プロの『国松さまのお通りだい』の二本だった。

『魔犬ライナー0011変身せよ!』の原作は、タツノコプロの笹川ひろしが一九六三年に「週刊少年キング」に連載した、ロボットイヌが活躍するマンガ『魔犬五郎』だった。笹川は「原案」となっているだけで、制作にはタッチしていない。

この興行の後、労働争議が激化し、東映動画経営陣はロックアウトを断行した。

争議の発端は六月の社長交代にあった。その一年前の七一年八月に東映社長の大川博が亡くなり、岡田茂が後任の社長になり、新体制の経営陣にとって東映動画の累積三億円の赤字の解消は急務となっていた。岡田は大川とは異なり、アニメへの思い入れはない。東映動画では社長の高橋勇が病気療養中で、北島清常務が社長代行を務めていたが、岡田は東映本社の取締役企画製作部長・経営企画室長の登石雋一《といししゅんいち》を東映動画に送り込み、社長に就任させた。登石は東京大学法学部を卒業して東映に入り、プロデューサーとなったが、六四年に現場を離れて管理職となり、人事部長も経験していた。アニメのプロデューサーではなく、労務管理のプロとして送り込まれたのだ。

登石は就任から一か月後の七月七日に、「これ以上の赤字を累積しないため、従業員三二〇名の内一五〇名に辞めてほしい」と希望退職者を募った。同時に経営合理化案として、年に二本だった長編を一本に、テレビアニメは三本から二本に縮小するとも発表した。人員も仕事も半分に減らそうという縮小均衡策を会社は選んだのだ。

実写映画が一本五〇〇〇万円の予算で制作されていた当時、長編アニメは一億円かかっていた。その大半が人件費だ。そこまでの経費を費やして制作しても、東宝のテレビアニメをそのまま数本並べただけの「チャンピオンまつり」と興行成績に大きな差がなかった。東宝は一円も制作費をかけないで、テレビで人気のあるアニメを配給・上映するだけで収益をあげていた。テレビの仕事があるとはいえ、東映動画が三〇〇名以上も抱えているのは多過ぎる――というのが経営側の判断だ。さらに同じ子ども向けの実写のテレビ映画『仮面ライダー』がブームとなっていたので、よりアニメの高コスト体質が目立った。

朝日新聞や毎日新聞には、東映動画労組の組合員の発言も載っている。その趣旨は「テレビまんがの大量生産が始まった一九六〇年ごろから、コストダウンで質が落ちてきた。それをさらに落とそうというのか。会社はコストダウンを考えるだけで何もしない」「児童文化の一翼をアニメで担っている意気込みこそが、私たちの誇りだった。ひと昔前までは、一本のマンガ映画を作るために、長時間の議論をかわし、その上でやっとひとつのキャラクターを創出していた」というものだった。

高畑勲や大塚康生が議論をしていた時代は、もう昔のことだった。

八月に入った時点の東映動画は、『ゲゲゲの鬼太郎』の制作は終わっており、四月からの『魔法使いチャッピー』と七月からの『デビルマン』の二本を制作していた。

八月二日の団体交渉では、次回の団交を四日か五日と決め、二一時に解散となり、社員は会社を出た。二日から三日にかけての深夜、社長以下の管理職十数名が再び会社にやって来て、乗用車に『デビルマン』『魔法使いチャッピー』のフィルム、セル、動画用紙などを乗せて、どこかへ持ち去った。会社の掲示板には「本日より、当分の間休業いたします。従業員並びに契約者の方は、追って連絡があるまで出社にはおよびません。」と書かれた貼り紙があった。

これがロックアウトの始まりだった。会社はどこかの下請けプロダクションに、『デビルマン』と『魔法使いチャッピー』を丸投げした。

「契約者」は正規雇用ではなく、作品ごと、あるいは期間限定で雇われているスタッフのことだ。東映は動画に限らず、一九六五年以降は正社員を雇用しなくなっており、人手が不足した場合は契約者として雇用していた。失業保険（現・雇用保険）も健康保険もなく、不安定な身分だった。前社長時代の五月に、東映の契約者たちは新たに労働組合を結成していた。

ロックアウトから一週間後の八月一〇日、会社は内容証明速達を組合に送付し、社員二三名、契約者一二名、アルバイト八名の合計四三名の指名解雇を通告した。この四三名は組合役員、活動家、労災認定申請者、既婚女性などが大半を占め、組合潰しの意図的な人選だった。組合員は就労の意思を表明し、毎朝九時に出勤した。会社がタイムカードを発行しないので、組合で作成してそれを押す。

東京都労働委員会が「話し合いでの解決」を要請し、労働省も動いた。八月二一日と二三日、労働省の立ち会いのもとで団体交渉がなされた。会社は「休業中の賃金は一切払わない」「休業解除の条件は、平和協定の締結、解雇者の立入禁止、職場団交の禁止」など強気の姿勢で、労組にとって容認できる内容ではなく、決裂した。

かくして、東映動画の争議は長期化する。

## 「サンライズ」の日の出

秋の番組改編では、五作のテレビアニメが始まった。

虫プロの『国松さまのお通りだい』は、九月で一年間の放映が終わった。この枠の後番組はアニメではなかった。これで虫プロのテレビアニメは、『ムーミン』だけになった。それも一二月で終わり、後番組は『山ねずみロッキーチャック』と決まっていたが、受注できない。

東映動画の『ゲゲゲの鬼太郎』の後番組は創映社、後のサンライズの第一作『ハゼドン』だった。

虫プロは、手塚治虫を筆頭にアニメーターが次々と辞めていき、フリーになったりプロダクションを作ったりしていたが、制作・営業部門の岸本吉功、伊藤昌典、山浦栄二、渋江靖夫、岩崎正美、沼本清海、米山安彦の七名が辞め、九月に有限会社サンライズスタジオを創業した。

しかし、手持ちの資金がなかったため、東北新社に出資を仰ぎ、サンライズスタジオとは別に設立したのが、株式会社創映社だった。東北新社は、海外テレビドラマや外国映画の日本語吹替版を制作する会社としてスタートした。「新社」とあるように、その前に「東北社」というのがあり、これはオペラのプロデュースをする会社として一九五九年に設立された。しかし、同社メンバーのひとり、植村伴次郎《ばんじろう》が日本語吹替の仕事に乗り出そうと提案したが、社長と対立した。そこで植村は東北社を辞めて、一九六一年に新たに株式会社東北新社を設立した。テレビではアメリカのテレビ映画が吹き替えられて放映され、また外国映画のテレビ放映もほとんどが吹き替えだったので、東北新社は急成長していった。アニメの吹き替えもしていたので、虫プロのスタッフとも関係があったのだ。

創映社とサンライズスタジオは、東京ムービーとAプロの関係に似ている。創映社は企画・営業部門、サンライズスタジオは制作部門と明確に分けられていた。しかし、東京ムービーとAプロは業務提携していただけだが、創映社／サンライズは資本関係もある。

サンライズ・創映社の創業メンバーは、虫プロは手塚治虫を中心にした作家至上主義的な体制だったために経営危機に陥ったと認識し、虫プロを反面教師として「健全経営」を何よりも優先させることにした。そのために取った方針が、クリエイターは経営に参加しないということだった。富野が声をかけられなかったのは、クリエイターとみなされていたからだとされている。

ロボット・アニメで知られるサンライズだが、第一作の『ハゼドン』はロボット・アニメではない。ハゼを擬人化したキャラクターが主人公の作品だ。クレジットでは、制作・創映社、制作協力・サンライズスタジオとあり、一九七二年一〇月五日から七三年三月二九日まで、フジテレビ系列で木曜一九時の枠で放映された。『サンライズアニメ全史』でも、「制作協力作品」という扱いになっており、「サンライズらしさ」はない。

## 『科学忍者隊ガッチャマン』、『ど根性ガエル』、『サンダーマスク』

秋に始まったテレビアニメのひとつが、タツノコプロの『科学忍者隊ガッチャマン』だった。一〇月一日に始まり、七四年九月まで続く、タツノコ・アニメの代表作だ。原作のマンガはなく、企画文芸部の鳥海尽三と陶山智が原案を作った。吉田竜夫のマンガに『忍者部隊月光』『世界少年隊』など少年がチームとなって闘うものがあり、九里一平はこの二作をベースにしている。『忍者部隊月光』は過去の太平洋戦争が舞台だが、未来にして「科学忍者」になった。

キャラクターやコスチュームは吉田竜夫と九里一平がデザインし、SF作家の小隅黎（柴野拓美）がSF考証で参加した。鳥海永行（一九四一〜二〇〇九）が初めて総監督となり、精緻で迫力のあるメカ描写が画期的で、その後のアニメにおけるメカの描き方に影響を与えた。

一年間の予定だったが、平均視聴率が二〇パーセントを超えていたので、二年に延長され、一九七四年九月二九日まで一〇五話が放映された。

一〇月七日からは、東京ムービー制作の『ど根性ガエル』が始まった。吉沢やすみが「週刊少年ジャンプ」に連載していたマンガが原作で、七四年九月まで続くヒット作になる。

一〇月四日に始まった『アストロガンガー』は、『マジンガーZ』に先行するロボットものだった。制作はナックで、翌七三年三月まで続く。TCJ動画センターは、横山隆一を迎え、「隆一まんが劇場」と銘打って、『おんぶおばけ』を一〇月七日から放映し、翌年九月まで続けた。

アニメではないが、一〇月三日から日本テレビ系の火曜一九時の枠で、特撮の変身ヒーローもの『サンダーマスク』が放映され、「週刊少年サンデー」一〇月八日号から、手塚治虫によるコミカライズが連載された。

手塚治虫はコミカライズの仕事はしない。自分が企画の出発点から関わったものを、テレビアニメと同時にマンガにすることはあるが、他人が作った設定に基づいてのコミカライズはしない。ドストエフスキーの『罪と罰』をマンガにしたことはあるし、民話を題材にすることもあったが、アニメのために書かれた、原作付きのマンガは描かない。『サンダーマスク』は極めて珍しい作品だった。

引き受けたのは、制作が「ひろみプロダクション」だったからだ。このプロダクションは、実質的には平田昭吾（一九三九〜）の会社である。平田は、一九五八年に手塚が専属アシスタントを雇用するようになったときに、二人目のアシスタントとなり、貸本マンガでデビューしたが、一九六二年に日活に入り、特撮の技術開発をしていた。一九六四年にマンガ家の井上智とマンガ制作プロダクション「智プロ」を作っていたが、六八年に手塚プロダクションが設立されると、智プロごと入社し、六九年から七三年まで手塚のマネージャーをつとめていた（七〇年までとの説も）。

手塚プロでアニメ『ふしぎなメルモ』を制作した後、今後は手塚作品以外のものを作ることもあると考えて、新たに作ったのが「ひろみプロダクション」だという。平田が代表取締役になるべきだが、手塚と一体とみなされるので、手塚プロの経理をしていた斎藤ひろみの名を取って、「ひろみプロダクション」として斎藤が社長になった——と平田は説明している。

平田は「手塚版のウルトラマン」を作れないかと、日活時代の仲間や円谷プロのスタッフに声をかけて『サンダーマスク』の企画が生まれ、そのヒーローのデザインを、ウルトラマンをデザインした成田亨に依頼した。しかし、報酬で折り合わず、成田はそのヒーローのデザインを他の番組に売り込み、『突撃！ヒューマン!!』になった。

マンガの『サンダーマスク』は『バンパイヤ』に続いて、手塚治虫が作中人物として活躍する設定で、テレビ映画とは、主人公の名前以外はまったく別のものになっている。

テレビ版は一九七三年三月まで放映が続いたが、「少年サンデー」での連載は七二年一二月発売の七三年一月七日号で終わった。七三年五月に虫プロ商事の虫コミックスから単行本が出た際に手塚は、〈この作品はもっと長くなるはずだったのですが、出版社の都合で途中で終ったものです。テレビでも「サンダーマスク」は放映されましたが、テレビの企画の方が先で雑誌はそれにしたがって書いたものです。僕の作品としては珍しいケースです。〉と書いている。「出版社の都合」というのは、人気がなくて打ち切られたのであろう。

テレビ版の脚本は、上原正三、藤川桂介らで、本多猪四郎が監督した回もあり、それなりに立派だ。放映終了後、東洋エージェンシー（現・創通）がひろみプロからフィルムを奪い取るように持って行ったこともあり、幻の作品となっている。

西崎義展も、この『サンダーマスク』の周辺にいたが、関与した形跡はない。

## 『マジンガーZ』と「超合金」ブーム

永井豪原作『デビルマン』が始まって四か月後の一二月三日、『マジンガーZ』の放映が始まった。東映動画制作だが、NETではなくフジテレビの日曜一九時の枠だった。

第二次怪獣ブームも、番組の乱立で二年目になると飽きられてきたところに、『鉄人28号』以来の巨大ロボットものとして、『マジンガーZ』が登場し、玩具業界を巻き込んで巨大ロボット・ブームが到来した。

『デビルマン』同様に、先にアニメとしての企画が生まれたが、基本設定はすべて永井豪が考え、東映動画に提案されたものだった。東映動画が放映枠を獲得すると、マンガも描くことになり、永井は「少年ジャンプ」編集部と掛け合い、『ハレンチ学園』を終わらせて、新作『マジンガーZ』を同誌四二号（一〇月二日号）から連載した。

「少年ジャンプ」は連載作品がアニメ化されることは歓迎するが、テレビのコミカライズは載せない。企画の主導権は編集部にあるというのが方針だった。コミカライズではなく、永井豪の発案で作られるアニメであることを説明し、ようやく連載が決まった。

「少年ジャンプ」に二か月遅れて、一九七二年一二月三日からテレビアニメ『マジンガーZ』は放映開始となった。

『マジンガーZ』の前の巨大ロボットものとしては、特撮もの『ジャイアントロボ』があった。横山光輝原作で、一九六七年から六八年にかけて、第一次怪獣ブームのさなかに放映された。以後、巨大ロボットものはなかったので、当初、スポンサーのポピー（現・バンダイ）は商品化に積極的ではなかったが、視聴率が予想以上に高かったので、当時の玩具としては大きい全長六〇センチメートルの「ジャンボマシンダー」を発売すると、五〇万体という大ヒット商品となった。

この結果、かつての『オバケのQ太郎』のように、アニメの視聴率がよくても、玩具の売れ行きが鈍ると番組は終わり、新たなヒーローを生み出すように求められることになる。

テレビアニメ『マジンガーZ』は、一年九か月・九二回にわたって放映され、視聴率も高かったが、新しいロボット玩具を売りたいスポンサーの意向で終了し、その翌週九月八日から続編『グレート・マジンガー』となって、七五年九月二八日まで一年と一か月・五六回続く。さらに『UFOロボ グレンダイザー』が、七五年一〇月五日から七七年二月二七日まで七四回と交代していく。合計して、永井豪原作のロボット・アニメは、四年三か月、二二二回にわたり放映されることになる。

『マジンガーZ』は、玩具メーカーを覚醒させた。アニメのキャラクターを商品化するのではなく、商品をアニメ化すればいいのだ。

マジンガーZの玩具は、アニメのスポンサーでもあったポピーが製造していたが、同社はマジンガーZのフィギュアを出すにあたり、「超合金」を商標登録し、永井豪・ダイナミックプロ以外の作品でも、巨大ロボットのフィギュアには「超合金」と銘打って販売した。

アニメのキャラクター玩具は『鉄腕アトム』からの伝統ではあるが、『マジンガーZ』がそのビジネススケールをより大きくしたことで、よくも悪くも以後のロボット・アニメは、テレビ番組のスポンサーであると同時に関連キャラクター商品のメーカーでもある、玩具メーカーの「ご意向」に左右される構造となっていく。

手塚治虫にあこがれていた永井豪が、マンガとテレビアニメの世界で新たな王者となろうとしていたとき、ロボット・アニメの元祖である虫プロは危機に瀕していた。

## 争議解決とパンダ映画

一二月二〇日、東映動画の労働争議はロックアウトから五か月近くが過ぎて、会社と組合の間で協定書、確認書が取り交わされた。その間に九九名が会社を去っていた。そのうちの一八名の指名解雇(正社員)と解約(契約者)については未解決で、七四年九月に解雇・解約の取り消しで和解が成立する。

争議の間、組合員は仕事がなく賃金も出なかったので、アニメ以外の仕事のアルバイトをしたり、「漫画カレンダー」を作って売ったりして、生活資金を稼いでいた。

三一九名だった従業員が二二〇名に減ったため、会社はスタジオの半分を東映本社が使用すると決め、二日かけて配置替えの社内での引っ越しがなされた。このときに、これまでのアニメ映画の原画ャセルが大量に処分されてしまったという。新体制でのアニメ作りは翌年一月に始まる。

この争議の間に制作が始まっていたのが、『パンダの大冒険』だった。

七月に、七年八か月の長期にわたり続いた佐藤栄作政権が終わり、田中角栄が内閣総理大臣に就任した。大卒、それも東大や早稲田でなければ総理大臣になれないという常識を破り、現在の中学校にあたる高等小学校しか出ていないのに総理になったので、田中角栄は「今太閤」と呼ばれ、国民の間での人気は高かった。その人気を背景にして、九月に中国を訪問して戦後最大の懸案事項であった日中国交回復を成し遂げた。中国は田中訪中の返礼にパンダ二頭を日本に贈ることになり、空前のパンダ・ブームとなった。一〇月二八日にパンダは日本に着き、一一月五日から上野動物園で公開された。

このパンダ・ブームに便乗して、東映動画は一〇月から『パンダの大冒険』の制作に入っていた。芹川有吾の演出で、大工原章、森康二らが原画を描いた。争議中だったので、作画は外注に出された。熊王国に世継ぎのロンロンが生まれたが、体に黒と白の斑点があるため、森の動物たちにからかわれてしまう。ロンロンはパンダだったのだ。王になるためのロンロンの冒険が始まるという物語だった。五二分の作品で、公開は翌年三月の「東映まんがまつり」だった。これが通算二三作目の劇場用長編アニメとなる。

東映動画のパンダ・アニメに先駆けて、一二月一七日封切りの「東宝チャンピオンまつり」の一番組として、三三分の『パンダコパンダ』が公開された。劇場用アニメにおける最初の「宮崎アニメ」と位置づけられる作品である。

Aプロに入った高畑勲と宮崎駿が企画し、眠っていたものが、パンダ・ブーム到来で急遽、制作が決まったのだ。宮崎駿が「原案・脚本・画面設定」、高畑勲が「演出」、大塚康生と小田部羊一が「作画監督」と、東映動画の『ホルスの大冒険』のチームが復活した作品だった。

東映が準備している『パンダの大冒険』は動物たちの世界の物語で、パンダが王になろうとするメルヘンだが、『パンダ・コパンダ』は、竹林のなかの一軒屋に暮らす女の子の前に、動物園から逃げ出してきたパンダの親子が現れるという話で、リアルと言えばリアルな物語だった。これは幻の企画に終わった『長くつ下のピッピ』で彼らがやろうとしていた「日常のなかにひそむ魅力を思想化する」というテーマが下敷きにあると、後に解説される。

冬は東映の「まんがまつり」はなく、東宝の「チャンピオンまつり」のアニメは『パンダコパンダ』だけで、メインの怪獣映画は『ゴジラ電撃大作戦』、（一九六八年の『怪獣総進撃』を改題して再映）と、円谷プロ制作の八五分の中編『怪獣大奮戦 ダイゴロウ対ゴリアス』だった。

『パンダ・コパンダ』は好評だったので第二作の制作が決まり、春に東映の『パンダの大冒険』と同時期に公開される。

## 『哀しみのベラドンナ』のダミーを納品

一九七二年の虫プロは、放映日ベースで見ると、前年からの『国松さまのお通りだい』が九月で終わると、一月からの『ムーミン』が一二月までであるだけだった。その『ムーミン』の後番組は、瑞鷹エンタープライズの子会社であるズイヨー映像制作の『山ねずみロッキーチャック』になり、虫プロは受注できなかった。

一方、劇場用アニメ『哀しみのベラドンナ』は、二月公開の予定だったが、二月末の時点で作画は全体の四分の一しかできてなく、絶望的な状態だった。

遅れている原因は、キャラクター・デザインと背景デザインなどを依頼した深井国の作業に、時間がかかったためだった。深井は時間を気にせずに、丁寧な仕事をする。集団作業には向かないタイプだった。しかし、演出の山本暎一は、深井の画なしにはこの作品は成り立たないと考えていたので、切らない。

『哀しみのベラドンナ』は、虫プロのなかでも大人数が割り当てられているわけではなかったので、この際だから、深井のペースに合わせてゆっくり作りたいと、ヘラルドに要請した。ヘラルドも大作として売る気はなかったこともあり、それを呑んだ。山本は、「来年二月までの一年延長」を求めた。それは冗談半分ではあったが、本音でもあった。納期は曖昧なまま、延長された。

五月になって虫プロのプロデューサーから、夏までに納品してくれとの要望がきた。作画は半分も終わっておらず、とても無理だった。なぜ急ぐのかと尋ねると、夏のボーナスを払う資金繰りの目処が立たず、『哀しみのベラドンナ』をヘラルドに納品して、その資金をまわすしかないと言う。

その場ではとても無理だと断ったが、七月になると専務がやって来て、「ヘラルドへ納品するため、ダミーとして、長さだけは揃えたものを納品する。それでお金をもらってから、リテイクが必要だと言って、制作を続行する」というアイデアを伝えた。ほとんど詐欺である。しかし、虫プロの資金繰りを救うにはそれしかなかった。山本は従うしかない。旅館を借りて集められるだけの人員を投入して、八月九日にダミーを完成させた。

ダミーとは知らないヘラルドは、それを受け取った。山本としては、ヘラルドから「こんなものはダメだ、作り直してくれ」とリテイクを求められるのを期待したが、何も言ってこない。

虫プロは瀕死の状態だった。一二月で放映が終わる『ムーミン』以後の仕事が何もない。逆算すれば、秋から仕事がないということだ。

九月になり、虫プロの役員は、「ヘラルドに『哀しみのベラドンナ』のリテイクを申し出よう」と山本に言った。そうすることで、さらに資金を引き出そうという魂胆でもあった。山本は気が進まなかったが、自分の作品が中途半端なまま世に出るのも耐えられないので、ヘラルド映画へ行き、原宣伝部長に会った。「納品期日に間に合わせるため、心ならずも粗製乱造になったところがあり、あのまま世間に出したのでは良心が咎めるので、リテイクさせてもらえないか」と頼んだ。原は理解してくれ、一〇月から一二月の三か月で、予算五〇〇万円でリテイクすることになった。

一〇月になると、石神井スタジオを再開した。いったん解散したチームだったが、一二人のレギュラースタッフはみんな戻ってきた。一二月初旬には編集までいき、音楽録音とダビングを経て、下旬にはネガ編集に入れた。

しかし、虫プロ本体では、夏のボーナスが出ると社員たちは次々と辞め、暮れには一〇〇人を割るようになっていた。すでにフジテレビは虫プロには発注しないと決めたとか、倒産するという噂が、アニメ業界、テレビ界に流れていた。

讀賣新聞一〇月九日付の記事に、川畑栄一社長の談話として、〈手塚治虫の夢はなんとしてもかなえたい。今後は仕事を選び、組織的には才能集団としての事業部制を敷きたい〉とある。来期の見通しとして、アメリカで「ファミリー・クラシック・シリーズ」を放映、正体不明の異端作家・沼正《ぬましょう》三《ぞう》のSFでありSMでもある小説『家畜人ヤプー』が、イタリア・フランスで合作されるので、その動画部分を制作するなどとあるが、どちらも実現しない。

一方、虫プロにいたアニメーターたちの何人かは、夏から翌年春スタートの新作のために集まっていた。藤子不二雄の『ドラえもん』をアニメ化しようという。しかし、制作会社は東京ムービーではなく、日本テレビ動画だった。

### 大晦日の依頼

一二月二九日、『哀しみのベラドンナ』は、初号試写をしてヘラルド映画へ納品された。原宣伝部長は、山本に「リテイクしてよかった」と褒めてくれた。制作費はリテイクしたこともあって、当初予算四〇〇〇万円の倍の八〇〇〇万円になっていた。興行成績次第では大赤字だ。

三一日、大晦日だというのに、山本は虫プロ社長の川畑栄一に呼び出された。役員に復帰してくれと言う。その理由として、「西崎という男がいて、手塚の『ワンサくん』の映像化権を持っていてテレビアニメにしたいと、あちこちのプロダクションに打診している、その仕事を取りたい」と言う。

虫プロの制作組織が弱体化しているので、このままでは受注できないから、山本が役員に復帰してチーフ・ディレクターとして責任を取ると言えば、西崎も信用するはずだというのだ。同席していた杉井ギサブローは、虫プロにいた田代敦巳が作ったグループ・タックで『ジャックと豆の木』を制作していたが、それが終わったら合流するという。

山本は虫プロを潰したくなかったので、承諾した。

# 第一八章　〈建国の英雄〉の退場——一九七三年

## 最後の虫プロアニメ『ワンサくん』

一九七三年一月に始まるテレビアニメは、東映動画による横山光輝原作の『バビル2世』と、ズイヨー映像制作の『山ねずみロッキーチャック』、タツノコプロの『けろっこデメタン』の三作だった。一九六三年一月一日に『鉄腕アトム』が放映開始となってから、ちょうど一〇年が過ぎていたが、その虫プロ制作のアニメが初めてテレビから消えた。その空白期間は三か月だったが、それはひとつの時代の終わりを予感させた。

虫プロが超大作を用意しているのなら話は別だが、そうではなかったのだ。

一月になって山本暎一は『哀しみのベラドンナ』班を解散させ、石神井スタジオも撤収した。そして西崎義展と初めて会い、『ワンサくん』のチーフ・ディレクターを正式に引き受けた。同時に、西崎と山本の二人は虫プロの役員にもなった。

『ワンサくん』は、虫プロ商事の「てづかマガジンれお」創刊号である一九七一年一〇月号から、最後の号となる七二年四月号まで連載された幼年向けマンガだ。連載の前に、ワンサくんというキャラクターが先に生まれている。

西崎は三和銀行につてがあり、銀行が預金者や取引先に配るノベルティグッズのキャラクターとして、イヌはどうかと提案した。「巨匠・手塚治虫がデザインするから、それを三和銀行のキャラクターにしてくれ。そうすれば、手塚がマンガを描き、さらにテレビアニメにもする」という大風呂敷を広げたのだ。すると、三和銀行が乗ってきた。「ワンサ」は「サンワ」をひっくりかえしたネーミングである。

西崎は手塚にイヌのキャラクターをいくつか描かせ、そのひとつが採用された。これは連載開始前のはずだから、一九七一年夏ごろだろう。そして九月発売の「れお」から『ワンサくん』の連載が始まり、一〇月からアニメ『ふしぎなメルモ』が放映され、そのころには『海のトリトン』の放映も決まるので、手塚が西崎を信頼していた時期にあたる。

一九七二年四月に『海のトリトン』が始まる直前には、手塚は西崎に騙されたと思っており、絶縁宣言をしているようでもあるのだが、契約があるせいか、完全に西崎と縁を切れない。

西崎は高橋茂人の瑞鷹エンタープライズの製作部長でもあったので、その立場で関西テレビに売り込み、企画を通した。そして虫プロを制作会社にしたのだ。

『ワンサくん』は手塚治虫の原作なので、虫プロが手塚からアニメ化の承諾を得て制作しているかのようだが、企画・瑞鷹エンタープライズ、制作が虫プロと関西テレビという名義で、「虫プロ制作の手塚アニメ」だが「手塚は関与しない」という、複雑な背景事情のもとで制作、放映された。

虫プロへやって来た西崎について、安彦良和は〈変わった人というか困ったというか恐ろしいというか、ろくでもない人が来た。簡単に言うとヤクザが入ってきたという〉印象だった（『吉田豪の巨匠

**1973年のテレビアニメ**

| 曜日 | 時刻 | 局 | | 1 | 2 | 3 | 4 | 5 | 6 | 7 | 8 | 9 | 10 | 11 | 12 | |
|---|---|---|---|---|---|---|---|---|---|---|---|---|---|---|---|---|
| 月 | 19:00～ | フ | | | | | ワンサくん（虫） | | | | | | ゼロテスター（サ） | | | |
| | 19:00～ | N | | バビル2世（東） | | | | | | | | | ミラクル少女リミットちゃん（東） | | | |
| 火 | 19:00～ | フ | | けろっこデメタン（竜） | | | | | | | | | 新造人間キャシャーン（竜） | | | |
| 水 | 19:00～ | フ | 赤胴鈴之助（ム） | | | | 荒野の少年イサム（ム） | | | | | | | | | |
| | 19:00～ | 日 | アストロンガー（ナ） | | | | | | | | | | | | | |
| | 19:30～ | N | | | | | | | | | | | 空手バカ一代（ム） | | | |
| 木 | 19:00～ | フ | ハゼドン（サ） | | | | | | | | | | ドロロンえん魔くん（東） | | | |
| 金 | 19:00～ | N | | | | ジャングル黒べえ（ム） | | | | | | | エースをねらえ（ム） | | | |
| 土 | 19:00～ | 日 | おんぶおばけ（T） | | | | | | | | | | 冒険コロボックル（T） | | | |
| | 19:00～ | T | ど根性ガエル（ム） | | | | | | | | | | | | | |
| | 20:30～ | N | デビルマン（東） | | | | ミクロイドS（東） | | | | | | キューティーハニー（東） | | | |
| 日 | 18:00～ | フ | 科学忍者隊ガッチャマン（竜） | | | | | | | | | | | | | |
| | 18:30～ | フ | サザエさん（T） | | | | | | | | | | | | | |
| | 19:00～ | 日 | | | | | ドラえもん（日） | | | | | | | | | |
| | 19:00～ | フ | マジンガーZ（東） | | | | | | | | | | | | | |
| | 19:30～ | 日 | | | | | | | | | | | 侍ジャイアンツ（ム） | | | |
| | 19:30～ | フ | | 山ねずみロッキーチャック（ズ） | | | | | | | | | | | | |
| | | | | 1 | 2 | 3 | 4 | 5 | 6 | 7 | 8 | 9 | 10 | 11 | 12 | |

ハンター』)。〈金を持ったヤクザが来て乗っ取られた〉と、社員は感じていたようだ。

『ワンサくん』のスタッフリストには、「企画・西崎義展、瑞鷹エンタープライズ」「企画、構成(後期)、プロデューサー・西崎義展」とある。ここから、西崎が瑞鷹エンタープライズと関係していたことも分かる。チーフ・ディレクターは山本暎一で、作画監督は森田浩光と芦田豊雄。キャラクター・デザインには永島慎二とある。

西崎は『トリトン』のときよりも積極的に制作に口を出し、『ワンサくん』を「ミュージカル・アニメーション」にすると宣言した。もともと音楽興行の世界にいたので、歌と踊りの分野の人脈がある。音楽には宮川泰を起用し、日劇の演出家である日高仁にも協力してもらった。

ミュージカルと謳っただけあって、『ワンサくん』は毎回のように新曲が作られ、当時のアニメとしては音楽を重視した作りになっていた。『宇宙戦艦ヤマト』は宮川泰の音楽なくしては考えられない作品となるが、その前哨戦《ぜんしょうせん》として『ワンサくん』があるのだ。

虫プロ制作といっても、スタッフに正社員は少なく、外注が多かった。放映開始まで三か月を切っており、厳しい日程となった。四月二日に放映は開始された。

四月、虫プロの経営再建のため、ヘラルド映画から金子幸市が出向し、取締役になった。ヘラルドは債権者でもある。

## 『宇宙戦艦ヤマト』への道

西崎が『ワンサくん』の次の企画に向かって動き出すのは、『ワンサくん』放映開始の前からだった。『ワンサくん』は九月までとの契約なのだから、よほど大ヒットでもしない限り、延長はない。原作がない状態から新しいアニメを作るのであれば、半年前から動くのは当然だ。

西崎は宇宙SFを考えていた。『ワンサくん』のチーフ・ディレクターの山本暎一に、誰かSFが分かり、アニメが分かる作家はいないかと相談した。山本は豊田有恒の名を挙げた。『エイトマン』のシナリオでこの世界に入り、虫プロにもいて、『鉄腕アトム』のシナリオを書いた作家だ。その後も『スーパージェッター』『宇宙少年ソラン』などのアニメを書いていたが、六七年の『冒険ガボテン島』を最後に、小説に専念していた。山本は豊田に、「本格的なSFアニメをやりたがっているプロデューサーがいるので、ぜひあってほしい」と伝え、紹介した。

豊田は『ヤマト』との関わりについて、『「宇宙戦艦ヤマト」の真実』と『日本SFアニメ創世記』に詳しく描いている。それによると――豊田が西崎と会った時点で、〈マンガは松本零士に依頼して、承諾を貰っているという。ただ、松本の原作があって、それをアニメ化するわけではないから、オリジナルの設定を作らなければならない〉、その「SF設定」については、ジャンルの指定もなく、任せると言われた。

そのときに西崎は、「ロバート・A・ハインラインの『地球脱出』のような話にしたい」とも言い、それが豊田をして、この企画に乗ってもいいと思った理由となる。ハインラインはアメリカの人気SF作家だが、日本ではSFファン以外には知られていない。そんな作家の作品を知っているだけで、SF作家である豊田は嬉しくなってしまったのだ。

一九七三年に流行していたのは、ロボット・アニメである。これもSFではあるが、豊田としては、アトムやエイトマンなどで、さんざん書いたジャンルだ。いまさらやる気はなかった。だが、西崎が持ち出した『地球脱出』は、巨大な宇宙船で他の太陽系の惑星へと移民する話だ。そんな話がテレビアニメになるとは思えないが、そんなことを言うプロデューサーには興味があった。

豊田は〈ぼくの心の中で、半ば忘れかけていたアニメ心に火がついた〉。そして、その場で引き受けてしまった。もっとも、小説の仕事を抱えていたため、シナリオを書くのは無理で、基本設定を考えるのみとした。西崎は、アニメには「原案」として豊田の名を入れるとも言ったが、これは口約束で終わってしまう。

こうしてできた豊田の原案は、「アステロイド6」というタイトルのものだった。異星人から攻撃され、瀕死の状態になった地球を脱出して、放射能除去装置を求めて長い旅をするという物語だ。この時点では、戦艦大和を宇宙戦艦にするというアイデアはまだない。

西崎は、藤川桂介にも企画案を作ってくれと頼んでいた。藤川案は「宇宙戦艦コスモス」と題されていたが、豊田のほうが採用され、これをもとに肉付けされていく。

豊田の原案ができたところで、西崎、山本、豊田に、松本零士も加わってのミーティングが始まる。豊田によれば、初めて松本と会ったのは西崎の事務所で、軍事的な話題で盛り上がり、松本が豊田の原案は面白いと言ったので、すっかり意気投合した。

豊田は〈ぼくが担当したのは、SF設定の部分だけだった。どういう枠組みでシリーズが進行するかという設定なのだが、SF的な設定だけで、人物設定にも、個々のストーリーにも関与していない。事実関係をはっきりさせておくが、人物設定は、キャラクター、デザインともに、すべて松本零士さんの手になる。〉と書いている。

戦艦大和を出すことは、松本と西崎とが豊田のいない場で決めたものだという。

## 松本零士登場

瑞鷹エンタープライズの高橋茂人は『宇宙戦艦ヤマト』について、小野耕世のインタビューでこう語っている。

〈あの企画そのものは西崎義展氏がズイヨーの役員だったとき、彼が企画していました。キャラクターは何人かに頼んで断られたあと、松本零士氏が描いたもので、それで決定した。はじめは帆船のようなものを描いてきて、船の名は、武蔵そのほかいろいろ出ていましたね。雑談のなかで「戦艦を飛ばしたら？　ヤマトなんかはまだ日本人の思い出のなかに大きく残ってるよ」と話したのを覚えています。結局「宇宙戦艦ヤマト」になった。当時、ズイヨーは、「ハイジ」をフジから放映中で、道義上そのまったく裏の時間帯に「ヤマト」を日本テレビで放映するわけにはいかない。それで西崎は別会社の形をとって、そこでこの企画を進めた。西崎がズイヨーを退社するときに「ヤマト」と「ワンサくん」は彼の所有としたので、ズイヨーとのあいだに問題はないが、松本氏とのあいだに争いがあったようですね。〉

高橋の言うことが正しいかも検証が必要だが、この証言から西崎が瑞鷹エンタープライズを離れた理由のひとつがうかがえる。

松本零士（一九三八〜）はこの本の最初に登場している。一九四三年、五歳の年に手塚治虫と同じ映画館でアニメーション映画『くもとちゅうりつぷ』を見ていた子だ。

『鉄腕アトム』のテレビアニメが放映開始となった一九六三年、松本はマンガ家としてデビューしていたが、ヒット作はなかった。テレビアニメになる作品もなく、知名度は低かった。『宇宙戦艦ヤマト』のおかげで、広く知られるようになる。

松本零士は手塚の一〇歳下で石森章太郎と生年月日が同じだった。福岡県で生まれ、父は下士官から叩き上げで陸軍少佐にまでなった軍人だ。アニメもマンガも好きな少年となり、高校時代、石森と同じ一九五四年に「漫画少年」にデビューしていた。手塚治虫が締め切りに追われて福岡へ来たときは、呼び出されてアシスタントをしたこともある。

一九五七年に松本零士は上京し、当初は石森や赤塚不二夫同様に、少女マンガを描いていた。当初は「松本あきら」名義で、六一年に「松本零士」とし、講談社の「ぼくら」にSF冒険活劇『電光オズマ』を連載する。こうして少年誌にも本格的に描くようになり、六八年には集英社の「少年ブック」に『光速エスパー』を連載した。

一九七一年から「週刊少年マガジン」に連載した四畳半もの『男おいどん』と、「週刊少年サンデー」に七三年から載った「戦場まんがシリーズ」がヒットして、マンガファンの間での知名度は高まった。

『宇宙戦艦ヤマト』に松本零士がいつから加わったかは、本人を含めて関係者の証言が食い違うが、ある程度、骨格ができてからというのは共通する。

『宇宙戦艦ヤマト』の企画が動き出すのは『ワンサくん』が始まった一九七三年四月前後から虫プロ倒産の一一月までの間だ。七四年一月からは『アルプスの少女ハイジ』の放映が始まる。『ヤマト』のパイロット・フィルムは七四年八月に完成し、一〇月からよみうりテレビ（日本テレビ系）での放映と決まる。それが『アルプスの少女ハイジ』と同じ時間帯だったので、西崎は瑞鷹エンタープライズを出たというのが、高橋の説明だ。

パイロット・フィルムは、西崎が自分の会社であるオフィス・アカデミーに作らせている。同社はアニメのスタジオではないので、虫プロにいた野崎欣宏が中心となって、虫プロのスタッフを集めていく。富野由悠季や安彦良和も絵コンテを描く。

## 『デビルマン』のラストスパート、『マジンガーZ』の移籍

アニメ『デビルマン』は、放映開始から九か月後の一九七三年三月三一日が最終回だった。アニメが終わると知った「週刊少年マガジン」編集部は、連載も三月で終えてくれと通告してきた。その通告は二月にあり、あと二か月もない。マンガ版とアニメ版とはまったく別のストーリーとなっていて、マンガ版は人間と悪魔との最終決戦という壮大なスケールに発展していた。永井豪としてはあと一年くらいかけて、じっくりと描くつもりだった。

その一年分の構想を、二か月分の枚数に圧縮するのはとても無理なので、どうにかさらに二か月、五月までの延長を頼み、受け入れられた。

『デビルマン』のラストスパートに集中するため、「少年サンデー」の『まろ』と、人気絶頂の「週刊少年チャンピオン」での『あばしり一家』の連載を三月で終えた。これで『デビルマン』が終わったあと、七三年一〇月から、『ドロロンえん魔くん』と『キューティーハニー』を連載する。

一方、『マジンガーZ』は絶好調だった。アニメは視聴率も高く、延長される。しかし、その人気が仇《あだ》となった。『マジンガーZ』を連載している「少年ジャンプ」は、小学三年生から中学生が読者

層の中心で、この年齢だと玩具はそれほど買ってくれない。そこで、玩具の主要顧客である幼稚園児から小学生の低学年を対象とする雑誌への連載も求められた。小学館ならば「幼稚園」や「よいこ」、「小学一年生」があるが、集英社には該当する雑誌がない。一方、『仮面ライダー』シリーズの幼年向けコミカライズのために創刊された、講談社の「テレビマガジン」は、ライダー・シリーズの人気に勢いがなくなり、部数が減っていた。そこで永井豪に、『マジンガーZ』を連載できないかと打診してきた。まさに、両者の思惑は一致した。

ところが、それを知った「少年ジャンプ」編集長・長野規が、『マジンガーZ』の連載を打ち切ると通告した。長野にとって、ライバル会社である講談社の雑誌と掛け持ちで、同じタイトルのマンガを連載することは容認できなかった。これで大ヒット作『ハレンチ学園』以来の「ジャンプ」と永井豪の関係が切れた。「ジャンプ」での『マジンガーZ』の最終回は八月一三日号で、九月発売の「テレビマガジン」一〇月号から、新たに連載が始まった。

「ジャンプ」は創刊当初は、マンガ家の専属制を導入していなかったので、永井と本宮ひろ志は専属ではなかった。それがこの事件もあり、「ジャンプ」は専属性の必要を痛感し、以後は新人は必ず専属としていく。

### 東映動画の手塚アニメ『ミクロイドS』

四月はもう一作、手塚治虫原作のアニメが放映開始となった。初めて東映動画が、手塚のマンガをテレビアニメにしたのだ。手塚が虫プロを離れていたので、東映動画も手塚原作を採用できた。

東映動画から、「ウルトラマンのように巨大なヒーローではなく、超小型化するヒーローで何かできないだろうか」と相談があり、これは面白いと乗ったと、手塚は説明している。

それから手塚が設定とキャラクターを考え、「週刊少年チャンピオン」三月二六日号から『ミクロイドZ』として連載が始まった。手塚は『ミクロイド』だけでいいと考えていたが、東映動画が勝手に『ミクロイドZ』と発表してしまったらしい。

それが、四月七日にアニメが放映されると、『ミクロイドS』になっており、雑誌のほうも第六回から『S』に改題する。もともとZに意味はなかったので、ストーリー上の問題はなかった。企画がスタートした時点では、スポンサーが決まっていなかったが、服部時計店（現・セイコー）に決まり、「Z」は同業他社のシチズン時計（CITIZEN）を連想させると指摘され、セイコーのSにしようとなったのだ。

主人公はミクロイドと呼ばれる、昆虫のような羽を持つ小さな人間だ。マンガとアニメでは、ストーリーがまったく異なる。『ミクロイドS』は一〇月六日まで放映され、「チャンピオン」での連載は九月三日号で終わった。

## 藤子アニメ『ジャングル黒べえ』『ドラえもん』で復活

この春、藤子アニメも二作が同時期に始まった。『新オバケのQ太郎』が一九七二年一二月まで放映されていたので、空白は二か月だった。

三月二日から、東京ムービー制作の『ジャングル黒べえ』が放映されたのだ。アニメの企画が先にあり、藤子不二雄（藤本）がキャラクター・デザインとシノプシスを担い、小学館の学年誌にマンガも描いて連載した。

企画・プロデューサーは、楠部大吉郎の弟の三吉郎（一九三八〜二〇二〇）だった。楠部三吉郎は、明治学院大学在学中、授業よりもアルバイトに明け暮れていた。卒業後はエアコンやサッシ営業のサラリーマンだったが、兄が苦労している様子なので手伝おうと、一九七〇年に東京ムービーに入社した。そして最初に「企画・プロデューサー」として名が出るのが、『ジャングル黒べえ』だ。

楠部によると、『ジャングル黒べえ』のキャラクター原案は、クレジットには記載がないが宮崎駿だったという。「アイヌ神話のコロポックル（ホビット）と人間の交流を描く」が宮崎の原案で、タイトルは『頭の上のチッカとボッカ』だった。楠部が毎日放送に売り込むと、前向きではあったが、宮崎の起用には難色を示した。宮崎の名は東映動画内部では知られていたが、まだ一般には無名に近かった。

楠部は藤子不二雄に頼むと説得し、企画を通した。藤子には宮崎の原案は見せずに依頼すると、自分なりの発想で描いていいのなら、という条件で受け、アフリカ先住民をモチーフとする『ジャングル黒べえ』ができた。

藤子は一九七三年三月から、小学館の学年誌に『ジャングル黒べえ』を連載した。この時期は『ドラえもん』と二作、連載していた学年誌もある。アニメは三月二日から放映された。

四月一日からは、『ドラえもん』が連載開始から四年目にして、ようやくテレビアニメ化された。ただし、現在も続くシンエイ動画制作のものとは別の作品で、「旧ドラえもん」などと呼ばれる。『ドラえもん』を制作したのは、日本テレビ動画だった。

日本テレビ動画は東京テレビ動画の後継会社だった。一九七一年に東京テレビ動画は日本テレビとの間に金銭トラブルが生じ、事業の継続が危ぶまれた。

社長の新倉は映画製作に乗り出し、谷岡ヤスジ原作の『ヤスジのポルノラマ やっちまえ!!』を制作したが、興行的に惨敗した。そこで新潟に拠点を移し、「日本テレビ動画」とした。この社名になってからは一九七二年四月から八月まで『アニメドキュメント ミュンヘンへの道』、八月から一一月まで『モンシェリCoCo』を制作・放映した。いずれも成功とは言いがたい。

『モンシェリCoCo』は、「週刊少女フレンド」に大和和紀(一九四八〜)が連載したファッション界を舞台にした少女マンガが原作だった。

そして起死回生で臨むのが『ドラえもん』だった。

学年誌で一九七〇年から連載が始まっていた『ドラえもん』が、ようやくテレビアニメになった。虫プロ商事の虫コミックスで出る計画も立ち上がっていた。しかし、視聴率はそれほど低かったわけではないが、半年が終わったところで、日本テレビ動画の経営陣が夜逃げする騒動が起き、制作現場が混乱のうちに終わった。それもあって、失敗作の烙印が押されてしまい、後のシンエイ動画版があまりにも成功したので、日陰もの扱いされてしまう不幸な作品となった。

### 東京ムービーに迫る危機

東京ムービーは一九七三年秋の番組改編で、『エースをねらえ!』『空手バカ一代』『侍ジャイアンツ』の三作を同時に始め、『荒野の少年イサム』『ど根性ガエル』も続いていたので五作同時進行となった。

『エースをねらえ！』は初のテニス・アニメだった。七一年一一月に『アタックNo.1』が終わったあと、少女スポーツものは途絶えていたので、二年ぶりだ。原作のマンガは山本鈴美香（一九四九〜）が「週刊マーガレット」一九七三年一月一四日・二一日合併号から連載したもので、七五年にいったん終わる。アニメは視聴率がふるわず、半年で終わってしまった。他の二作は一年続くので、不振ぶりが目立つが、『ルパン三世』『天才バカボン』同様に夕方の時間帯での再放送で人気が出て、七八年一〇月から続編『新・エースをねらえ！』が始まるのに合わせ、マンガも続編の連載が始まり、八〇年まで続く。

『空手バカ一代』は梶原一騎原作・つのだじろう作画で、「週刊少年マガジン」一九七一年二二号（五月二三日号）から連載されていた。梶原が親交のあった極真空手の生みの親である大山倍達を主人公にしたもので、マンガでは実名で登場するが、アニメでは名は変えられている。原作のマンガは、一九七三年秋まではつのだじろうが描いていたが降板し、影丸譲也に交代した。アニメが始まったのは、偶然にもこの交代と同時期だった。アニメのキャラクターはつのだの絵をベースにしている。七四年九月まで一年間続いた。

同時にスタートした『侍ジャイアンツ』も梶原一騎の原作で、「週刊少年ジャンプ」に、井上コオの絵で、一九七一年三六号から七四年四二号まで三年にわたり連載された。アニメは連載開始から三年目に始まり、ほぼ同時に終了した。

『エースをねらえ！』が一九七四年三月に終わると、後番組は梶原一騎原作・貝塚ひろし作画で「週刊少年サンデー」に連載された『柔道讃歌』だった。『巨人の星』の野球を柔道にし、父と子の物語を母と子の物語にしたもので、さすがに飽きられたのか、低視聴率で半年で終わる。この後は一九七六年に『新・巨人の星』、八〇年に『あしたのジョー2』とかつてのヒット作の続編のアニメ化はあるが、『柔道讃歌』が新作のテレビアニメとしては最後となる。一世を風靡した「梶原一騎の時代」は、少なくともアニメの世界では終わろうとしていた。

梶原と一蓮托生となったのが東京ムービーだった。一九七〇年から七一年の梶原ブームのときは『巨人の星』だけが東京ムービーで、『あしたのジョー』は虫プロ、『タイガーマスク』『キックの鬼』は東映動画が制作しており、三社で分け合っていた。しかし、七三年になっても梶原一騎と付き合っていたのは、東京ムービーだけだった。虫プロはすでに実態がなく、東映動画はブームが去ったと察知すると梶原から手を引いて、新たな鉱脈として永井豪を発掘していた。

それなのに、東京ムービーの藤岡は梶原一騎との関係をさらに深めるのだった。

一九七三年秋、東京ムービーは五本のテレビアニメを放映しており、栄華を極めているかのように見えた。虫プロの倒産劇は対岸の火事のはずだった。しかし、七四年三月に『荒野の少年イサム』が終わり、九月に三本の梶原アニメと『ど根性ガエル』が同時に終了すると、東京ムービーの一〇月からの新番組は『はじめ人間ギャートルズ』一本しかない。そのことを、七三年秋の藤岡はまだ知らない。

## 『アルプスの少女ハイジ』動き出す

五月にＴＣＪは、子会社だった株式会社ＴＣＪ動画センターの株式をすべて手放した。動画センターは社長の村田英憲の名を取って、「株式会社エイケン」と改称された。これにより、TCJ時代の『仙人部落』『鉄人28号』以降の作品のコピーライトはエイケンが持つ。ただし、TBSの下請けとして作った『エイトマン』『スーパージッター』『宇宙少年ソラン』などは持っていない。

一九七三年のエイケンは、前年からの『おんぶおばけ』が九月までで終わると、その枠で一〇月から『冒険コロボックル』を作る。これが、「エイケン」名義で制作された最初のアニメだ。佐藤さとると村上勉の絵本『だれも知らない小さな国(コロボックル物語)』が原作で、「コロボックル」とはアイヌ民族の伝説で蕗の葉の下で暮らす小人のことだ。この描き方が民族差別だとクレームがついて、途中からキャラクターを変えてしまう。そのせいなのか、ソフト化されていない。

一九六九年一〇月に始まった『サザエさん』は一〇月から五年目に突入し、『鉄腕アトム』の持つ最長記録を抜いた。

高橋茂人の瑞鷹エンタープライズは『山ねずみロッキーチャック』の次の企画として、フジテレビとカルピス、電通に『アルプスの少女ハイジ』を提案した。

フジテレビの担当者は、「こんなもの受けるわけがない」とせせら笑った。しかし、カルピスが高橋を信用し、企画を通してくれた。高橋はAプロにいる高畑、小田部、宮崎に次のアニメを任せようと考えた。三人は引き受けて、七月にスイスへロケハンに行った。

### 虫プロ商事の倒産

五月一四日、『哀しみのベラドンナ』の完成披露試写会が開かれ、六月三〇日から封切られた。六月二二日からのベルリン映画祭への出品も決まっており、山本暎一と深井国がベルリンへ行った。映画祭最終日の七月三日に賞が発表されたが、『哀しみのベラドンナ』は何も受賞できなかった。日本での興行も振るわなかった。

虫プロは九月までの『ワンサくん』のあと、何も仕事がなかった。

八月一日、虫プロは日本ヘラルド映画に対して三〇〇〇万円の債務があったので、それを帳消しにする代償として、虫プロ全作品の全権利を永久にヘラルドに譲渡するという覚書が交わされた。

虫プロ商事は、経営危機説を打ち消すかのように、休刊していた「ファニー」を四月に、七月に「COM」を相次いで復刊した。

しかし、虫プロ商事は八月二二日に、二回目の不渡手形を出して倒産した。「COM」「ファニー」九月号は印刷されていたとの説もあるが、書店には並ばなかった。

「週刊文春」は八月二七日号でこう報じた。

〈「鉄腕アトム」でおなじみの手塚治虫氏の虫プロ商事が、4000万円の不渡り手形を出して、本家虫プロへの影響が心配されている。（略）不渡りを出した原因は、「アトム・ブームが昨年あたりに下火になり、赤字が3億円以上累積したため」（虫プロ商事・清野正信氏）という。だが、たかが4000万円くらいでと、手塚氏を知る人々は不思議がる。（略）

だが、いまのはやりは怪獣にグロ劇画。／「鉄腕アトム」といっても知らない子供が大部分になっている。

「一昔前にくらべると、神通力が落ちました。ある漫画雑誌などは、手塚氏のものをのせながら、それへのかなりな批判を読者にいわせたりしてましたから」（漫画雑誌記者）（略）

今度の事件をぬきにしても、このところもう一つパッとしない手塚氏だが、「マンネリだと読者から手紙をもらうと、不眠症になるほど考えて、精神鑑定をうけるほど」（手塚氏の友人）の熱心さがあるだけに、アトムにかわる神通力を持った〝新人〟を登場させて、このピンチを切り抜けることを期待しよう。〉

不渡手形は四〇〇〇万円だったが、負債総額は四億五〇〇〇万円だった。虫プロ商事と虫プロは別会社とはいえ、世間は同じだと見ていた。テレビ局はもう、どこも虫プロに発注しようとしない。労組は、経営陣が倒産を画策していると警戒し、九月二〇日、労組の承諾なしに機材の売却をしないとの確認を取った。

『ワンサくん』は、九月二四日が最終回の放映日だった。スタッフはその日、熱海の旅館で打ち上げして、旅館で最終回を見て、翌二五日に東京へ帰った。

二六日、一三時から社員総会が開かれた。社長の川畑が、「一〇月は休業し、一〇月末で全員を解雇し、債務の棚上げを図ったうえで、再建を期したい」と発表した。解雇は一か月前に通告しなければならないので、この日になった。騒然とはなったが、それもほんの一瞬のことだった。他に手がないことは従業員も分かっていたのだ。

しかし、ことはそううまくは運ばない。労働争議の始まりである。

## 永井豪の時代に

七月一八日公開の「東映まんがまつり」のメインは、『マジンガーZ対デビルマン』だった。

基本的には『マジンガーZ』の物語で、そこにデビルマンが「特別出演」する形のストーリーだった。原作者が同じとはいえ、まったく異なる世界観であるテレビアニメの二大ヒーローがスクリーンで共演するとあって、少年たちは興奮した。

テレビで放映されたものをそのまま上演するのでもなければ、再編集するのでもなく、まったくの新作オリジナルとしてテレビアニメが映画化されたのは、これが初めてだった。東映動画はテレビ局と映画館の双方に基盤を持つ唯一のアニメ制作会社だったが、これまでにこういう企画は生まれなかった。手塚治虫と虫プロが『鉄腕アトム』でやろうとして実現できなかったものを、永井豪と東映動画は達成したのだ。

永井豪の世界観と東映動画の体制が、これを可能にしたとも言えるだろう。ヒットを受けて翌年夏の「東映まんがまつり」でも『マジンガーZ対暗黒大将軍』が制作・上演され、七五年三月に『グレートマジンガー対ゲッターロボ』、七五年七月に『グレートマジンガー対ゲッターロボG』が作られる。いずれも、番組の改編期に合わせて、新旧のヒーローをスクリーンで共演させ、バトンタッチさせるという趣向だった。

こうして「テレビアニメのオリジナル劇場版」という新たな形態が生まれ。このなかから『宇宙戦艦ヤマト』も生まれ、さらには『ドラえもん』『クレヨンしんちゃん』『名探偵コナン』といった人気シリーズを生む土壌となる。

一方、『マジンガーZ』が「テレビマガジン」に移るのとほぼ同時に、永井豪は「少年サンデー」で『ドロロンえん魔くん』、「少年チャンピオン」で『キューティーハニー』の連載を始めた。「少年マガジン」には七月から、『デビルマン』のあとに『バイオレンスジャック』が始まっており、これで週刊誌三誌、月刊誌一誌という体制になる。

『デビルマン』『マジンガーZ』が相次いで成功したことで、永井豪は『ハレンチ学園』のイメージから脱却したが、ギャグ・マンガの名手であることも世間は忘れていなかった。『ドロロンえん魔くん』は当時流行していた妖怪ものの一種ではあるが、ギャグの要素も強い。『キューティーハニー』はセクシー系SFアクションだ。

この二作とも、テレビアニメの企画も同時に進んでおり、『ドロロンえん魔くん』はフジテレビの木曜一九時の枠で、一九七三年一〇月から七四年三月まで半年間、『キューティーハニー』はNETの土曜二〇時三〇分からという『デビルマン』が放映されていた枠で、七三年一〇月から七四年三月まで放映された。つまりこの半年間は、『マジンガーZ』と合わせて永井豪作品三作がテレビで放映されていたのだ。

『デビルマン』と『キューティーハニー』の間に放映されていたのは、手塚治虫原作の『ミクロイドS』だった。『ドロロンえん魔くん』の前は石森章太郎原作『ロボット刑事』なので、永井豪は尊敬する手塚治虫、石森章太郎と同列に並んだことになる。

『デビルマン』『マジンガーZ』『ドロロンえん魔くん』『キューティーハニー』のアニメは、すべて東映動画が制作しており、永井豪との蜜月関係が生まれている。

永井豪はアニメ界から見れば、アニメ化可能なマンガを作ってくれるマンガ家として、確固たる地位を築いた。当時はまだ「世界観」という言葉は使われていなかったと思うが、世界観を作れ、キャラクターのデザインもでき、さらにマンガにして大雑誌に連載もしてくれるマンガ家は、そう多くはいない。

実写で石森章太郎が成功したことを、永井豪はアニメでやり遂げた。手塚治虫は、虫プロによる自分の作品のアニメ化では成功したが、アニメ制作会社主導の企画ではあまり成功していない。自分で一から作るのでなければ、ダメなタイプなのだろう。

## 虫プロ倒産

テレビアニメ『ミクロイドS』は半年二六回で終わった。最終回は一〇月六日に放映され、「週刊少年チャンピオン」での連載は八月に発売される九月三日号で終わっていた。

虫プロ商事倒産は『ミクロイドS』の最終回が載った号が発売になる前後だ。この倒産が手塚にどう影響するか分からない。一般的には、よほど人気があるマンガ家でなければ、原稿依頼は差し控えようという雰囲気のはずだ。そして手塚治虫は爆発的な人気があるマンガ家ではなくなっていた。

それでも「チャンピオン」は手塚に新連載を依頼し、一一月一九日号から『ブラック・ジャック』が始まった。「手塚治虫漫画30周年記念作品」「手塚治虫ワンマン劇場」と謳われての連載だった。『ブラック・ジャック』は手塚から持ち込んだという説もあれば、編集長の壁村耐三が担当編集者に「手塚の死に水をとろうか」と言ったのが始まりともいい、諸説ある。ブラック・ジャックという謎の無免許医が主人公というのは手塚が出したアイデアで、毎回、これまでの手塚作品に登場したキャラクターが患者やその関係者として登場する趣向だった。数回の短期連載として始まったが、じわじわと人気が出ていく。

一〇月一一日、虫プロでは遅延していた九月の給与の支払日だったが、会社は払うことができなかった。労組には、労働債権の一部として、機材・備品が譲渡された。

一〇月二三日、組合は大会で「解雇撤回」「企業再建」「労働債権の保障」の三つの要求を掲げた。この日から、取引銀行の大和銀行と大口債権者のヘラルド映画との交渉が始まる。

一一月一日、虫プロは不渡手形を出した。これで倒産だった。負債総額三億五〇〇〇万円、従業員は九〇名で、うち組合員は三八名だった。

一一月三日、手塚治虫は四五歳の誕生日を迎えた（当時は公称・四七歳）。

一一月五日、倒産がマスコミに分かり、六日に新聞で報じられた。讀賣新聞は「鉄腕アトム、劇画に敗れる」と、いま思えば見当違いな見出しで報じた。

〈「鉄腕アトム」などで有名な漫画家の手塚治虫さん（四七）の作品を一手に映画製作してきた「株式会社虫プロダクション」＝東京都練馬区富士見台二の三〇の五、川畑栄一社長（三八）＝が、このほど多額の不渡り手形を出し、事実上の倒産をした。

手塚作品の出版部門である「虫プロ商事」も、さる八月初めに約四千万円の不渡り手形を出してひと足早く倒産しており、帝国興信所では「虫プロダクション」の負債総額は約四億円にのぼるものと推定している。一時は〝戦後っ子〟の少年の胸をときめかせた手塚ブームは、最近の劇画ブームに王座を奪われ、こんどの相次ぐ倒産劇で手塚時代に終止符を打ったといえそうだ。〉

『ブラック・ジャック』が始まったのと虫プロ倒産は同時期だった。しかし、大々的に始まったのでもテレビアニメと連動した連載でもなかったので、「チャンピオン」を読んでいる少年たちしか『ブラック・ジャック』の存在は知らず、「手塚時代は終わった」などとマスコミは書き立てていた。

〈二年前に社長を交代したとはいえ、虫プロの事実上の主宰者である手塚さんは五日朝、手塚邸隣の

同プロ事務所にちょっと顔をみせただけで、その後は所在不明になっている。〉

別に手塚治虫は逃亡していたのでも雲隠れしていたのでもなく、「漫画集団」設立四〇周年のイベントのサイン会に出ていた。虫プロの川畑は手塚の居場所を知っていたが、マスコミに教えて、そのめでたい場に記者が押しかけるのは避けたいと思い、どこにいるか知らないと言ったのだった。

手塚は「週刊読売」一一月二四日号にエッセイ『鉄腕アトム奮戦むなしの記』を寄せている。

〈留守中に記者達が、虫プロの臨終の記事の取材に飛び回っているのを知らなかった。翌日朝刊を見てビックリした。手塚治虫が行方不明だという。こいつは漫画になるわいと思った。

そういえば鉄腕アトムも、最終回はロケットにうちまたがり、イカロスのように太陽の方角へとび込んだまま、行方知れずになるのである。

だが虫プロの最終回は、そんな格好の良い最後ではなかった。

「もうこりごりでしょう。手塚さんはやっぱり作画に戻るべきでしたよ」／と手塚治虫は自問自答する。

「いや、また作りますよ、動画を。このままで虫プロが消えては、迷惑かけた方々に申し訳が立たんし、動画という無限の可能性を秘めた新芸術様式を、マンネリズムのままに置きたくない」／と殊勝なことを言う手塚がいるかと思えば
「ああ疲れた。おれもヤキがまわったな」とガックリする手塚もいる。

どっちが本音かは分からない。〉

このエッセイに手塚はこうも書いている。

〈現在の動画界を見渡せば、なにもめぼしい進歩はない。動画界は沈滞しきっていて、当分の間意欲

的な創造者は現れないだろう。すると動画界のメッカと自負していた虫プロの存在価値はなにもなかったのだろうか。〉

手塚治虫は知らなかった。すでに新しい才能、新しいジャンルが、テレビアニメで開花しようとしていたことを。少なくとも、二つの作品が世に出るのを待っていた。

# エピローグ

東映動画設立に始まった日本のアニメーションは、虫プロという小さな王国の『鉄腕アトム』によって、一気に大国化が進んだ。その建国の英雄である手塚治虫がいったん退場するのが、一九七三年だった。したがって、前章でアニメ大国建国の歴史は終わる。

以後、アニメ大国の版図は限りなく広がり、もはや一冊の本にまとめることは不可能となる。この最後の章は、建国時代の後日譚であり、いまにつながる歴史のプロローグだ。

## 虫プロのその後

虫プロダクションは一九七三年九月に、川畑栄一社長が従業員に対し、一〇月末をもって全員解雇と通告したことで、労働争議が始まった。一一月一日に不渡り手形を出し、事実上の倒産となった。

一一月一日の手形決裁が不可能なことは九月の時点で分かっていたので、川畑ら経営陣はその前に従業員を解雇し、身軽にして再建していくつもりだったが、争議勃発でそれもできなくなった。

労働組合が戦う姿勢を見せたことで、事態は動いていく。

一二月一日、労組は大口債権者の大和銀行とヘラルド映画と役員に対し、要求書を提出した。

虫プロの資産は、土地・建物と撮影機材など、そして制作した作品のフィルムとその権利だ。土地は会社のものではなく手塚治虫個人の所有だったが、大和銀行が抵当に取っている。作品の権利は、虫プロ商事倒産直後の八月、三五〇〇万円と引き換えに、ヘラルド映画に永久譲渡の契約が交わされていた。これを取り戻さなければならない。

一九七四年の『虫プロカレンダー』は作られなかった。手塚プロダクションは一九七五年（発売は一九七四年）から、『手塚治虫カレンダー』を作成する。

その時期は「一九七三年秋から冬に移ろうとする肌寒い日」としか分からないが、虫プロ倒産後のことだろう。手塚治虫は大阪・心斎橋のはずれにある、乳母車などのベビー用品の卸業の店を訪れた。その店、アップリカ葛西（現・アップリカ・チルドレンズプロダクツ）の創業者、葛西健蔵に助けてもらうためだった。

葛西と手塚の関係については、巽尚之『鉄腕アトムを救った男』に詳しい。手塚の半自伝的マンガ『どついたれ』の主人公のひとり、「葛城健二」のモデルとなった人物だ。葛西はビジネスとは別に、非行少年や犯罪者の更生にも尽力しており、困っている人がいれば助ける――そういう人だった。手塚との交流は、『鉄腕アトム』の商標をアップリカ葛西の商品に使用したことから始まった。

手塚が一三年後の一九八六年に書いたエッセイ『どん底の季節』には、虫プロ倒産の少し前、手塚も役員も右往左往していたときに葛西が現れて、「この後始末には私が及ばずながらお手伝いしましょう」と申し出て、〈葛西氏は、ご自分が債権者の一人でありながら、先頭に立って整理の指示を始めた。〉と書かれている。葛西は月に何度も上京して、アドバイスをした。葛西の言葉として、手塚はエッセイにこう書いている。

〈普通、倒産すると経営者はすっからかんになっておしまいです。先生の場合は、無からまた有が出ますさかい厄介や。債権者かて、ないもんはしょうない、というようには納得しまへん。／それに、なんとしてもアトム始め、無形の財産があれだけありますからなあ。あれの活用次第でね、何度でも立ち直れるでしょう。あの財産は大事にしなはれ。〉

その後、葛西が具体的にどうしてくれたかは、このエッセイには記されていない。そこで『鉄腕アトを救った男』を参照しながら追ってみる。

手塚がやって来た寒い日は、葛西の店は定休日だった。午後二時ごろ、店の木戸を激しく叩く音がして、葛西が何事かと玄関を開けると、手塚が立っていた。

〈「葛西さん、どうか助けてほしいんです」／手塚の悲壮な声に、葛西は即座に事態を飲み込むことができなかった。〉

葛西は手塚を招き入れ、事情を聞いた。虫プロと虫プロ商事の約束手形に、手塚が個人保証し裏書きをしていた。その手形が不渡りとなり、いわゆる「やばい筋」にまわっていたのである。債権回収屋が手塚のもとに押しかけ、「借りた金は返さんかい」と凄む。それを振り払い、どうにか大阪まで葛西を頼って逃げてきた。

〈「ヤ、ヤクザに殺されそうなんです。片腕を取られるかもしれない。ぼくはいったいどうしたらいいでしょうか?」／と、手塚は打ち明けた。借金の取り立ては凶暴であると信じていたのであろう。手塚らしからぬ、憔悴ぶりだった。〉

すでに手塚は冷静さを失っていた。「台湾へ逃げたら追ってこないのではないでしょうか」と言い、葛西を呆れさせた。「アフリカの奥地のジャングルにまで行けば借金取りも追ってこないだろうけど、ライオンに食われるかもしれない」などと、葛西は笑えない冗談で応じたあと、まじめな善後策を考えた。

手塚の自宅や虫プロのある土地は、銀行が抵当に取っているから、時間の問題で処分される。残る最大の資産は、手塚がこれまでに生み出したマンガとそのキャラクターの著作権だ。今後描くものもあるから、その資産は増えていく。これを差し押さえられたら、手塚の再起は難しい。

葛西は、「先生の描いた作品の版権をいったん、すべて私の名義に書き換えませんか」と提案した。葛西のものになってしまえば、回収屋は手が出せなくなる。

危険と言えば、危険だった。すべての版権が葛西のものなってしまうのだ。もし葛西が邪《よこしま》な人間だったら、手塚は本当にすべてを失ってしまう。しかし、手塚は葛西を信用した。

ここで「西崎義展が手塚のキャラクターの権利をすべて手に入れた」という説と矛盾が生じるのだ。西崎が得たのはトリトンなど、一部だけだったのかもしれない。

数日後、葛西は東京に来て弁護士とも相談し、特許事務所を介して手塚の作品とキャラクター約六〇〇件の版権の名義変更の書類に実印を押した。つまり、六〇〇〇枚の書類を作成した。

手塚の後ろ盾となった葛西のもとには、怪しげな債権者から「会って話したい」との電話が頻繁にかかるようになった。「版権を譲れ」と言う。葛西はもちろん断った。

借金そのものは消えないが、とりあえず手塚が追いかけられることはなくなり、マンガの執筆に専念できるようになったのである。そして倒産騒動が落ち着いた後、権利は手塚へ返還される。

一九七四年の手塚プロダクションの年賀状には、手塚治虫による手書きの文字でこうあった。

〈昨年はイロイロ多事多ナンでした。今年は一年のロスをバンカイすべく、千里馬の如くがんばります。このタクマシキヤセ腕で！〉

一月から、手塚は日本共産党機関紙「赤旗 日曜版」に『タイガーランド』の連載を始めた。労働者の味方であるはずの共産党が、資本家である手塚治虫に付くという異例の展開になった。これは虫プロ労組が共産党系ではないからだった。

二月には荻窪の画廊で「手塚治虫30年展」が開催され、講演・サイン会もして、ファンを喜ばせた（筆者は中学一年生だったが、この展覧会へ行った）。

虫プロは三月四日の株主総会で、再建を断念し会社を整理すると決定、池谷という弁護士が清算人に就任した。労組は会社ではなく、債権者を交渉相手に絞る戦術をとった。

三月二〇日に虫プロ労組と大和銀行との間で交渉が妥結した。虫プロのある土地は手塚が虫プロ設立前に購入したもので、手塚のものである。だが、手塚が土地を一億三〇〇〇万円で売却し、大和銀行が債権を回収したうえで、そのうちの一〇〇〇万円を労組に譲渡し、さらに一五〇〇万円する第一スタジオのある土地の抵当権も譲渡するという内容だった。

これにより手塚は土地を失い、家族と住む家も手放す。倒産時は経営には関わっていなかったので、逃れようと思えばできたかもしれないが、あまりにも潔かった。

これで手塚治虫はアニメには関わらないだろうと、誰もが思う。創作はマンガで充分にできるのだし、前年秋に連載を開始した『ブラック・ジャック』は編集部が驚くほど人気が出ていた。

さらに手塚は『W3』事件で決裂した「週刊少年マガジン」と歴史的和解をし、四月二一日号では巻頭グラビアで「特集　手塚治虫30年史」が展開され、読み切り『おけさのひょう六』を描いた。この和解が、七月七日号からの『三つ目がとおる』につながり、さらに一九七七年から刊行された「手塚治虫漫画全集」へ発展していく。

虫プロを失ったが、マンガ家・手塚治虫は健在だった。

六月二七日には、詳細は不明だが、労組と取締役・西崎義展との間で、何らかの和解が成立している。西崎は『宇宙戦艦ヤマト』の制作中で、同アニメは一〇月に放映開始となる。

西崎と労組との和解内容は、西崎が持つ虫プロへの債権三〇〇〇万円を労組に譲渡し、さらに二〇〇〇万円を西崎が労組へカンパするという内容だった。西崎が退職金代わりに虫プロのアニメ数本の権利を手にしたという説もある。倒産時の西崎について、社員だった安彦良和は「払うべきものを払わない」「直接じゃないけど不払いで非常に困った」と語っている(『吉田豪の巨匠ハンター』)。

残るはヘラルド映画との交渉だった。一一月二七日、ヘラルドはフィルムの一部返還を認めるとともに、「①フィルムの二分の一をヘラルドが取る代わりに三五〇〇万円の債権を放棄する」「②全フィルムを組合に渡し、債権はフィルム収益から回収する」の二案を提示した。

一二月二六日の交渉の場では、ヘラルドは②案を撤回したいとの意向を示した。

一二月、手塚は練馬区富士見台の豪邸を引き払い、杉並区下井草の借家へ引っ越した。引っ越しの前夜、「明日、引っ越します」と手塚は葛西へ電話で伝えた。その声は、明るかったという。

交渉は越年し、一九七五年が明けた。

二月六日の虫プロ労組との交渉の場で、ヘラルドはフィルムの全面返還を検討すると言明した。

虫プロの第二スタジオは賃貸しているもので、家賃が滞っていたため、家主から立退請求の裁判が清算人と労組に対して起こされ、組合名義の貯金五四〇万円が未払い家賃として差し押さえられた。

三月には日本青年館で虫プロ名画祭が開催された。

そのころ――虫プロ商事の整理に動きがあった。

三月二八日に東京地方裁判所で開かれた債権者会議で、「強制和議」が成立したのだ。債務を引き受けたのは、「産業廃棄物を処理する日本産業資源社長、大西年夫」なる人物だった。大西は、私財を投じて全債務の四四パーセントにあたる約一億七六〇〇万円を肩代わりすると言う。債権者会議には全債権者約一五〇名のうち八一名が出席し、債権額の二五パーセントを回収して、残額は放棄することで和議が成立した。これで手塚治虫は虫プロ商事の債務から解放された。

大西は新たに「虫プロ企画」を設立すると語った。新会社では手塚のマンガを出版、早ければ年内には新雑誌も創刊し、レジャーランド・虫プロ王国も開設すると、大風呂敷を広げた。

毎日新聞三月二九日付には以上の内容とともに、大西の談話として、〈私は手塚さんと親しかったわけではない。しかし、私の三人の子どもは〝鉄腕アトム〟を読んで成長した。〝鉄腕アトム〟によって正義の心を教育された。この美しい漫画をなくしてしまうのは惜しい。そんな気持から再建しようと思った。〉とある。

大西という救世主の登場を、毎日新聞は「鉄腕アトムが帰ってくる」、朝日新聞は「よみがえる鉄腕アトム」などの見出しで好意的に報じた。「週刊大衆」四月一七日号には、大西が「二〇万坪の土地を手放して債務に充てると語った」とある。

八月一日に、文民社から「手塚治虫作品集」の第一巻として、『ハトよ天まで』が発行された。文民社は虫プロ商事の編集者だった清野正信が創業し、『ハトよ天まで』が最初の本と思われる。定価五〇〇〇円で箱入りハードカバーという丁寧な造本だった。この本の発行人が、「大西年夫」なのだ。「虫プロ企画」の最初の仕事だろうか。だが、再版からは清野の名になり、「手塚治虫作品集」の第二巻以降にも大西の名はない。

この本が印刷されるころまでは、大西は手塚の周囲にいたのだと思われる。だが、行方不明になる。大西年夫は詐欺の常習犯だったのだ。日本産業資源なる会社も実態がなく、持っていると言っていた土地も他人のものだった。債権者たちの調査が甘いと言えば甘い。

しかし、和議は成立していたので、手塚が保証人となっていた債務は法的には消えていた。手塚は債務を免れたのだ。手塚と大西がグルになっていたわけではない。また、文民社の清野と大西の関係も不詳だが、共犯ではないだろう。大西が「おれがカネを出す」と言って『ハトよ天まで』を作ったが、支払う段になって消えたのかもしれない。文民社はそののちも出版活動を続け、豪華な「手塚治虫作品集」は一〇巻まで出る。

こうして虫プロ商事のほうは、奇妙な顛末で負債が消えた。もっとも再建もできず、虫プロ商事が刊行したマンガは古書店のゾッキ本市場に流れた。後年、これらのマンガは高値がつく。


虫プロの労働争議はまだ続く。六月二〇日の交渉で、ヘラルドはフィルムの全面返還を原則的に認めたものの、覚書が交わされるのは半年後の翌一九七六年一月二三日だった。労組がフィルムの全面返還を勝ち取る内容だったが、条件もあり、テレビアニメ『リボンの騎士』『あしたのジョー』『国松さまのお通りだい』の三本と、劇場用の『千夜一夜物語』『クレオパトラ』『哀しみのベラドンナ』の三本については、ヘラルドが協定調印後の三年間は権利を有し、その後は労組に戻す、その間の収益は双方で五〇パーセントとする、というものだった。

だが、これに会社側が異議を申し立て、ヘラルドに対し「フィルムの権利は会社のものだ」というルムの著作権が資産になることを示すものでもあった。

この後、さらにさまざまな交渉が続き、一九七六年一二月に労働組合と大口債権者との間で、組合主体で再建することで合意した。手塚も協力するとの文書を出し、再建は旧経営陣の手を離れた。

一九七七年二月三日、フジテレビの木曜一九時の枠で、アニメ『ジェッター・マルス』の放映が始まった。虫プロ倒産直前の一九七三年一〇月六日に最終回となった、『ミクロイドS』以来の手塚アニメだった。『鉄腕アトム』のリメイクで、東映動画が制作し、元虫プロのりんたろうがチーフ・ディレクターに招聘された。他にも元虫プロのアニメーターが参加し、マッドハウスが制作協力として表示されている。

アトムとよく似ているが、微妙にデザインは異なり、他の登場人物の名も違う。手塚の説明では、『アトム』としてリメイクできないのは、最初にテレビアニメ化した際のスポンサーでもあった明治製菓が、アトムのキャラクターの権利を持っているためだという。『ジェッターマルス』は同年九月まで二七回にわたり放映される。

一九七七年六月二〇日、労組と清算人の間で和解が成立し、組合員の解雇が撤回された。七三年九月に通告された解雇が、四年三か月かかってようやく撤回されたのだ。七月二二日には組合、清算人、ヘラルドの三者間の和解が成立した。会社は組合の要求した「解雇撤回」「企業再建」「労働債権の保障」を呑んだ。すでに解雇は撤回されており、労働債権の支払いにかえて機材・備品を譲渡し、会社は、「ヘラルドがフィルムの権利を組合に譲渡する」合意を承認して、労働債権の問題も解決した。一方、組合は会社にかわって一般債務を引き受けた。二六日には、第二スタジオの立ち退き問題でも和解が成立した。会社と組合は建物を引き渡し、組合は家主に和解金三四〇万円を支払い、将来の第二スタジオの買い取り、あるいは賃貸契約についての念書が交わされた。

こうして全ての問題は解決した。一一月二一日、倒産から五年が経過し、労働組合主体の新会社、虫プロダクション株式会社の設立登記がなされ、一二月一日に業務を再開した。

本書83ページに紹介した『虫プロダクション資料集』が刊行されるのは、一九七七年八月、和解成立と新会社設立の間にあたる。それゆえ発行元は「虫プロダクション資料編集室」となっている。新しい虫プロに手塚治虫は関わらない。手塚原作の虫プロのアニメは、手塚の著作権を管理する手塚プロダクションと虫プロが共同で管理していく。

## 『ハイジ』とズイヨー映像のその後

一九七四年一月六日、フジテレビの日曜一九時三〇分枠で『山ねずみロッキーチャック』の後番組として、『アルプスの少女ハイジ』第一回が放映された。制作・ズイヨー映像、企画・瑞鷹エンタープライズ、プロデューサー・高橋茂人、演出・高畑勲、場面設定・場面構成・宮崎駿、作画監督・小田部羊一、絵コンテのなかには富野喜幸（由悠季）の名もある。

「生活そのもの」を描写した点が画期的とされるが、当時はそういう「見方」をするのは業界内部の者だけだ。子どもに安心して見せられる名作路線として、親や学校に好まれていた。

この枠は一年続くのが基本なので、『アルプスの少女ハイジ』も一二月まで続くが、当然、春ごろから来年の企画が検討された。候補は二作あった。高橋は『ハイジ』に続いてスイスを舞台にした『ウィリアム・テル』を考え、電通を通してフジテレビに提案し、それでいこうと内定していた。ところが、カルピスが『フランダースの犬』を作ってくれと言っていると、電通の別セクションから伝えられる。協議の結果、「スポンサーの意向」には逆らえず、『フランダースの犬』に決まった。高橋にとっては不本意だった。

ここからがアニメ史上最大の「闇」となる。

『フランダースの犬』は一九七五年一月から放映されるが、「プロデューサー・高橋茂人」なのは、一話から四話までなのだ。そして、ズイヨー映像が制作したのは二〇回までで、二一回からは三月に設立された「日本アニメーション株式会社」が制作する。以前に『ムーミン』が東京ムービーから虫プロに交代したときは、まったく別の会社への移行だったので、スタッフも交代したが、今回はスタッフはそのままだ。日本アニメーションの所在地は、ズイヨー映像と同じだった。

高橋茂人に取材した、ちばかおり著『ハイジが生まれた日』にはこう書かれている。

〈ある日、高橋が海外の出張先から戻ってくると、スタジオはそっくり新会社に移管されていた。高畑ら現場の人間も何が起きたかわからない間の出来事だった。〉

「ある日」がいつなのか、よく分からない。高橋が明確に語らなかったのだろう。

高橋が不在の間に、ズイヨー映像は乗っ取られたのである。高橋はズイヨー映像の社長というわけではなく、本橋浩一が社長だった。新会社である日本アニメーションの社長も本橋浩一だ。ということは、「乗っ取った」というよりも、本橋が高橋を「追い出した」と言ったほうが近い。『ハイジが生

<table>
<tr><th colspan="4">『宇宙戦艦ヤマト』『アルプスの少女ハイジ』関連年表</th></tr>
<tr><th>年</th><th>西崎義展</th><th>高橋茂人</th><th>高畑勲・宮崎駿</th></tr>
<tr><td rowspan="2">1968</td><td></td><td></td><td>7月『ホルスの大冒険』</td></tr>
<tr><td></td><td>9月〜69年3月『サスケ』</td><td></td></tr>
<tr><td rowspan="5">1969</td><td></td><td>TCJ退社、瑞鷹エンタープライズ設立</td><td></td></tr>
<tr><td></td><td></td><td>3月『長靴をはいた猫』（宮崎のみ）</td></tr>
<tr><td></td><td>4〜9月『忍風カムイ外伝』</td><td></td></tr>
<tr><td></td><td></td><td>7月『空飛ぶゆうれい船』（宮崎のみ）</td></tr>
<tr><td></td><td>10月〜70年12月『ムーミン』</td><td></td></tr>
<tr><td>1970</td><td>虫プロ商事へ</td><td></td><td></td></tr>
<tr><td rowspan="4">1971</td><td></td><td>1〜12月『アンデルセン物語』</td><td></td></tr>
<tr><td></td><td></td><td>7月『アリババと40匹の盗賊』（宮崎のみ）</td></tr>
<tr><td></td><td></td><td>高畑・宮崎、東映動画退社、Aプロへ移籍。<br>『長くつ下のピッピ』準備</td></tr>
<tr><td>10月〜72年3月『ふしぎなメルモ』</td><td></td><td>10月〜72年3月『ルパン三世』</td></tr>
<tr><td rowspan="5">1972</td><td></td><td>1〜12月　『ムーミン』</td><td></td></tr>
<tr><td colspan="2">4〜9月『海のトリトン』</td><td></td></tr>
<tr><td colspan="2">6月　ズイヨー映像設立、社長は本橋浩一</td><td></td></tr>
<tr><td></td><td>『小さなバイキングビッケ』制作</td><td></td></tr>
<tr><td></td><td></td><td>12月『パンダコパンダ』公開</td></tr>
<tr><td rowspan="5">1973</td><td colspan="2">『宇宙戦艦ヤマト』の企画、動き出す</td><td></td></tr>
<tr><td>4〜9月『ワンサくん』</td><td></td><td></td></tr>
<tr><td></td><td></td><td>7月ズイヨー映像へ移籍</td></tr>
<tr><td></td><td colspan="2">『アルプスの少女ハイジ』のスイス・ロケハンへ</td></tr>
<tr><td colspan="3">11月　虫プロ倒産</td></tr>
<tr><td rowspan="5">1974</td><td></td><td colspan="2">1〜12月『アルプスの少女ハイジ』</td></tr>
<tr><td></td><td>1月〜75年3月『小さなバイキング　ビッケ』ドイツで放映</td><td></td></tr>
<tr><td></td><td></td><td>3月『パンダコパンダ　雨ふりサーカス』</td></tr>
<tr><td></td><td>4月〜75年9月『小さなバイキング　ビッケ』日本で放映</td><td></td></tr>
<tr><td>10月〜75年3月『宇宙戦艦ヤマト』</td><td></td><td></td></tr>
<tr><td rowspan="2">1975</td><td></td><td>1月〜12月『フランダースの犬』</td><td></td></tr>
<tr><td></td><td colspan="2">高橋の留守中に日本アニメーション設立、社長は本橋浩一</td></tr>
</table>

まれた日』からの引用を続ける。

〈その間、会社とスタジオの間に立たされた担当プロデューサーや制作らは苦悩していた。このまま高橋と仕事を続けたい気持ちもある。しかし資金を提供するスポンサーの意向に沿うことなしに『ハイジ』の制作は続けられない。肝心の高橋との距離を埋められないまま、彼らは板挟みとなった。だが、どんなことがあっても『ハイジ』だけは守らなければ。その思いは高橋も一緒だった。自分が正面から争えば『ハイジ』はどうなるだろう。制作どころではなくなるかもしれない。高橋は黙って身を引こうと決意する。〉

この本では、高橋追放劇は『ハイジ』制作中のように書かれている。しかし、日本アニメーションの設立は『ハイジ』の放映が終わり、『フランダースの犬』が始まっている一九七五年三月である。ズイヨー映像が制作したのも二〇回までだ。

日本アニメーションは、設立から半年後の一九七五年秋には四本を制作するまでになっている。すさまじい営業力だ。

日本アニメーション社長の本橋浩一なる人物は、どういう人なのか。アニメ関係者には話を倍にして自慢話をする饒舌なタイプと寡黙なタイプがあるが、本橋は寡黙なほうで、少なくとも自伝的なものはない。この人物について公の場で語られることは少ない。

二〇〇一年に設立二五周年記念として『日本アニメーション全作品集』（プラネット出版）が出ており、そこには本橋浩一の「ごあいさつ」があるが、〈日本アニメーション株式会社は一九七五年、世界中のファミリーに向けた作品作りを目標に設立されました〉としか設立の経緯は書かれていない。

同社のサイトには、現在の代表取締役社長である石川和子（本橋の娘）の「代表あいさつ」として、

本橋浩一が昭和50年以来「世界の子供や大人たちに素晴らしいアニメーションを提供し、感動を与え、人間性の涵養に寄与したい」という理念の下、〝情熱と愛情〟を持って制作に邁進した賜物なのです。〉とあり、本橋の創業理念が書かれているだけだ。立派な理念ではあるが、誰でも言えそうなものでもある。

本橋浩一（一九三〇〜二〇一〇）は北海道室蘭市生まれで、一九五二年に中央大学法学部を卒業し、法律書を出している学陽書房に入ったが、すぐに辞めて、本橋電機社長になった。家業を継いだのであろうか。しかし、六〇年に広告会社の代表になり、その縁で電通にいたイベント・プロデューサーの小谷正一の紹介で、一九七〇年の日本万国博覧会電力館担当プロデューサーとなり、小谷の紹介でズイヨー映像社長になった。

このように、本橋はマンガ家でも、映画会社にいたわけでも、テレビ局でアニメを担当していたわけでもない。それでも、経営手腕というか、営業力はあったのか、電通へのコネがあるからか、日本アニメーションは急成長する。

高橋は『アルプスの少女ハイジ』の権利も奪われ、取り戻すのには長い裁判が必要だった。

一九七九年に劇場版『アルプスの少女ハイジ』を制作し、八三年には『ピュア島の物語』でテレビアニメに復帰した。翌年は『森のトントたち』を制作するが、テレビのシリーズはこれが最後だった。『ムーミン』を原作に近いかたちで再度テレビアニメにしたいとの思いを抱いていたが、それは実現しなかった。

『アルプスの少女ハイジ』は後に、高畑、宮崎が名声を得ると再評価され、それを作った男として高橋も再発見される。しかし、表に出ることはなく、前述の『ハイジが生まれた日』が高橋を知る唯一の書となる。

ＴＣＪでコマーシャル・フィルムを作っていた時代から、高橋は「フィルム著作権」を訴えていた。テレビコマーシャルの著作権は、そのクライアント企業にあるとされていた時代に、制作側に映像著作権が生じていると主張したのだ。テレビアニメでも、原作者の著作権とは別に、映像化した制作会社にも権利があると主張したが、それが理解されず、ＴＣＪの村田英憲とは袂を分かった。

その主張は瑞鷹エンタープライズを興してからも唱えたであろうから、広告代理店やテレビ局に煙たがられて、失脚したのかもしれない。

## 『宇宙戦艦ヤマト』

一九七四年一〇月六日、日曜一九時三〇分、『宇宙戦艦ヤマト』はＳＦファンの期待を背負い、よみうりテレビ・日本テレビ系列で放映開始となった。未来を舞台にしたアニメはそれまでにもあった。何よりも『鉄腕アトム』が、当時の未来である二一世紀を舞台としている。しかし、『アトム』が描く未来と、『ヤマト』が描く未来とは、雰囲気が異なっていた。明と暗の違いであり、空想的か科学的かという違いだ。

『宇宙戦艦ヤマト』は、二一九九年という設定である。まったくのフィクションなのだが、細部までよく練られていた。設定の世界観がしっかりしていたのだ。ロボットの玩具を欲しがる子供に向けたものではなく、ＳＦファンに向けられたものだという意志が感じられた。松本零士のキャラクターには、これまでに見慣れていたマンガ的なものとは異なる、リアルさがあった。

第一回では、第二次世界大戦で沈んだ戦艦大和の無残な姿が映されて終わる。このボロボロの戦艦大和に人類の未来を託すしかない。大和の残骸が宇宙戦艦ヤマトに生まれ変わることは分かりきっていたが、戦艦大和の、ボロボロなのに美しい姿は絵として衝撃を与えた。

だが、同時間帯に『アルプスの少女ハイジ』が一月から放映され、すでに多くのファンをつかんでいた。まだテレビは一家に一台の時代だったので、中学生男子は、姉や妹が親と見ている『ハイジ』に付き合うしかなく、『ヤマト』の視聴率は低かった。

ライバルは『ハイジ』だけではなかった。TBS系列では、円谷プロ制作の『猿の軍団』が同じ一〇月六日から始まっていた。SF作家の小松左京、豊田有恒、田中光二が集められて原作を作り、できたSFドラマだった。豊田としては、「ヤマト」の裏番組にも関わることになったので、『ヤマト』の当初は「原案」だった肩書が「SF設定」になってしまう。

SFファンは『ヤマト』と『猿の軍団』のどちらを見るかという苦渋の選択を迫られた。『アルプスの少女ハイジ』は七四年一二月に終わり、七五年一月からは『フランダースの犬』が始まった。これも強かった。『宇宙戦艦ヤマト』と『猿の軍団』は、世界の名作を前にしながら、SFファンを奪い合ったので共倒れとなり、『ヤマト』はビデオリサーチ調べで平均六パーセント、ニールセン調べでも七・三パーセントだった。

テレビアニメが始まるのとほぼ同時に、松本零士によるマンガ版の『宇宙戦艦ヤマト』が「冒険王」一九七四年一一月号から一九七五年四月号まで連載された。月刊誌で六か月なので、マンガ版は松本零士によれば「かなりのダイジェスト版」となってしまい、七五年七月に秋田書店の「サンデーコミックス」から出る際は六〇ページほど加筆された。

『宇宙戦艦ヤマト』は、当初は一年間五二回の予定で企画されたが、放映開始前に三クール・三九回になっていた。それがさらに視聴率の低迷から、七五年三月三〇日に二クール・二六回で打ち切られてしまった。視聴率面では、西崎の制作するアニメは『海のトリトン』『ワンサくん』『宇宙戦艦ヤマト』と三連敗だ。だが、西崎は手応えを感じていた。

『宇宙戦艦ヤマト』において西崎は、著作権はすべてオフィス・アカデミーに帰属する契約をテレビ局と結んでいた。本放送が終わると、地方局に再放映権を売りまくる。地方によっては視聴率二〇パーセントを取ったところもあった。それにともない、各地にファンクラブができていった。

東京ムービーの『天才バカボン』『ルパン三世』も再放送で人気が出て、第二シリーズが決まるが、『宇宙戦艦ヤマト』はテレビの第二シリーズではなく、劇場版として蘇る。

三〇分番組だが、実際は一回二五分前後としても二六回なので、一〇時間を超えるフィルムがある。それを二時間にするための編集作業は、最終回放映から一年半近く後の一九七六年八月から始まっていた。最初に『ヤマト』に関わっていた山本暎一が呼ばれ、一〇月に山本による構成案が提出され、七七年一月に粗編集が終わった。西崎は日活の大監督だった舛田利雄にも依頼し、映画監督としての見方から構成案を作ってもらった。西崎、山本、舛田の三者が議論し、三月に舛田案をベースにした約二時間の総集編ができた。

西崎の仕事はこれからが本番だった。これを配給会社に売り込まなければならない。だが、一九七七年の時点では、劇場用アニメといえば東映まんがまつりのような子供向けのものしかない。ディズニーも当時は低迷していた。中学・高校生が見るアニメなど、映画業界の人間には考えられない。東映、東宝、松竹の大手三社には断られ、洋画配給の日本ヘラルドにも断られた。

西崎は配給会社に売り込むのは諦め、直接、映画館を持つ東急レクリエーションに持ち込むと、すぐに乗ってきた。西崎は配給会社に頼らない自主配給を決める。

前年の一九七六年に角川書店社長の角川春樹が映画製作に乗り出し、『犬神家の一族』を大ヒットさせ、独立系プロデューサーの時代が始まっていた。西崎に時代の風が吹いていた。

四月、『宇宙戦艦ヤマト』は八月公開と決まった。自主配給なので、ポスターやチラシの作成・手配もすべて自社でしなければならない。西崎はこの時点で、全国にできている『ヤマト』のファンクラブを組織化することを思いつく。さらに、以前に懇意にしていた創価学会系の民音にもアプローチした。一見、大博打のようだが、セーフティネットはあったのだ。

オフィス・アカデミー内にファンクラブの事務局を置き、全国のファンクラブにポスターを送り、目立つところに貼るように頼み、さらにラジオ番組に『宇宙戦艦ヤマト』の主題曲をリクエスト、雑誌にも特集してくれとリクエストするように依頼した。

メディア側はそういう組織があるとは知らないので、リクエストに応じていく。

こうして、ブームが仕掛けられていった。当初は東急レクリエーション系の、銀座東急、渋谷東急レックス、池袋東急、新宿東映パラスという、普段は洋画を上映する映画館での上映が予定されていたが、前売り券が三万枚を超えたので、新宿東急、丸の内東映パラスの二館も加えた。

一九七七年八月六日、『宇宙戦艦ヤマト』封切りの日には勝利は決まっていた。

二日前から各映画館の前に行列ができていた。五日の夜から行列はさらに長くなっていた。六日早朝、始発電車が渋谷や新宿に到着すると、大勢の青年が列に加わった。映画館は予定を繰り上げて、朝五時からの上映に踏み切った。

こうしたことも話題になり、報じられた。広告費を払わずに、メディアがニュースとして報じたことで、『ヤマト』はさらに注目される。都内六館の合計で、初日と二日だけで四万五三三六人を動員した。徹夜組が出た日本映画はこれが初とされる。

この結果を見て地方での上映も決まり、全国展開され、配給収入は九億円に達した。

『宇宙戦艦ヤマト』は、「アニメ」として宣伝された。それまでは「東映まんがまつり」が示すように、「マンガ映画」と呼ばれていた。「テレビアニメ」も、「テレビマンガ」と呼ばれていた。「アニメ」という言葉が定着したのも、『宇宙戦艦ヤマト』からだったのだ。

『宇宙戦艦ヤマト』で、松本零士のキャラクターとメカ描写は一気にファンを増やした。松本零士がブレイクしたとき、彼には充分なストックがあった。『銀河鉄道９９９』『キャプテン・ハーロック』などが次々とテレビアニメ、劇場アニメになっていく。

## タツノコプロのその後

マンガ家が設立したアニメ・プロダクションとして、虫プロよりも長く健全経営が続いていたタツノコプロは、一九七七年に最大の危機を迎えた。

創業者で吉田三兄弟の長男である吉田竜夫が、九月五日に肝臓がんのため、四五歳の若さで亡くなったのだ。

この時点で放映されていたのが、一月からの『ヤッターマン』と、前年からの『ポールのミラクル大作戦』だった。『ヤッターマン』は九月二一日で終わり、一〇月一八日からは『一発貫太くん』、一〇月からは『風船少女テンプルちゃん』が始まり、ここまでが吉田竜夫の名がクレジットされた作品だ。

二代目社長には吉田健二が就任し、八七年に会長に退いて、九里一平が社長になった。

二〇〇五年六月に、大手玩具メーカータカラ（現タカラトミー）が吉田家から株式の八八パーセントを取得し、傘下にした。吉田健二、久里一平は翌月、役員を退任し、吉田一族は経営から離れる。

## 東京ムービーのその後

東京ムービーは、一九七一年に国際放映傘下から独立し、藤岡豊が社長に返り咲いていた。しかし、かつてヤマ師的カンで『オバケのQ太郎』や『巨人の星』を当てた勢いはなくなっていた。

一九七三年から七四年は、『ど根性ガエル』『荒野の少年イサム』『侍ジャイアンツ』『エースを狙え』の五本を同時に制作していたが、『ど根性ガエル』以外はヒットしたとは言えず、七四秋には『はじめ人間ギャートルズ』だけに減っていた。七四年四月スタートの『柔道讃歌』は梶原一騎原作だったが、すでにスポ根ブーム、梶原ブームは終わっており、視聴率は低迷した。この『柔道讃歌』制作中に、Aプロの楠部大吉郎は過労ゆえか倒れ、一年間の療養を余儀なくされた。提携先の東京ムービーも製作本数が減っており、楠部はこの体制に疑問を抱いていた。

藤岡も行き詰まりを感じていたのだろう。それを打破すべく海外展開を図って、一九七五年にはアメリカへの進出を狙い、株式会社テレコム・アニメーションフィルムを設立した。同社の目的は、ディズニーも計画したが果たせなかったという、ウィンザー・マッケイのコミック『NEMO／ニモ』のアニメ化だった。このプロジェクトは二転三転し、一五年の歳月と五五億円が費やされたうえで、一九八九年に公開されるが、興行的には惨敗する。

もうひとつが実写映画だった。『巨人の星』で親交のできた梶原一騎は、自作『愛と誠』が松竹で映画化されたのを機に映画のプロデュースに興味を持ち、梶原プロダクションを設立した。それをさらに発展させようと、七五年に藤岡と石原プロモーションにいた川野泰彦とで、「三協映画」を設立した。三人で協力するという意味の社名だった。これで藤岡は梶原との関係を深めていく。

当然、藤岡は東京ムービーの経営が疎かになり、経営危機となった。これを打開するため、藤岡は営業部門として株式会社東京ムービー新社を設立し、従来の株式会社東京ムービーを楠部のAプロに引き取らせようとした。自分は新社でゼロから初め、楠部に負債を押し付けようとしたのだ。

当然ながら楠部はこれを断わり、一九六五年の『オバケのQ太郎』以来、一〇年にわたる業務提携を解消した。七五年一〇月からの『元祖天才バカボン』が、最後の提携作品となった。

提携解消と同時に、楠部は東京ムービーが「新社」にしたなら自分もと、Aプロを「新A」という意味の「シンエイ動画」と改め、一九七六年九月、企画と制作も行なう会社として再出発し、東京ムービーにいた弟の楠部三吉郎も合流した。

一九八三年五月、梶原一騎は雑誌編集者への暴行事件で逮捕され、失脚した。同年六月公開の『もどり川』が、三協映画による最後の映画となった。藤岡の映画ビジネスは、惨憺たる結末を迎えた。

一九八九年公開の『NEMO／ニモ』の絶望的な赤字の責任を取り、藤岡は九一年に東京ムービー関連の全ての権利を手放し、アニメ界から消えた。

## 新たな元年——一九七九年

東京ムービーとの業務提携解消後、シンエイ動画には、PR用の短編映画や他社のグロス請けしか仕事がなかった。

一九七七年秋のある日、楠部三吉郎は『ドラえもん』を思い出し、藤子不二雄（藤本弘）のもとへ『ドラえもん』をアニメにしたいと頼みに行った。楠部は藤本とは、一九七一年の『新オバケのQ太郎』で一緒に仕事をして以来の付き合いで、信頼関係はあった。しかし、藤本は断った。七三年のアニメ『ドラえもん』が失敗だった（これは東京ムービー／Aプロが制作したのではない）ので、懲りたようだ。

一九七三年のテレビアニメが半年で終わった際、小学館は学年誌での『ドラえもん』の連載を終えると言ってきていた。アニメになって人気が出たとしても、そのテレビ放映が終わると連載も打ち切られてしまうのだ。藤本はいったんは了解したが、連載を続行していた。

一方、当時の小学館には『ドラえもん』を単行本にする気もなかったので、虫プロ商事の虫コミックスで『ドラえもん』を出す計画が進んでいた。『オバケのQ太郎』『パーマン』なども、虫コミックスが出していた。しかし、虫プロ商事が倒産したので、この話もなくなっていた。

『ドラえもん』は一九七三年時点では、踏んだり蹴ったりだったのだ。だが、この禍《わざわい》が転じて福となる。一九七四年夏、小学館は新書判のてんとう虫コミックスを『ドラえもん』のために作り、第一巻が発行された。当初は全六巻の予定だったが、予想以上に売れたので、続刊が決まり、さらに『ドラえもん』の旧作再録のために、「月刊コロコロコミック」が七七年四月に創刊される。

楠部がやって来たのは、『ドラえもん』が小学生の間では充分に認知されていた時期だった。藤本はテレビアニメ化を断ったが、あまりに楠部が粘るので、「どうやって『ドラえもん』を見せるのか、原稿用紙三、四枚でいいから、あなたの気持ちを書いてください」と言った。楠部は藤本の事務所を出ると書店へ行き、『ドラえもん』全巻（この時点で一三巻まで出ていたと楠部は回想している）を買い求めると、その足で高畑勲の自宅へ向かった。

高畑勲は『アルプスの少女ハイジ』のあともズイヨー映像にいて、日本アニメーションに留まっていた。『フランダースの犬』では絵コンテを一本担当しただけだったが、一九七六年の『母をたずねて三千里』では全五二話の監督と五本の絵コンテ、七七年の『シートン動物記 くまの子ジャッキー』、七八年の『ペリーヌ物語』では絵コンテ数本、『未来少年コナン』の演出と絵コンテ、そして七九年は『赤毛のアン』の全話の演出と三六本の脚本を担い、八一年にテレコム・アニメーションフィルムへ移籍する。

楠部三吉郎は、自分では藤本の心を動かす企画書を書けそうもないので、高畑を頼ったのだ。高畑は『ドラえもん』を知らなかったが、読み終えると、「こんなすごい作品があったのか」と驚いた。楠部は事情を説明し、藤本に出す企画書を描いてくれと頼んだ。高畑は快諾した。

数日後、楠部は高畑を連れて藤本のもとへ行き、企画書を渡した。藤本は一読して、「わかりました。あなたに預けます」と言った。藤本と高畑が会ったのは、この時が最初で最後だったという。高畑は『ドラえもん』には直接は何も関わらない。

こうして楠部は『ドラえもん』のアニメ化権を得た。次はテレビ局との交渉だ。テレビ界では『ドラえもん』は失敗作との烙印が押されているので、どこも乗ってこない。楠部は「まず見せることだ」と思い、パイロット・フィルムを作った。賭けだった。

『ドラえもん』のパイロット・フィルムを、広告代理店の旭通信社（現・アサツーディ・ケイ）の関谷猪三雄に見せると、気に入ってくれた。関谷は楠部をテレビ朝日に連れて行き、編成部長の小田久栄門に見せた。小田も気に入り、テレビ朝日での放映が決まった。小学館も快諾してくれた。

しかし、テレビ朝日にアニメの著作権があり、二次利用の許諾権もあるという契約内容だったので、楠部はこれは困ると撤回させた。さらに制作資金を集めるために信用金庫と掛け合うなど奮闘し、一九七九年四月二日の放映開始へと向かった。

一九七九年四月は、『ドラえもん』の学年誌での連載が始まって九年が過ぎたところだ。九学年分の子どもがドラえもんとのび太とともに育っており、大人は知らなくても小中学生の間での知名度は高い。学年誌や「コロコロコミック」で、テレビアニメが始まると告知・宣伝されていたので、最初から高視聴率を取った。

それは、『オバケのQ太郎』のような「ブーム」という一過性のものではなかった。


一九七三年九月に虫プロ制作の『ワンサくん』の放映が終わると、その後番組はSF『ゼロテスター』で、一〇月から七四年一二月まで六六回、放映された（第四〇回からは『ゼロテスター 地球を守れ！』に改題）。元虫プロの社員が作ったサンライズの第二作だ。

『ゼロテスター』も「制作・創映社」で、東北新社主導の企画だったが、原作が鈴木良武で、監督は高橋良輔と、虫プロ出身のクリエイターの作品だ。「原作」と言っても鈴木がマンガや小説を書いたわけではなく、そのアニメの世界観を作ったという意味になる。このころから「アニメの原作」の定義が変化してくる。

第三作が『勇者ライディーン』で、創映社ではなく東北新社制作、NETの金曜七時の枠で一九七五年四月から七六年三月まで五〇回にわたり放映された。原作は鈴木良武、監督は前半の第一話から第二六話が富野由悠季（当時は喜幸）、後半の第二七話から第五〇話は長浜忠夫、キャラクターデザインは安彦良和である。

『勇者ライディーン』は、『マジンガーZ』の成功を受けて作られた。『ガンダム』へ発展するサンライズのロボットアニメの起点と位置づけていい。

『勇者ライディーン』は、「永井豪の関係しないスーパーロボットもの」の最初でもあった。『ライディーン』の成功により、テレビ局もメーカーも、永井豪原作にこだわる必要はなくなった。玩具メーカーとアニメ制作プロダクション、そしてテレビ局と広告代理店は、スーパーロボ戦国時代に突入していった。

サンライズはロボットアニメだけを作っていたのではない。一九七五年から七七年にかけてのサンライズの制作協力作品としては、他に『ラ・セーヌの星』（制作・ユニマックス）、『わんぱく大昔 クムクム』（制作・ＩＴＣジャパン）、『超電磁ロボ コン・バトラーＶ』（東映）、『恐竜探検隊ボーンフリー』（円谷プロ）、『ろぼっ子ビートン』（東北新社）、『超電磁マシーン ボルテスＶ』（東映）などがあった。

この間の一九七六年一一月にサンライズは東北新社との関係を絶って、株式会社創映社と有限会社サンライズスタジオを、株式会社日本サンライズへと改称・組織変更し、創映社はなくなった。

現在のサンライズのサイトの会社沿革には、「事業拡大を期し株式会社日本サンライズ設立」とあるが、ヒットした『勇者ライディーン』の利益配分で東北新社ともめたため、分離独立したらしい。株式会社日本サンライズが株式会社サンライズに改称するのは一九八七年六月で、九四年二月にはバンダイ・グループの傘下になる。

日本サンライズとしての自社制作第一作が、『無敵超人ザンボット3』だった。一九七七年一〇月から七八年三月までに二三回にわたり、土曜夕方五時半の枠で放映された。キー局は名古屋テレビで、東京ではテレビ朝日が金曜六時から放映した。原作が鈴木良武と富野、総監督が富野、キャラクターデザインが安彦良和、メカニックデザインは平山良二、大河原邦男とスタジオぬえという布陣となった。脚本は何人かの脚本家が、富野の設定したストーリーに従って書いていた。

この枠の第二作が『無敵鋼人ダイターン3』で、七八年六月から七九年三月まで放映された。原作は矢立肇と富野、総監督は富野、キャラクターデザインは塩山紀生と小国一和、メカニックデザインは大河原邦男だった。

第三作『機動戦士ガンダム』も、原作は矢立肇と富野、総監督は富野、キャラクターデザインは安彦良和、メカニックデザインは大河原邦男である。

虫プロ倒産とその後始末という苦難を経験し、「これでもう手塚治虫はアニメには懲りただろう」と誰もが思っていたが、そうではなかった。一九七七年に東映動画制作のテレビアニメ『ジェッター・マルス』〈一九七七〉の原案・設定をすると、七八年の東映動画の長編『世界名作童話 おやゆび姫』ではキャラクターデザインをするなど、まずは外部スタッフとしてアニメに関わり、七八年に自作『火の鳥』が市川崑監督によって実写映画化された際は、そのアニメ部分を総指揮した。

本格的な「手塚アニメ」の復活は、一九七八年八月の日本テレビの「24時間テレビ」のなかで放映された、九四分のオリジナル・アニメ『100万年地球の旅 バンダーブック』だった。以後、この枠で毎年新作アニメが作られた。筆者の記憶では、「手塚アニメ」と呼ばれるようになったのもこのときからだ。

一九七九年夏も、「24時間テレビ」で手塚アニメ『マリン・エクスプレス』が制作・放映された。宮崎駿はそのころ、一二月公開予定の『ルパン三世 カリオストロの城』の制作中だったはずだ。

テレビアニメ『ルパン三世』は、一九七一年から七二年に制作・放映されたシリーズは低視聴率だったが、再放送で人気が出たのを受けて、一九七七年一〇月に第二シリーズが始まると、今度はヒットして八〇年三月まで三年も続いた。『宇宙戦艦ヤマト』により、高校生・大学生向けの劇場用アニメがブームになっていたのを受けて、七八年一二月に劇場用オリジナル長編『ルパン三世』（監督・吉川惣司、後に『ルパン三世 ルパンVS複製人間』に改題）が公開されると、九億円を超える配給収入となった。当然、第二弾をとなって、大塚康生が監督を打診されたが断わり、宮崎駿を推薦した。

宮崎は、高畑とともに日本アニメーションで『赤毛のアン』に関わっていたが、『ルパン三世』を引き受けた。

そして――一九七九年一二月、『ルパン三世 カリオストロの城』が公開された。東京ムービー新社の制作で、脚本・監督が宮崎駿、作画監督が大塚康生である。

『カリオストロの城』は、公開時はヒットしたとは言えない。まだ宮崎駿の時代ではなかった。しかし、それはもうすぐそこまで来ていた。

一九七九年は、『ドラえもん』『機動戦士ガンダム』、「宮崎アニメ」という、いまもなお続いているコンテンツが誕生した年——アニメ史における二度目の「元年」だったと言える。

その新時代で、手塚治虫は「時代の主役」ではなかったかもしれないが、重要人物であり続け、一九八九年二月、昭和の終わりとともに、その短い生涯を終えた。六〇歳だった。

手塚治虫が亡くなったとき、おびただしい数の追悼の文章が書かれたが、そのなかで異常な内容だったのが、「コミックボックス」一九八九年五月号の「特集ぼくらの手塚治虫先生」のなかでの、宮崎駿のインタビューだった。

宮崎はこのインタビューに応じた一九八九年には四八歳になっており、『風の谷のナウシカ』『天空の城ラピュタ』『となりのトトロ』を発表し、この年の七月に『魔女の宅急便』が公開される。すでにアニメ映画監督として、手塚治虫に並ぶ名声を得ていた。

宮崎は、手塚治虫を悼む大合唱はたくさんあるだろうから、それに声を揃える気はないと、挑発的に語り始める。〈要するに、手塚さんを神様だと言っている連中に比べてずっと深く、関わっているんだと思います。闘わなきゃいけない相手で、尊敬して神棚に置いておく相手ではなかった。手塚さんにとっては全然相手にならないものだったかもしれないけど、やはりこの職業をやっていく時に、あの人は神様だと言って聖域にしておいて仕事をすることはできませんでした。〉

宮崎は手塚マンガに少年時代に出会い、魅力を感じたこと、意識しないうちに影響を受けたことなどを語った後、アニメについてはこう断罪する。〈アニメーションに対して彼がやった事は何も評価できない。虫プロの仕事も、ぼくは好きじゃない。好きじゃないだけでなくおかしいと思います。〉

虫プロのいくつかの作品や手塚の発言を批判した後、宮崎はこう説明する。

〈昭和三八年に彼は、一本五〇万円という安価で日本初のアニメ『鉄腕アトム』を始めました。その前例のおかげで、以来アニメの製作費が低いという弊害が生まれました。／それ事態は不幸なはじまりではあったけれど、日本が経済成長を遂げていく過程でテレビアニメーションはいつか始まる運命にあったと思います。引き金を引いたのが、たまたま手塚さんだっただけで。〉

そしてこう続ける。〈ただ、あの時彼がやらなければあと二、三年は遅れたかもしれない。そしたら、ぼくはもう少し腰を据えて昔のやり型の長編アニメーションの現場でやることができたと思うんです。／それも、今ではどうでもいいことですけれど。〉

『鉄腕アトム』のヒットが、宮崎のいた東映動画の経営方針を変えたのは事実だ。アトムがなければ、東映動画は年に一作か二作の長編をじっくりと作っていただろう。旧体制《アンシャンレジーム》である東映動画のまじめなアニメーターたちにとって、手塚治虫と『鉄腕アトム』は疫病神に映ったとして、不思議ではない。

宮崎の手塚への呪詛そのものが、アトムが革命だったことを物語っている。

歴史をみれば、革命体制を維持するために多くの革命家は独裁者に転じた。しかし、手塚治虫は独裁者にならなかった。虫プロからの退場と虫プロの倒産という「神の失脚」は、意図したわけではないだろうが、次世代が手塚をたやすく乗り越える環境を作ったと言える。

虫プロの経営が危うくなったことで、多くの人材が出て行き、散らばったことで、日本のアニメは多様化していった。

一九六三年——手塚治虫という才能と情熱とそれなりの資金を持っていた、ひとりの青年によって、「テレビアニメ」という新しいジャンルの文化が生まれた。それは、一〇年もたたずして巨大な産業に発展した。

# あとがき

うしおそうじは二〇〇四年に八二歳で亡くなった。ピー・プロは現在も会社としては存続し、息子で作曲家の鷺巣詩郎が引き継いでいるようだが、アニメや特撮ものの制作はしていない。

一九六〇年代にテレビアニメを作っていたプロダクションで、いまもなお同じ経営形態と同じ名称で活動しているところは、一社もない。

最大手の東映動画も、一九九八年に「東映アニメーション株式会社」に社名変更した。こんにち「動画」といえば、あらゆる映像素材を指すので、二〇年以上前の社名変更は先見の明があった。

「動画」「漫画映画」「テレビまんが」と呼ばれていたアニメーションは、現在では「アニメ」が正式名称と言っていい。

『鉄腕アトム』によって、アニメーションは決定的に変わったのだ。

「フルアニメーションでなければアニメーションではない」とか、「手塚治虫の言うリミテッド・アニメは、本来のリミテッド・アニメーションとは違う」とか、学術的には異論があるとしても、アニメーションは手塚治虫＝虫プロによって「アニメ」になった。

アニメがあまりにもビジネスとして巨大になり産業になってしまったことで、かえって見えなくなっているが、『鉄腕アトム』はアニメーションの作り方だけでなく、そこで描かれるものまで変えた藝術革命であった。

ひとつやふたつ、前衛的な作品が生まれただけでは、叛乱や事件である。革命は持続して拡張してひとつの体制にならなければ、革命とは言えない。アニメが革命になったのは、瞬時に手塚治虫・虫プロを追随して多くの作品が生まれたからでもある。手塚治虫もすごいが、ヤマ師的プロデューサーたちの暗躍や、アニメーターたちの奮闘も、すさまじいスピード感がある。この勢いがあったからこそ、アニメ大国は生まれた。


この本はその藝術革命が大国という体制へと変化していく過程を人物中心に描いた。何十人も登場しているが、ごく一部でしかなく、言及できなかった人々は多い。資料性という観点からみれば不十分だろうが、データブックではないのでご容赦いただきたい。

個々の作品について論じるのが目的ではないにしろ、記述の濃淡は、その作品への思いを表していると思う。その意味では、客観的な本ではない。

有名アニメーターが何人も漏れているわりには、マンガ家についての記述が多いのは、「テレビアニメ」がマンガと密接に発展していったという視点で書いたためだ。それは、私自身がアニメを「テレビまんが」と呼んで育った世代だからかもしれない。

マンガ史シリーズとして、本書は『手塚治虫とトキワ荘』（集英社）の続編でもある。

書く前は、ドラマでいえば、「二時間ドラマで前編・後編二回で終わるくらいのもの」のつもりだったが、担当の木下衛氏の「ページは気にしないでください」との言葉をいいことに、大河ドラマとはまでは言わないが、ワンクールのドラマくらいになってしまった。最後は『鉄腕アトム』前夜の虫プロなみの過酷な日日となったが、この本にふさわしいかなと思いながら、このあとがきを書いている。

# 主な参考文献

文中で触れた作品のDVD、原作のマンガは除いた。書名で副題、シリーズ名などは略したものもある。


**アニメ史**

アニメージュ編集部(編)『TVアニメ25年史』徳間書店(一九八八)
アニメージュ編集部(編)『劇場アニメ70年史』徳間書店(一九八九)
山口康男(編著)『日本のアニメ全史――世界を制した日本アニメの奇跡』テン・ブックス(二〇〇四)
叶精二『日本のアニメーションを築いた人々 新版』復刊ドットコム(二〇一九)
津堅信之『日本アニメーションの力――85年の歴史を貫く2つの軸』NTT出版(二〇〇四)
津堅信之『新版 アニメーション学入門』平凡社新書(二〇一七)
津堅信之『テレビアニメ夜明け前――知られざる関西圏アニメーション興亡史』ナカニシヤ出版(二〇一二)
草川昭『アトムの子らは荒野をめざす――テレビ・アニメ20年史』立風書房(一九八一)
ノスタルジックTV倶楽部(編)『ずっとアニメが好きだった!』メディアファクトリー(一九九三)
『企画展「日本アニメの黎明期を探る」(図録)』読売新聞社(二〇〇〇)
マーク・スタインバーグ、大塚英志(監修)、中川譲(訳)『なぜ日本は〈メディアミックスする国〉なのか』角川EPUB選書(二〇一五)
山口且訓・渡辺泰、プラネット(編)『日本アニメーション映画史』有文社(一九七八)
古田尚輝『『鉄腕アトム』の時代――映像産業の攻防』世界思想社(二〇〇九)
「月刊マンガ少年」臨時増刊『TVアニメの世界』朝日ソノラマ(一九七七)
スタジオ・ハードMX『スーパーロボット画報――巨大ロボットアニメ三十五年の歩み』竹書房(一九九七)
五十嵐浩司『ロボットアニメビジネス進化論』光文社新書(二〇一七)

大下英治『日本ヒーローは世界を制す』角川書店（一九九五）
朝日ソノラマ（編）『TVアニメ史　ロボットアニメ編』『メルヘン&少女編』『名作アニメ編』朝日ソノラマ、アニメ文庫（一九八一）
朝日ソノラマ（編）『アニメ界に強くなる本』朝日ソノラマ、アニメ文庫（一九八一）

**虫プロダクション、手塚治虫**

『虫プロダクション資料集――1962〜1973』虫プロダクション資料集編集室（一九七五）
「月刊OUT」一九七九年七月号『虫プロ特集!!』みのり書房（一九七九）
山本暎一『虫プロ興亡記――安仁明太の青春』新潮社（一九八九）
皆河有伽『日本動画興亡史――小説手塚学校（1、2）』講談社（二〇〇九）
豊田有恒『日本SFアニメ創世記――虫プロ、そしてTBS漫画ルーム』TBSブリタニカ（二〇〇〇）
柴山達雄・小林準治『誰も知らない手塚治虫――虫プロてんやわんや』創樹社美術出版（二〇〇九）
宮崎克（原作）、野上武志（漫画）『TVアニメ創作秘話――手塚治虫とアニメを作った若者たち』秋田書店（二〇一九）
手塚プロダクション（編）『手塚治虫劇場――手塚治虫のアニメーションフィルモグラフィー』手塚プロダクション（一九九一）
手塚プロダクション・秋田書店（編）『手塚治虫全史――その素顔と業績』秋田書店（一九九八）
手塚治虫『手塚治虫エッセイ全集（全八巻）』、講談社版「手塚治虫漫画全集」（一九九六〜九七）
手塚治虫『手塚治虫対談全集（全四巻）』、講談社版「手塚治虫漫画全集」（一九九六〜九七）
手塚治虫『手塚治虫 ぼくのまんが道』新日本出版社（二〇〇八）
『手塚治虫　漫画40年――不滅の年輪』秋田書店（一九八四）
平田昭吾・根本圭助・会津漫画研究会『日本のレオナルド・ダ・ヴィンチ 手塚治虫と6人』ブティック社（二〇〇五）
『永久保存版 手塚治虫の軌跡 全作品リスト（私家版）』山本やすひこ（一九九二）
沖光正『鉄腕アトム大事典』晶文社（一九九六）
橋本一郎『鉄腕アトムの歌が聞こえる――手塚治虫とその時代』少年画報社（二〇一五）
峯島正行『回想 私の手塚治虫――『週刊漫画サンデー』初代編集長が明かす、大人向け手塚マンガの裏舞台』山川出版社（二〇一六）
秋山満『COMの青春――知られざる手塚治虫』平凡社（一九九〇）
石津嵐『秘密の手塚治虫――世界に通用する男の生き方』太陽企画出版（一九八〇）
手塚プロダクション・村上和彦（編）『手塚治虫がいなくなった日』潮出版社（一九九五）
「別冊COMIC BOX」Vol.4『ある日の手塚治虫――56人が描き語るとっておきの手塚治虫』ふゅーじょんぷろだくと（一九九九）

伴俊男・手塚プロダクション『手塚治虫物語（全三巻）』朝日新聞社（一九九二〜九四）
大下英治『手塚治虫――ロマン大宇宙（上・下）』潮出版社（一九九五）
二階堂黎人『僕らが愛した手塚治虫』小学館（二〇〇六）／『同 2』小学館（二〇〇八）／『同 激動編』原書房（二〇一二）／『同 復活編』南雲堂（二〇一六）／『同 推進編』南雲堂（二〇一八）
巽尚之『鉄腕アトムを救った男――手塚治虫と大阪商人『どついたれ』友情物語』実業之日本社（二〇〇四）
今川清史『空を超えて――手塚治虫伝』創元社（一九九六）
津堅信之『アニメ作家としての手塚治虫――その軌跡と本質』NTT出版（二〇〇七）
一億人の手塚治虫編集委員会（編）『一億人の手塚治虫』JICC出版局（一九八九）

### スタジオ・ゼロ、鈴木伸一、藤子不二雄、赤塚不二夫、石ノ森章太郎

幸森軍也、鈴木伸一（監修・挿画）『ゼロの肖像――「トキワ荘」から生まれたアニメ会社の物語』講談社（二〇一二）
鈴木伸一『アニメが世界をつなぐ』岩波ジュニア新書（二〇〇八）
藤子不二雄『二人で少年漫画ばかり描いてきた――戦後児童漫画私史』毎日新聞社（一九七七）※後にFとⒶ連名の名義に
藤子不二雄Ⓐ『藤子不二雄Ⓐを読む』小学館（二〇一四）
藤子・F・不二雄『藤子・F・不二雄の世界 改定新版』小学館（二〇一一）
「Pen+」『大人のための藤子・F・不二雄』CCCメディアハウス（二〇一二）
米沢嘉博『藤子不二雄論――FとⒶの方程式』河出書房新社（二〇〇二）
赤塚不二夫『いま来たこの道帰りゃんせ』東京新聞出版局（一九八六）
赤塚不二夫『これでいいのだ』NHK出版（一九九三）
『赤塚不二夫展　ギャグで駆け抜けた72年（図録）』赤塚不二夫展製作委員会（二〇〇九）
『赤塚不二夫80年ぴあ』ぴあ（二〇一五）
武居俊樹『赤塚不二夫のことを書いたのだ!!』文藝春秋（二〇〇五）・文春文庫（二〇〇七）
長谷邦夫『赤塚不二夫 天才ニャロメ伝』マガジンハウス（二〇〇五）
長谷邦夫『ギャグにとり憑かれた男――赤塚不二夫とのマンガ格闘記』冒険社（一九九七）
名和広『赤塚不二夫大先生を読む』社会評論社（二〇一一）
名和広『赤塚不二夫というメディア――破戒と諧謔のギャグゲリラ伝説』社会評論社（二〇一四）
石ノ森章太郎『石ノ森萬画館――HOTARO WORLD』メディアファクトリー（一九九七）

石ノ森章太郎『遊びをせんとや生れけむ』メディアファクトリー（一九九七）
石ノ森章太郎『ことばの記憶』清流出版（二〇〇八）
『石ノ森章太郎萬画大全集を500倍楽しむガイドブック』角川書店（二〇〇八）
石森プロ（監修）『完全解析！石ノ森章太郎』宝島社（二〇一八）
石森プロ（監修）『石ノ森章太郎クロニクル 魂』玄光社（二〇一八）
山田夏樹『石ノ森章太郎論』青弓社（二〇一六）
『甦る！石ノ森ヒーローファイル』学研パブリッシング（二〇一三）
HYPER MOOK『昭和石ノ森ヒーロー列伝』徳間書店（二〇一三）

**東映動画（東映アニメーション）**

東映動画株式会社（編）『東映動画長編アニメ大全集（上・下）』徳間書店（一九七八）
『東映アニメーション50年史　1956-2006』東映アニメーション（二〇〇六）
『東映十年史 1951年-1961年』東映（一九六二）
岸松雄『偉大なる青雲――闘魂と努力の経営人 大川博伝』鏡浦書房（一九六五）
津堅信之『ディズニーを目指した男 大川博――忘れられた創業者』日本評論社（二〇一六）
大川博『真剣勝負に生きる――計数と情熱の二刀流』ダイヤモンド社（一九六七）

**タツノコプロ、吉田竜夫、久里一平**

但馬オサム『世界の子供たちに夢を――タツノコプロ創始者 天才・吉田竜夫の軌跡』メディアックス（二〇一三）
タツミムック『タツノコプロアニメ大全史』辰巳出版（一九九八）
タツノコプロ（監修）『50周年記念 タツノコプロテン』風雅舍（二〇一二）
ベストムックシリーズ『語れ！タツノコ』ベストセラーズ（二〇一三）
原口正宏・長尾けんじ・赤星政尚『タツノコプロ インサイダーズ』講談社（二〇〇二）
九里一平（総監修）『FILM BOOK 1962～1992』バンダイ（一九九三）
九里一平『九里一平 PAST & FUTURE』出版ワークス／河出書房新社（二〇一六）
九里一平『九里一平作品集』求龍堂（二〇一二）

**ピー・プロダクション**

うしおそうじ『手塚治虫とボク』草思社（二〇〇七）
鷺巣富雄『スペクトルマン vs ライオン丸――うしおそうじとピープロの時代』太田出版（一九九九）
鷺巣富雄（監修）、堤哲哉（編著）『マグマ大使 パーフェクトブック』白夜書房（一九九九）

**その他のプロダクション**

東京ムービー（監修）『東京ムービーアニメ大全史』辰巳出版（一九九九）
アニメージュ編集部（編）『「アニメージュ」が見つめたTMSアニメ50年の軌跡』徳間書店（二〇一五）
「少年なつ漫王 第9号」『栄光のエイケン（TCJ）初期アニメ』アップルBOXクリエート（一九九一）
タツミムック『サンライズ アニメ大全史』辰巳出版（一九九七）
『25周年記念 日本アニメーション全作品集』プラネット出版（二〇〇一）

**マンガ家**

大城のぼる・手塚治虫・松本零士『Oh!漫画』晶文社（一九八二）
うしおそうじ『昭和漫画雑記帖』同文書院（一九九五）
講談社（編）『少年のころの思い出漫画劇場』『桑田次郎の世界』講談社（二〇〇九）
タツミムック『怒涛のストーリー・テラー 横山光輝のすべて』辰巳出版（二〇〇五）
毛利甚八『白土三平伝――カムイ伝の真実』小学館文庫（二〇二〇）
松本零士『遠く時の輪の接する処』東京書籍（二〇〇二）
松本零士『松本零士 無限想像軌道』小学館（二〇一八）
松本零士（監修）『画業60周年 松本零士の零次元漫画館』学研パブリッシング（二〇一四）
『松本零士展（図録）』アートスペース（二〇一四）
文藝別冊『ちばてつや 漫画家生活55周年記念号』河出書房新社（二〇一一）
永井豪『豪――波瀾万丈痛快自伝エッセイ』講談社（二〇〇四）
永井豪『デビルマンは誰なのか』講談社（二〇〇四）
『永井豪　世紀末展（図録）』永井豪世紀末展実行委員会（一九九八）
永井豪『永井豪クロニクル――無限に広がるダイナミックワールド』ゼスト（一九九八）

双葉社（編）『追悼、モンキー・パンチ。――ある漫画家の、60年間の軌跡』双葉社（二〇一九）

## アニメーター、演出家

萩原由加里『政岡憲三とその時代――「日本アニメーションの父」の戦前と戦後』青弓社（二〇一五）
たつざわ『芦田漫画映画製作所の通史的な解明』アニメ・マンガ評論刊行会（二〇一八）
横山隆一『わが遊戯的人生』日本図書センター（一九九七）
杉井ギサブロー『アニメと生命と放浪と』ワニブックスPLUS新書（二〇一二）
森下孝三『東映アニメーション演出家40年奮闘史』一迅社（二〇一〇）
「PLUS MADHOUSE」04『りんたろう』キネマ旬報社（二〇〇九）
別冊宝島編集部（編）『完全解析！出崎統――アニメ「あしたのジョー」をつくった男』宝島社（二〇一八）
鈴木敏夫『天才の思考――高畑勲と宮崎駿』文春新書（二〇一九）
宮崎駿『出発点 1979〜1996』徳間書店（一九九六）
高畑勲・宮崎駿・小田部羊一『幻の「長くつ下のピッピ」』岩波書店（二〇一四）
「キネマ旬報」臨時増刊『宮崎駿、高畑勲とスタジオジブリのアニメーションたち』キネマ旬報社（一九九五）
キネマ旬報ムック「フィルムメーカーズ」『宮崎駿』キネマ旬報社（一九九九）
スーザン・ネイピア、仲達志（訳）『ミヤザキワールド――宮崎駿の闇と光』早川書房（二〇一九）
『高畑勲展 日本のアニメーションに遺したもの（図録）』NHKプロモーション（二〇一九）
文藝別冊『高畑勲〈世界〉を映すアニメーション』河出書房新社（二〇一八）
高畑勲『アニメーション、折りにふれて』岩波現代文庫（二〇一九）
高畑勲『映画を作りながら考えたこと――「ホルス」から「ゴーシュ」まで』文春ジブリ文庫（二〇一四）
小谷野敦『高畑勲の世界』青土社（二〇一三）
森やすじ『もぐらの歌』徳間書店アニメージュ文庫（一九八四）
大塚康生『作画汗まみれ 改訂最新版』文春ジブリ文庫（二〇一三）
大塚康生『リトル・ニモの野望』徳間書店（二〇〇四）
大塚康生、森遊机（聞き手）『大塚康生インタビュー――アニメーション縦横無尽』実業之日本社（二〇〇六）
小田部羊一、藤田健次（聞き手）『漫画映画漂流記――おしどりアニメーター奥山玲子と小田部羊一』講談社（二〇一九）
石黒昇・小原乃梨子『テレビ・アニメ最前線――私説・アニメ17年史』（一九八〇）

キネマ旬報ムック『富野由悠季 全仕事』キネマ旬報社（一九九九）
富野由悠季『だから僕は…——ガンダムへの道』徳間書店（一九八一）
高橋良輔『アニメ監督で…いいのかな?』KADOKAWA（二〇一九）
霜月たかなか（編）『ドキュメント・ボトムズ——高橋良輔アニメの世界』三一書房（二〇〇〇）
安彦良和『革命とサブカル——「あの時代」と「いま」をつなぐ議論の旅』言視舎（二〇一八）
安彦良和・斉藤光政『原点 THE ORIGIN——戦争を描く、人間を描く』岩波書店（二〇一七）
杉田俊介『安彦良和の戦争と平和——ガンダム、マンガ、日本』中公新書ラクレ（二〇一九）
吉田豪『吉田豪の巨匠ハンター』毎日新聞出版（二〇二〇）
オトナアニメ編集部（編）『いまだから語れる70年代アニメ秘話——テレビまんがの時代』洋泉社（二〇一二）
星まこと（編）『伝説のアニメ職人たち——アニメーション・インタビュー』まんだらけ（二〇一八）

**プロデューサー**

楠部三吉郎『「ドラえもん」への感謝状』小学館
牧村康正・山田哲久『「宇宙戦艦ヤマト」をつくった男 西崎義展の狂気』講談社＋α文庫（二〇一七）
但馬オサム・鷺巣政安『アニメ・プロデューサー鷺巣政安』ぶんか社（二〇一六）
平山亨『仮面ライダー名人列伝——子供番組に奇蹟を生んだ男たち』風塵社（一九九八）
樋口尚文『テレビヒーローの創造』筑摩書房（一九九三）

**作家、脚本家**

辻真先『ぼくたちのアニメ史』岩波ジュニア新書（二〇〇八）
辻真先『テレビ疾風怒濤』徳間書店（一九九五）
『僕らを育てたシナリオとミステリの偉い人——辻真先インタビュー』（1〜5）アンド・ナウの会（二〇一三〜二〇一八）
豊田有恒『あなたもSF作家になれるわけではない』徳間書店（一九七九）
豊田有恒『「宇宙戦艦ヤマト」の真実——いかに誕生し、進化したか』祥伝社新書（二〇一七）
豊田有恒『日本SF誕生——空想と科学の作家たち』勉誠出版（二〇一九）
日下三蔵（編）『筒井康隆、自作を語る』ハヤカワ文庫（二〇二〇）
平井和正『夜にかかる虹（上）』リム出版（一九九〇）

別冊新評『平井和正・豊田有恒』新評社（一九七八）
雪室俊一『テクマクマヤコン――ぼくのアニメ青春録』バジリコ（二〇〇五）
山崎敬之『テレビアニメ魂』講談社現代新書（二〇〇五）
飯岡順一『私の「ルパン三世」奮闘記――アニメ脚本物語』河出書房新社（二〇一五）
藤川桂介『アニメ・特撮ヒーロー誕生のとき』ネスコ／文藝春秋（一九九八）

**作品**

安藤健二『封印作品の謎 テレビアニメ・特撮編』『同 少年・少女マンガ編』彩図社（二〇一六、二〇一七）
ちばかおり『ハイジが生まれた日――テレビアニメの金字塔を築いた人々』岩波書店（二〇一七）
手塚プロダクション（編）『鉄腕アトム放送50周年記念　アトムが飛んだ日（図録）』練馬区立石神井公園ふるさと文化館（二〇一三）
池田敬晶（編）『鉄腕アトムVS鉄人28号――僕たちの「少年」時代』WAVE出版（一九九三）
井上静『アニメジェネレーション――ヤマトからガンダムへのアニメ文化論』社会評論社（二〇〇四）
アライ＝ヒロユキ『宇宙戦艦ヤマトと70年代ニッポン』社会評論社（二〇一〇）
ゼロゼロナンバー・プロジェクト（編）『サイボーグ009コンプリートブック NEW EDITION』メディアファクトリー（二〇一二）
ダイナミックTVコミックス『リボンの騎士（全四巻）』立風書房（一九八一）
サンエイムック『サイボーグ009大解剖 新装版』三栄書房（二〇一九）
サンエイムック『完全保存版 ルパン三世大解剖』三栄書房（二〇一七）
サンエイムック『デビルマン大解剖 新装版』三栄書房（二〇一八）
サンエイムック『マジンガーZ大解剖 完全保存版』三栄書房（二〇一八）
ロマンアルバム『サイボーグ009』徳間書店（一九七七）
ロマンアルバム『レインボー戦隊ロビン』徳間書店（一九七八）
ロマンアルバム『デビルマン』徳間書店（一九七八）
ロマンアルバム『スーパージェッター』徳間書店（一九七八）
ロマンアルバム『あしたのジョー』徳間書店（一九七八）
ロマンアルバム『忍風カムイ外伝』徳間書店（一九七八）
ロマンアルバム『鉄腕アトム』徳間書店（一九七八）
ロマンアルバム『エイトマン』徳間書店（一九七九）

ロマンアルバム『海のトリトン』徳間書店（一九七九）
ロマンアルバム『キューティーハニー』徳間書店（一九八一）
ファンタジー・アニメアルバム『海のトリトン』少年画報社（一九七八）
手塚治虫『ふしぎなメルモ　トレジャーブック』玄光社（二〇一八）
手塚治虫アニメ選集①『どろろ』少年画報社（一九七八）
手塚治虫アニメ選集②『鉄腕アトム』少年画報社（一九七八）
手塚治虫アニメ選集③『ジャングル大帝』少年画報社（一九七八）
手塚治虫アニメ選集④『悟空の大冒険』少年画報社（一九七八）
手塚治虫アニメ選集⑤『W３・新宝島』少年画報社（一九七八）
手塚治虫アニメ選集⑥『リボンの騎士』少年画報社（一九七八）

**マンガ史**

米沢嘉博『戦後ＳＦマンガ史』ちくま文庫（二〇〇八）
米沢嘉博『戦後少女マンガ史』ちくま文庫（二〇〇七）
米沢嘉博『戦後ギャグマンガ史』ちくま文庫（二〇〇九）
米沢嘉博『戦後野球マンガ史――手塚治虫のいない風景』平凡社新書（二〇〇二）
米沢嘉博『戦後怪奇マンガ史』鉄人社（二〇一六）
竹内オサム『戦後マンガ50年史』筑摩書房（一九九五）
コミカライズ作品研究会（編）『ロボット＆ヒーローCOMIXスーパーガイド』白夜書房（一九九九）
幸森軍也『マンガ大戦争　１９４５〜１９８０』講談社（二〇一〇）
内田勝『「奇」の発想――みんな『少年マガジン』が教えてくれた』三五館（一九九八）
宮原照夫『実録！少年マガジン名作漫画編集奮闘記』講談社（二〇〇五）
本間正夫『少年マンガ大戦争――「少年画報」編集長金子一雄の築いた王国』蒼ブックス（二〇〇〇）
本間正幸（監修）『少年画報大全――20世紀冒険活劇の少年世界』少年画報社（二〇〇一）
大野茂『サンデーとマガジン――創刊と死闘の15年』光文社新書（二〇〇九）
小学館総務局社史編纂室（編）『小学館の80年　１９２２〜２００２』小学館（二〇〇四）
講談社社史編纂室（編）『物語講談社の１００年（全一〇巻）』講談社（二〇一〇）

## 中川右介　Nakagawa Yusuke

作家・編集者。1960年生まれ。早稲田大学第二文学部卒業。出版社勤務の後、アルファベータを設立し、代表取締役編集長として雑誌「クラシックジャーナル」ほか、音楽家や文学者の評伝や写真集の編集・出版を2014年まで手がける。クラシック音楽をはじめ、歌舞伎、映画、歌謡曲、マンガにも精通し、現在は作家として活躍。膨大な資料から埋もれていた史実を掘り起こし、歴史に新しい光を当てる執筆スタイルで人気を博している。

主な著書に『手塚治虫とトキワ荘』『サブカル勃興史』『読解!「ドラえもん」講座』『萩尾望都と竹宮惠子』『角川映画1976-1986』『至高の十大指揮者』『玉三郎 勘三郎 海老蔵』などがある。

# アニメ大国建国紀1963-1973
## テレビアニメを築いた先駆者たち

2020年8月31日　初版第1刷発行

著者　中川右介《なかがわゆうすけ》
装丁　川名亜実（オクターヴ）
校正　あかえんぴつ
DTP　松井和彌
編集　木下 衛
発行人　北畠夏影
発行所　株式会社イースト・プレス
〒101-0051
東京都千代田区神田神保町2-4-7 久月神田ビル
Tel 03-5213-4700 Fax 03-5213-4701
https://www.eastpress.co.jp
印刷所　中央精版印刷株式会社


ISBN 978-4-7816-1912-5